中国信息经济学会电子商务专业委员会推荐教材

21世纪高等院校电子商务规划教材

E-Commerce Logistics (3th Edition)

电子商务物流 第3版

◆ 魏修建 主编

◆ 严建援 张坤 副主编

人 民 邮 电 出 版 社

北 京

图书在版编目（CIP）数据

电子商务物流 / 魏修建主编. -- 3版. -- 北京 :
人民邮电出版社, 2017.4
21世纪高等院校电子商务规划教材
ISBN 978-7-115-44616-9

Ⅰ. ①电… Ⅱ. ①魏… Ⅲ. ①电子商务－物流－高等
学校－教材 Ⅳ. ①F713.36②F252

中国版本图书馆CIP数据核字(2017)第005231号

内 容 提 要

本书共分为13章，主要阐述电子商务物流导论、电子商务物流系统、电子商务物流实体服务、配送、电子商务物流网络服务、电子商务物流基础、物流中心与园区、企业物流模式、电子商务物流服务链、城市物流与国际物流以及电子商务物流费用、电子商务物流管理和现代物流管理方法。

本书既可作为高等院校电子商务相关专业的教材，也可作为电子商务与物流理论研究者和实际工作者的参考用书。

◆ 主　编　魏修建
副 主 编　严建援　张　坤
责任编辑　孙燕燕
责任印制　杨林杰

◆ 人民邮电出版社出版发行　北京市丰台区成寿寺路11号
邮编　100164　电子邮件　315@ptpress.com.cn
网址　http://www.ptpress.com.cn
三河市中晟雅豪印务有限公司印刷

◆ 开本：787×1092　1/16
印张：17.75　　2017年4月第3版
字数：451千字　　2017年4月河北第1次印刷

定价：45.00元

读者服务热线：(010)81055256　印装质量热线：(010)81055316
反盗版热线：(010)81055315
广告经营许可证：京东工商广字第8052号

第 3 版前言

电子商务物流是基于互联网所进行的物流活动，它既是物流的进一步发展，也是社会经济发展的必然产物。电子商务物流不仅能够创造时间价值、空间价值和形态价值，还能够创造信息价值，使价值增值。与传统的物流相比，它具有信息化、自动化、网络化、智能化、柔性化、个性化和互动化的特点，这些特点决定了电子商务物流具有高效化、准时化及低成本等优势，促使物流向社会化、系统化和专业化的方向发展。

电子商务物流的发展，极大地丰富了电子商务物流的服务内容，不仅使传统物流服务，如运输服务、仓储服务、信息服务等得到了提升；还拓展了电子商务物流的服务范围，如认证服务、委托服务等基于网络的物流服务以及金融服务等增值服务。

在现实活动中，要充分发挥物流对经济活动的支撑作用，提升人民的生活水平，就要大力发展电子商务物流。对于企业来说，要充分地发挥电子商务物流的作用：一是要实施科学的商业运作模式；二是要充分重视技术的作用；三是要采取科学的管理方法；四是要重视人才。对于政府来说，要有效地促进电子商务物流的发展，就需要制定科学合理的物流发展政策。

在此背景下，我们对已出版的《电子商务物流》（第 2 版）进行了修订与完善。修订后的教材能够更加充分地反映电子商务物流发展与教学研究的最新成果，正确地阐述本学科的科学理论和概念，完整地表达本课程应包含的知识与内容体系，反映其相互联系及发展规律，强化其理论性、实用性和可操作性，以便读者更好地掌握电子商务物流的基本理论与原理，把握电子商务物流的本质与特征，进而更好地进行电子商务物流活动。

随着电子商务物流理论研究的不断深入以及实践应用范围的不断扩大，电子商务物流的内涵与内容等也在不断发生变化。由于编者水平有限，书中疏漏和不足之处在所难免，敬请广大读者批评指正。

编　者

2016 年 11 月

目 录

第1章

电子商务物流导论

本章概要

本章主要介绍物流的含义、分类、功能、目标与作用，阐述电子商务的含义、特点与业务构成，分析电子商务物流的特点、服务内容及过程。

1.1 物流概述

1.1.1 物流的含义

关于“物流”的定义，人们的看法还存在着差异。物流活动的最早文献记载是在英国。1918年，英国尤尼利弗的哈姆勋爵成立了“即时送货股份有限公司”，目的是在全国范围内把商品及时送到批发商、零售商和用户手中。从那时起到第二次世界大战，物流一直没有比较明确的概念。第二次世界大战期间，因需要，在对军火进行的战时供应中，首先采用了“物流管理”（Logistics Management）这一名词，并对军火的运输、补给、屯驻等进行全面管理。第二次世界大战后，“物流”一词被美国人借用到企业管理中，被称作“企业物流”（Business Logistics）。企业物流是指对企业的供销、运输、存储等活动进行综合管理。日本于20世纪60年代正式引进了“物流”概念，并将其解释为“物的流通”“实物流动”。此后，物流概念在全世界得到了广泛应用。

随着物流科学的迅速发展，世界许多国家的专业研究机构、管理机构及物流研究专家对物流概念做出了各种定义。

美国物流管理委员会认为：“物流作为客户生产过程中供应环节的一部分，它的实施与控制提供了有效的、经济的货物流动和存储服务，提供了从存货原始地到消费地的相关信息，以期满足客户的需求。”

美国物流协会认为：“物流是有计划地将原材料、半成品和产成品由生产地送至消费地的所有流通活动，其内容包括为用户服务、需求预测、情报信息联系、物料搬运、订单处理、选址、采购、包装、运输、装卸、废料处理及仓库管理等。”

日本通商产业省运输综合研究所对物流的定义十分简单明了，认为：“物流是商品从卖方到买方的全部转移过程。”

联合国物流委员会（1999年）指出：“物流”是为了满足消费者需要而进行的从起点到终点的原材料、中间过程库存、最终产品和相关信息有效流动和存储计划、实现和控制管理的过程。这个定义强调了从起点到终点的过程，提高了物流的标准和要求，确定了未来物流的发展，较传统的物流概念更为明确。

还有一些专家提出了物流的7R定义，认为物流就是“在恰当的时间、地点和恰当的条件下，将恰当的产品以恰当的成本和方式提供给恰当的消费者”。在该定义中，用了7个恰当（Right），故称作7R。

不论对物流概念的具体理解有何差异，但是有一点认识是共同的，即物流不仅包括原材料、产品等从生产者到消费者的实物流动过程，还包括伴随这一过程的信息流动。因此，我们可以将物流定义为：物流是指物质资料实体运动及相关运动的总称。作为使用价值的运动形式，物流可以创造空间价值、时间价值和形态价值。运输和储存构成物流实体运动的两大支柱。从社会再生产过程来看，物流不仅存在于社会的生产之中，也存在于社会的流通与消费之中。

1.1.2 物流的分类

1. 按覆盖范围分类

按照物流活动覆盖的范围，物流可以被划分为国际物流和区域物流。

（1）国际物流。国际物流，就是货物在国际间的合理流动。国际物流的实质是按国际分工协作的原则，依照国际惯例，利用国际化的物流网络、物流设施和物流技术，实现货物在国际间的流动与交换，以促进区域经济的发展和世界资源优化配置。国际物流的总目标是为国际贸易和跨国经营服务的，即通过选择最佳的方式与路径，以最低的费用和最小的风险，保质保量并适时地将货物从某国（供方）运送到另一国（需方）。国际物流使各国物流系统相互“接轨”，因而，与国内物流系统相比，具有国际性、复杂性和风险性等特征。

国际物流是现代物流系统发展很快、规模很大的一个物流领域。国际物流是伴随和支撑国际经济交往、贸易活动和其他国际交流所发生的物流活动。由于近十几年国际贸易的急剧扩大，国际分工日益深化，以及诸如欧洲等地一体化速度的加快，国际物流成了现代物流研究的热点问题。

（2）区域物流。相对于国际物流而言，一个国家范围内的物流，一个城市的物流，一个经济区域的物流都处于同一法律、规章、制度之下，都受相同文化及社会因素影响，都处于基本相同的科技水平和装备水平之中，因而都有其独特的特点，都有其区域的特点。

2. 按供应链作用分类

供应链是指在生产及流通过程中，为将货物或服务提供给最终消费者而创造价值、连接上游与下游而形成的组织网络。为了提高效率和降低成本，供应链中的物流活动应按照专业化原则进行组织，即在整个供应链上，可以有不同类型的物流。

（1）供应物流。为生产企业、流通企业或消费者购入原材料、零部件或商品的物流过程称为供应物流，也就是商品生产者、持有者至使用者之间的物流。对生产企业而言，供应物流需将原材料配送给工厂，它的主要客户是工厂，它处理的对象主要是生产商品所需的原材料和零部件。由于原材料与零部件的数量之间有固定的比例关系，因此，供应物流的功能就是强调原材料的配套储存、分拣、及时配送、加工和预处理等。对于流通领域而言，供应物流是指在为商品配置而进行的交易活动中，从买方角度出发的交易行为中所发生的物流。由于供应物流占用大量的企业流动资金，因此，对其严格管理使其合理化对于企业的成本控制至关重要。

供应物流不仅要保证供应的目标，而且要以最低成本、最少消耗来组织供应物流活动，满足限定的条件，因此，就带来了很大的难度。现代物流学就是基于非短缺商品市场这样一个宏观环境来研究物流活动的，在这种市场环境下，供应数量的保证是容易做到的，而企业竞争的关键则在于如何降低这一物流过程的成本。为此，企业供应物流就必须解决有效的供应网络、供应方式和零库存等问题。

（2）生产物流。从工厂的原材料购进入库起，直到工厂产品库的产品发送为止，这一全过程的物流活动称为生产物流。生产物流是制造产品的企业所特有的，它需要与生产流程同步。原材料及半成品等按照工艺流程在各个加工点之间不停地移动、流转形成了生产物流。因此，生产物流合理化对工厂的生产秩序和生产成本有很大的影响。目前，制造型企业的物流系统有两种：一种是为制造活动提供支持的物流，它的功能要求与供应物流相同；另一种则是为制造商的产品分销提供支持的物流。国内外的应用实例都表明，制造商自己直接建立分销网络的情况越来越普遍，其市场覆盖面要广，分销能力要强，市场信息的收集与传递要及时，因此要求在区域市场上运输和配送商品的能力要很强，需求预测及订单处理功能要完善。

（3）销售物流。销售物流是指企业为保证自身的经营利益，伴随销售活动将产品所有权转给用户的物流活动。在现代社会中，市场环境是一个完全的买方市场，因此，销售物流活动便带有极强的服务性，以满足买方的要求，最终实现销售。在这种市场前提下，销售往往以送达用户并经过售后服务才算终止，因此，销售物流的空间范围很大。企业销售物流的特点就是通过包装、送货和配送等一系列物流实现销售，这就需要我们企业研究送货方式、包装水平以及运输路线，并采取各种诸如少批量、多批次、定时、定量配送等特殊的物流方式达到目的，因而其研究领域是很宽的。

（4）回收物流。企业在生产、供应以及销售活动中总会产生各种边角余料和废料，这些东西的回收需要伴随物流活动；而且，在一个企业中，若回收物品处理不当，就会影响整个生产环境，甚至影响产品质量，同时还会占用很大的空间。

（5）废弃物物流。废弃物物流是指对排放的无用物进行运输、装卸和处理等物流活动。

3. 按活动主体分类

按照物流活动的承担主体，物流可划分为企业自营物流、专业子公司物流和第三方物流。这三种物流形态目前在市场上共同存在，它们的成长变化过程反映了现代物流社会化发展的一种变化趋势。

（1）企业自营物流。在计划经济体制下，大多数企业都是采用“以产带销”的经营方式，因此，其物流运作的规模、批量、时间都是在计划指导下进行的。企业自备车队、仓库、场地、人员，自给自足地自营物流的方式成为传统企业物流的主体。随着计划经济向市场经济的转轨，市场调节能力不断增强，“以销定产”成为企业新的运作模式。小批量、多品种、高速度和准时供货等市场需求对新型物流提出了更高的要求。一些企业明显地感到灵活多变的物流运送需求和居高不下的物流成本正在逐渐成为企业竞争中的压力，为了从物流成本和速度需求的双重枷锁中解放出来，许多企业开始寻求更好的解决途径。

（2）专业子公司物流。专业子公司物流一般是指从企业传统物流运作功能中剥离出来，成为一个独立运作的专业化实体。它与母公司（或集团）之间的关系是服务与被服务的关系。它以专业化的工具、人员、管理流程和服务手段为母公司提供专业化的物流服务。与传统的企业自营物流相比，专业化子公司更加注重对物流过程一体化的管理和物流资源的合理化配置，能使物流效率最大化，并能有效地控制总成本达到最低水平。一些规模较大的专业化子公司还可利用自身的专业化优势为同行业的其他企业提供第三方物流服务。

（3）第三方物流。第三方物流是指企业为了更好地提高物流运作效率以及降低物流成本而将物流业务外包给第三方物流公司的做法。这是跨国公司管理物流的通行做法。按照供应链理论，将非核心业务外包给在该领域具有专长或核心竞争力的专业公司互相协调和配合来完成，这样所形成的供应链具有最大的竞争力。第三方物流企业应是站在货主的立场，以货主企业的物流合理化为设计物流系统运营的目标。它同货主企业的关系应是密切、长期的合作关系，而不是零星的业务往来。第三方物流企业提供的物流服务，有助于促进货主企业的物流效率和物流合理化。在我国发展现代物流的过程中，第三方物流将成为未来较大的市场潜在需求。

4. 按特殊性分类

按特殊性分类，物流可划分为一般物流、特殊物流两种。

（1）一般物流。一般物流是指具有某些相同点和一般性的物流活动。物流活动的一个重要特点就是涉及全社会。因此，物流系统的建立以及物流活动的开展必须有普遍的适用性，物流系统的基础点也在于此；否则，物流活动便有很大的局限和很小的适应性，物流活动对国民经济和社会的作用便受到限制。

一般物流研究的着眼点在于物流的一般规律，建立普遍适用的物流标准化系统，研究物流的共同功能要素，研究物流与其他系统的结合、衔接，研究物流信息系统及管理体制等。

（2）特殊物流。特殊物流是指在专门范围、专门领域和特殊行业的物流活动。在遵循一般物流规律的基础上，具有特殊制约因素、特殊应用领域、特殊管理方式、特殊劳动对象以及特殊机械装备特点的物流都属于特殊物流范围。特殊物流活动的产生是社会分工细化、物流活动进一步合理化和精细化的产物。在保持一般物流活动的前提下，能够有特点并形成规模，产生规模经济效益的物流便会形成本身独特的物流活动和物流方式。特殊物流的研究对推动现代物流发展的作用是巨大的。

特殊物流可进一步划分如下：按劳动对象的特殊性，可划分为水泥物流、石油及油品物流、煤炭物流、腐蚀化学物品物流以及危险品物流等；按数量及形体不同，可划分为多品种、少批量、多批次产品物流，超大、超长型物流等；按服务方式及服务水平不同，可划分为“门到门”的一贯物流和配送等；按装备及技术不同，可划分为集装箱物流和托盘物流等；在特殊的领域，可划分为军事物流和废弃物物流等；按组织方式，可划分为加工物流等。

1.1.3 物流的功能

物流系统的基本功能是指物流系统所具有的基本能力，这些基本能力有效地进行组合便能合理地实现物流系统的总目标。物流系统的基本功能包括包装、装卸、运输、储存、流通加工、配送以及物流信息管理，它们可以分别对应物流活动实际工作环节中的七项具体工作。

1. 包装功能

商品包装就是按照一定的技术方法，使用容器、材料及辅助物等将物品包封，并予以适当的装饰和标志的工作的总称。简言之，商品包装就是包装物和包装操作的总称。包装包括产品的出厂包装、生产过程中制品和半成品的包装，以及在物流过程中换装、分装和再包装等活动。物流包装作业的目的不是要改变商品的销售包装，而在于通过对销售包装进行组合、拼配和加固，形成适于物流和配送的组合包装单元。对包装活动的管理应根据物流方式和销售要求来确定，要全面考虑包装对产品的保护作用、促销作用、提高装运率的作用、包拆装的便利性，以及废包装的回收与处理等因素。包装管理还要根据物流全过程的经济效果来具体决定包装材料及其强度、尺寸，以及包装方式等。

2. 装卸搬运功能

装卸搬运是介于物流各环节（如运输、储存等）之间起衔接作用的活动。装卸是指“物品在指定地点以人力或机械装入运输设备或卸下”。装卸是物流过程中对于保管物资和运输两端物资的处理活动，具体来说，包括物资的装载、卸货、移动、货物堆码上架、取货、备货、分拣等作业以及附属于这些活动的作业。搬运是指物体横向或斜向的移动，装卸指上下方向的移动。广义的装卸则包括了搬运活动。此外，搬运与运输的区别主要是物体的活动范围不同。运输活动是在物流节点之间进行，而搬运则是在物流节点内进行且是短距离的移动。在物流活动中，装卸活动是频繁发生的，因而是产品损坏的重要原因。对装卸活动的管理，主要是确定最恰当的装卸方式，力求减少装卸次数，合理配置及使用装卸机具，做到节能、省力、减少损失和加快速度，以获得较好的经济效果。

3. 运输功能

商品运输就是商品的载运和输送。物流的运输功能主要就是实现货物的空间位移，创造空间价值。它包括供应和销售物流中的车、船、飞机等方式的运输，以及生产物流中管道、传送带等方式的运输。对运输活动的管理要求选择经济便捷的运输方式和运输路线，以实现安全、迅速、准时和经济的目的。

4. 储存功能

储存功能包括堆存、保管、保养、维护等活动，主要是实现物流的时间价值。物流系统需要有仓储设施，但客户需要的不是在物流中心储存商品，而是要通过仓储环节保证市场分销活动的开展，同时，尽可能降低库存占压的资金，减少储存成本。因此，专业物流中心需要配备高效率的分拣、传送、储存和拣选设备。对储存活动的管理，要求企业正确确定库存数量，制定保管制度和流程，对库存物品分别采取有效的管理方式，力求提高保管效率、降低损耗、加速物资和资金的周转。

5. 流通加工功能

流通加工功能又称流通过程中的辅助加工活动，主要是实现物流的形态价值。这种加工活动不仅存在于社会流通过程中，也存在于企业内部的流通过程中，所以，它实际上是在物流过程中进行的辅助加工活动。企业、物资部门及商业部门为了弥补生产过程中加工程度的不足，更有效地满足用户或本企业的需求，更好地衔接供需，往往需要进行这种加工活动。

6. 配送功能

物流配送简称配送，中华人民共和国国家标准《物流技术》认为：配送是在经济合理区域范围内，根据用户要求，对物品进行拣选、加工、包装、分割、组配等作业，并按时送达指定地点的物流活动。配送功能是物流进入最终阶段，以配货、送货形式最终完成的物流。配送作为一种现代流通方式，特别是在电子商务物流中的作用非常突出，它集经营、服务、社会集中库存、分拣和装卸搬运于一身，已不是简单的送货运输，所以在本书中将其作为独立功能。

7. 信息功能

信息功能包括进行与上述各项活动有关的计划和预测，以及对物流动态信息（运量、收、发、存数）及其有关的费用、生产、市场信息的收集、加工、整理和提炼等活动。物流信息可以实现物流的信息价值。对物流信息活动的管理，要求企业建立信息系统和信息渠道，正确地选定信息点和内容以及信息的收集、汇总、统计和使用方式，以确保信息的可靠性和及时性。

除了传统的物流服务外，电子商务还需要增值性的物流服务（Value-Added Logistics Services）。增值性的物流服务包括以下几层含义和内容。

（1）增加便利性的服务。一切能够简化手续和操作的服务都是增值性服务。在提供电子商务的物流服务时，推行一条龙（门到门）服务，提供完备的操作或作业提示、免培训、免维护、省力化设计或安装、代办业务、一张面孔接待客户、24小时营业、自动订货、传递信息和转账，以及物流全过程追踪等服务，这些都是对电子商务销售有用的增值性服务。

（2）加快反应速度的服务。快速反应（Quick Response）已经成为物流发展的动力之一。传统的观点和做法是将加快反应速度变成单纯对快速运输的一种要求，但在需求方对速度的要求越来越高的情况下，它也变成了一种约束。因此，具有重大推广价值的增值性物流服务方案，应该是优化电子商务系统的配送中心和物流中心网络，重新设计适合电子商务的流通渠道，以此来减少物流环节，简化物流过程，提高物流系统的快速反应性能。

（3）降低成本的服务。在电子商务发展的前期，物流成本将会居高不下，有些企业可能会因为承受不了这种高成本而退出电子商务领域，或者是选择性地将电子商务的物流服务外包出去，因此，发展电子商务就应该寻找能够降低物流成本的物流方案。企业可以考虑的方案包括：采取物流共同化计划；同时，如果具有一定的商务规模，如珠穆朗玛和亚马逊这些具有一定销售量的电子商务企业，可以通过采用比较适用但投资比较少的物流技术和设施设备，或者推行物流管理技术（如运筹学中的管理技术、条形码技术和信息技术等），提高物流的效率和效益，降低物流成本。

（4）延伸服务。向上可以延伸到市场调查与预测、采购及订单处理；向下可以延伸到配送、物流咨询、物流方案的选择与规划、库存控制决策建议、货款回收与结算、教育与培训、物流系统设计与规划方案的制作等。关于结算功能，物流的结算不仅仅是物流费用的结算，在从事代理、配送的情况下，物流服务商还要替货主向收货人结算货款等。关于需求预测功能，物流服务商应该负责根据物流中心商品进货、出货信息来预测未来一段时间内的商品进出库量，进而预测市场对商品的需求，从而指导订货。关于物流系统设计咨询功能，第三方物流服务商要充当电子商务经营者的物流专家，因而必须为电子商务经营者设计物流系统，为它选择和评价运输商、仓储商及其他物流服务供应商。国内有些专业物流公司正在进行这项尝试。关于物流教育与培训功能，物流系统的运作需要电子商务经营者的支持与理解，通过向电子商务经营者提供培训服务，可以培养其与物流中心经营管理者的认同感，提高电子商务经营者的物流管理水平，还可以将物流中心经营管理者的要求传达给电子商务经营者，也便于确立物流作业标准。

在以上物流系统功能中，前3项基本功能需要经验和实力，后4项增值功能则需要智慧和远见。在基本功能中，配送和储存分别解决了电子商务过程中供给者与需要者之间场所和时间的分离问题，分别是物流创造“场所效用”及“时间效用”的主要功能要素，因而在物流系统中处于主要功能要素的地位。延伸服务最具有增值性，但也是最难提供的服务，能否提供此类增值服务现在已成为衡量一个物流企业是否真正具有竞争力的标准。

为了进一步说明问题，下面以在美国较有影响的凯利伯物流公司（Caliber Logistics Co.Ltd，http://www.caliber.com）为例，说明该公司是如何为客户（包括电子商务客户）提供物流服务的，包括传统物流服务和增值性物流服务。

课间案例

美国凯利伯物流公司的增值物流服务

美国凯利伯物流公司为了更好地实现公司物流服务的高水准目标，设立了专门为客户服务的公共型物流中心，其提供的服务内容如下。

（1）JIT（Just In Time）物流计划。该公司通过建立先进的信息系统，为供应商提供培训服务及管理经验，优化了运输路线和运输方式，降低了库存成本，减少了收货人员及成本，并且为货主提供了更好的信息服务。

（2）合同制仓储服务。该公司推出的此项服务减少了货主建设仓库的投资，同时通过在仓储过程中采用 CAD 技术、执行劳动标准、实行目标管理和作业监控来提高劳动生产率。

（3）全面运输管理。该公司开发了一套计算机系统专门用于为客户选择最好的承运人，使用该系统的客户可以得到如下利益：使运输方式最经济，在选定的运输方式中选择最佳的承运人，可以获得凯利伯运输会员公司的服务，对零星分散的运输作业进行控制，减少回程车辆空载，管理进向运输，可以进行电子运单处理，以及可以对运输过程进行监控等。

（4）生产支持服务。该公司可以进行如下加工作业：简单的组装、合并与加固、包装与再包装以及 JIT 配送贴标签等。

（5）业务过程重组。该公司使用一套专业化业务重组软件，可以对客户的业务运作过程进行诊断，并提出专业化的业务重组建议。

（6）专业化合同制运输。该公司的此项功能可以为客户提供的服务有：根据预先设定的成本提供可靠的运输服务，提供灵活的运输管理方案，提供从购车到聘请司机直至优化运输路线的一揽子服务，降低运输成本以及提供一体化的灵活运输方案。

（7）回程集装箱管理。该公司提供的服务包括回程集装箱的跟踪、排队、清洗和储存等，可以降低集装箱的破损率，减少货主的集装箱管理成本，保证货物的安全及有利于环保。

1.1.4　物流的目标

物流的目标包括基本目标、主要目标和具体目标。基本目标是进行物流所要达到的综合目标，具有抽象性；主要目标是进行物流所要达到的重点目标，是实现基本目标的关键性目标；具体目标是进行物流活动中某一方面或环节所达到的目标。

1. 基本目标

物流的基本目标主要包括效率目标、成本目标和服务目标 3 个方面。

（1）效率目标。效率目标是物流的基本目标之一，它要求物流要实现效率的最大化。效率目标主要可通过物流时间来衡量。在现代物流活动中，物流时间的构成主要包括两个方面：一方面是关于订单方面的时间，包括订单的接收、处理、发送等；另一方面是关于物流的实体作业时间，包括进货、储存、分拣与理货、配货与配装、送货与交货等。

（2）成本目标。成本目标的基本要求就是在进行物流过程中，成本要最小。也就是说，要以最低的成本，按照用户的时间要求，把货物保质、保量地送到用户指定的地点。近几年来，小批量、高频率、多品种的发展，加大了降低物流成本的难度。如何在这一状况下有效地降低物流成本，已成为众多物流企业所要解决的一项重要任务。

（3）服务目标。服务水平的高低直接影响着企业的经营规模、客户的忠诚度以及企业的竞争能力等。在现代物流活动中，服务目标包括很多的内容。一般来说，主要有时间目标、价格目标、质量目标与数量目标、安全目标等。在实际的运作过程中，由于客户需求的差异性，需要根据用户的不同需要来制定不同的服务目标。

2. 主要目标

（1）快速响应。快速响应包括两个方面：一方面是要对客户的需求做出迅速响应；另一方面是要准时地满足客户的需求。目前，信息技术的发展，可有效地提高企业快速响应的能力，使企业在较短的时间内对客户的需求做出响应，缩短物流作业时间，降低库存水平。

（2）最低库存。最低库存指在保证需要的前提下，使库存水平达到最低。有效地降低库存是降低物流成本的一个主要环节。

（3）整合运输。运输对物流成本、效率以及服务水平有着重要的影响。在现代物流过程中，如何有效地利用运输来降低运输成本、提高运输效率与服务水平，是进行物流活动及其管理的一项重要任务。

3. 具体目标

物流的具体目标包括很多方面。不同的企业具有不同的具体目标，即使同一企业在不同的时间、空间以及不同的环节上，其目标也存在差异。因而，在实际过程中，企业应根据不同的具体情况来确定不同的具体目标。

1.1.5 物流的作用

1. 宏观作用

经济发展是多种因素共同作用的结果。物质资料作为人类社会经济活动最基本也是最为重要的因素之一，对社会经济的发展有着重要的作用。物质资料对经济发展的价值不仅取决于物质资料的数量与质量，也取决于物质资料运动的质量——物流活动的质量。

作为国民经济活动的一个构成方面，物流可以说是国民经济活动的动脉之一，支撑着其他经济活动特别是与物质资料运动相关的经济活动的运行。从社会再生产过程来看，它不仅支撑着人类社会的生产活动，也支撑着人类社会的消费活动，并与交易活动特别是有形商品的交易活动息息相关；另外，物流效率的高低、成本的大小，也直接影响着其他经济活动（生产、消费、流通）的效率、成本以及实现程度。

（1）物流是国民经济运行的动脉。任何社会的经济，都是由众多的企业、部门、产业所组成的，这些企业、部门、产业分布在不同的空间区域，它们不仅进行着各种产品的生产，也消费着不同的原材料和产品，相互依赖又相互竞争，形成极其错综复杂的关系。在这些错综复杂的关系中，物流像血管一样，通过成千上万产品的流动，把众多不同类型的企业、部门和产业以及消费者有机地联系在一起，成为社会经济活动的动脉。

（2）物流是国民经济的重要组成部分。从物流产业与国民经济的关系分析，首先，从物流产业的基本组成来看，物流产业是国民经济的重要基础产业之一，交通运输业构成国民经济的重要动脉之一；其次，物流产业作为国民经济的一个构成方面，其经济总量直接构成了国民经济总量的一部分，如日本在近 20 年内，物流业每增长 2.6%，经济总量就增加 1%[①]；最后，物

[①]李学伟等. 中国物流交易模式理论［M］. 北京：清华大学出版社，北京交通大学出版社，2004：70.

流产业与国民经济其他产业的关联性，使物流产业对国民经济其他产业的运行有着重要的作用与影响。

就我国情况来看，根据国家发改委公布的《2015 年全国物流运行情况通报》显示，2015 年全国社会物流总额 219.2 万亿元，按可比价格计算，比 2014 年增长 5.8%。从构成看，工业品物流总额 204.0 万亿元，按可比价格计算，比 2014 年增长 6.1%；进口货物物流总额 10.4 万亿元，增长 0.2%；农产品物流总额 3.5 万亿元，增长 3.9%；再生资源物流总额 8 616 亿元，增长 19.0%；单位与居民物品物流总额 5 078 亿元，增长 35.5%，提高 2.6 个百分点。2015 年中国物流业总收入 7.6 万亿元。

（3）物流对社会生产与产业结构的优化有着重要作用。流通规模必须与生产发展的规模相适应，这是经济运行的客观要求。而流通规模的大小在很大程度上取决于物流效能的大小，只有物流发展到一定的程度，社会某些产品才可能进行大量生产与消费。例如，只有当运输发展到一定的水平，煤炭、水泥等量大、体重的产品才有可能发展成为大量生产和大量消费的大产业；又如，肉类、奶类、蔬菜、水果等容易腐烂的产品，在储存、保管、运输、包装等物流技术尚未发达时，它们往往只能保存几天或十几天，超过一定的时间期限，就会腐烂变质而丧失其价值和使用价值。物流的这种作用不仅影响了社会生产的产品结构，而且进一步影响了社会的产业结构，对经济的发展起着促进或制约的作用。

从物流产业与其他产业的关联及支撑来分析：一方面，物流产业需要其他产业为其提供供给，对其他产业形成需求；另一方面，它也为其他产业提供供给，满足其他产业对物流的需求。物流产业与其他产业的关联是由供给和需求联系的，尽管这种联系的方向与方式可能因其他产业在产业链中的位置不同而存在着差异，但这并不影响物流产业与其他产业的关联关系。

从物流活动的特点及物流产业的特征来看，物流产业的关联产业可以说不仅包括第一产业和第二产业，也包括第三产业的其他产业。从后向关联关系来看，与物流产业直接关联的产业主要包括运输设备、包装机械等产业部门，物流产业吸收这些产业的产出。从前向关联来看，与物流产业直接关联的产业很多，既包括第一产业、第二产业，也包括第三产业的其他部分，因为第一产业、第二产业和第三产业的其他产业部门，都存在着对物流产业的需求（如运输和储存），而物流产业也为这些产业提供了服务（如运输和储存）。在环向关系上，物流产业与一些产业也存在环向的关联，这些产业一方面为物流产业提供产出，即物流产业对这些产业形成需求。另一方面，物流产业为这些产业提供服务，即这些产业形成了对物流产业的需求，可以与物流产业形成环向关联的产业重要的有运输设备、包装机械等产业部门。

（4）物流发展水平对经济增长与竞争力有着重要的促进作用。一般来说，一国的物流发展水平越高，说明该国经济增长的基础就越牢固，该国的经济竞争力就越强。因为物流的成本直接影响着产品的成本，进而影响着产品的价格与竞争力。就我国的实际情况来看，2015 年社会物流总费用 10.8 万亿元，比 2014 年增长 2.8%。其中，运输费用 5.8 万亿元，增长 3.1%；保管费用 3.7 万亿元，增长 1.6%；管理费用 1.4 万亿元，增长 5.0%，回落 2.9 个百分点。从构成看，运输费用占社会物流总费用的比重为 53.3%，保管费用占 34.1%，管理费用占 12.6%。2015 年社会物流总费用与 GDP 的比率为 16.0%，比上年下降 0.6 个百分点。

2. 微观作用

一般来说，企业的生产经营过程一般由购买（供应）、生产和销售 3 个阶段构成，在企业的生产经营过程中，物流的微观作用主要表现在以下几个方面。

（1）物流是企业生产经营连续进行的前提条件。连续不断的生产是现代企业经营活动的一个主要特征。一个企业的生产经营活动要连续不断地进行，一方面必须根据生产经营的需要，按质、按量、按时，均衡不断地得到自身生产所需要的原材料等生产要素，这种生产要素必须通过流动到达自己进行生产的场所；另一方面又必须及时地将所生产的产品销售出去，或者作为生产要素到达进行生产的场所，或者作为消费资料到达消费的地点。同时在生产的过程中，各种物质资料（半成品、零部件等）也需要在各个生产场所或工序之间进行流动，经过连续不断地加工，形成新的产品。可见，物流贯穿于整个生产过程中，企业生产经营活动的全部职能都要通过物流来得以最终实现。

（2）物流是保障商流顺利进行、实现商品价值和使用价值的基础。商品是价值和使用价值的统一体。在商品流通过程中，一方面，商品要克服供需的社会距离，发生价值的运动，即商品所有权的转移，使商品的价值得以实现；另一方面，商品也要完成从生产地到消费地的转移，即商品实体的流动，以实现商品的使用价值。尽管在实际流通过程中，商品价值和使用价值的实现可能存在着时间与空间上的分离，但是就一个商品的流通过程来看，完全的商品实现不仅包括商品价值的实现，也包括商品使用价值的实现，两者如果有一方得不到实现，那么就不能说商品得到了实现。如果没有物流，没有商品实体从生产地到消费地的转移，商品的价值就不能完全实现。正如马克思所指出的："要使商品实际进行流通，就要有运输工具，而这是货币无能为力的，如果我用 X 磅的金额买来 1 000 磅的铁，那么铁的所有权就转到我的手里，我的 X 磅起了交换手段的作用，并且完成了流通，就像所有权证书一样……但是，要把铁从卖主那里运到我这里来，货币是无能为力的。这需要马车、马匹、道路等。商品的实际流通，在空间和时间上，都不是由货币来实现的。"[①]此外，物流也直接决定和影响着商流的实现程度，物流能力越大，商流的规模也就越大、速度也就越快；反之，商流的规模也就越小，速度也就越慢。

（3）物流是提高企业核心竞争力的重要因素。物流是继企业降低资源消耗、提高劳动生产率之后，又一增加利润的源泉。不同资料反映，目前在企业的生产经营过程中，物流成本已成为企业生产经营成本的一个重要组成部分。

自 1979 年以来，英国物料搬运中心多次进行的全国性的调查表明，物流费用已占整个国民经济总支出的 39%，在生产与流通领域，物流费用已占总支出的 63%。美国《企业物流》报道，20 世纪 80 年代以来美国企业年平均支付的物流费用已超过总销售收入的 25%。在美国，产品的制造成本已不足总成本的 10%；产品的加工时间只占总时间的 5%，而储存、搬运、运输、销售、包装等作业时间占到 95%；另据统计，消费者每购买 45 公斤重的产品，支出的运费、仓储费、订货服务费、配送管理费、库存费约为 40 美元。在我国工业企业的生产中，物流所占用的时间几乎为整个生产过程的 90%[②]。这些数据反映了一个事实，即物流成本是影响企业总成本的一个重要因素，物流效率的高低与企业整个生产经营活动的效率有着非常密切的关系。提高物流效率、降低成本是企业取得竞争优势的重要因素，也是提高企业核心竞争力的重要组成部分。

[①]马克思，恩格斯. 马克思恩格斯选集. 第 46 卷（上）：142-143.

[②]邱冬阳，刘凯刈. 发展中国电子商务物流的思考[J]. 经济师，2001（6）.

1.2　电子商务概述

1.2.1　电子商务的含义与特点

1. 电子商务的含义

目前，人们对于电子商务还存在着不同的理解和认识[①]。这里所说的电子商务是指在互联网上所进行的商务活动。

一般来说，进行电子商务的要素主要包括从事电子商务活动的主体、工具与对象以及相应的环境等。电子商务活动的主体主要包括企业、个人及政府等，是电子商务活动最活跃的因素；工具主要包括电子计算机、通信工具和电子商务软件，是进行电子商务活动的物质基础；对象主要包括商品与服务，既有有形的，也有无形的。电子商务的环境条件包括：第一，电子商务市场建设的统一化；第二，电子商务活动的规范化；第三，电子商务活动管理的有效化等。

2. 电子商务的特点

与传统商务活动相比较，电子商务活动具有以下几个特点。

第一，电子化。电子化主要表现在商务信息的电子化、商务交流的电子化、商务管理的电子化以及商务平台的电子化等。

第二，高效化。电子商务为买卖双方提供了一种远程、实时的商务活动方式，扩大了商务活动的场所，增加了商务活动的机会，极大提高了商务活动的效率。

第三，机会均等化。在互联网上的用户都是平等的，在网络虚拟市场上，地理、成本等限制因素等相对降低了，中小企业可以与大企业一样从事各种商务活动。

第四，虚拟化。电子商务是依托互联网开展的一种商务活动，它将整个活动中的大部分流程转移到虚拟空间，不仅可以全方位虚拟地展示产品的特性，而且有利于消费者认识产品的内在质量。通过数字信息的传递即完成商务过程。

第五，动态化。电子商务没有时间和空间的限制，是一个不断更新的系统。网上供求信息不停地更换，商品和资金不停地流动，商机不断涌现。正是这种动态性，赋予了电子商务强大

[①]美国 Emmelhainz 认为电子商务是“通过电子方式，在网络基础上实现物资、人员过程的协调，以便进行商业交换活动”。美国学者瑞维·卡拉科塔和安德鲁·B·惠斯顿认为，广义地讲，电子商务是一种现代商业手法。这种方法通过改善产品和服务质量，提高服务传递速度，满足政府、组织、厂商和消费者降低成本的要求。王可认为电子商务是“在计算机与通信网络基础上，利用电子工具实现商业交换和行政作业的全过程”。李琪认为电子商务包括广义与狭义，广义的电子商务是电子工具在商务活动中的应用；狭义的电子商务是在技术、经济高度发达的现代社会里，掌握信息技术和商务规则的人，系统化运用电子工具，高效率、低成本地从事以商品交换为中心的各种活动的总称。IBM 公司认为，电子商务是在互联网的广泛联系和传统信息技术系统的丰富资源相互结合的背景下，应运而生的一种相互关联的动态商务活动。惠普公司认为，电子商务是以电子手段完成物品和服务的等价交换。SUN 公司认为电子商务是利用 Internet 进行的商务交易”。

联合国经济合作和发展组织（OECD）认为，电子商务是发生在开发网络上的包含企业之间、企业与消费者之间的商业交易。全球信息基础设施委员会（GIIC）电子商务工作委员会认为，电子商务是以电子通信为手段的经济活动，通过这种方式人们可以对带有经济价值的产品和服务进行宣传、购买和结算。美国政府在其《全球电子商务纲要》中认为，电子商务是通过互联网进行的各项商务活动，包括广告、交易、支付、服务等，全球电子商务将涉及世界各国。加拿大电子商务协会认为，电子商务是通过数字通信进行商品和服务的买卖以及基金的转账等。欧洲议会在《电子商务欧洲动议》中认为，电子商务是通过电子方式的商务活动。欧洲经济委员会在全球信息标准大会上认为，电子商务是各参与方之间以电子方式而不是以物理交换或直接物理接触方式完成任何形式的业务交易。世界贸易组织认为，电子商务是通过电子方式进行货物和服务的生产、销售、买卖和传递。

的生命力。

第六，便利化（服务性）。这是指在电子商务环境中，人们不再受地域限制，客户能以非常简洁的方式完成过去较为复杂的商务活动。

第七，技术化。电子商务是以计算机技术、通信技术、网络技术等为基础的，具有较强的技术性。

1.2.2 电子商务业务构成

一般来说，电子商务业务活动主要由信息流、商流、物流以及资金流四部分组成。

1. 信息流

信息流是对电子商务进行描述、记录以及引导等的活动，一般包括信息的收集、传输、存储、加工与使用等。信息可以使商务活动的各方进行沟通联系，引导、协调、反馈商务活动，进行商务活动决策，实现增值等。信息有多种类型，按产生过程划分，有原始信息和加工信息等；按发生时间划分，有滞后信息、实时信息、预测信息等；按来源划分，有内部信息和外部信息；按作用划分，有决策信息、控制信息和业务信息等。

2. 商流

商流是商品或服务与其等价物的交换和商品所有权的转移（商品所有权的让渡）。商流克服了生产者与消费者的社会距离，实现商品所有权的转移，创造商品所有权效应。因而，在电子商务活动中，商流是电子商务活动的本质内容。

3. 物流

物流是指物质资料的物理性（实体性）运动及其相关活动的总称。其主要功能是实现物品的实物转移，创造时间价值、空间价值和形态价值。

4. 资金流

资金流是指资金的流动与转移。在电子商务活动中，资金流主要包括两个方面：一是指资金的支付与结算，对商流及其他活动形成支撑；二是指资金的融通，为商务活动的各方提供资金支持。

信息流、商流、物流与资金流共同构成了电子商务活动的基本业务。在电子商务活动中，它们分别承担着不同的职能，发挥着不同的作用，共同完成电子商务活动。它们既相互促进，又相互制约。一般来说，信息流是先导，决定着商流、物流以及资金流的规模与结构；商流是核心，是进行电子商务活动的目的；物流、资金流是支撑，是保证商流活动顺利进行的基础。

1.2.3 电子商务的基本流程

产品不同、主体不同、目的不同，电子商务的流程也会不同。一般来说，电子商务的基本流程可分为3个阶段，分别是交易前、交易中和交易后，如图1-1所示。

1. 交易前

在交易前，销售者（卖方）通过互联网用Web网站或电子邮件（E-mail）等方式，对产品进行广告宣传，进行市场调研、分析，选择自己的客户等，并确定自己的营销策略等。购买者（买方）利用互联网，寻找自己所需的产品，进行决策，选择供货商等。

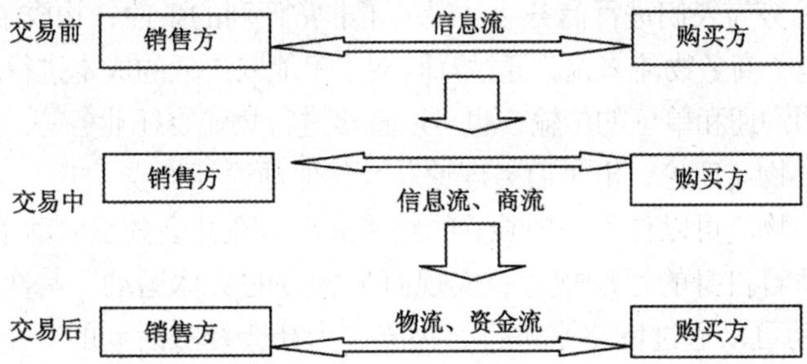

图 1-1 电子商务基本流程

2. 交易中

交易中阶段一般包括认证、磋商、签订合同 3 个环节。

认证环节是进行网上交易的一个重要环节，是确保交易安全、可靠、诚信的重要条件之一。认证包括许多内容，主要有身份认证、资信认证、质量认证、合同认证等。要实现网上交易的有效进行，建立一个完善的、多功能的、可信的、实时的认证体系是必不可少的。

磋商环节是交易双方进行交易时的各种沟通与交流。交易双方通过网络进行交易品种、数量、价格等方面的协商。这既可以进行非实时（电子邮件）的协商，也可以进行实时（网上谈判）的协商。该阶段，由于磋商过程涉及许多商业机密，因而要注意安全问题。

签订合同环节是磋商或洽谈的双方如果达成一致，就需要签订购销合同。需要注意的是，在签订合同之前，交易双方都要对对方的有关情况加以确认（通过认证机构来进行），确认的内容包括对方身份、信誉、支付能力。在合同内容上，双方应就交易的品种、数量、价格、交货地点、时间等进行约定。

3. 交易后

交易完成后，交易各方依据合同约定的条款执行。销售方（供货方）要向购买方交付货物，而购买方（收货方）要向销售方支付货款。此外，该阶段还包括相关的售后服务，这既可以通过网络进行，也可以传统的方式进行。

1.3 电子商务物流概述

1.3.1 电子商务物流的含义与特点

1. 电子商务物流的含义与发展基础

电子商务物流是指以互联网为基础进行的物流活动。一方面，其与电子商务发生对接，为电子商务活动提供物流服务；另一方面，通过实现物流的信息化、智能化等，实现物流的网络化（互联网化）服务。技术、理论与市场构成了电子商务物流发展的三大基础。

（1）技术基础。技术特别是互联网技术是电子商务物流产生与发展的重要技术基础。互联网是一种集通信技术、信息技术、计算机技术和网络技术等为一体的网络系统，它将不同机型的计算机和不同类型的网络互联起来，构成一个整体，实现了资源与信息的共享，具有开放、共享、互动、虚拟等特征。人们可以通过互联网的开放性实现信息的共享，通过互联网的互动性实现网上信息的传输，通过互联网的虚拟性进行现实的虚拟设计与规划等。

互联网的这些优势为人们进行商务活动提供了非常便利的条件，构成了电子商务物流发展的技术基础。对于电子商务物流来说，通过互联网不仅能以更低的成本进行信息的收集与处理，实现与外部及内部的沟通和单证的传输，也可以直接进行物流委托业务等。

（2）理论基础。物流理论、电子商务理论以及其他理论等构成了电子商务物流产生和发展的理论基础。首先，物流可以作为一门独立的经济活动，在社会分工活动中承担着社会所赋予的基本职能——遵循着自身的运动规律，实现有形物资的实体运动。其次，电子商务理论认为，众多的经济活动可以通过网络来进行，物流作为社会经济活动的一个重要组成部分，也可以通过网络来实现自身的经济活动，完成自身的职能。例如，物流活动中的信息业务、委托业务等。此外，交易理论、信息理论、营销理论等也为电子商务物流的产生与发展奠定了重要的基础。

（3）市场基础。企业观念的变化、物流规模的增长及市场竞争的需要等构成了电子商务物流产生和发展的市场基础。随着社会经济的发展，物流规模呈现出不断扩大的发展趋势，物流费用也已成为产品成本的一个重要组成部分。据统计，目前我国一般工业品从产品出厂经过装卸、储存、运输等各个物流环节到消费者手中的流通费用占商品价格的50%左右；而新鲜水果、易变质食品以及某些化工产品的流通费用有的高达售价的 70%～80%。在此情况下，一些发达国家的企业已把降低流通费用，特别是物流费用作为获取利润的第一源泉。

市场观念的变化加大了企业对电子商务物流的应用力度与范围。一方面，企业认识到了通过互联网提高物流效率、降低物流成本的重要性；另一方面，随着用户对物流服务水平与质量等要求的提高，也使用户加大了互联网的应用力度与范围，以通过互联网寻求适合自身需要的物流服务商，进行沟通谈判；跟踪货物，明确货物所在位置，安排自身的生产经营进度等。

此外，竞争的加剧、国家政策的支持也促进了企业对电子商务物流的应用力度与范围。

2. 电子商务物流的特点

从不同的方面来分析，电子商务物流呈现出不同的特点。在此，主要从以下两个方面来加以考察。

（1）与传统物流相比较，电子商务物流的特点。与传统物流相比较，电子商务物流的特点主要表现在以下几个方面。

第一，信息化。电子商务时代，物流信息化是电子商务的必然要求。物流信息化表现为物流信息的商品化、物流信息收集的数据库化和代码化、物流信息处理的电子化和计算机化、物流信息传递的标准化和实时化、物流信息存储的数字化等。因此，条码技术（Bar Code）、数据库技术（Database）、电子定货系统（Electronic Ordering System，EOS）、电子数据交换（Electronic Data Interchange，EDI）、快速反应（Quick Response，QR）及有效的客户反映（Effective Customer Response，ECR）、企业资源计划（Enterprise Resource Planning，ERP）等技术与观念在我国的物流中将会得到普遍的应用。信息化是一切的基础，没有物流的信息化，任何先进的技术设备都不可能应用于物流领域，信息技术及计算机技术在物流中的应用将会彻底改变世界物流的面貌。

第二，自动化。自动化的基础是信息化，自动化的核心是机电一体化，自动化的外在表现是无人化，自动化的效果是省力化，另外，还可以扩大物流作业能力，提高劳动生产率，减少物流作业的差错等。物流自动化的设施非常多，如条码/语音/射频自动识别系统、自动分拣系统、自动存取系统、自动导向车、货物自动跟踪系统等。这些设施在发达国家已普遍用于物流作业流程中，而在我国由于物流业起步晚，发展水平低，自动化技术的普及还需要相当长的时间。

第三，网络化。物流领域网络化的基础也是信息化，是电子商务物流活动的主要特征之一。这里指的网络化有两层含义：一是物流配送系统的计算机通信网络，包括物流配送中心与供应商或制造商的联系要通过计算机网络，另外与下游顾客之间的联系也要通过计算机网络通信，如物流配送中心向供应商提出订单这个过程，就可以使用计算机通信方式，借助于增值网（Value-Added Network，VAN）上的电子定货系统（EOS）和电子数据交换技术（EDI）来自动实现，物流配送中心通过计算机网络收集下游客户的定货的过程也可以自动完成；二是组织的网络化，即所谓企业内部网（Intranet）。例如，台湾地区的计算机业在20世纪90年代创造出了"全球运筹式产销模式"，这种模式的基本点是按照客户订单组织生产，生产采取分散形式，即将全世界的计算机资源都利用起来，采取外包的形式将一台计算机的所有零部件、元器件、芯片外包给世界各地的制造商去生产，然后通过全球的物流网络将这些零部件、元器件和芯片发往同一个物流配送中心进行组装，由该物流配送中心将组装的计算机迅速发给订户。这一过程需要有高效的物流网络支持，当然物流网络的基础是信息、计算机网络。

第四，智能化。这是物流自动化、信息化的一种高层次应用，物流作业过程中大量的运筹和决策，如库存水平的确定、运输（搬运）路径的选择、自动导向车的运行轨迹和作业控制、自动分拣机的运行、物流配送中心经营管理的决策支持等问题都需要借助于大量的知识才能解决。在物流自动化的进程中，物流智能化是不可回避的技术难题。好在专家系统、机器人等相关技术在国际上已经有比较成熟的研究成果。为了提高物流现代化的水平，物流的智能化已成为电子商务下物流发展的一个新趋势。

第五，柔性化。柔性化本来是为实现"以顾客为中心"理念而在生产领域提出的，但要真正做到柔性化，即真正地能根据消费者需求的变化来灵活调节生产工艺，没有配套的柔性化的物流系统是不可能达到目的的。20世纪90年代，国际生产领域纷纷推出弹性制造系统（Flexible Manufacturing System，FMS）、计算机集成制造系统（Computer Integrated Manufacturing System，CIMS）、制造资源系统（Manufacturing Requirement Planning，MRP）、企业资源计划（ERP）以及供应链管理的概念和技术，这些概念和技术的实质是要将生产、流通进行集成，根据需求端的需求组织生产，安排物流活动。因此，柔性化的物流正是适应生产、流通与消费的需求而发展起来的一种新型物流模式。这就要求物流配送中心要根据消费需求"多品种、小批量、多批次、短周期"的特色，灵活组织和实施物流作业。

此外，物流设施、商品包装的标准化，以及物流的社会化、共同化也都是电子商务物流的特点。

（2）与电子商务活动相比较，电子商务物流的特点。与电子商务活动相比较、电子商务物流的特点主要表现在以下几个方面。

第一，实体性与虚拟性并存。在过去及现有的条件下，物流活动大都具有一定实体形态，如进行物流作业的工具、对象都是具有一定物质形态的。在未来的经营环境中，随着电子商务的发展和应用，物流具有了虚拟化的特征，如虚拟的管理、虚拟仓库、虚拟物流作业等。物流所输送的产品也可能成为无形的信息或可信息化的产品，以数字化的形式进行传输。

尽管在电子商务下，物流具有虚拟性的特点，但是，其并不能完全取代过去和现有物流的实体性质。因为，货物以及进行货物运作的工具是不会被"数字化"的，它仍然具有实体的性质。这就是说，在电子商务下，物流具有实体与虚拟并存的特点，所传输的既有实体特征的货物，也有由此形成的虚拟产品——信息和对物流进行虚拟化的管理等。

第二，实时性与预测性并存。实时性是指在电子商务条件下，进行物流活动的组织可以有效地通过网络系统来实时地掌握和了解自身内部、外部的各种物流信息和物流作业的动态，并依据环境的变化通过虚拟现实的方法和手段，实时地对企业自身物流活动进行调整和协调。实时性的特点，使物流组织的物流活动更具效率和活力，能更有效地为用户提供优质的服务和实现物流资源的合理配置。

网络系统为企业和社会进行物流的实时性运作提供了良好的基础环境。但是，对于物流组织来说，大规模和高频率的实时性运作，需要具有一定的物流作业设备和相当数量的库存，这必然会带来物流作业成本的大幅上升。因此，要较好地进行实时性的物流运作，物流组织必须具备较强的预测能力，不仅要准确地预测用户的需求规模、时间和地点，而且要比较好地把握经济的发展趋势。

第三，合作性与竞争性并存。电子商务的不断发展和用户要求物流服务水平的提高，对物流组织现有的竞争形态形成了较大的冲击，它要求物流组织不仅要从本企业的角度来考虑物流活动，而且要从全社会的角度来考虑物流活动。在此状况下，物流组织应转变原有的以自我为中心的竞争业态，树立新的竞争观念，依据自己的实际情况，利用网络系统的优势，联合不同类型的物流企业进行合作，弥补自身在区域和功能上的不足，从而形成一个在较大区域范围内有多种物流功能的物流供应链系统。在这一供应链中，物流组织同其他物流企业之间，既存在着竞争关系，又存在着利益的一致性，既合作又竞争。

在合作与竞争的构造上，物流组织一是要充分利用和发挥连锁经营这一独特的商业经营方式。在组织形式上，可以以功能、区域连锁的形式为主；在服务上，可以以提供配送服务为主；在方式上，可以根据自身实际情况和其他物流企业的特点，分别采取直接连锁、自愿连锁和特许连锁等；在数量上，要注意规模效益、连锁企业的观念、实力及服务水平；在空间上，要注意连锁经营的地域范围。二是要积极发展代理经营。物流代理经营的发展，不仅可以有效地扩大物流组织的经营规模，开拓市场，提高企业收益，而且可以有效地稳定物流组织与其他企业的关系。物流组织在代理经营的构造中，首先要根据自己的实际情况，科学合理地确立自身的物流服务项目和区域范围；其次是要合理地选择用户。三是要根据用户的需要及自身提供物流服务的项目和区域，在兼顾双方利益的基础上，制定合理的收费标准。四是要选择合理的代理方式。

第四，个性化与大众化并存。电子商务为物流组织创造了一个个性化的商务活动，在物流的运作过程中，物流组织可以根据某些用户的特殊需要，为用户提供个性化的物流服务。需要注意的是，物流组织在确定自身的特殊物流服务项目即个性化物流服务项目时，应充分考虑自身物流能力等各方面的因素，谨防为了扩大市场份额、吸引用户，而过多地设置自身达不到的个性化服务项目，使企业的信誉受损，给企业带来不应有的损失。

个性化物流服务尽管给物流拓展了市场，带来了用户，但对于物流组织来说，仅仅开展个性化物流服务是远远不够的，还应根据用户对物流服务的共同需求，开展大众化的物流服务。就目前来看，这应作为物流组织开展物流服务的重点。这样，物流组织的物流规模才能得到有效的扩大，效益才能得到有效的提高。

第五，安全性和开放性并存。开放性是互联网的一大特点，对于物流组织来说，其网络系统也应该具备开放性的特点，用户可通过此网络查询相关的物流信息，掌握物流组织所提供的物流服务项目及自身委托物流服务项目的实施等情况；物流组织也可通过此网络掌握和了解用户所需要的物流服务，传输物流信息，与用户进行沟通，对物流活动进行协调。

互联网络的开放性同时也带来了互联网络的安全性问题，对于物流组织和用户来说，网上信息的传输和存放可能被非法截取和非法利用，从而泄露了商业机密，使双方的利益受到损害。尽管随着技术的发展和网上交易的规范，出台了一系列网上交易的安全规范协议与政策措施（如 SET 协议）来保证网上信息传递的安全性，但网络不安全现象还是时有发生。因此，对于物流组织来说，如何保证网络系统的安全性，使用户和自身的商业机密不被泄露或非法截取和使用，将是一个非常值得重视的问题。

此外，从经营的角度来看，电子商务物流还具有专业化、社会化和一体化的特点。

1.3.2　电子商务物流服务内容

1. 实体服务

实体服务是电子商务物流最基础、最基本的服务，体现为物品或实体的物理运动，主要包括包装、装卸搬运、运输、储存以及流通加工等。

2. 网络服务

网络服务是基于互联网所提供的物流服务，是电子商务物流的核心服务。网络服务主要包括信息服务、认证服务、委托服务以及相关的网络服务等。电子商务物流网络服务可以实现物流信息在更大范围的共享与交流，解决目前在社会范围内存在的“物流信息孤岛”问题；也可以有效地减少企业搜寻信息的成本、沟通洽谈成本以及委托成本、降低物流实体的作业成本，大幅度提高物流的效率；同时可以催生新的物流服务方式与服务主体等。

3. 增值服务

增值服务是依托实体服务与网络服务，根据用户需求，能为企业带来价值增值的物流服务，包括金融服务、咨询服务等。

1.3.3　电子商务物流过程

因需求主体、承担主体的不同，电子商务物流过程也存在着差异。图 1-2 显示了物流服务商作为承担主体的电子商务物流过程。

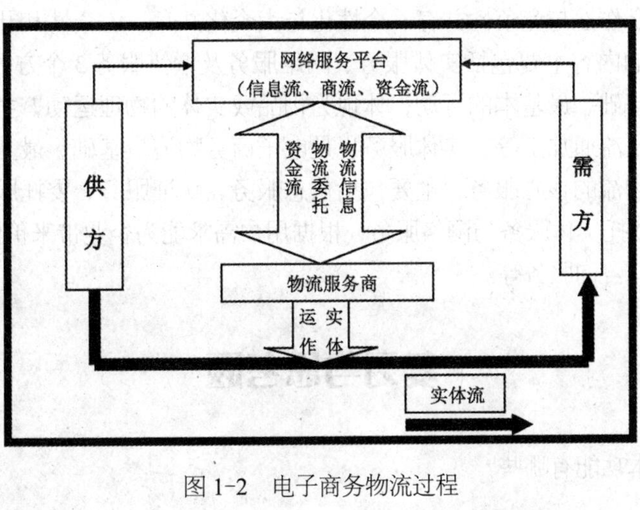

图 1-2　电子商务物流过程

如图 1-2 所示，电子商务物流过程大体包括以下几个方面。

首先，供需双方通过网络平台进行信息的查询、洽谈、签订交易合同等。

其次，物流服务的需方与物流服务的供方（一般为物流服务商）通过网络平台进行信息的查询、洽谈、签订委托合同等。

再次，由物流服务的供方完成物流的实体运作。

最后，根据合同约定，物流服务的需方向物流服务的供方支付物流费用等。

本章小结

物流是指物质资料实体运动及相关运动的总称。作为使用价值的运动形式，物流可以创造空间价值、时间价值和形态价值。运输和储存构成物流实体运动的两大支柱。从社会再生产过程来看，物流不仅存在于社会的生产之中，也存在于社会的流通与消费之中。物流的基本功能包括运输、储存、包装、装卸、流通加工、配送以及物流信息管理等；效率、成本和服务构成了物流的基本目标，实现快速响应、最低库存以及整合运输构成了物流的主要目标。在社会经济发展过程中，物流不仅是国民经济运行的动脉和重要组成部分，而且对社会生产与产业结构优化以及经济增长与竞争力提升有着重要的促进作用。对于企业而言，物流是企业生产经营连续进行的前提条件，是保障商流顺利进行，实现商品价值和使用价值的基础，也是提高企业核心竞争力的重要因素。

电子商务是指在互联网上所进行的商务活动。一般来说，进行电子商务的要素主要包括从事电子商务活动的主体、工具与对象以及相应的环境等。与传统商务活动相比较，电子商务活动具有电子化、低成本化以及高效化等特点。一般来说，电子商务业务活动主要由信息流、商流、物流以及资金流 4 部分所组成。其中，信息流是先导，决定着商流、物流以及资金流的规模与结构；商流是核心，是进行电子商务活动的目的；物流、资金流是支撑，是保证商流活动顺利进行的基础。产品不同、主体不同、目的不同，电子商务的流程也会不同。一般来说，电子商务的基本流程可分为交易前、交易中和交易后 3 个阶段。

电子商务物流是指以互联网为基础所进行的物流活动。技术、理论与市场构成了电子商务物流发展的三大基础。与传统物流相比较，电子商务物流具有信息化、网络化、自动化、智能化以及柔性化等特点；与电子商务活动相比较，电子商务物流具有实体性与虚拟性并存、实时性与预测性并存、合作性与竞争性并存、个性化与大众化并存、安全性和开放性并存等特点。电子商务物流服务的内容主要包括实体服务、网络服务及增值服务 3 个方面。其中，实体运动是电子商务物流最基础、最基本的运动，体现为物品或实体的物理运动，主要包括包装、装卸搬运、运输、储存及流通加工等。实体服务也是电子商务物流最基础、最基本的物流服务；网络服务是电子商务物流的核心服务，主要包括信息服务、认证服务、委托服务及相关的网络服务等；增值服务是依托实体服务与网络服务，根据用户需求能为企业带来价值增值的物流服务，主要包括金融服务、咨询服务等。

复习与思考题

（1）物流的基本功能有哪些？

（2）简述物流的目标与作用。

（3）电子商务业务的内容及其关系。

（4）电子商务基本流程与主要内容。

（5）电子商务物流的服务内容。

（6）电子商务物流的特点。

案例分析：八挂来网

“八挂来网”[①]（http://www.8glw.com/），是由河南安阳市交通部门与中国移动安阳分公司、北京掌讯集团合作发展起来的我国第一家免费为客户提供货源和运力信息的专业物流信息网站。经过两年运转，“八挂来网”由最初的一个物流网站发展成为以网站数据库为基础，包含网站、物流客户端、物流手机 WAP、物流手机短信、集成型 GPS 卫星定位系统和网络通话六个平台的“物流一库六平台系统”，它不仅满足了用户随时随地查询物流信息的要求，而且对于改变物流信息传统的传输方式、无缝对接物流各个环节、提高物流信息化建设有着不可或缺的作用，真正树立了“货找车、车找货，八挂来网当媒婆”的品牌。同时，解决了传统物流行业目前发展的瓶颈，满足了行业的迫切需求，帮助广大物流企业极大地降低成本、提高效率、提升经营业绩，实现了巨大的经济效益和社会价值，并推动了区域经济更好更快的发展。

2008 年 4 月，“八挂来网”物流信息系统在全省推广，至 8 月该系统每日有效物流信息量在 50 万条左右，最高单日信息量达 160 万条，月成交量超过 6 万条，日点击次数约 5 万余次，用户平均在线时间达 6 小时左右，物流信息系统注册用户达 1.4 万余户。通过该系统减少的空驶行程达 2.1 亿千米，共计节省 4 200 万升燃油，相当于节省了 2.52 亿元燃油费。仅安阳地区的空驶率就由 2006 年的 53%降低至 2008 年 11 月的 38%，里程利用率提高了 15%。

2008 年 10 月 21 日，交通运输部节能减排示范项目推广组专家对由河南省交通厅道路运输局实施的河南省物流系统——“八挂来网”进行调研评审。专家通过深入考察“八挂来网”，对数据信息以及用户反馈进行仔细调研评审后表示，河南省道路运输局推广的“八挂来网”物流信息系统，提高了货物运输的规模效益，为节能减排奠定了物质基础；科技信息化手段的应用增强了信息处理能力，为优化资源配置提供了技术支撑，显著降低了社会物流成本，有效减少了车辆空驶行程，提高了运输效率，减少了能源消耗。该项目经验日趋成熟，社会效益显著，生态效益明显，经济效益正在逐步显现，在道路货运行业具有广泛的应用价值。据此，“八挂来网”已被国家交通运输部列为全国 20 个节能减排示范项目中唯一的物流信息项目，将在全国交通系统推广。

2011 年“八挂来网”迁入郑州，是全国首家公共物流信息货运平台。截至 2015 年底，河南省共有货车 146 万辆，其中大型货车 60 万辆，经营者 42 万户。目前，“八卦来网”的主要产品包括掌运通、物流宝、空中停车场、陆路运输管理交易平台以及远程继续教育等。

请上网查阅“八卦来网”的服务内容等，并对其进行分析。

[①]资料来源 http://www.8glw.com/index.asp.

第 2 章

电子商务物流系统

本章概要

本章主要阐述电子商务物流系统的概念、特点和分类，探讨电子商务物流系统的几种基本模式以及物流系统合理化的途径，介绍电子商务物流系统的分析和设计。

2.1 电子商务物流系统的概念及特点

2.1.1 电子商务物流系统的概念

物流系统是指在一定时间和空间内，由所需位移的物资与包装设备、装卸机械、运输工具、仓储设施、人员等若干互相制约的动态要素所构成的有机整体。

结合电子商务自身特点以及行业发展趋势，我们认为，电子商务物流系统是信息化、现代化、社会化和多层次的物流系统。该系统主要是指针对电子商务企业的需要，采用网络化的计算机技术和现代化的硬件设备、软件系统及先进的管理手段，严格地、守信用地进行一系列分类、编配、整理、分工和配货等理货工作，定时、定点、定量地交给没有范围限制的各类用户，满足其对商品的需求。

新型的电子商务物流系统可以使商品流通较传统的物流和配送方式更容易实现信息化、自动化、现代化、社会化、智能化、合理化和简单化，既减少生产企业库存，加速资金周转，提高物流效率，降低物流成本；又刺激了社会需求，有利于整个社会的宏观调控；也提高了整个社会的经济效益，促进市场经济的健康发展。

2.1.2 电子商务物流系统的构成

正如前面定义所描述的，物流系统是由采购、运输、储存、装卸搬运和配送等各环节所组成的，它们也可以称为物流的子系统。作为物流系统的输入是运输、储存、搬运和装卸等环节所耗费的劳务、设备及材料等资源，经过处理转化成为物流系统的输出，即物流服务。

电子商务物流系统与传统的物流系统并无本质的区别，不同之处就在于电子商务物流系统突出强调一系列电子化、机械化、自动化工具的应用，以及准确、及时的物流信息对物流过程的监督，它更加强调物流的速度、物流系统信息的通畅和整个物流系统的合理化。在电子商务交易的实物流的流动过程中，利用畅通的信息流把相应的采购、运输、仓储、配送等业务活动联系起来，使之协调一致，这是提高电子商务物流系统整体运作效率的必要途径。图 2-1 所示为一个简单的电子商务物流系统。

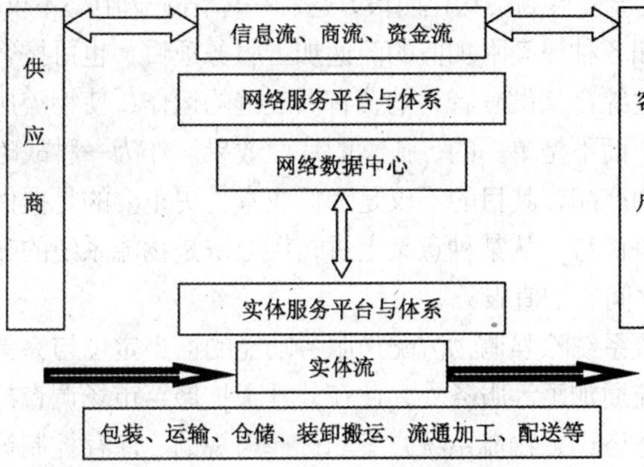

图 2-1 电子商务物流系统结构示意图

电子商务对物流系统结构的影响主要表现在以下几个方面。

（1）传统中介功能逐渐弱化。由于网上客户可以直接面对制造商并可获得个性化服务，所以，传统物流渠道中的批发商和零售商等中介功能将被逐步弱化，但是区域销售代理将受制造商委托逐步加强其在渠道和地区性市场中的地位，作为制造商产品营销和服务功能的直接延伸。

（2）运输范围的扩大和速度的提高。由于网上时空的“零距离”特点与现实世界的反差增大，客户对产品的可得性的心理预期加大，以致企业交货速度的压力变大。因此，物流系统中的港、站、库、配送中心、运输线路等设施的布局、结构和任务将面临较大的调整。例如，尤尼西斯公司在 1988 年采用了 EDI 的 MRP 系统后，将其欧洲区的 5 个配送中心和 14 个辅助仓库缩减为 1 个配送中心。在企业保留若干地区性仓库以后，更多的仓库将改造为配送中心。由于存货的控制能力变强，物流系统中仓库的总数将减少。随着运管政策的逐步放宽，更多的独立承运人将为企业提供更加专业化的配送服务，配送的服务半径也将加大。

（3）组织结构趋向分散。由于信息共享的即时性，使制造商在全球范围内进行资源配置成为可能，因而，其组织结构将趋于分散并逐步虚拟化。当然，这主要是那些拥有品牌的、产品在技术上已经实现功能模块化和质量标准化的企业。

（4）特殊物流系统趋于隐形化。由于大规模电信基础设施的建设和发展，将使那些能够在网上直接传输的有形产品的物流系统隐形化。这类产品主要包括书报、音乐、软件等，即已经数字化的产品的物流系统将逐步与网络系统重合，并最终被网络系统取代。

2.1.3 电子商务物流系统的特点

电子商务物流系统定位于为电子商务的客户提供服务。它是对整个物流系统实行统一信息管理和调度，按照用户订货要求，在物流基地进行理货工作，并将配好的货物送交收货人的一种物流方式。这种体系要求物流系统提高服务质量、降低物流成本及优化资源配置。为了达到上述目的，电子商务物流系统需要具备以下主要特点。

1. 功能集成化、服务系列化

电子商务物流系统着重于将物流与供应链的其他环节进行集成，包括物流渠道与商流渠道的集成、物流渠道之间的集成、物流功能的集成、物流环节与制造环节的集成等。物流系统的竞争优势主要取决于它的功能整合与集成的程度。

在电子商务时代，物流发展到集约化阶段，这种一体化配送中心不仅提供仓储和运输服务，还必须开展配货、配送和各种提高附加值的流通加工服务项目，也可按客户的需要提供其他服务。现代供应链管理通过综合从供应者到消费者供应链的运作，使物流达到最优化。企业追求全面的系统的综合效果，而不是单一的、孤立的片面效果。作为一种战略概念，供应链也是一种产品，而且是可增值的产品，其目的不仅是降低成本，更重要的是提供用户期望以外的增值服务，以产生和保持竞争优势。从某种意义上讲，供应链是物流系统的充分延伸，是产品与信息从原料到最终消费者之间的增值服务。

在电子商务下，物流系统除强调物流配送服务功能的恰当定位与完善化、系列化以及传统的储存、运输、包装和流通加工等服务外，还在外延上扩展至市场调查与预测、采购及订单处理，向下延伸至物流配送咨询、物流系统方案的选择与规划、库存控制策略建议、货款回收与结算、教育培训等增值服务，而且在内涵上提高了以上服务对决策的支持作用。

2. 系统复杂化、动态化

电子商务物流系统与传统物流系统相比更为复杂，这主要是由电子商务自身特点所决定的。电子商务要求物流系统提供更加完备、迅速和灵活的服务，并随时保持物流信息的畅通。符合电子商务快捷和灵活要求的物流系统将比以往的物流系统更为复杂，而且需要具有一定的柔性，以随时根据环境和需求变化进行动态调整。

3. 手段现代化、流程自动化

电子商务下的物流系统使用先进的技术、设备与管理为销售提供服务，生产、流通和销售的规模越大，范围越广，物流配送技术、设备及管理越现代化。而物流系统流程自动化是指运送规格标准、仓储、货箱排列装卸、搬运等按照自动化标准作业，商品按照最佳配送路线配送，等等。

4. 组织网络化、实施规模化

互联网的无边界性特点导致了电子商务客户区域的离散性与不确定性，显然，过于分散的配送网络不利于物流企业实施集中的批量配送。但随着现代通信技术和网络技术的发展，构建跨地区的物流网络已经成为可能。为了保证对产品提供快速、全方位的物流支持，电子商务物流系统就需要建立全国性、规模性的物流网络，以保证整个物流配送网络有最优化的库存水平及库存分布。

5. 经营市场化、企业信息化

电子商务物流系统的具体经营采用市场机制，无论是企业自营物流，还是委托第三方物流企业承担物流工作，都必须确保整个物流系统以最小的输入得到最佳的物流服务效果。在电子商务下，物流业要以服务市场为首要宗旨。从当前物流的现状来看，物流系统不仅要为本地区服务，还要做长距离的服务。因此，如何满足市场需要便成了物流系统的中心课题。此外，物流系统不仅要与生产厂家保持紧密的伙伴关系，而且要直接与客户联系，能及时了解客户的需求信息，起着沟通厂商和客户的桥梁作用。

在电子商务时代，要提供最佳的服务，物流系统必须要有良好的信息处理和传输系统。物流信息化不仅包括存储、运输等物流活动的信息管理和信息传送，还包括为物流过程中的各种决策活动提供支持，即充分利用计算机分析物流数据、进行决策、降低成本和提高效率。

大型的配送公司一般都建立了有效客户信息反馈（Efficient Customer Response，ECR）和准时生产（Just In Time，JIT）系统。一般仓库商品的周转次数每年为 20 次左右，若利用客户信息反馈这种有效手段，可增加到 24 次，使仓库的吞吐量大大增加。通过 JIT 系统，配送公司可从零售商店很快地得到销售反馈信息。配送不仅实现了内部的信息网络化，而且增加了配送货物的跟踪信息，从而大大提高了物流企业的服务水平，降低了成本，增强了竞争力。

2.2　电子商务物流系统的合理化

物流的各种功能是相互联系的，只有整体考虑和综合管理物流系统的各个子系统，才能有效地推进物流系统的合理化。作为电子商务运作的基础，物流系统的改善可以带来巨大的经济利益。物流系统的合理化对于电子商务企业至关重要，必将成为电子商务企业最重要的竞争领域。如果物流系统的建立不合理，则有可能由于相互抵消作用而导致企业走入恶性循环。

2.2.1　电子商务物流系统合理化的作用

1. 确保物流活动正常运转

电子商务物流系统合理化的作用主要包括以下几个方面：

（1）将商品在适当的交货期内准确地向顾客配送；

（2）满足顾客的订货要求，不缺货；

（3）适当配置仓库和配送中心的位置；

（4）实现运输、装卸和仓储自动化；

（5）确保信息畅通。

2. 降低物流成本和费用

对于电子商务企业来说，物流费用在成本中占有相当大的比重，物流系统合理化可以提高物流作业效率，减少运输费用和仓储包装费用，从而直接达到降低成本的目的。

3. 降低库存

库存控制是物流系统合理化的重要内容，库存控制的目的是通过各种方法使电子商务企业在满足客户需求的前提下把库存控制在合理范围内。

连邦软件在这方面就做得相当出色。连邦软件的物流系统有以下特点。

（1）将商品采购分成首批采购和日常采购。首批采购指对新上市产品进行的第一批采购。在首批采购中，连邦实行谨慎的采购原则，一般根据各地专卖店的订货量以及以往经验来确定采购量。日常采购指日常的采购行为。连邦通常会根据以往销售经验为各种商品订立最高和最低库存量，并根据其确定采购量。

（2）严密的配发货系统。配货是总部根据原先与专卖店的约定配发给各类专卖店的产品，主要强调配发商品的计划性。

（3）厂商直接供货策略。在厂商直接供货的情况下，各地连邦的专卖店都是从厂家直接进货，而资金由总部和厂商统一结算。这样，不仅压缩了总部的库存，提高了工作效率，也加快了物流的速度。

2.2.2 电子商务物流系统合理化的途径

企业要实现物流系统的合理化，必须注意以下几个方面。

1. 仓储合理化

电子商务企业的流动资金大部分是被库存商品所占用的，降低库存可以减少占用的流动资金，加快资金周转速度。但是，库存降低是有约束条件的，它要以满足客户需求为前提。实现仓储合理化要考虑以下几方面的内容。

（1）实行ABC管理。一般来说，企业的库存物资种类繁多，每个品种的价格不同，且库存数量也不等。有的物资的品种不多但价值很大，而有的物资恰恰相反，所以，均给予相同程度的重视和管理是不切合实际的。为了使有限的时间、资金、人力、物力等企业资源能得到更有效的利用，应将管理的重点放在重要的库存物资上，对库存物资进行分类管理和控制。ABC分类管理方法就是将库存物资按重要程度分为特别重要的库存（A类）、一般重要的库存（B类）和不重要的库存（C类）3个等级，然后针对不同等级分别进行管理和控制。ABC分类管理法包括两个步骤：一是进行分类，二是进行管理。

（2）应用预测技术。销售额的估计和出货量的估计需要正确的预测，这是库存管理的关键。由于库存量和缺货率是相互制约的因素，因而要在预测的基础上，制定正确的库存方针，使库存量和缺货率协调，取得最好效果。

（3）科学的库存管理控制。库存管理控制是指使用相关方法、手段、技术、管理及操作方法进行库存控制，通过建立完善的反馈机制，严格控制物资的选择、规划、订货、进货、入库、储存直至最后出库，这些过程的作用结果是实现了人们在满足销售的情况下合理控制库存的目的。

库存控制应综合考虑各种因素，满足以下3个方面要求：第一，降低采购费和购入价格等综合成本；第二，减少流动资金，降低盘点资产；第三，提高服务水平，建立完善的反馈机制，防止缺货。

2. 运输合理化

对于电子商务企业来说，运输是其物流系统的重要组成部分，这是由电子商务自身跨区域的特点决定的。因此，电子商务企业的运输合理化具有重要的意义，合理化的途径主要有以下几个方面。

（1）运输网络的合理配置。应该区别储存型仓库和流通型仓库，合理配置各配送中心，中心的设置应该有利于货物直送比率的提高。

（2）选择最佳的运输方式。首先要决定到底使用水运、铁路、汽车，还是航空。如果使用汽车还要考虑车型以及使用自有车辆还是委托运输公司。

（3）提高运送效率。努力提高车辆的运行率和装载率，减少空车行驶，缩短等待时间或装载时间，提高有效的工作时间，降低燃料消耗。

（4）推进共同运输。提倡部门、集团、行业间的合作以及批发、零售、配送中心之间的配合，提高运输工作的效率，降低运输成本。

当然，运输的合理化还必须考虑包装、装卸等有关环节的配合及其制约机制，必须依赖有效的信息系统，才能实现其改善的目标。

3. 配送合理化

对于电子商务物流系统来说，配送是物流系统中的重要环节之一，国内外推行配送合理化，有一些可供借鉴的办法。

（1）推行具有一定综合程度的专业化配送。通过采用专业设备、设施及操作程序，取得较好的配送效果并降低配送过分综合化的复杂程度及难度，从而追求配送合理化。

（2）推行共同配送。共同配送，可以以最近的路程、最低的配送成本完成配送，从而追求合理化。

（3）推行准时配送。准时配送是配送合理化的重要内容。只有做到了配送准时，用户才有资源把握，可以放心地实施低库存或零库存，有效地安排接货的人力和物力，以追求最高效率的工作。另外，保证供应能力也取决于准时供应。

（4）推行即时配送。即时配送可以体现电子商务企业的竞争优势。即时配送是电子商务企业快速反应能力的具体化，是物流系统能力的体现。即时配送成本较高，但它是整个配送合理化的重要环节。此外，在 B2B 业务中，即时配送也是用户实行零库存的重要手段。

4. 服务合理化

物流服务合理化包括以下几方面的内容。

（1）完善电子商务物流网络服务内容。在完善信息服务的同时，重点完善委托服务以及认证服务等。通过网络服务内容的完善，增强网络服务能力，提升网络服务水平。

（2）构建合理的商业运营模式。以增强核心竞争力为目标，大力提升客户服务水平，构建供应链商业运作模式。

（3）充分发挥技术的应用作用。通过技术的应用，完善服务内容、扩充服务范围、优化服务结构，实现服务的智能化、高效化与低成本化。

（4）实现管理方法的科学化。依据电子商务物流的特点，结合企业的实际情况，选择科学的管理方法，实现网络服务的合理化。

5. 成本合理化

物流成本合理化管理主要包括以下内容。

（1）物流成本预测和计划。成本预测是对物流成本指标和计划指标实现进行测算平衡，寻找价格的物流成本的有关技术经济措施，以指导成本计划的制订。而物流成本计划是成本控制的主要依据。

（2）物流成本计算。在计划开始执行后，对产生的生产耗费进行归纳，以适当方法进行计算。

（3）物流成本控制。采取各种方法严格控制和管理日常的物流成本支出，使物流成本减到最低限度，以达到预期的物流成本目标。

（4）物流成本分析。对计算结果进行分析，检查和考核成本计划的完成情况，找出影响成本升降的主客观因素，总结经验，发现问题。

（5）物流成本信息反馈。收集有关数据和资料并提供给决策部门，使其掌握情况并加强成本控制，保证规定目标的实现。

（6）物流成本决策。根据物流成本信息反馈的结果，决定采取以最少耗费获得最大效果的最优方案，以指导今后的工作，更好地进入物流成本管理的下一个循环过程。

6. 健全物流信息系统

为了有效地对物流系统进行管理和控制，必须不断完善与优化信息系统。电子商务时代最大的特征就是以信息为主，所以物流信息系统建设要求有更高的起点。电子商务物流信息系统建设一般要具备以下几方面内容。

（1）即时有效的物流管理系统。它需要提供即时准确的物流信息，充分满足物流系统各项作业需求，并能整合相关的硬件设备与软件系统，提供格式化的表单，由进货入库到出库运送的各个作业环节，均能做到灵活的管理与控制。

（2）运输规划与安排系统。鉴于电子商务跨地区的特点，物流系统的运输规划及安排就显得非常重要。在运输作业及管理需求上，它要能提供全面性的运输作业信息管理，能够有效地处理运（配）送时间、运（配）送路线、人员薪资/运货账款、相关设备及客户订单等管理事项。同时，该系统也能提供整体运输作业中全程的管理功能，包括装卸和车辆专用场管理、回程载运管理等。

（3）订货管理系统。订货管理是一套完整的账务处理系统，它能处理物流中心每项货品的销售过程，控制每项货品的明确资料，其过程包括从电子商务客户下达订单开始到开立账单，直到信息进入仓储管理系统进行配送业务。

（4）物流运作决策支持系统。物流运作决策支持系统的设计是针对进一步提高物流作业水平的一套决策支持系统。这个系统通过界面连接物流管理系统，成为一个高层管理者实现管理控制的工具。它能协助管理人员，在复杂的物流作业决策上，迅速而有效地做出正确的决定。

需要强调的是，物流系统的合理化追求的并非只是各个单一环节的合理化，而是应从整体效益出发，力求在确保实现整体目标的前提下，对各个物流环节进行优化。

2.3 电子商务物流系统的分析与设计

2.3.1 电子商务物流系统的分析

系统分析是指利用科学的分析工具和方法，从系统整体最优角度出发，对系统进行定性和定量分析，并确定系统的目标、功能、环境、费用和效益等一系列问题，抓住系统中需要决策的若干关键问题；根据其性质和要求，在充分调查研究和掌握可靠信息资料的基础上，确定系统目标，提出为实现目标的若干可行方案；通过模型进行方针试验、优化分析和综合评价，最后整理出完整、正确、可行的综合资料，从而为决策提供充分依据。

物流系统是多种不同功能要素的集合。各个要素相互联系、相互作用，形成众多的功能模块和各级子系统，使整个系统呈现多层次结构，体现出固有的系统特征。通过对物流系统进行系统分析，企业可以了解物流系统各部分的内在联系，把握物流系统行为的内在规律性。所以，不论从系统的外部还是内部、设计新系统还是改造现有系统，系统分析都是非常重要的。

1. 电子商务物流系统分析的功能与作用

物流系统分析的运用范围很大，它研究的主要问题是如何使物流系统的整体效益达到最优化。在经济管理中，物流系统分析主要有以下几方面作用。

（1）制定经济发展规划和计划。运用规划论的分析方法寻求对于各种资源条件、统计资料及生产经营目标的优化方案，并综合其他相关因素，在保证物流系统协调一致的前提下，对物流系统的输入和输出进行权衡，从这些优化方案中选择一个比较满意的规划和计划方案。

（2）重大物流项目的组织管理。运用网络分析的方法对大型电子商务物流系统项目的各个部分进行全面的计划协调和安排，以保证工程项目的各个环节密切配合，保质保量地如期完成项目。

（3）资金成果管理。对物流费用进行预算控制，对物流活动所采取的先进技术和革新措施进行盈亏平衡分析，确定一种经济合理的措施或方案。

（4）仓库和配送中心。新建一个仓库或配送中心，必须对当地的地理位置、交通运输状况、技术条件、能源供应，以及市场状况等客观条件与环境因素，运用物流系统分析的方法论证技术上的先进性、经济上的合理性以及建设上的可行性，以选择最优的建设方案。

2. 电子商务物流系统分析的过程

任何问题的研究与分析都有其一定的逻辑推理步骤，物流系统分析的步骤也符合逻辑推理的一般步骤，如图 2-2 所示。

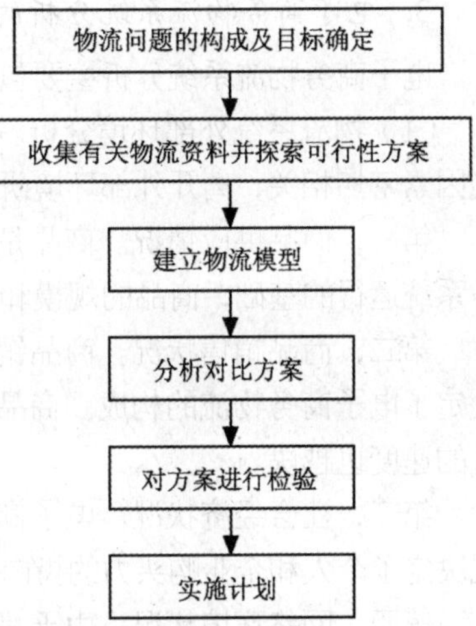

图 2-2　电子商务物流系统分析的过程

（1）物流问题的构成及目标确定。当一个研究分析的物流问题确定以后，首先要将问题做系统化与合乎逻辑的叙述，其目的在于确定目标，说明问题的重点与范围，以便进行分析研究。

（2）收集有关物流资料并探索可行性方案。在问题构成之后，就要拟订大纲和确定分析方法，然后依据已经搜集的有关资料找出其中的相互关系，寻求解决问题的各种可行方案。

（3）建立物流模型。为了便于分析，应建立物流系统的各种模型，利用模型预测每一种方案可能产生的结果，并根据其结果定量说明各方案的优劣与价值。模型的功能在于组织需求，及时获得解决实际问题所需要的指示或线索。模型只是显示过程的近似描述，如果它说明了所研究的物流系统的主要特征，就可以算作是一个满意的模型了。

（4）分析对比各种物流可行性方案，进行综合评价。利用模型和其他资料所获得的结果，将各个方案进行定量和定性的综合分析，显示出每一项方案的利弊得失和成本效益。同时，要考虑到各种有关的无形因素，如政治、经济、军事和理论等，将所有因素加以合并、考虑、研究，以获得综合结论。

（5）对方案进行检验与核实。由决策者根据更全面的要求，以试验、抽样及试运行等方法鉴定所得结论，提出应该采取的最佳方案。

（6）实施计划。根据分析的结果，按照选定的方案对物流系统进行具体实施。如果实施过程比较顺利或者遇到的困难不大，则只要对方案略做修改和完善即可确定下来。如果问题较多，则需要重复以上几个步骤不断修改完善。

物流系统的系统分析必须回答下面 6 个问题，有人把其归纳为解决问题的“5WH”，即 What、Why、When、Who、Where、How。例如，假设接受了某个电子商务物流系统的开发项目，那么接下来就必须设定问题，如果拟定下列疑问句就容易抓住问题的要点。这 6 个问题的具体内容如表 2-1 所示。

表2-1 电子商务物流系统分析涉及的6个问题

问 题	具体说明
What	项目的对象是什么？即电子商务物流系统要做什么？
Why	这个项目的目的是什么？即电子商务物流系统为什么应该是这个样子？
When	项目在什么时候和什么情况下使用？即什么时候需要使用电子商务物流系统？
Where	使用的场所在哪？即电子商务物流系统在什么地方运行？
Who	为谁服务？即为谁提供电子商务物流系统的服务？
How	怎样才能解决问题？即如何建立电子商务物流系统？

3. 电子商务物流系统分析的内容

电子商务物流系统分析主要包括两个方面，即物流系统外部环境分析和物流系统内部分析。

（1）物流系统外部环境分析。电子商务物流系统的外部环境非常复杂，物流与各种外部环境因素密切相关，离开外部环境研究物流系统是不可能的。

第一，商品供应情况。商品是电子商务的主体，具有一定数量和品质的商品供应是电子商务系统运行的基础，商品的规模和构成决定了电子商务物流系统的深度和广度。

第二，商品销售状况。商品销售的规模决定了电子商务物流系统的规模，销售商品的结构决定了电子商务物流的构成。商品销售的速度越快，则要求商品采购的速度越快，从而要求物流的速度也越快。

第三，社会经济状况。电子商务和传统商务一样，归根结底是以货币为媒介。社会经济状况决定了个人和企业购买力的投向，电子商务也必然受其影响，从而间接影响物流系统。

第四，网络环境状况。由于我国网络建设起步较晚，地区经济发展又极不平衡，因此电子商务的发展很不均衡，在进行电子商务物流系统分析时，需要对该地区的网络环境以及发展潜力进行充分细致的调查分析，从而确定该地区物流系统的规模和水平。

第五，国家的方针、政策和制度也影响着电子商务物流系统的发展。

（2）物流系统内部分析。电子商务物流系统内部的具体分析内容有以下几项。

第一，商品需求变化的特点、需求量、需求对象、需求构成以及所涉及的需求联系方法。

第二，物流系统内部各子系统的有关物流活动的数据，包括采购、仓储和运输等。

第三，构成物流系统的新技术、新设备和新要求等。

第四，库存数量、品种、分布情况、季节性销售、产品质量，以及顾客的各种反馈意见等。

第五，运输能力、运输方式，以及商品运输要求的条件等。

第六，各种物流费用的占用和支出等。

4. 电子商务物流系统分析的原则

一个物流系统由许多要素组成，各要素之间相互作用。它既受外部环境的影响，也受内部因素的制约。因此，在进行物流系统分析时应该遵循以下原则。

（1）内部因素与外部环境相结合的原则。物流系统不是一个孤立的系统，它是一个与社会环境紧密相连的、开放性的系统，其中尤以电子商务物流系统与社会环境的关系最为密切。它受到外部社会、经济、政策以及科学技术等一系列要素的影响，并主要受产品供应状况、需求情况、社会经济状况和网络发展状况的制约。而物流系统内部，装卸、运输、仓储、信息处理、管理制度与管理组织等各个方面也都影响着电子商务的物流系统。所以，在进行电子商务物流系统分析时，要按照上一小节中所说的那样，不仅要注意物流系统内部各环节的协调发展，更要对外部环境进行分析。这样，将系统内、外部的各种关联因素结合起来，综合分析、统一考虑，才能使电子商务物流系统正常运转。

（2）当前利益与长远利益相结合的原则。在进行电子商务物流系统方案的选择时，既要考虑当前利益，又要考虑长远利益。如果所采用的方案对于当前和长远都非常有利，这样当然最为理想。但是如果方案对当前不利，而对于长远有利，则需要通过全面分析论证后再做结论。一般来说，只有兼顾当前利益和长远利益的电子商务物流系统，才能称为一个好的电子商务物流系统。

（3）局部利益与整体利益相结合的原则。在分析物流系统时，最理想的状态是既可以保证物流系统的整体利益最大，也可以保证各个子系统的利益最大。但是我们常常会发现，物流系统各个子系统的局部效益与整个物流系统的效益往往并不一致，这主要是因为各个物流环节是相互影响和相互制约的。系统分析的准则是整体利益最大，在这一前提下，尽管某一子系统未获得最大利益，只要方案的整体效益最优，这种方案仍然是可取的。

（4）定量分析与定性分析相结合的原则。物流系统分析不仅要进行定量分析，也需要进行定性分析。物流系统分析总是遵循着“定性—定量—定性”这样一个循环往复的过程，不了解物流系统各个方面的性质，就不可能建立起探讨物流系统定量关系的数学模型。同样，通过数学模型得出的结果，也需要重新用于物流系统设计的过程中。另外，在物流活动中有一些问题可以数量化，如运输能力、仓储水平和物流成本等；另一些却做不到数量化，如物流政策和制度等。所以，只有将定性和定量二者结合起来综合分析，才能达到物流系统整体优化的目的。

5. 电子商务物流系统分析的方法

为了实现系统开发、计划、设计和应用，需要定量或者定性地分析和掌握系统的功能和特性。在物流研究中，定量的系统分析和系统综合已经受到人们更多的重视。模型是开展这项工作的有效工具，模型化是开展这项工作的前提和基础。

（1）物流系统模型化的概念和意义。模型是对系统的特征及其变化规律的一种表示或抽象，而且往往是对系统中那些所要研究的特定特征变量的抽象。模型可以表现实际系统的各个组成因素及其相互之间的因果关系，反映实际系统特征，但又高于实际系统，而且具有同类系统的共性，有助于解决被抽象的实际系统。

物流系统模型化就是把系统中各个组成部分的特征以及变化规律数量化、组成部分之间的关系方程式化。为了实现物流系统合理化，需要在物流系统的规划与运行过程中不断做出科学的决策。由于物流系统结构与行为过程的复杂性，只有综合运用定性、半定量与定量分析方法，才能建立恰当的物流系统模型，进而求得最佳的决策结果。因此，物流系统模型化是物流合理化的重要前提。

（2）物流系统建模的方法。物流系统建模的方法有优化方法、模拟方法和启发式方法，现分别介绍如下。

① 优化方法。优化方法是运用线性规划、整数规划和非线性规划等数学规划技术来描述物流系统的数量关系，以便求得最优决策。由于物流系统庞大而复杂，建立整个系统的优化模型一般比较困难，而且用计算机求解大型优化问题的时间和费用开销过大，因此，优化模型常用于物流系统的局部优化，并结合其他方法求得物流系统的次优解。

② 模拟方法。模拟方法是利用数学公式、逻辑表达式、图表和坐标等抽象概念来表示实际

物流系统的内部状态和输入/输出关系，以便通过计算机对模型进行试验，通过试验取得改善物流系统或设计新的物流系统所需要的信息。虽然模拟方法在模拟构造、程序调试、数据整理等方面的工作量很大，但由于物流系统结构复杂、不确定的情形多，因而，模拟方法仍以其描述和求解问题的能力优势成为物流建模的主要方法。

③ 启发式方法。启发式方法是针对优化方法的不足，运用一些经验法则来降低优化模型的数学精确程度，并通过模仿人的跟踪校正过程求取物流系统的满意解。启发式方法能同时满足详细描述问题和求解的需要，比优化方法更为实用；其缺点是难以知道什么时候好的启发式解已经被求得。因此，只有当优化方法和模拟方法不必要或不实用时，才使用启发式方法。

除以上 3 种方法外，一个物流决策通常有多种建模方法，同时，一种建模方法也可用于多个物流决策。对于采用各种方法所建立的模型，需要达到以下 3 个方面的基本要求。

第一，保持足够的精度。模型应该反映物流系统中本质的因素，去掉那些非本质的因素，但又不能影响模型反映现实的真实程度。

第二，简单实用。模型既要精确，又要力求简单。如果模型过于复杂，不仅难以推广，而且费用高。

第三，尽量借鉴标准形式。在模拟某些实际对象时，如有可能，应该尽量借鉴一些标准形式的模型，这样可以利用现有的数学方法或其他方法解决问题。

2.3.2 电子商务物流系统的设计

1. 电子商务物流系统设计的目标

电子商务物流是指从产品采购到销售并送达客户手中这样一个范围很广的系统。因此，物流系统设计的目标就是要把其中的各个环节联系起来看成一个整体进行设计和管理，以最佳的结构和最好的配合，充分发挥其系统功能和效率，实现电子商务整体物流合理化。物流系统设计所要达到的具体目标主要有以下几个方面。

（1）服务性（Service）。在为用户服务方面要求做到无缺货、无货物损伤和丢失等现象，且费用便宜。

（2）快捷性（Speed）。要求把货物按照用户指定的地点和时间迅速送达，为此可以把配送中心建立在供给地区附近，或者利用有效的运输工具和合理的配送计划等手段。

（3）有效地利用面积和空间（Space Saving）。对城市市区面积的有效利用必须加以充分考虑，应该逐步发展立体化设施和有关物流机械，求得空间的有效利用。

（4）规模适当化（Scale Optimization）。应该考虑物流设施集中与分散的是否适当、机械化与自动化如何合理利用、情报系统的集中化所要求的电子计算机等设备的利用等。

（5）库存控制（Stock Control）。库存过多需要更多的保管场所，而且会产生库存资金积压，造成浪费。因此，必须按照生产与流通的需求变化对库存进行控制。

上述物流系统设计的目标简称为 5S，要实现以上目标，就要进行研究，把从采购到消费的整个物流过程作为一个流动的系统，依靠缩短物流路线以及使物流作业合理化和现代化，降低其总成本。

2. 电子商务物流系统设计的要素

在进行电子商务物流系统设计过程中，需要使用以下几方面的基本数据：

（1）所研究商品的品种、品目及特殊的配送需求等；

（2）商品数量的多少以及年度销售目标的规模和价格；

（3）商品的流向以及各配送中心的销售量等；

（4）服务水平、产品的配送速度和商品质量等；

（5）时间及不同的季度、月、周、日、时各种产品销售量的波动和特点等；

（6）物流成本。

3．电子商务物流系统设计应注意的问题

电子商务物流系统的设计必须集思广益，提出尽可能多的可供选择的方案。在设计过程中，应该注意以下问题。

（1）收集电子商务物流系统的原始数据。这是规划设计电子商务物流系统的依据，也是电子商务物流系统今后能否满足实际需要的关键。需要收集的数据主要有以下几类。

① 商品特性。它包括商品的储存方法、尺寸、形状、重量、是否耐压、耐冲击、对环境温度和湿度的要求、储存期长短对于商品质量的影响、商品本身对于环境的影响、在搬运过程中是否需要密封、在搬运过程中是否需要消除可能产生的静电、各种商品之间有何影响，以及是否可以储存在一起。

② 商品流量。首先，从整体角度掌握进入和流出物流系统的总商品流量，包括最大值、最小值、平均值及概率分布。其次，调查流程中各环节的输入输出量及频率，并分析预测以后的发展规划，估计可能达到的最大物流流量。

③ 环境条件。它主要指物流系统的输入输出接口条件，包括接口的设备、场地等条件。例如，物流系统输入端和输出端的运输工具是汽车、火车、轮船，还是其他运输设备。

④ 经济数据。例如，如劳务费用、维护费用、设备费用、建筑费用、土地费用、运输费用、贷款利息、投资限额及最小收益等。

⑤ 商品搬运设备的数据。它包括现有的可供选择的各种搬运设备的能力、技术性能、使用寿命和售价等数据。

（2）明确方案中的可控因素和不可控因素。物流系统的任何方案都要满足一定的条件，以达到规定的目标。方案中必然有设计人员无法左右的各种前提条件，即不可控因素。例如，对于仓库的物流而言，出入库频率和出入库数量是必须满足的一个要求，基本上是规划设计人员不能更改的。但是，方案中也必然有一些可以由规划设计人员在一定范围内选取的变量。例如，仓库收发货站台的位置和数量、搬运设备的载重量和作用速度，以及物流系统的运行政策（先入先出或先入后出、就近入库或就近出库等）都是可控因素，明确了所有可控因素和不可控因素，就能明确如何去影响系统的性能，达到所追求的目标。

物流系统的设计就是通过调整可控因素，观察系统性能的变化趋势，从而选择可控因素的最佳匹配，达到系统的最佳效果。

物流系统的功能除了受可控因素的影响外，还与不可控因素有密切的关系。通常，不可控因素不是非常确定的，例如，电子商务企业销售量的多少，以及商品到货日期和数量等都是一些假设。当然这些假设必须具备一定的依据，或者是历史资料，或者是商务合同。在这些假设基础上，规划设计的物流系统通常可以满足实际需要。但是，如果对这些假设没有十分的把握，则可以通过不可控因素考察物流系统的敏感性。如果发现物流系统对不可控因素非常敏感，即物流系统功能表现出较大波动，那就需要十分慎重地确定这些不可控因素，或者在规划设计中留有充分的余地，以免建成以后的物流系统不能满足实际需要。

2.3.3 电子商务物流系统的评价

1. 电子商务物流系统评价的原则

对于一个电子商务物流系统进行评价往往是一项非常复杂而又重要的任务，系统评价不仅仅在选择事实方案之前进行评价，还要对实施过程中的方案跟踪评价、对实施完成后的物流系统进行回顾评价，以及对已经投入运行的物流系统进行运行现状评价。

评价的主要目的是判定物流系统是否达到了预定的各项性能指标，能否在满足各种内外约束的条件下实现物流系统的预定目标。由于各个电子商务企业物流系统的目标各有侧重，因此物流系统评价的标准、考虑的因素、使用的方法、评价的过程和步骤也是各不相同的。

但总的来说，物流系统评价必须遵循以下原则。

（1）保证评价的客观性。评价的目的就是为了决策，因此，只有保证了评价的客观性，确保资料的全面、可靠和正确，并防止评价人员的倾向性，才能实现决策的正确性。

（2）保证方案的可比性。替代方案在保证实现系统的基本功能上要有可比性和一致性。个别方案功能突出，内容有新意，也只能说明其相关方面，并不能以偏概全，替代其他方面的内容。

（3）确保方案指标的系统性。评价指标是指为了达到系统的目的，从系统众多的输出特性中选择的一整套衡量指标。实际上，是对显示复杂系统的一种简化。评价指标具有评价标准和控制标准的双重功能，要包括系统目标所涉及的一切方面，具备可查性、可比性和定量性，而且对于定性问题要有恰当的评价指标，以保证评价不出现片面性。

2. 电子商务物流系统评价的标准

对物流系统进行评价需要有一定的评价标准，这样才能衡量物流系统实际的运行状况。要对各种物流系统做出客观公正的评价，就应该根据各个系统的不同情况制定出评价的标准。通常评价标准包括以下几项。

（1）经济性。它包括初始投资、每年的运营费用、直接或间接的经济效益、投资回收期，以及全员劳动生产率等。

（2）可靠性。它包括电子商务物流系统各个环节的可靠性和整个系统的可靠性、技术的成熟程度、设备故障率和排除故障所需时间。

（3）灵活性。它包括电子商务物流系统各环节与企业销售节奏相匹配的能力，以及调整物流路线的可能性。

（4）安全性。它包括商品的安全和人员的安全，以及正常运行和紧急状态下的安全保障。

（5）易操作性。操作简单，不容易发生错误，只需要少量指令就可以使设备和整个系统投入运行。

（6）可扩展性。电子商务物流系统的服务范围和吞吐能力方面有进一步扩大的可能性。

（7）劳动强度。电子商务物流系统需要分析劳动力的数量以及劳动者的劳动强度。

（8）服务水平。电子商务物流系统对于顾客要求做出快速响应的能力。

（9）敏感性。电子商务物流系统对于外界环境条件发生变动的敏感程度。

在具体对一个电子商务物流系统进行评价时，可以根据所确定的每一项评价标准的重要程度分别赋予权重，用加权平均的方法对物流系统进行综合评价。

3. 电子商务物流系统评价的方法

由于各个电子商务物流系统的结构、性能及评价因素，因此评价的方法也各有不同。我们应该根据各个系统的不同情况来选择系统评价方法。目前国内外系统评价使用的方法很多，一般可以分为 3 类：定量分析评价、定性分析评价和两者相结合的评价方法。

从评价因素的个数来分，又可以分为单因素评价和多因素评价两种。前者就是在进行物流系统评价时，各个评价方案只考虑一个主要因素，如物流成本、营业利润等。而多因素评价则是在进行物流系统方案评价时，同时考虑两个或两个以上的主要因素。

从时间上来看，物流系统评价主要可以分为两类：一是对物流现状进行系统评价，从而对显示系统有一个全面的了解，为系统调整和优化提供基础信息和思路；二是研究物流项目的可行与否及效益大小，从而为最终决策提供辅助信息。

4. 电子商务物流系统评价过程

评价是根据明确的目标来测定对象系统的属性并将这种属性变为客观定量的计算值或主观效用的行为过程。物流系统评价和物流系统工程的其他步骤一样，本身也要遵循一定的步骤，图 2-3 显示了物流系统评价的过程。

（1）明确评价目的和评价内容。

（2）确定评价因素。

（3）确定评价指标体系。

（4）确定评价准则。

（5）确定评价方法。

（6）单项评价。

（7）综合评价。

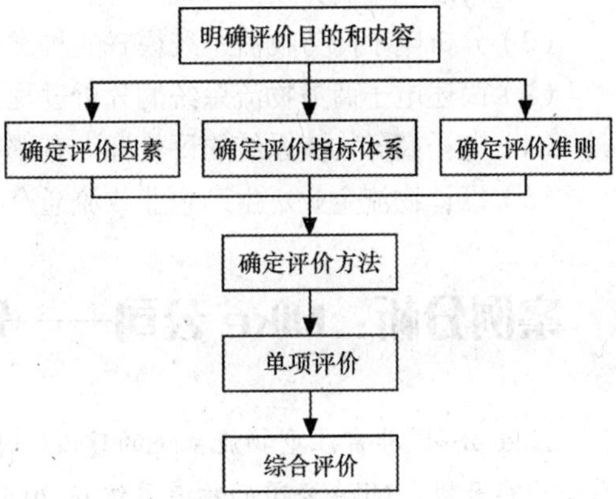

图 2-3　物流系统评价的过程

单项评价是就物流系统或物流系统方案的某一具体方面进行详细的评价。单项评价不能解决最优方案的判定问题。综合评价就是在各单项评价的基础上按照评价标准，对系统整体进行全面的评价。

本章小结

电子商务物流系统是信息化、现代化、社会化和多层次的物流系统。电子商务物流系统可以使传统的物流方式更容易实现信息化、自动化、现代化、社会化、智能化、合理化和简单化，既减少了生产企业库存，加速了资金周转，提高了物流效率，降低了物流成本；又刺激了社会需求，有利于整个社会经济的发展。

电子商务物流系统具有功能集成化、运行动态性、服务系列化、手段现代化、流程自动化、组织网络化和规模化、经营市场化等特点。电子商务物流系统的经营模式主要包括自营物流、物流企业联盟、第三方物流模式等。电子商务物流系统合理化的途径主要包括仓储合理化、运输合理化、配送合理化和成本合理化等。

电子商务物流系统分析的过程主要包括：分析问题，确定目标；收集资料，进行研究；建立模型，动态模拟；综合评价，进行决策；完善方案，进行实施等。物流系统分析必须要回答或解决 What、Why、When、Who、Where、How 等问题。在分析的过程中，要坚持内部因素与外部环境相结合、当前利益与长远利益相结合、局部利益与整体利益相结合、定量分析与定性分析相结合的原则。

服务性、快捷性、有效地利用面积和空间、规模适当化、库存合理化等构成了物流系统设计的具体目标。电子商务物流系统的评价标准可主要从经济性、可靠性、灵活性、安全性、操作性、扩展性、劳动强度、服务水平以及敏感性等方面来考虑。评价方法主要包括定性评价法与定量评价法等。评价过程为：①确定评价目的和评价内容；②确定评价因素；③确定评价指标体系；④确定评价准则；⑤确定评价方法；⑥单项评价和综合评价等。

复习与思考题

（1）简述电子商务物流系统的特点。

（2）分析电子商务物流系统模式的种类与特征。

（3）简述电子商务物流系统的分析过程。

（4）电子商务物流系统的评价标准有哪些？

（5）设计物流企业、生产企业或流通企业的物流系统。

案例分析：Nike公司——先进物流系统缔造运动商品王国

Nike公司[①]非常注重物流系统的建设，时刻关注国际先进物流技术的发展，及时对自身物流系统进行升级。Nike公司的物流系统在20世纪90年代初就已经非常先进，近年来更得到了长足的发展，可以说，其物流系统是一个国际领先的、高效的配送系统。

Nike公司的物流网络遍布全球，在美国就有3个配送中心。在田纳西州孟菲斯市的配送中心创建于1983年，是当地最大的自有配送中心。在这里，Nike公司建成了三层货架的仓库，并安装了新的自动补货系统，使公司能够在用户发出订单后48小时内发货。公司在亚太地区生产的产品通过海路经西海岸送达美国本土，再利用火车经其铁路专用线运送到孟菲斯市，最后运抵Nike公司的配送中心。

Nike公司认识到，当物流条件改变时，公司在战术和战略上也要进行相应的改变。在孟菲斯配送中心，当某一两个因素使配送需求超出其承受能力的时候，Nike公司会及时制定新的策略。“我们抛弃了1980年的仓库技术，采取了最新的技术，包括升级的仓库管理系统（WMS）和一套新的物料传送处理设备。我们需要提高吞吐能力和库存控制能力，同时要尽力从自动化中获取效益。”Nike公司孟菲斯作业主管Mark Dennington说道。

孟菲斯配送中心增加了4个存储区、1个新的收货系统和长达21千米的传送带。为了搬运重量大的货箱，还增加了一个翻板式分拣机。同时，配送中心采用了实时仓库管理系统，用手持式和车载式无线数据交换器，使无纸化分拣作业成为可能。此外，Nike公司不断巩固其在亚洲市场的配送基础。在日本，公司设计了世界上最先进的设施，这种设施可以满足日本未来7年销量增长的需要。由于日本的地价高，他们计划建造高密度的配送中心，这就需要采用先进的配送中心控制系统——ASRS。

请分析Nike公司物流系统的特点。

[①]中大网校. Nike公司：先进物流系统缔造运动商品王国，2008.

第 3 章

电子商务物流实体服务

本章概要

本章主要介绍电子商务物流实体服务，包括商品包装、商品运输、商品储存、商品装卸搬运及流通加工的含义、功能、特点以及作用等。

3.1 商品包装

商品包装就是按照一定的技术方法，使用容器、材料及辅助物等将物品包封，并予以适当的装饰和标志的工作的总称。简言之，商品包装就是包装物和包装操作的总称。

在社会的再生产过程中，商品包装处于生产过程的末尾和物流过程的开端，它既是生产的终点，又是物流的起点。在传统的生产观念中，一般都认为商品包装是生产过程的最后一个环节，所以，在实际的生产过程中，商品包装的设计都是从生产的角度来考虑的，但是这样却不能满足物流的需要。在现代物流观念形成之后，物流研究者通过细致的研究，得出了商品包装与物流之间的关系比商品包装与生产之间的关系要密切得多的结论。而且，在电子商务时代，商品包装在物流过程中所起的作用随着消费者个性化需求的出现而显得更为重要。因此，在现代物流领域，一般都把商品包装看做是物流过程的起点。

3.1.1 商品包装的功能

商品包装有以下几种功能：保护商品、方便物流、促进销售及方便消费。

1. 保护商品

商品包装的一个重要功能就是要保护包装内的商品不受损伤。在商品运输途中，由于运输工具或运输道路的原因，商品难免会受到一定的冲击或压力，这样就容易使商品受到损坏；在商品的储存过程中，因为商品要层叠堆积排放，所以商品会受到放在它上面的其他商品的压力，这样也可能会损害商品；另外，在商品的储存过程中，商品还可能会受到外部自然因素的侵袭，如被雨水淋湿，被虫子、老鼠咬坏等。因此要求商品有一个好的包装，能够抵挡这些侵袭因素。

在设计商品的包装时，要做到有的放矢。要仔细分析商品可能会受到哪些方面的侵扰，然后针对这些方面来设计商品的包装。比如说，如果商品在运输途中可能会受到外力的侵袭，容易受到碰撞，那么，就需要对商品进行防震包装或缓冲包装，可以在商品的内包装和外包装之间塞满防震材料，以减缓外界的冲击力；如果商品比较容易生锈，可以采用特制的防锈包装方法，如防锈油方法或真空方法；如果商品比较害怕蚊虫的侵蚀，那么可以在商品中加入一定的防虫剂，以防止商品受到损坏。

2. 方便物流

商品包装的一个重要作用就是提供商品自身的信息，如商品的名称、生产厂家和商品规格等，以帮助工作人员区分不同的商品。在商品的储存过程中，仓库工作人员也是通过商品包装上的商品标志来区分商品，进行存放和搬运的。在传统的物流系统中，商品包装的这些功能可以通过在包装上印刷商品信息的方式来实现，如今，随着信息技术的发展，更多使用的是条形码技术。条形码技术是在计算机的应用实践中产生和发展起来的一种自动识别技术，它是为实现对信息的自动扫描而设计的，是一种快速、准确而可靠地采集数据的有效手段。仓库管理人员在使用扫描仪对条形码进行扫描的同时，商品的详细信息就可以输入物流信息系统中，进而物流信息系统可以发出一定的指示，指导工作人员对该商品进行一定的操作。这样，可以极大地提高物流过程的整体效率。

此外，适当的商品包装也能够提高搬运商品的效率。商品从生产到销售可能会经历很多次的搬运过程。如果产品包装设计过大，那么可能不利于搬运与运输；相反地，如果商品包装设计过小，就可能会使搬运的效率大大降低。所以，在设计商品包装时，应该根据搬运工具的不同来合理设计。而且，在设计商品包装的时候，还要注意考虑如何使各种搬运工具能够更好地对商品进行操作。

3. 促进销售

一般来说，商品的外包装必须要适应商品运输的种种要求，因此，在设计外包装的时候可能会更加注重包装的实用性。而对于商品的内包装而言，因为它要直接面对消费者，所以，必须要注意它外表的美观大方，要有一定的吸引力，以促进商品的销售。

杜邦定律（美国杜邦化学公司提出）认为：63%的消费者是根据商品的包装来进行购买的，而国际市场和消费者是通过商品来认识企业的。因此，商品的包装就是企业的面孔，优秀、精美的商品包装能够在一定程度上促进商品的销售，提高企业的市场形象。

在电子商务这种独特的消费形式中，特别是在B2C这种消费形式中，消费者首先能够看到的就是商品的包装。只有商品包装吸引人，消费者才会有兴趣继续去浏览有关商品的其他描述的网页，进而产生购买的行为。

4. 方便消费

企业对商品包装的设计工作应该适于顾客的应用，要与顾客使用时的搬运、存储设施相适应。这样做成本可能会高一些，但是只有拥有了长久的顾客关系，企业的生存和发展才有了可能性。这也是商品包装的一大功能。

3.1.2 商品包装的种类

现代商品的品种繁多，性能和用途也多种多样，为了充分发挥商品包装的功能，必须对商品包装进行科学的分类。

商品包装的分类就是把商品包装作为一定范围的集合总体，按照一定的分类标准或特征，将其划分为不同的类别。

1. 按包装作用划分

按包装在物流中发挥的不同作用，可以将商品包装分为商业包装和工业包装。

（1）商业包装。或称消费者包装或内包装，其主要目的就是吸引消费者，促进销售。一般来说，在物流过程中，商品越接近顾客，越要求包装起到促进销售的效果。因此，这种包装的特点是造型美观大方，拥有必要的修饰，包装上有对于商品的详细说明，包装的单位适合于顾客的购买及商家柜台摆设的要求。在 B2C 这种商务模式中，商业包装应该是最重要的。因为，顾客在购买商品之前，在网上最先能够看到的就是这种商品的包装，只有当商品包装吸引人的时候，才能够激发顾客的购买欲望。而且，随着顾客个性化需求的出现，顾客在购买商品的时候，可能会要求商家按照自己的需要为商品进行包装，以满足自己的特定需要，这也是企业必须注重商业包装的一个原因。

（2）工业包装。或称运输包装或外包装，是指为了在商品的运输、存储和装卸的过程中保护商品所进行的包装。工业包装不像商业包装那样注重外表的美观，它更强调包装的实用性和费用的低廉性。一般来说，在 B2B 这种商业模式中，工业包装是最重要的。这是因为，企业在购买其他企业的产品之前，肯定已经对该产品的各项性能有了基本的了解，而购买此商品的主要目的就是为生产自己的产品服务，因此，企业并不在乎商品包装的美观而更在乎商品包装能否保证商品的质量不受损失。在现今的社会中，许多知名的大企业越来越重视商品的工业包装，一方面工业包装的好坏在一定程度上决定了商品的质量，另一方面如果工业包装做得很好，那么将会提高企业在顾客心目中的形象，巩固企业在市场中的地位。

2. 按包装材料划分

按照包装材料的不同，可以将商品包装分为纸制品包装、塑料制品包装、木制容器包装、金属容器包装、玻璃陶瓷容器包装、纤维容器包装、复合材料包装和其他材料包装。

（1）纸制品包装。它是指用纸袋、瓦楞纸箱、硬质纤维板作为包装容器，对商品进行包装。这一类的包装占整个包装材料使用量的 40%。纸制品包装的成本低廉、透气性好，而且印刷装饰性较好。

（2）塑料制品包装。它是指利用塑料薄膜、塑料袋及塑料容器进行产品的包装。其主要的塑料包装材料有聚乙烯、聚氯乙烯、聚丙烯和聚苯乙烯等。因为塑料种类繁多，所以塑料包装的综合性能比较好。

（3）木制容器包装。它是指使用普通木箱、花栏木箱、木条复合板箱、金属网木箱及木桶等木制包装容器对商品进行包装。木制容器一般用在重物包装及出口物品包装等方面，现在有很大一部分已经被瓦楞纸箱所代替。

（4）金属容器包装。它是指用黑白铁、马口铁、铝箔和钢材等制成的包装容器对商品进行包装。其主要有罐头、铁桶和钢瓶。

（5）玻璃陶瓷容器包装。它主要是指利用耐酸玻璃瓶和耐酸陶瓷瓶等对商品进行包装。这种包装耐腐蚀性较好，而且比较稳定，耐酸玻璃瓶包装还能直接看到内容物。

（6）纤维容器包装。它是指利用麻袋和维尼纶袋对商品进行包装。

（7）复合材料包装。它主要是指利用两种以上的材料复合制成的包装。其主要有纸与塑料、纸与铝箔和塑料。

其他材料包装是以竹、藤、苇等制成的包装。其主要有各种筐、篓和草包等。

3. 按包装保护技术划分

按照商品包装保护技术的不同，可将商品包装分为防潮包装、防锈包装、防虫包装、防腐包装、防震包装及危险品包装等。

3.1.3 商品包装的合理化和标准化

电子商务的发展，使得商家的市场变得越来越广阔，随着网上交易的进行，原先只局限于有限地理范围的市场空间变得没有边界，世界上的每个角落都会成为企业的市场范围。但这样也就产生了一定的问题，拿商品包装来说，每个国家对于商品的包装都有自己的规范，而各个国家的规范又不尽相同，所以，当商品从一个国家出口到其他国家的时候，可能就会因为这种规范的不同而产生一定的问题。而且，有些个别的企业为了自己生产方便，自行设计了很多不规范的包装，这些都将成为产生问题的隐患。因此，有必要建立一种国际通行的包装标准，要求所有的生产厂商都去遵守并执行，这样在电子商务的社会中，商品的流通才会畅通无阻。

1. 影响商品包装的因素

在设计商品包装的时候，必须详细了解被包装物本身的一些性质以及商品流通运输过程中的一些详细的情况，并根据这些情况，做出有针对性的设计。一般来说，影响商品包装的主要因素如下。

（1）被包装商品本身的体积、重量以及它在物理和化学方面的特性。商品的形态可能各异，商品本身的性质也各不相同。所以，在设计商品包装的时候，必须根据商品本身的特点和国际通用的标准，设计出适合商品自身特点的包装。

（2）被包装商品在流通过程中需要哪些方面的保护，或者称为商品包装的保护性。被包装的商品是否害怕力的冲击、震动，是否害怕虫害或动物的危害，是否对于气象环境、物理环境以及生物环境有特殊的要求。针对这些特点，在设计商品包装的时候，要做到有的放矢。

（3）消费者的易用性。商品包装设计的主要目的是使消费者能够更好地使用商品。因此，只有设计易于使用，才能从更深层次上吸引消费者，占领更广阔的市场。

（4）商品包装的经济性。商品包装虽然从安全性方面来说是做得越完美越好，但是，从商品整体的角度来说，也不得不考虑其经济性，争取能够做到够用就好，以降低产品的成本。一般来说，商品的工业包装在设计的时候，应该更加注重它的商品保护的性质，不必太在意外在的美观。商品的商业包装的设计，则必须注意外观的魅力，以吸引顾客。所以，应该找到一个好的平衡点，使商品包装既能够达到要求，又能够节省成本。

2. 商品包装的合理化

商品包装作为电子商务物流的起点，对整个物流的过程起着重要的作用。因而，在设计商品包装的时候，必须进行认真的考虑，以实现商品包装的合理性。

商品包装的设计必须根据包装对象的具体内容进行考虑，例如，要根据商品的属性选择不同的包装材料和包装技术。在设计包装容器的形状和尺寸的时候，要考虑商品的强度和最大容积，包装的长宽比例要符合模数化的要求，以便最大限度地利用运输、搬运工具和仓储空间。对于不规则外形的商品，一般要做方体化配置以适应装箱的要求。此外，在进行造型设计的时候，要注意合理利用资源和节约包装用料，实现商品包装的合理化。

3. 商品包装的标准化

商品包装标准就是针对商品包装的质量和有关包装质量的各个方面，由一定的权威机构所发布的统一规定。这种包装标准一经正式颁布，就具有了权威性和法律性。一般来说，这些商品包装标准的制定都是根据当前包装科学的理论和实践，通过权衡商品流通的整个过程，经过有关部门的充分协商和讨论，对包装的材料、尺寸、规格、造型、容量及标志等所做的技术性法规。所谓商品包装的标准化就是制定、贯彻和修改商品包装标准的整个过程。

随着科学技术的发展，商品包装科学也在不断地发展。所以，为了提高商品包装的质量，应该在生产、流通、技术、管理等各个环节不断推行商品包装标准，使商品包装能够定型化、规格化、系列化和最优化，从而通过实践推动商品包装标准的进一步完善。

商品包装标准化对于现代企业具有重要的意义。通过商品包装的标准化，企业可以大大减少包装的规格型号，提高包装的生产效率，从而便于商品的识别和计量。通过商品包装的标准化，企业可以提高包装的质量，节省包装的材料，节省流通的费用，而且便于专用运输设备的应用。通过商品包装的标准化，企业可以从法律的高度促进可回收型包装的使用，促进商品包装的回收利用，从而节省社会资源，产生较大的社会和经济效益。

3.2 商品运输

商品运输就是商品的载运和输送。在商业社会中，因为市场的广阔性，商品的生产和消费不可能在同一个地方进行，因此，一般来说，商品都是集中生产、分散消费的。为了实现商品的价值和使用价值，使商品的交易过程能够顺利完成，必须经过运输这一道环节，把商品从生产地运到消费地，以满足社会消费的需要和进行商品的再生产。如果将原材料供应商、工厂、仓库以及客户看作物流系统中的固定节点，那么，商品的运输过程正是连接这些节点的纽带，是商品在系统中流动的载体。因此，我们把商品运输称为物流的动脉。

3.2.1 商品运输的功能与作用

无论对于 B2B 的电子商务形式，还是 B2C 的电子商务形式，商品运输都是实现电子商务整个交易过程所必不可少的重要阶段。在电子商务这种先进、高效率的交易环境下，商品的整个交易过程都是数字化的，随着网络技术的不断发展，商品的咨询、订购以及合同的签订可能只需要很短的时间就能完成。但是，在基本的交易过程完成之后，如果不能把商品及时送到客户手中，那么，这种交易的效率仍然会显得很低，因为只有货物真正送达用户手中，并经过用户的认可，才能作为一次交易基本完结的标志。而为了使商品能够尽快送到消费者手中，必须提高商品运输的效率。只有商品运输的效率提高了，才有可能真正消除电子商务环境中的“瓶颈”，实现理想的电子商务交易过程。

企业的发展必须依靠高效的生产和大量的销售，在电子商务的条件下，这并不难达到，但是，如果没有高效低价的商品运输能力，仍然难以实现企业的发展。商品运输在电子商务交易中发挥着举足轻重的作用，甚至可以将它称作电子商务企业生存和发展的基础。

1. 创造空间效用和时间效用

商品运输通过改变商品的地点或位置所创造出的价值，称为商品的空间效用；商品运输使得商品能够在适当的时间内到达消费者的手中，就产生了商品的时间效用。通过这两种效用的产生，才能够真正地满足消费者消费商品的需要。如果运输系统瘫痪，商品不能在指定的时间送到指定的地点，则消费者消费商品的需要就得不到满足，整个交易过程就不能得到实现。

2. 扩大商品市场范围

在古老的市场交易过程中，商品只在本地进行销售，每个企业所面对的市场都是有限的。随着各种商品运输工具的发明，企业通过商品运输可以到很远的地方去进行销售，企业的市场范围可以大大扩展，企业的发展机会也大大增加。随着电子商务这种先进的交易形式的发展，企业的市场范围随着网络的出现而产生了无限扩大的可能，任何有可能加入互联网的地方，都有可能成为企业的市场。为了真正地将这种可能变成现实，必须使企业的商品能够顺利地送达这个市场中，这就必须借助于商品运输过程。因此，商品运输可以帮助企业扩大它的市场范围，并给企业带来无限发展的机会。

3. 平衡商品价格

各个地区因为地理条件的不同，拥有的资源也各不相同。如果没有一个顺畅的商品运输体系，其他地区的商品就不能到达本地市场，那么，本地市场所需要的商品也就只能由本地来供应，正是因为这种资源的地域不平衡性，造成了商品供给的不平衡。因此，在一年中，商品的价格可能会出现很大的波动。但是，如果拥有了一个顺畅的商品运输体系，那么，当本地市场对商品的供给不足时，外地的商品就能够通过这个运输体系进入本地市场，本地的过剩产品也能够通过这个体系运送到其他市场，从而保持供求的动态平衡和价格的稳定。

4. 促进社会分工发展

随着社会的发展，为了实现真正意义的社会的高效率，必须推动社会分工的发展，而对于商品的生产和销售来说，也有必要进行分工，以达到最高的效率。但是，当商品的生产和销售两大功能分开之后，如果没有一个高效的商品运输体系，那么，这两大功能都不能够实现。商品运输是商品生产和商品销售之间不可缺少的联系纽带，只有有了它，才能真正地实现生产和销售的分离，促进社会分工的发展。

3.2.2 商品运输方式

商品运输可以采用不同的运输方式，各种不同的运输方式各有其自身的特点。基本的运输方式有：铁路运输、公路运输、水路运输、航空运输及管道运输。每一种运输方式所能提供的服务内容和服务质量各不相同，因而，每一种运输方式的成本也各不相同。企业应该根据自身的要求，综合考虑各方面的因素，选择合适的运输方式。

1. 运输基本方式

（1）铁路运输。铁路运输就是利用火车进行的运输。铁路运输的优点是运行速度快，运输能力大，受自然条件影响小，能够连续运输，通用性好，可以适用于不同货物，运行平稳安全可靠；平均运距高于公路，且运输成本与能耗较低；不足是投资高，建设周期长，占地多。铁路运输一般适应于距离远、运输量大的货物。

铁路运输一般可以分为两种类型：整车运输和集装箱运输。整车运输业务就是包租一节货车的运输形式，适用于大批量、大规模或单个长度、重量、容积等特别长大的货物的运输。集装箱运输业务是一种利用集装箱进行运输的业务，有时也包括将集装箱作为货物进行托运。这种集装箱运输业务是在发货人的门口把货物装入集装箱后，一直到收货人的门口，将货物从集装箱中取出，中途不再进行货物倒装的一种运输形式。

铁路运输一般符合规模经济和距离经济的要求。规模经济的特点就是随着装运规模的增长，单位重量的运输成本会降低。也就是说，用铁路进行运输，一次运输的商品规模越大，那么单位产品的运输费用也就越低。而距离经济是随着运输距离的增加，单位产品的运输费用也会相应减少。因此，一般情况下，对于大批量和长距离的运输情况来说，货物的运输费用会比较低，一般要低于利用公路汽车进行运输的费用；但对于小批量的货物和近距离的大宗货物来说，则运输费用一般会比较高。

随着现代科学技术的发展，铁路几乎可以修建在任何需要它的地方，因此，现有的铁路网络四通八达，可以很好地满足远距离运输的需要。铁路可以全年全天候运营，受地理和气候的影响比较小，具有较高的连续性和可靠性，而且，铁路运输的安全性也在逐步提高。铁路的运输速度比较快，比水路运输快很多，在运程比较长的情况下，也会快于公路运输。

但是，铁路运输也有局限性。铁路运输中的货车只能按照铺设的铁道行走，这在一定程度上影响了铁路运输的灵活性，不能实现“门到门”的服务；在近、中距离运输的时候，铁路运输的运费较高；因为车辆调配困难，铁路运输不能满足应急运输的要求。因此在实际中，就需要结合各种运输方式的优点，为顾客提供满意、优质的服务。例如，可以将铁路在长途运输和全国覆盖面广的优势与公路汽车运输的灵活性结合起来，就能更好地实现“门到门”的服务，提高运输部门的服务质量。

目前，随着其他运输形式，尤其是公路运输业的发展，铁路运输在运输行业中所占的比例有逐渐减小的趋势，但在可预见的未来，铁路运输仍将是中、长距离客、货运输的主力。

（2）公路运输。公路运输也称为汽车运输，是配送货物的主要形式。公路运输可以将货物直接送到顾客指定的地方，而不需要在途中进行中转，极大地方便了客户，适应了电子商务环境的要求。一般来说，公路运输可以用来运输任何产品，尤其是制造产品。制造产品的特点就是价值比较高，包括纺织及皮革制品、橡胶与塑料制品、仿金属制品、通信产品及照相器材等。

公路运输的主要优点：在近距离的条件下，公路运输可以实现“门到门”的服务，而且运输速度比较快；公路运输可以根据需要，灵活制定运输时间表，而且对于货运量的大小也有很强的适应性；对于近距离的中小量的货物运输来说，使用公路运输的费用比较低；在运输途中，几乎没有中转装卸作业，因此，发生碰撞的概率比较小，对于包装的要求不高。

公路运输的缺点：因为汽车的载重量有限，所以，一般公路运输的批量都比较小，不太适合大量的运输；在进行长距离运输时，运费比较高；公路运输比较依赖于气候和环境的变化，所以气候和环境的影响可能会影响运送时间。

（3）水路运输。水路运输由船舶、航道和港口组成，它是一种历史悠久的运输方式，也称为船舶运输。水路运输主要用于长距离、低价值、高密度、便于用机械设备搬运的货物运输。

水路运输的主要优点：水路运输的运输能力比较大，运输的距离比较长，单位商品的运输距离也比较短，因此，水路运输最大的优点就是成本低廉；当运输散装的原材料的时候，可以运用专用的船只来进行，因而运输效率比较高；因为水路运输的运载量比较大，所以它的劳动生产率也比较高。

水路运输的主要缺点：水路运输的运输速度比较慢，它在所有的运输方式中时间是最长的，一般来说，水路运输速度要比铁路运输慢1～2倍；行船和装卸作业受天气的制约，运输计划很容易被打乱；水路运输所运输的货品必须在码头停靠装卸，相当费时、费成本，而且无法完成“门到门”的服务。

（4）航空运输。对于国际货物的运输，航空运输已经成为一种常用的运输形式。

航空运输的最大优点是运输的速度非常快，因此，当被运输的货物属于客户急需的物资时，或者对于易腐烂、易变质的货物来说，都可以考虑采用航空运输。用飞机运输货物的时候，在运输途中对于货物的震动和冲击比较少，被运输的货物只需要简单的包装即可，因而可以节省包装的费用。

航空运输的适用范围也有局限性。首先，航空运输的费用非常高，在美国，按平均每吨货物每英里的运价计算，航空运输是铁路运输的12～15倍，是公路运输的2～3倍，如此高昂的运输成本使很多企业望而却步。另外，航空运输除了靠近机场的城市以外，对于其他地区也不太适用，必须要结合汽车来弥补这部分的不足。而且，恶劣的天气情况可能也会对航空运输造成极大的影响，影响航空运输及时性的实现。

（5）管道运输。利用管道运输的大部分物品都是一些流体的能源物资，如石油、天然气及成品油等。

利用管道运输的一大优势就是成本低廉，而且管道运输受天气情况的影响非常小，可以长期稳定地使用，安全性比较高。运用管道运输存在很多局限性。管道运输这种运输方式不灵活，只有接近管道的用户才能够使用；管道运输只能够用来运输液态或气态的产品，不能够用来运输固态的产品，使其运输的适用性受到一定的影响；另外，管道运输的速度也比较慢。

2. 联合运输

联合运输是把多种运输方式和运输工具联合起来所进行的运输，也可以理解为是基本运输方式的组合。联合运输可以真正地实现“门到门”的运输服务，有利于实现物流的及时性和准确性，具有“一次托运、一次计费、一张单证、一次保险”的特点，方便了托运人（见图3-1）。

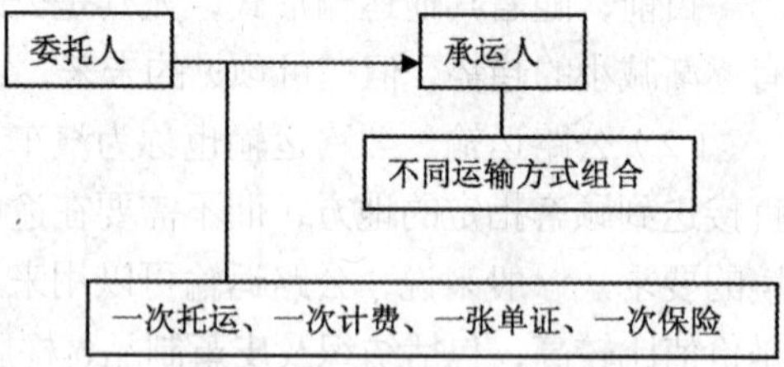

图3-1 联合运输过程

3. 运输方式的选择

（1）运输方式的选择。不同运输方式都有其自身的优势与不足，在实际中，到底哪种方式最佳，这不仅取决于所运货物的性质、要求的成本，也取决于运输的速度、可靠性、性能、容量以及距离等。

不同物品对运输有着不同的要求，考虑物品性质时，主要考虑物品的形状、重量与容积、危险性和易腐性等。不同运输方式具有不同的运输特征，委托人和承运人应充分考虑自己的实际情况，选择不同的运输方式。各种运输方式的特征如表3-1所示。

表3-1 不同运输方式的特征

项目＼运输方式	铁　路	公　路	水　路	航　空	管　道
运输成本	中	中	低	高	较低
运输速度	快	快	较慢	很快	很慢
运输频率	高	很高	有限	高	连续

续表

项目＼运输方式	铁　路	公　路	水　路	航　空	管　道
运输可靠性	很高	高	有限	高	很高
运输可用性	广泛	有限	很有限	有限	专业化
运输距离	长	中、短	长	长	长
运输规模	大	较小	大	小	大
运输能力	强	强	最强	较弱	最弱

（2）承运人的选择。承运人是向社会或市场提供运输服务的市场组织，包括铁路承运人、公路承运人、水路承运人和航空承运人等。委托人在选择承运人时，一般要考虑运价、运输效率、运输可靠性、运输能力及可接近性等。

运价是承运人向委托人提供运输服务的收费标准，对委托人来说，一般要选取收费标准低的承运人。

运输效率一般可用运输时间来衡量，是指从托运人准备托运货物到承运人将货物完好地移交给收货人之间的时间间隔。其中包括接货与送货、中转搬运和起讫间运输所需要的时间。

可靠性主要包括运输时间的可靠性、服务质量的可靠性及安全性等。可靠性对委托人的生产经营活动有着重要的影响，如果委托人为用户，可靠性直接影响着企业的库存和缺货损失；如果委托人为供方，可靠性直接影响着企业的服务水平。

运输能力是指承运人提供运输货物所需要的工具与设备的能力。运输能力越强，意味着承运人提供服务的能力越强；反之，则越弱。

可接近性是指承运人为企业运输网络提供服务的能力，即承运人接近企业物流节点的能力。可接近性越高，企业越容易获得承运人的服务。

在实际过程中，为了使以上各因素更容易具备衡量性与可操作性，有些企业根据自身的现实情况，设计了不同的考核标准与项目。表 3-2 是一家企业在选择承运人时的考核项目与标准。

表 3-2　选择承运人的项目与标准

项目＼承运人	权　重	承运人 A	承运人 B	承运人 C
承运人的地理覆盖范围	f_1			
承运人的营销能力	f_2			
现有的设备与清洁度	f_3			
客户服务	f_4			
定　价	f_5			
账单精确性和及时性	f_6			
丢失和损坏的处理	f_7			
承运人财务的稳定性	f_8			

3.2.3 商品运输系统

商品运输作为物流系统的动脉，在物流系统的整个运作过程中发挥着不可替代的作用。为了更好地实现准确、安全并且以最低的成本运输商品的目的，企业应该用系统化的观点，通过分析研究，建立自己的商品运输系统。在建立商品运输系统的过程中，应该全面考虑运输工具的选择、物流据点的设置，以及运输计划的编排等各项要素。而且，在运输的迅速性、准确性、安全性和经济性之间存在着非常强烈的互相制约的作用，需要对它们进行综合的考虑，从全局出发，做到总体的最优化。

1. 商品运输系统构成

设计商品运输系统的目的是能够准确、安全并以较低的成本运输商品。在设计商品运输系统之前，首先必须考虑建设整体的运输网络，明确商品运输系统的构成。商品运输网络由运输线和停顿点组成，运输线表示连接停顿点之间的运输设备，停顿点表示工厂、仓库、配送中心等物流据点。因此，在设计商品运输系统的时候，必须仔细考虑如何选择运输工具，设置物流据点。

在现今的社会中，无论是公路运输、铁路运输、船舶运输还是航空运输，都有其自身难以克服的弱点，因此，人们开始考虑在不同的停顿点之间，也就是不同的运输线上，采用不同的运输工具，以实现整个运输系统的最优化，这也就是物流学中所说的“复合一贯制运输”，也叫“多式联运”。

所谓复合一贯制运输就是通过将铁路、公路、船舶、航空等多种运输方式有机地复合起来，吸取它们的长处，实行多环节、多区段和多工具相互衔接进行商品运输的一种方式。复合一贯制运输可以克服单个运输方式所存在的缺陷，实现整体上的最优化，还可以有效解决由于地理、气候和基础设施建设等各种市场环境的差异而造成的商品在产销空间、时间上的分离，从而促进生产与销售的紧密结合，以及企业经营机制的不断循环和有效运转。

复合一贯制运输方式按照运输工具的不同以及运输工具使用顺序的不同可以分为很多种，最典型的有水陆联运、水上联运、陆路联运及陆空联运等。水陆联运就是运用船舶运输与铁路运输以及公路运输相结合的一种方式。水上联运则是指同一水系的不同路线，或同一水运路线不同类型的船舶之间的接力运输形式。陆路联运是指铁路与公路相互衔接的运输形式。陆空联运是指公路与飞机相互衔接的运输形式。通过运用这几种复合一贯制运输的方式，可以真正地实现“门到门”的运输服务模式，从而能够更好地实现电子商务及时性和准确性的要求。

2. 商品运输系统合理化

商品运输所发生的成本在整个物流成本中所占的比例应该是最大的，据日本通产省对六大类货物物流成本的调查结果表明，其中运输成本占 40% 左右，如果将产品出厂包装费计入制造成本，那么运输成本将占物流成本的 50% 左右。因此，为了降低物流的总成本，必须对商品运输系统进行合理化配置。商品运输系统的合理化配置可以从以下几个方面进行。

（1）通过运输网络的合理化配置，合理配置各物流中心的区域位置，使其能够实现货物的直接配送。另外，应该有效区分储存性仓库和流通性仓库，对其进行合理的利用。

（2）针对不同的运输条件和环境，选择最为适合的运输工具，并且通过运用科学化的分析工具，做出使用自有车辆运输还是租赁车辆运输的决策。

（3）要努力提高运输的效率。提高车辆的运输效率和车辆的装载率，减少空车驾驶现象的发生，而且通过科学的分析和现代化工具的运用，提高装卸作业的效率，从而减少车辆的等待时间，实现系统整体的最优化。

（4）应该从社会化的总体观点出发，积极推进社会化共同运输方式的实现。通过社会各界、各个企业间的亲密合作，共同建立一个社会化的物流运输体系，这样才能在社会化范围内实现社会整体的运输效率的最大化，提高整个社会的运输工作效率。

3. 商品运输系统设计与评价

前面已经提到，商品运输系统的目的就是要准确、安全并以最低的成本运输物资。但是，运输的迅速性、准确性、安全性和经济性之间一般都存在着相互制约的关系。如果重视迅速性、安全性和准确性，运输的成本可能就会相应提高；如果降低运输成本，那么就必须牺牲前面这几项中的某一部分。因此，必须对商品运输系统进行合理的设计和评价，以实现总体的均衡。

随着现代物流学的发展，也产生了许多用于商品运输系统设计与评价的工具，特别是产生了很多数学模型，用于帮助物流业者进行商品运输系统的设计与评价工作。其中比较典型的有商品运输模型、图表分析法、图上作业法、表上作业法等，此外，还产生了很多种用于这种分析工作的商业软件。运用这些工具可以对复杂的经济社会进行模拟，从而有效地解决商品运输中所产生的各种问题。但是，因为这部分工具需要运用一定的数学知识和运筹学知识，在此就不详细介绍了，有兴趣的读者可以参阅有关书籍。

3.3 商品储存

电子商务的迅猛发展使得企业的市场范围无限扩展，用户可以通过互联网在任何时间、任何地点根据自己的意愿定购所需要的商品。企业为了满足用户的需要，必须在用户指定的时间、地点将商品交付给顾客使用，如果不能做到这一点，那么，电子商务将变得毫无意义。为了实现这个目的，除了需要快速运输以外，还需要企业能够拥有一定的商品库存，以便能够应付顾客的紧急需要。而且，这个仓库应该离顾客越近越好，这样才能更加迅速地满足顾客的需要，创造最佳的企业形象。因此，商品储存系统是电子商务企业物流系统中一个不可或缺的组成部分，它处在整个物流过程的节点上，只有经过这个节点，整个物流过程才能够实现，因此将它称为物流的中心。

3.3.1 商品储存的功能与作用

所谓商品储存，就是指在商品生产出来之后而又没有到达消费者手中之前所进行的商品保管的过程。具体来说，就是在保证商品质量和数量的前提之下，根据一定的管理规则，在一定的时间内将商品存放在一定的场所的活动，它是物流系统的一个重要组成部分。商品储存是包含商品库存和商品储备在内的一种广泛的经济现象，是一切社会形态都存在的一种经济现象。

在传统的商业社会中，商品储存的过程一直被认为是无关紧要的，因为它只会增加商品的成本，而不能产生利润。但是，随着社会经济的发展，商品储存作为物流系统重要的组成部分，在物流的整个过程中发挥着越来越重要的作用。

商品储存在物流过程中的作用主要包括以下几个方面。

1. 调节商品需求，消除价格波动

一般来说，商品的生产和消费不可能是完全同步的，为了弥补这种不同步所带来的损失，就需要储存商品来消除这种时间性的需求波动。比如说，人们在日常生活中，对于大米的需求是持续的，但是，大米的生产并不是随时都能进行的，即大米的供给是集中进行的。所以，必须通过商品存储来储存一些大米，在不能生产大米的季节供给消费者。而且，这种有目的性的商品存储，可以防止商品供给和需求之间剧烈矛盾的产生，稳定商品物价。

2. 降低运输成本，提高运输效率

众所周知，商品的运输存在规模经济性。而对于企业来说，顾客的需求一般都是小批量的，如果对于每一位顾客都单独为它们运送货物，那么，将无法实现运输的规模经济，物流成本将是极大的。所以，为了降低运输成本，可以通过商品的存储，将运往同一地点的小批量的商品聚集成为较大的批量，然后再进行运输，到达目的地后，再分成小批量送到客户手中。这样一来，虽然产生了商品存储的成本，但是可以更大限度地降低运输成本，提高运输效率。

3. 提升客户满意度

在电子商务环境下，消费者能够迅速及时地消费到企业的商品是非常重要的。对于企业来说，如果在商品生产出来之后，能够尽快地把商品运到目标消费区域的仓库中去，那么目标消费区域的消费者在对商品产生需求的时候，就能够尽快地得到这种商品。这样，消费者的满意度就会提高，而且能够创造出更佳的企业形象，为企业今后的发展打下良好的基础。

4. 满足消费者个性化消费需求

随着时代的发展，在电子商务时代，消费者的消费行为越来越向个性化的方向发展，为了更好地满足消费者的这种个性化消费的要求，可以利用商品的储存对商品进行二次加工，满足消费者的需求。例如，在商品的储存过程中，可以对商品进行二次包装，或者将不同商品的整合，这样就能根据顾客的需求，生产出顾客需要的独一无二的产品。

3.3.2 商品储存的过程

商品储存流程主要包括入库、保管和出库等阶段，各阶段包括的环节与主要任务如表 3-3 所示。

表 3-3 商品储存过程

阶段	环节	主要任务
入库	接运	接运准备、装卸搬运作业
	交接	外部业务交接、内部业务交接
	验收	验收准备、核对业务凭证、实物验收、填制验收单、建立入库账卡
	入库	建立货物的明细账、保管卡片以及货物业务技术档案等
保管	是仓储作业的一个中心环节，主要工作包括堆码、保管维护、检查、盘点	
出库	出库	核对资料凭证、备料出库、出库复核、点交等
	交接	内部交接、外部交接
	托运	包装装车作业、办理托运

商品储存的过程一般都发生在物流中心的仓库中。电子商务企业的发展，需要拥有一个现代化程度较高的物流中心，这些物流中心的仓储作业应依靠机械化完成，从而达到以最低成本为顾客提供最满意服务的要求。物流中心商品储存的过程一般包括接收商品、存放商品、取出商品和配送商品等环节。

在接收商品的过程中，物流中心一般要配备供铁路车厢和货运汽车停靠卸货的站台和场地、升降平台，并要配备托盘搬运车、叉车及各种吊车，以完成卸车的作业。在商品卸货完毕之后，仓储信息系统要根据货物的信息打印出标签或条码，并将其贴在货物的包装上，以便在今后的储藏运输过程中随时对货物进行跟踪和管理。

在存放商品的过程中，需要详细了解所储存的商品对于外部环境的要求，并严格按照这些要求给商品提供适当的储位，并建立自动监控系统，自动监控储存环境的各项指标，如温度和湿度等，保证储存商品的安全。除了在露天场所建立正规适用的货位存放商品外，还要在库房内建立各种货架，如高层货架及旋转货架等，存货作业通常由叉车或巷道堆垛机来完成。

在拣取商品这个环节中，一般是根据客户的订单，由信息系统确定配货方案，拣货员根据配货方案进行拣货、配货。拣取商品一般可分为整件取货和零星取货两种方式。整件取货一般都是通过机械化的手段自动完成的，由信息系统发出出库单或出库指令，由叉车或堆垛机到指定的储位进行取货。零星取货一般由拣货员手工完成，基本有两种方式：一种是拣货员在仓库内走动，或者随着叉车或堆垛机移动，按拣货单到不同的储位取货；另一种是拣货员坐在固定的位置上，由机械设备将货箱或托盘运送到拣货员面前，拣货员根据取货单进行取货。

在配送货物这个环节中，物流中心会根据服务对象的不同，向单一用户或多个用户发货。当用户需要多种货物的时候，需要在发货前进行一系列的再加工过程，比如说，可能会对商品进行重新包装等。在自动化程度较高的仓库里，一般来说，拣出的商品都是通过运输机械运送到发货区，信息系统通过阅读贴在货品上的条形码获知所运送商品的详细信息，然后判断该货品的户主是谁，进而通过控制运输机上的分叉机构将货品送到相应的包装线上，包装人员按照装箱单核查商品的品种和数量后装箱封口，然后装车发运。

以上就是商品储存的整个过程。在商品储存的过程中，应该针对商品的不同特性，研究和探索各类商品在不同的环境条件下质量变化的规律，采取相应的措施和方法，控制不利的因素，保证商品的质量，减小商品的损耗。

3.3.3　库存管理方法

目标是通过一定的方法来实现的。要有效地减少和杜绝不良库存，就需要采取科学的管理方法对库存进行管理。库存管理方法很多，在此主要介绍以下几种常用的管理方法。

1. 定额管理法

定额管理法主要是通过确定库存储备定额来实现对库存管理的一种方法。所谓储备定额就是在一定的生产经营技术条件下，合理储存的物品数量、标准或水平。储备定额是确定储备量、检查与评价储备量是否合理的重要标准。

储备定额的种类有很多，一般来说，主要包括以下几种类型。

按技术单位划分，储备定额有相对储备定额和绝对储备定额。相对储备定额以储备天数为计算单位，表示可供多少天使用的物品。绝对储备定额按实物单位（吨、台）为计算单位，主要用于计划编制、库存量控制和仓库保管面积的计算等。两者的关系为：绝对储备定额=平均一日需要量×相对储备定额。

按作用划分，储备定额有经常储备定额、保险储备（安全储备、缓冲储备）定额和季节储备定额。经常储备定额是为保证两次进货的间隔期内正常供应需要的储备数量标准。保险储备定额是为了应付意外情况而确定的储备定额。季节储备定额是由于季节原因而确定的储备定额。

按综合程度划分，储备定额有个别储备定额和类别储备定额。个别储备定额是按物品的具体规格型号确定的储备定额，一般是查定储备定额的重点。类别储备定额是按物品大类品种确定的储备定额。两者的关系为：个别储备定额是类别储备定额的基础。从定量角度有：

类别储备定额=经常储备定额之和×调整系数（一般在0.5～0.8）+保险储备定额之和

2. 分类管理法

分类管理法就是按照一定的标准将库存物品划分成不同的类别，然后对不同类别物品实行不同管理的方法。库存分类管理方法主要有ABC分类管理法、ABCD分类管理法和关键因素分类法等。

（1）ABC管理法。ABC管理法是分类管理法中最为常见的一种管理方法。其管理的基本思路是将库存物品按品种数和所占金额划分为ABC 3类，分别对其进行管理。一般来说，A类物品的品种大约占库存品种数目20%，资金占库存总金额70%～80%，在管理中，要对其实行重点管理，尽可能降低其库存量；B类物品的品种大约占库存品种数目30%，资金占库存总金额15%～25%，在管理中，对其实行次重点管理；C类物品的品种大约占库存品种数目50%，资金约占库存总金额5%，在管理中对其实行一般管理。

（2）ABCD分类管理法。ABCD分类管理法就是将库存物品按周转速度和销售额划分为ABCD 4类。一般将周转速度很快、销售额很大的物品划分为A类；将周转速度较快、销售额较大的物品划分为B类；将周转速度较慢，销售额较小的商品划分为C类；而将滞销及呆销的物品划分为D类。管理的重要程度依次为A类物品、B类物品、C类物品和D类物品。该种管理方法比较适合于商业企业的库存管理。

（3）关键因素分析法。关键因素分析法（Critical Value Analysis，CVA）就是将某一因素作为关键因素，并以此对库存物品进行划分。在实际管理中，由于企业的类型与经营性质等存在着差异，对关键因素的选择也互不相同，常用的一种选择是根据缺货损失来进行分类。

3.3.4 商品储存合理化

所谓商品储存合理化就是在保证储存功能实现的前提下，用各种办法实现商品储存的经济性。

1. 储存合理化的标志

储存合理化的标志主要包括以下几个方面。

（1）质量标志。商品储存最重要的就是要保证在商品储存期间，商品的质量不会降低，只有这样，商品最终才能够销售出去。所以，在商品储存合理化的主要标志中，为首的应当是质量标志。

（2）时间标志。在保证商品质量的前提下，必须寻求一个合理的储存时间。储存商品的数量越大销售商品的速度越慢，则储存的时间必然越长；反之亦然。因此，商品储存必须有一个合理的时间范围，不能过长，过长则意味着商品积压，造成商品成本的增加。

（3）结构标志。不同的被储存的商品之间总是存在一定的相互关系，特别是对于那些相关性很强的商品来说，它们之间必须保证一定的比例。如果比例不合理，那么某一种商品缺货，可能与它相关的商品也卖不出去。照相机和胶卷就是这样的关系。因此，商品储存的合理性也可以用结构标志来衡量。

（4）分布标志。企业不同的市场区域对于商品的需求是不同的。因此，不同的地区所储存的商品的数量也应该不同。各个区域的仓库只有根据商品的需求储存适量的产品，才能真正实现商品储存的经济性和合理性，不至于造成浪费。

（5）费用标志。根据仓储费、维护费、保管费、损失费以及资金占用利息支出等财务指标，都能从实际费用上判断储存的合理与否。

2. 实现商品储存合理化措施

为了实现商品储存的合理化，可以采取以下措施。

（1）在自建仓库和租用公共仓库之间做出合理的选择，找到最优解决方案。自建仓库对于企业来说，可以使企业更大程度地控制库存，并且拥有更大的灵活性，企业可以根据自己的需要对仓储做出合理的调整。当进行长期的存储时，一般来说，仓储的费用比较低。因为租用公共仓库使得企业无须为建造仓库投入大量资金，所以可以节省企业宝贵的资金；租用公共仓库可以减小企业的风险，因为当商品在储存期间出现问题时，仓库会予以解决。所以在短期看来，公共仓库因为其规模性租金比较低廉，而且企业在租用公共仓库的时候，可以根据待储存商品的数量决定储存的规模，这样也防止了资金的浪费。因此企业应根据自身的特点，在自建仓库和租用公共仓库之间做出合理的选择。一般来说，当企业的存货量较大、对商品的需求比较稳定且市场密度比较大时，可以考虑自建仓库；反之，则应选择租用公共仓库。

（2）注重对于合同仓储，也就是第三方仓储的应用。合同仓储就是企业将仓储活动转包给外部公司，由外部公司为企业提供一体化、全方位的仓储服务。合同仓储因为具有专业性、高质量、低成本等优点，因此可以给企业提供优质的服务。合同仓储可以有效地利用仓储资源，扩大市场的地理范围，降低运输成本。

（3）进行储存物的 ABC 分类法，并在 ABC 分类的基础上实施重点管理。ABC 分类管理方法就是将库存物资按重要程度分为特别重要的库存（A 类）、一般重要的库存（B 类）和不重要的库存（C 类）3 个等级，然后针对不同等级分别进行管理和控制。ABC 分类管理法是实施储存合理化的基础，在此基础上可以进一步解决各类的结构关系、储存量、重点管理和技术措施等合理化问题。而且，通过在 ABC 分析的基础上实施重点管理，可以决定各种物资的合理库存储备数量及经济地保有合理储备的办法，乃至实施零库存。

（4）加速总的周转，提高单位产出率。储存现代化的重要课题是将静态储存变为动态储存，周转速度快会带来一系列的合理化好处：资金周转快、资本效益高、货损小、仓库吞吐能力增加以及成本下降等。诸如采用单元集装储存，建立快速分拣系统都有利于实现快进快出和大进大出。

（5）采用有效的"先进先出"方式。先进先出也就是说先入库的商品应该先发出，它可以防止库存商品因为保管时间过长而发生变质、损耗和老化等现象，特别是对于感光材料、食品等产品保质期较短的商品来说尤其重要。

（6）提高储存密度，提高仓库利用率。这样做的主要目的就是要减少储存设施的投资，提高单位存储面积的利用率，以降低成本，减少土地占用。一般可以采用增加储存高度、减少库内通道数量和通道面积的方法来实现这个目的。

（7）采用有效的储存定位系统。储存定位的含义是被储物位置的确定。如果定位系统有效，能大大节约寻找、存放和取出的时间，节约不少物化劳动及活劳动，而且能防止差错，便于清点及实行订货点等的管理方式。储存定位系统可采取先进的计算机管理，也可采取一般人工管理。

（8）采用有效的监测清点方式。对储存物资数量和质量的监测不但可以掌握基本情况，也是科学库存控制的需要。在实际工作中稍有差错，就会使账物不符，所以必须及时且准确地掌握实际储存情况，经常与账卡核对，无论是人工管理还是计算机管理这都是必不可少的。此外，监测也是掌握被储存物资质量状况的重要工作。

（9）根据商品的特性，采用现代储存保养技术，保证储存商品的质量。例如，为了防止湿气进入仓库，可以在库门上方安装鼓风设施，使之在门口形成一道气墙，防止外界的湿气进入。这样的技术还有很多，在这里不一一列举。

（10）采用集装箱、集装袋、托盘等运储装备一体化的方式。集装箱等集装设施的出现，也给储存带来了新观念。采用集装箱后，集装箱本身便是一栋仓库，不需要再有传统意义的库房，在物流过程中，也就省去了入库、验收、清点、堆垛、保管以及出库等一系列储存作业，因而对改变传统储存作业很有意义，是储存合理化的一种有效方式。

3.4 装卸搬运、流通加工管理

3.4.1 商品装卸搬运

装卸搬运是介于物流各环节（如运输、储存等）之间起衔接作用的活动。装卸是指“物品在指定地点以人力或机械装入运输设备或卸下”。装卸是物流过程中对于保管物资和运输两端物资的处理活动，具体来说，包括物资的装载、卸货、移动、货物堆码上架、取货、备货、分拣等作业以及附属于这些活动的作业。搬运是指物体横向或斜向的移动，装卸指上下方向的移动。广义的装卸则包括了搬运活动。此外，搬运与运输的区别主要是物体的活动范围不同。运输活动是在物流节点之间进行，而搬运则是在物流节点内进行，而且是短距离的移动。在物流中，商品装卸搬运发生的频率最高，所占作业量的比例也很大，因而商品装卸搬运作业是实现物流活动的效率化，降低物流费用，提高顾客满意度的一个重要方面。

1. 商品装卸搬运的功能

装卸搬运的功能主要包括两个方面：一是完成物品的上下位移与同一场所内的水平移动；二是实现对物流其他环节的有效衔接。

2. 装卸搬运作业合理化标志

作为物流活动中出现频率最高的一个环节，装卸搬运效率的高低直接影响着整个物流活动的效率，因而实现其合理化就显得十分重要。一般来说，衡量装卸搬运是否合理可主要从模式、方式以及流程等方面来加以分析。

就一个具体过程来看，衡量装卸搬运合理化的标志主要有以下几个方面：

（1）装卸搬运次数是否最少；

（2）装卸搬运距离是否最短；

（3）各作业环节衔接是否流畅；

（4）库存商品或货物的装卸搬运活性指数是否较高，可移动性是否较强。

3. 装卸搬运活性指数

装卸搬运活性指数是指物品便于装卸搬运的程度，用 0～4 表示（见表 3-4）。活性指数越大，意味着货物越容易装卸搬运。在实际工作中，对于周转速度快的货物，要尽可能提高其活性指数。

表 3-4　　活性指数的类别及其含义

活性指数	含义	活性指数	含义
0	散放于地的商品或货物	3	放置在车辆上的商品或货物
1	存放在普通容器中的商品或货物	4	放置在输送机上的商品或货物
2	存放在托盘上和集装箱的商品或货物		

4. 装卸搬运组织管理

装卸搬运过程的组织管理主要包括准备工作管理、调度指挥管理、安全管理、评价分析管理等四个环节。

准备工作管理是对装卸搬运各项准备所进行的管理，主要包括装卸搬运设备台数、场地面积、工作人员与费用等的确定。装卸搬运设备台数一般是根据装卸搬运作业任务量、所使用装卸搬运设备生产定额等决定的。其计算公式为：

$$Z=Q/M$$

式中：Z 为所需设备台数；Q 为作业任务量；M 为所使用设备的生产定额。

在实际工作中，装卸搬运设备的作业有间隙性和连续性两种，间隙作业设备台数计算公式为：

$$Z=Q/M$$

$$M=[(T\times K_1)/t]\,g\times K_2$$

式中：T 为完成任务需用的时间（小时）；K_1 为时间利用系数；t 为一个循环作业所需时间（小时）；g 为设备的额定载重量（T/台）；K_2 为设备载荷利用系数。

连续作业设备台数计算公式为：

$$Z=Q/(M\times T)$$

式中：T 为输送机的生产效率（T/分钟）。

装卸搬运需要一定场地。合理地确定装卸搬运场地，不仅有利于提高装卸搬运的效率和仓储场地的利用率，而且有利于减少装卸搬运费用，提高安全性。对于仓储场所来说，装卸搬运场地面积（包括储存）可由下列公式确定。

$$S=Q/(Ne\times a)$$

式中：S 为场地面积；Q 为到货数量；Ne 为货物的仓容定额；a 为面积调整系数（小于 1）。

课间案例

日本的“六不改善法”

在日本，物流界为了改善商品装卸和整个物流过程的效率，曾经提出了一种叫作“六不改善法”的物流原则，具体的内容如下。

（1）不让等——要求通过合理的安排使得作业人员和作业机械闲置的时间为零，实现连续的工作，发挥最大的效用。

（2）不让碰——通过机械化、自动化设备的利用，使得作业人员在进行各项物流作业的时候，不直接接触商品，减轻人员的劳动强度。

（3）不让动——通过优化仓库内的物品摆放位置和自动化工具的应用，减少物品和作业人员移动的距离和次数。

（4）不让想——通过对于作业的分解和分析，实现作业的简单化、专业化和标准化，从而使得作业过程更为简化，减少作业人员的思考时间，提高作业效率。

（5）不让找——通过详细的规划，把作业现场的工具和物品摆放在最明显的地方，使作业人员在需要利用设备的时候，不用去寻找。

（6）不让写——通过信息技术、条码技术的广泛应用，真正实现无纸化办公，降低作业的成本，提高作业的效率。

3.4.2 流通加工

1. 流通加工的含义与特点

流通加工（Distribution Processing）是指“物品在从生产地到使用地的过程中，根据需要施加包装、分割、计量、分拣、刷标志、拴标签、组装等简单作业的总称”。

流通加工是相对于生产加工而言，与生产加工相比较，两者既有共同之处又有不同的特点。一般来看，流通加工和一般的生产型加工在加工方法、加工组织、生产管理等方面并无显著区别，但在加工对象、加工程度方面却存在着较大的差别。其差别主要表现在以下几个方面。

（1）加工对象不同。流通加工的对象是进入流通过程的物品，具有商品的属性；而生产加工的对象不是最终产品，而是原材料、零配件、半成品。

（2）复杂程度不同。流通加工大多是简单加工，而不是复杂加工。一般来讲，如果必须进行复杂加工才能形成人们所需的商品，那么，这种复杂加工应专设生产加工过程。生产过程理应完成大部分加工活动，流通加工对生产加工则是一种辅助及补充，但不是对生产加工的代替。

（3）价值取向不同。生产加工的目的在于创造价值及使用价值，而流通加工的目的则在于完善其使用价值，并在不做大的改动情况下提高价值。

（4）承担者不同。从加工单位来看，流通加工的承担者主要是流通加工企业以及物流企业等，而生产加工则由生产企业完成。

2. 流通加工的作用

（1）提高原材料利用率。根据用户的需求，利用流通加工环节集中下料，可以优材优用、小材大用、合理套裁，提高原材料的利用率。

（2）方便用户。流通加工是以用户需要为核心所进行的加工活动，其更能有效地满足用户的需要。

（3）提高加工效率及设备利用率，弥补生产环节加工活动的不足。流通加工是集中的加工，其加工效率，即加工的生产率远比分散的加工要高得多。

（4）提高物流的附加值。流通加工既方便了用户，又弥补了生产加工的不足，既提高了商品的使用价值，又提高了商品的附加价值。

3. 流通加工的管理

流通加工管理是指对流通加工过程的计划、组织、指挥、协调与控制，包括加工计划的制定，加工任务的下达，人力、物力的组织与协调，加工进度的控制等。进行流通加工管理是为了更好地配置流通加工资源，优化流通加工的均衡性和连续性，提高加工产效率，实现流通加工的合理化。

在流通加工管理中，要实现流通加工的合理化，在做好计划、组织、协调与控制等的同时，一是要科学选择加工模式，二是要合理设置加工地点，三是合理选择加工方式与流程，四是要实现加工与其他物流环节的有机结合等。

本章小结

包装就是按照一定的技术方法，使用容器、材料及辅助物等将物品包封并予以适当的装饰和标志工作的总称，简言之，就是包装物和包装操作的总称。商品包装处于生产过程的末尾和物流过程的开端，它既是生产的终点，又是物流的起点。其主要功能是保护商品、方便储运、促进销售和方便消费。按不同的标志划分，商品包装有不同的种类。影响商品包装的因素主要有商品本身的特性、商品包装的保护性、消费者的易用性、商品包装的经济性等。要有效地保证物流活动的顺利运行，实现商品包装合理化与标准化是十分重要的。

运输是用设备和工具，将货物或商品从一个地点向另一个地点的运送活动，包括集中货物、中转货物以及分散货物等。运输是社会物质生产的必要条件之一，构成了物流的主要功能，可以创造“空间效应”和“时间效应”，是第三利润的主要源泉。运输对于扩大商品销售的市场范围，保证商品价格的稳定性，促进社会分工的发展有着重要的促进作用。运输的基本方式有铁路运输、公路运输、水路运输、航空运输以及管道运输。不同运输方式的组合，形成了联合运输。

储存主要是指商品在流通过程中的暂时停滞。商品储存是一切社会形态都存在的一种经济现象，其对调节商品需求、消除价格波动、降低运输成本、提高运输效率、满足消费者需要、提高客户满意度有着重要的作用。商品储存过程一般包括商品接收、存放、取出和配送等环节。商品储存合理化的标志主要包括质量标志、时间标志、结构标志、分布标志和费用标志等。

装卸搬运是物流的接点，在整个物流活动中，商品装卸搬运出现的频率最高，作业量也最大，其对物流的效率与成本有着重要的影响。流通加工是指“物品在从生产地到使用地的过程中，根据需要施加包装、分割、计量、分拣、刷标志、拴标签、组装等简单作业的总称”。要实现流通加工的合理化，在做好计划、组织、协调与控制等的同时，一是要科学选择加工模式，二是要合理设置加工地点，三是合理选择加工方式与流程，四是要实现加工与其他物流环节的有机结合等。

复习与思考题

（1）简述商品包装、运输、储存、装卸搬运在物流中的地位与功能。

（2）简述运输的基本方式与作用。

（3）简述选择运输方式的影响因素。

（4）简述储存的作用。

（5）简述储存管理方法的种类与应用。

（6）简述流通加工的功能与作用。

案例分析：台湾世平国际公司苏州分公司的统仓共配服务

随着大量台资、外资企业进驻苏州工业园区，苏州已经形成了电子元器件、芯片、计算机及计算机配件等硬件产品的庞大的企业生态群落。各企业之间存在着多对多的复杂供销关系。在这一领域，存在着一个基本规律，那就是随着龙头企业的迁入，必将带动越来越多的上下游企业来苏州落户，从而使得苏州在IT硬件产品和电子元器件等领域的群体优势越来越明显。[①]

这些企业对物流服务有着特殊的要求，原因在于随着分工的细化，这些电子产品、元器件、原材料和产品种类日益繁多、更新换代周期短、货品单值较高、周转迅速。制造企业为了尽可能地降低成本，减少库存对资金的占用，它们都会强调准时生产（JIT）和零库存原则，要求供应商小批量、多批次、配合生产流程的频繁供货。

为了满足上述要求，统仓共配（又称供应商库存管理，VMI）应运而生。其特征在于多个供应商共同租用一个公共仓库，面向一家或多家制造企业供货。当制造企业一次向多家供应商采购时，订单可以统一处理，从而在完成多对一的集中拣货和并单运输的同时，实现制造企业和供应商之间一对一的月度结算，由此大大地降低了总体运输成本和交易成本，满足了制造企业的准时生产（JIT）的需求。

台湾世平国际公司（WPI）是我国台湾地区著名的IT渠道/分销商。它沿袭业已存在的伙伴关系，满足苏州台资企业的物流需求，在苏州开展了统仓共配型仓储为核心的物流服务。

世平国际公司的客户既包括像明基电通、高科（苏州）等在内的大批台资企业，也包括英特尔、AMD在内的跨国巨头。

世平国际公司运营的公共仓储是以托盘为存储单位的半自动立体仓，在单据、库位和货品上全面采用了条形码扫描读取技术，并拥有自动化辅助分拣系统。

世平国际公司拥有严谨细致的业务流程和仓库管理规范，并严格按照ISO 9000质量管理体系中的规范进行全面质量管理。标准化程度高，并有很强的持续改进能力。

世平国际公司应用了国外某知名仓储软件企业的软件产品信息进行信息化管理，相关员工在系统上已经相当娴熟。

目前，该公司面临的问题是如何降低成本扩张，一步一步扩充仓储能力，提高信息系统的处理能力，以应付不断增长的客户需求。

请分析：1. 统仓共配主要思想是什么？

2. 从世平国际成功的物流配送的案例中，我们可以得到什么经验？

---

①http://www.docin.com/p-131945447.html?docfrom=rrela.

第4章 配　送

本章概要

本章主要介绍配送的含义、特点、过程与目标，分析配送的意义与作用，阐述配送的形式与特点，介绍分拣作业的方法与配送计划的编制与实施。

4.1 配送概述

4.1.1 配送的含义与特点

1. 配送的含义

物流配送简称配送，中华人民共和国国家标准《物流技术》中认为：配送是在经济合理区域范围内，根据用户要求，对物品进行拣选、加工、包装、分割、组配等作业，并按时送达指定地点的物流活动。日本工业标准将其定义为：货物从物流节点送交收货人（的活动）。日本的《物流手册》（1991年版）中认为：生产厂到配送中心之间的物品空间移动叫"运输"，从配送中心到顾客之间的物品空间移动叫"配送"。美国鲍尔索克斯和克劳斯所著的《物流管理——供应链过程的一体化》中将配送定义为：实物配送是将制成品交给顾客的运输、实物配送过程，可以使顾客服务的时间和空间的需求成为营销的一个组成部分……日本一些学者认为：配送就是在恰当的时间、地点和条件下，将恰当的产品以恰当的成本和方式提供给恰当的消费者的活动（简称为7R）。

我们认为，配送是依据用户要求，在配送地点配货，并将货物送交用户的一种经济活动。它将"配"和"送"有机结合起来。配送是一种特殊的、综合的物流活动方式，是商流与物流相结合，包含物流若干功能要素的一种物流方式。

2. 配送的特点

（1）与物流相比较，在许多方面，配送与物流有相同之处，但配送仍不同于物流，主要特点如下。

第一，功能特点。一般而言，物流的两大基本功能和支柱是运输和储存，而配送的两大基本功能是"配"和"送"。在这里，"配"主要是指货物的配备，包括货物的准备及分拣等，"送"主要是指货物的运送。

第二，区域特点。配送的区域与物流的区域存在着较大的差异。一般而言，配送大都局限在一定的区域范围内，而物流的区域限制范围则较小。对此，1991年版日本的《物流手册》中认为：将面向城市内和区域范围内需求者的运输称为“配送”，将生产中心之间的物品空间移动叫“运输”，从配送中心到顾客之间的物品空间移动叫“配送”。

第三，服务特点。与物流相比较，物流配送更加强调其服务性。因为，配送是从用户利益出发，按用户要求进行的一种活动，与顾客的关系更紧密，是“最终配置”。

（2）与运输相比较，配送的特点。从运输角度考虑，配送是相对于干线运输而言的物流概念，从狭义上讲，货物运输分为干线运输和支线配送。与长距离运输相比，配送中的送货主要承担的是支线、末端的运输，是面对客户的一种短距离的送达服务。一般来说，把从工厂仓库到配送中心之间的批量货物的空间位移称为运输，而把从配送中心向最终用户之间的多品种、小批量货物的空间位移称为配送。配送与运输的主要区别如表 4-1 所示。

表 4-1　　配送与运输的区别

内　容	运　输	配　送
运输性质	干线运输	支线运输、区域内运输、末端运输
货物性质	少品种、大批量	多品种、少批量
运输工具	大型货车或铁路运输、水路运输	小型货车
管理重点	效率优先	服务优先
附属功能	装卸、捆包等	装卸、保管、包装、分拣、流通加工、订单处理等

4.1.2　配送过程

配送过程是指配送的工作过程，在实际的运作过程中，由于产品形态、企业状况及顾客要求存在着差异，因而配送过程也会有所不同，甚至会存在着较大的差异。但从一般情况来看，一个较为完整的配送工作流程如图 4-1 所示。

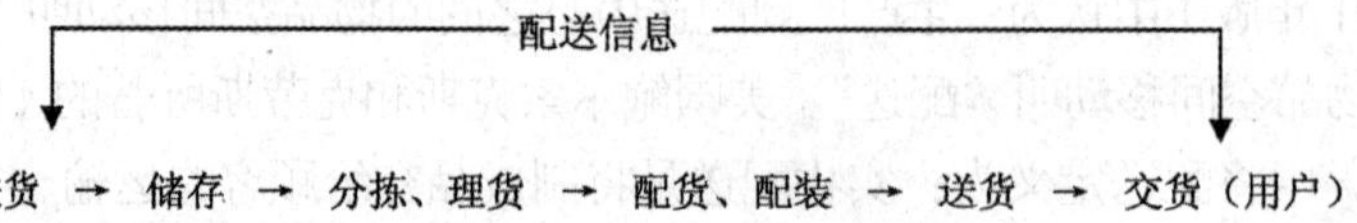

图 4-1　配送流程

1. 进货

进货是配送的一项基础性工作，它主要包括货源的订购、集货、进货以及相关的质量检验、结算和交接工作等。

2. 储存

储存是进行配送的第二环节，也是进行配送的一个重要而必要的环节。配送中的储存有储备及暂存两种形态。储备是按一定时期配送规模要求合理的储存数量，它形成了配送的资源保证。暂存是在进行配送过程中，为方便作业在理货场所进行的货物贮存。一般来说，储备的结构相对稳定，而暂存的结构易于变化；储备的时间相对较长，而暂存的时间较短。

3. 分拣理货

分拣是对货物按照进货和配送的先后次序、品种规格和数量大小等所进行的整理工作。在实际工作中，理货应与保管紧密衔接起来，谨防由于环节上的脱节而造成不应有的损失。

4. 配货配装

配货是依据用户的不同要求，从仓库中提取货物而形成的不同货物的组合。配装是根据运能及线路等形成的货物装配组合。

5. 送货

送货是依靠运输工具等将装配好的货物送达目的地的一种运输活动，属于末端运输或支线运输。一般来说，运输的距离较短、规模较小且频率较高。

6. 交货

交货是将货物送达目的地后，将货物交付给用户的一种活动，是一项配送活动的结束。交货人员应向用户办理有关的交接手续，而快捷方便的交接手续是提高效率的一个重要因素。

配送作业过程的 6 个环节紧密连接，相互促进和相互制约。因此，要提高配送效率及客户满意度，就应有效地处理好这些环节之间的衔接关系，特别是要处理好作业过程中的两个关键环节——分拣理货和送货。

在以上6个环节中，可以把配送分为两个大的阶段，第一个阶段是准备阶段，主要包括进货与储存；第二个阶段是配送阶段即狭义的配送，其一般包括分拣与理货、配货与配装、送货、交货。

4.1.3 配送的意义与作用

1. 对物流系统的意义和作用

首先，配送完善了整体物流系统。配送是构成整体物流系统的一个重要系统，处于物流活动的末端，它的完善和发展将会促使整个物流系统得以完善和发展。

其次，配送强化了整体物流的功能。

最后，配送提高了整体物流的效率。

2. 对用户的意义和作用

首先，对于需求方来说，配送可降低其库存（甚至可实现零库存），减少库存资金占用，改善财务状况，降低经营成本。

其次，对于供应方来说，配送可提高企业的服务水平，降低配送成本，提高配送效率，增强企业的竞争能力。

3. 对配送企业的意义和作用

首先，配送会大幅度地提高配送企业的配送效率。

其次，配送会大幅度地提高货物供应的保证程度，降低用户因缺货而产生的风险，提高客户满意度。

再次，配送有利于提高企业效益。

最后，配送有利于提高企业的管理水平。

4.2 配送形式

配送形式是指配送所采取的具体方式。配送有很多形式，且各有不同的特点。

4.2.1 按配送商品种类与数量划分

按配送商品种类与数量划分，配送包括多品种、少批量配送，少品种、大批量配送和成套配送。

1. 多品种、少批量配送

多品种、少批量配送是按照用户的需要，将所需的各种货物配备齐整后，由配送地送达目的地的一种配送方式。该种配送方式符合现代消费者个性化、多样化的发展趋势，也是现代配送发展的一种主要方式。

在实际配送过程中，这种方式对配送的作业水平、管理水平等有较高的要求，它不仅要求配送方有相应的配送设备、较强的作业能力，而且要求配送方有较高的管理水平，以保证各作业环节的协调性。一般来看，该种方式的配送成本较高。

多品种、少批量配送方式一般适合于综合配送中心所进行的配送，从社会总产品的角度来考察，一般适合于消费资料及二类、三类生产资料；从库存角度来看，比较适合于B类产品和C类产品；从距离上来看，一般适合于短距离的配送。

2. 少品种、大批量配送

一般来说，当用户所需货物的品种较少，需求量较大且需求相对稳定时，可采取这种配送形式。这种配送形式因批量较大，一般不需要对货物进行配装，可直接采用整车方式进行配送。

在实际配送过程中，这种配送形式相对于多品种、少批量配送形式来说，配送作业的难度一般较小，配送成本也相对较低，配送距离也相对较长，一般适合A类产品的配送。这种配送，一般适合专业性配送中心进行配送和供应方进行的配送。

3. 成套配送

当用户尤其是装配型企业需要多种零配件和配套设备时，可采用成套配送形式。该种配送方式适合于大型工程项目、新建企业前期建设以及企业整体迁移等。

4.2.2 按配送时间及数量划分

按时间及数量划分，配送包括定时配送、定量配送、定时定量配送、定时定量定点配送和即时配送等。

1. 定时配送

（1）定时配送的含义与特点。定时配送是按规定的时间或时间间隔所进行的配送。定时配送的时间，一般由供需双方确定。每次配送的品种及数量可预先确定并实行计划配送，也可以在配送之前由需方以商定的联络方式（如电话、传真、计算机网络等）通知配送方。

定时配送由于时间确定，便于用户根据自己的经营情况，安排接货力量（如人员、设备等），在最理想时间进货；也便于配送企业制定配送工作计划，合理安排车辆和规划路线，减少成本的投入。但当配送物品种类、数量有较大变化时，配货及车辆配装的难度则较大，会使配送方运力等安排出现一定的困难。

（2）定时配送的方式。定时配送主要有3种方式，分别是日配、准时配送和快递。

日配一般是在24小时之内将货物送达的配送方式。日配是定时配送的一种主要方式，尤其是在城市内配送，日配占有较大的比例。日配适合于下述几种情况：从需求方面来看，一是适合于用户临时性的、突发性的需求；二是适合于用户不能较长期保存的库存；三是适合于消费者所需的日常用品，特别是新鲜的、食品类商品等。从供给方面来看，一是适合于由于商品或自身条件限制不能长期保存的库存；二是适合于小型商店的经营；三是适合于消费者需要的大型商品（如彩电、冰箱等）；四是适合于处于“黄金宝地”位置的商店等。

准时配送是按照双方协议的时间，准时将货物配送到用户的一种方式。这种方式和日配的主要区别在于：日配是向社会普遍承诺的配送服务方式，针对社会上不确定的、随机性的需求；准时方式则是根据双方协议进行送货的，这种方式比日配方式更为精密，需要有较高的配送水平与系统支持。

快递方式是一种快速送达的配送方式，能够在较短时间内将货物送达。一般来说，快递配送面向整个社会企业型和个人型用户，覆盖地区较为广泛，服务承诺期限按地域不同会有所变化。快递企业的典型代表有美国的“联邦快递”、日本的“宅急送”等。

2. 定量配送

定量配送是按规定的批量在一个指定时间范围内进行的配送。定量配送最大的优点在于：可使供方、需方以及物流服务提供商能够按照事先确定的批量有计划地进行运作。供方可按事先确定的批量组织采购、生产与销售；需方可按事先确定的批量确定货物存放的空间及相应的装卸搬运设备；物流服务提供商可按事先确定的批量准备车辆等物流设备，安排配送计划。

3. 定时定量配送

定时定量配送是按规定的时间、规定的货物品种和数量进行的配送。这种配送兼有定时配送和定量配送的特点，特定性强，作业要求程度高，成本较大。

4. 定时定量定点配送

这是在配送过程中用户所普遍需求的配送形式，即将准确的货物数量在规定的时间送到确定的目的地。它不仅要求配送方有较高的管理能力，而且要有较强的配送能力。

5. 即时配送

即时配送是针对临时突发性需求所进行的配送。在目前市场竞争日趋激烈，市场需求变化迅速的时代下，如何满足客户即时配送的要求，是摆在配送企业面前的一个棘手问题，也是现代配送需要研究的一个问题。

4.2.3　按配送地点与组织者划分

按配送地点与组织者划分，配送一般包括配送中心配送、配送点配送、仓库配送、商店配送和生产企业配送等。

1. 配送中心配送

配送中心配送的组织者是专职从事配送业务的配送中心，一般来说，规模较大、功能齐备、配送能力较强，配送距离也较长，大都和用户有固定的配送关系。其不仅可以承担工业企业生产用主要物资配送、大型工程项目需要的物资配送以及对商业企业实行的补充性配送等，而且可以承担对专职配送点的货物补充性配送。

2. 配送点配送

配送点是在某一特定区域设置的专门从事该区域配送业务的网点。一般来说，配送点大都为配送中心的分支机构或下属机构，不独立对外进行商业活动，配送主要是根据配送中心的指令来进行。配送点配送的地理区域相对较小，距离也较近，配送的品种、数量较少，一般为小件商品，配送设备主要为运输设备和必要的仓储设施。

3. 仓库配送

仓库配送是指由仓库进行的配送。近年来，一些仓储企业在发展原有储存业务的基础上，为更好地满足市场的需要，扩大经营范围，逐步开展了配送业务。

4. 商店配送

商店配送是商店或商场进行的配送活动。一般与零售相结合，配送规模、半径都较小，大都是即时配送。

5. 生产企业配送

组织者是生产企业，一般来说，配送的产品往往都是一些适用性较强或企业自身生产的产品。

此外，按专业化程度划分，配送有综合配送与专业配送；按经营形式划分，有销售配送、供应配送、代存代供配送和销售供应一体化配送；按加工程度划分，有加工配送和非加工配送等。

4.2.4 按配送的服务对象划分

按配送的服务对象划分，配送包括企业对企业的配送、企业内部配送和企业对消费者的配送。

1. 企业对企业的配送

企业对企业的配送有两种基本情况：一是完全独立企业之间的配送；二是集团内部企业之间的配送。

第一种情况，配送一般是随着交易而发生的，同企业对消费者之间的配送相比较，具有配送批量规模大、频率低等特点。另外，企业对企业的配送，在大部分情况下属于供应链系统中企业之间的配送，需求相对稳定，且时间范围变化较小，容易进行计划安排。因而配送的效率相对较高，成本也相对较低。在大部分情况下，该配送一般属于“分销配送”。

第二种情况由于是在集团内部进行的，所以其配送的计划性更强，物流的效率、成本以及服务水平将会比第一种情况更加优越。

2. 企业内部配送

企业内部配送大多发生在大型企业之中，其主要有两种类型：一是连锁企业的内部配送；二是生产企业的内部配送。

连锁企业的内部配送，主要是总店在统一采购之后，由总店向各连锁店所进行的配送，其作用主要是为各连锁店的销售提供支持与服务。通常的做法是连锁企业建立配送中心，由配送中心根据各连锁店的需求进行配送。由于该种配送是在一个封闭的系统之中运行的，受外界的因素影响相对较小，有较强的计划性，也易于合理配置与利用资源，从而实现低成本、高效率的配送。

生产企业的内部配送，主要是企业向各生产车间或分厂所进行的配送，也称为“供应配送”。目前主要有以下几种做法：一种做法是由采购部门将所需要的原材料、设备等采购回来之后，按照各车间及分厂的需要进行配送；另一种做法是企业设立专门的配送部门，采购部门将所需要的原材料、设备等采购回来之后，由配送部门负责配送；还有一种做法是采购部门负责采购，由供应商直接将原材料、设备配送到各车间与分厂。

3. 企业对消费者的配送

这是在一个大的开放系统中所进行的配送，虽然企业可以通过会员制、贵宾制等方式锁定一部分消费者，采取一种近似于连锁配送的方式，但是在大多数情况下，由于消费者需求的可变性、随机性及苛刻性等，配送难度相对较大。

4.2.5 其他配送形式

1. 共同型配送

（1）共同型配送的内涵与发展。共同型配送是针对小批量、多品种、高频率需求，为减少配送车辆、提高车辆装载率而对多数企业共同进行的配送。

在日本，共同型配送历史可追溯到1966年，当时开展共同型配送的目的主要是解决单程运输效率低下、空返等问题，并缓解城市交通。

（2）共同型配送的优缺点分析。一般来说，共同型配送的优点主要包括以下几个方面。

第一，提高车辆装载率和运输效率，减少重复运输与交错运送，降低成本。

第二，提高物流效率，减少物流其他环节如装卸、验货等作业量。

第三，缓解交通压力，减少环境污染。

第四，提高服务水平。

共同型配送存在的问题，主要包括以下几个方面。

第一，容易泄露企业之间的商业秘密。

第二，在很多情况下，为提高装载率，共同型配送经常对货物采取配装的方式，容易造成货物的破损、丢失等。

第三，加大了运费的核算工作量与难度。

2. 一体化配送

（1）一体化配送的内涵与意义。一体化配送产生于20世纪90年代的日本，也称“一揽子物流”，是指将信息流与实物流融为一体来进行的配送运作，以达到“降低成本”和“提高服务水平”的目标。

“一揽子”包含两层意思：一是“货架一揽子”，就是将某一货架群作为整体对象，不问进货地点和形态，将全部商品集中上货；二是“业务一揽子”，就是将各种业务“一揽子”完成。

一体化配送在商店配送中应用最为广泛。具体来说，就是将商店作为起点，在把出库、供应链记录单、物流电子数据等信息纳入物流系统的同时，将一次性分品种进货、定时定量配送等作业组合在一起，完成商店整个配送的运作。

（2）一体化配送的分析。共同型配送与一体化配送的主要区别是，共同型配送是“按商店进货系统”进行，而一体化配送是“按货架进货系统”进行。

一体化配送与共同型配送相比较，最明显的优点是减少了商店业务工作量，降低了运营成本，提高了经济效益。在运作过程中，一体化配送充分重视了供应链的成本与效率。

3. 高频率、小批量配送

（1）高频率、小批量配送的内涵。目前关于高频率、小批量配送，人们还存在着不同的理解。在日本，批发商认为：高频率、小批量配送是指配送间隔较短，批量配送货物数量较少，配送方式复杂，并要求在规定的时间内进行的配送。而便利店总部则认为：高频率、小批量配送是满足消费者的需求，得到供应商的协助，将必要的商品，在必要的时间内，按必需的数量供给零售业的配送。

（2）高频率、小批量配送的形成原因。高频率、小批量配送形成的原因主要来自于消费者需求的变化。目前消费者需求呈现出多样性、个性化、可变性的特点，在此情况下，零售商为了及早发现滞销商品及避免库存积压，其进货也呈现出高频率、小批量的特点。

1982 年，高频率、小批量配送在日本开始普及。最初是大型的便利连锁业采用高频率、小批量配送系统，此后迅速扩展到超市业及其他零售业。基本做法就是将散货出库方式和准时供应方式紧密结合起来。

（3）高频率、小批量配送的分析。高频率、小批量配送的开展，给零售商的经营活动带来了极大的便利，其优点主要表现在以下几个方面。

第一，消除了零售商的脱销。高频率、小批量的配送是进行“适品、适量、适时”的配送和进货，零售商要求供应商对其供应要采用高频率、小批量配送，以降低缺货率和消除脱销。

第二，缩短了订、发货期间。零售商对批发商高频率、小批量配送的基本要求是订、发货期间缩短，这样零售业就可以削减商品库存面积，确保商场的商品陈列场地，减少商品的存货量但又不发生缺货。

第三，多样化的流通加工。高频率、小批量配送是以消费者需求的高档次、多样化为背景的，为保障商店商品品种齐全、丰富，零售商要求配送商或供应商要提供商品分类、分装、标价、包装等多样化的流通加工服务。

第四，降低了验货成本。由于 POS 信息和 EOS 的使用，新售商品可根据统计结果有选择地进行销售，使商店库存压缩，商场效率提高。由于订、发货周期缩短，验货频率会相对增加，在此情况下，零售商为了提高效率，相应地会要求供应商提供验货服务。

高频率、小批量配送对零售商具有重要的作用，但对于供应商及配送服务商来说，则会产生以下问题。

第一，带来费用增加，主要表现在人工费、库内作业费和配送费的增加。

第二，带来效率下降，主要是配送车辆装载率下降，总的运行距离长，配送车辆增加，接收货物的作业也较繁杂。在日本，平均装载率由原来的接近于 80%降到略高于 75%。

第三，带来城市交通拥挤、大气污染及噪声等环境问题。

4.3 分拣作业方法与配送计划

4.3.1 分拣作业方法

分拣是配送工作的第一步，其是根据各个用户的需求来进行的。进行分拣时，首先要确定需要配送货物的种类和数量，其次是在配送中心或仓库挑选所需的货物。分拣工作可采用自动化的方式，也可采用手工方式，这主要取决于配送中心的规模及其现代化的程度。分拣主要有拣选和分货两种基本方式。

1. 拣选方式

拣选方式也称摘取方式，是在配送中心或仓库分别为每个用户拣选其所需货物。此方式的特点是在配送中心或仓库里，每种货物的位置是固定的；该方法适应于货物类型多、数量少的情况；该种方式便于管理和实现现代化。

2. 分货方式

分货方式也称播种方式，是将需要配送的同一种货物，从配送中心或仓库集中搬运到发货场地，然后再根据各用户对该种货物的需求量进行二次分配。这种方式适用于货物易于移动且同种货物需求量较大的情况。

3. 拣选方式和分货方式比较

如果出货单数量不多，拣选方式和分货方式的效率与效果基本没有什么差别。但是在大量出货的情况下比较两者，其差异如表 4-2 所示。

表 4-2 拣货方式效率比较表

商品种类	每种数量	摘取式		播种式	
		时间	误差率/%	时间	误差率/%
多	多	100	3.2	65	1.1
	少	100	1.5	85	0.4
少	多	100	2.3	96	0.1
	少	100	0.3	112	0.1

注：比较的前提是拣货员与出货员数量不变，出货单数量相同。

4.3.2 配送计划的编制与实施

1. 配送计划的含义

配送计划就是未来行动的配送方案，有 3 个方面的属性：第一，配送计划是关于未来的；第二，配送计划是要付出行动实施的；第三，配送计划是一种方案。

配送计划的属性要求有两点：其一，计划必须付出行动，要进行实施。如果编制一个方案，不打算进行实施或付出行动，则其不能称为计划。其二，计划作为一种方案是可以进行调整的，但调整的范围、幅度与次数不能过大，否则就失去了计划的严肃性。如果客观实际情况发生了很大的变化，原有的计划已不适应客观情况与需要，则可以重新编制计划。

指标是配送计划的主要内容，任何一个配送计划都应该由一定的指标构成。从大的方面来说，其指标主要有利润指标、成本指标、效率指标和服务指标等；如果按环节来考虑，其主要有运输方面的指标、存货方面的指标、分拣方面的指标等。

2. 配送计划种类

（1）基于时间的种类。以时间进行划分，配送计划可以划分为年度计划、季度计划、月度计划和日计划。

一般来说，年度计划更注重资源配置和需求，而日计划则更重视操作。就编制程序来说，依次为年度计划、季度计划、月度计划与日计划。就操作来说，则依次为日计划、月度计划、季度计划和年度计划。

（2）基于业务的种类。按业务来划分，配送计划主要有配送主计划、日配送计划和特殊配送计划。

配送主计划是指针对未来一定时期内，对已知客户需求进行前期的配送规划，便于对车辆、人员、支出等作统筹安排，以满足客户的需要。

日配送计划是针对配送主计划，逐日进行实际配送作业的调度计划。例如，订单增减、取消、配送任务细分、时间安排、车辆调度等。

特殊配送计划是针对突发事件或不在主计划范围内的配送业务计划，是配送主计划和日配送计划的必要补充。在实际过程中，特殊配送计划的执行应不影响配送主计划和日计划的执行。

3. 配送计划的编制程序

配送计划的编制程序是确保计划科学性的重要因素之一。一般来说，配送计划的编制程序主要包括确定编制配送计划的目的、收集整理资料、编制初步配送方案、确定配送计划等过程，其编制流程如图4-2所示。

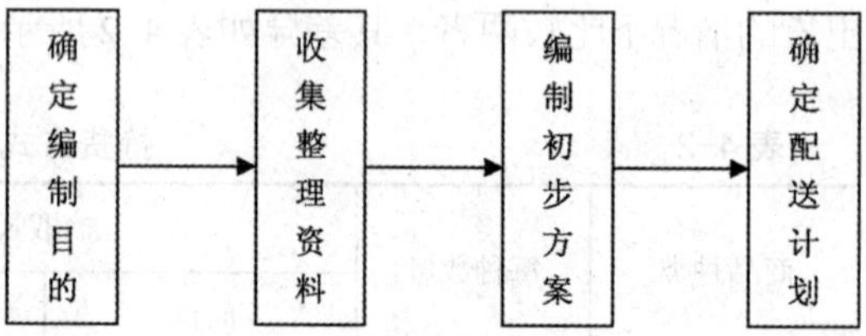

图4-2 配送计划编制流程

（1）确定编制配送计划的目的。一般来说，编制配送计划的目的主要包括实现配送资源的合理配置、满足用户的需求、降低配送成本等。

（2）收集整理配送资料。配送资料主要包括用户需求、货物特点、配送资源以及环境等方面的资料。用户方面的资料主要包括用户需求时间、地点、数量以及要求的服务等；货物方面的资料主要包括货物的形状、重量、理化性质等；资源方面的资料主要包括设施资源、车辆资源以及人员等；环境方面的资料主要包括政府政策、管理制度与各项规定等。

收集的资料要达到准确、及时、全面的要求。要达到这一要求，一是要确定收集资料的对象与内容，二是要确定收集资料的方法，三是制定合理的收集方案。

对于所收集的资料，要进行归类、整理分析，根据编制的目的和资料特点合理进行分组。

（3）编制初步配送方案。编制初步配送方案就是根据编制的目的，在一定的环境条件下，将用户需求、货物特点、配送资源有机地组合在一起。在实际编制过程，一般会形成高、中、低3种方案。

要使编制的方案科学合理，在编制过程中，一是要合理地选择编制计划的方法，二是要充分利用现代先进的计算机技术等。

（4）确定配送计划。确定配送计划就是根据所编制的方案，选出一种较好的方案作为配送计划。在选择方案的过程中，还要与用户进行充分的沟通与交流，获得用户的认可。同时，对已决定作为计划的方案进一步进行优化，以达到最佳效果。

4. 配送计划实施

（1）下达配送计划。配送计划确定后，就需要将配送计划下达到各个部门，以便各个部门对配送计划有全面的了解，并充分熟悉本部门的任务、职责与作业要求，以保证计划的顺利实施。

（2）用户进行沟通。对于确定好的配送计划，让用户了解是十分重要的，用户通过对配送计划的掌握和了解，就可以根据配送计划来安排自己的生产与经营活动。

（3）建立相应的实施保障机制。编制计划的目的是实施计划，为了保障计划的有效实施，建立相应的实施保障机制是非常重要的。实施保障机制包括责任制度、绩效考核评价制度等。

本章小结

配送是企业依据用户要求，在配送地点配货，并将货物送交用户的一种经济活动。它将“配”和“送”有机结合起来。配送是商流与物流相结合，包含物流若干功能要素的一种特殊的、综合的物流活动方式。配送的发展不仅有利于完善物流系统，而且有利于配送企业降低成本，提高效率，提升服务，有利于满足用户的需求。配送在功能、区域以及服务上与物流存在着差异，也与运输存在着差异。配送过程一般由配送信息、进货、储存、分拣与理货、配货与配装、送货、交货等组成。配送的目标包括基本目标、主要目标和具体目标。基本目标是进行配送活动所要达到的综合目标，具有抽象性，包括效率目标、成本目标和服务目标；主要目标是进行配送活动所要达到的重点目标，是实现基本目标的关键性目标，包括快速响应、最低库存和整合运输；具体目标是进行配送活动中某一方面或环节所达到的目标。

配送形式是指配送所具体采取的方式。按配送商品种类及数量划分，配送有多品种、少批量配送，少品种、大批量配送，以及成套配送；按配送时间及数量划分，有定时配送、定量配送、定时定量配送、定时定量定点配送以及即时配送等；按配送地点与组织者划分，有配送中心配送、配送点配送、仓库配送、商店配送以及生产企业配送等；按配送的服务对象划分，有企业对企业的配送、企业内部配送、企业对消费者的配送等；按配送模式划分，有共同型配送、一体化配送等。随着消费者需求的变化，目前配送正在向着高频率、小批量的方向发展。

配送计划是未来行动的配送方案，既可以按时间划分，也可以按业务划分。确立合理的配送计划编制程序是确保计划科学性的重要因素之一，一般来说，其程序主要包括确定编制配送目的、收集整理资料、编制初步配送方案、确定配送计划等过程。

复习与思考题

（1）简述配送的内涵、特点与过程。

（2）分析配送的意义与作用。

（3）简述配送形式与特点。

（4）配货作业方法有哪些？各自有什么特点？

（5）阐述配送计划的编制程序。

（6）根据某一配送企业的业务，设计其业务流程方案。

案例分析：连邦的物流配送

连邦软件销售连锁组织的物流配送是随着整个组织的规模变化而不断发展的，无论是规模较小时采用的总店制，还是规模逐渐扩大以后发展成的储运部，以至于后来成立的物流中心。物流配送组织的演变从一个侧面反映了连邦软件销售连锁组织这些年来的超速发展，充分说明了连锁组织总部采取的组织调整策略适应了市场和组织系统变化的格局。

1. 商品采购

商品采购一般分为首批采购和日常采购。

首批采购：首批采购是指对新上市产品进行的第一批采购，日常采购是指除首批采购外的其他采购行为。对于畅销产品的首批采购，确定合适的采购量是至关重要的。如果采购量小，就有可能缺货，少则一两天，多则一个星期，这样会失去宝贵的热卖机会，造成经济损失，如果再碰上厂商因压盘紧张等原因缺货，损失就更大了。相反，如果采购量大，轻则造成资金占用，重则造成死库存，损失可能更大。对于畅销产品的首批采购量，连邦实行谨慎的采购原则，一般由产品经理根据各地专卖店的征订量，考虑其他综合因素后，凭经验判断来确定。首批采购量不会因量大而造成死库存，因为首批采购量中有200～500套代销量，即使有少量的死库存，由于与厂商的合作关系一向良好，也能与厂商调换。如果订货量偏小的话，有可能不能满足专卖店的需求，回头再找厂商要货，一是延误时间，二是厂商处可能缺货。出现这种情况，厂商会优先支持连邦，因为他们知道连邦拿走货之后，都是直接销售给最终客户，不会去炒货。

日常采购：日常采购量的决定主要依据订单管理系统。对于每种产品，连邦会定期设置一个最低库存量和一个最高库存量值，而且会定期进行调整。最低库存量值与最大库存量值的设置，是根据产品的畅销程度、产品所处的销售生命周期、资金占用大小、采购的容易程度（厂商是在北京供货还是在外地、是厂商送货还是连邦自提等）、货源紧张程度等情况进行的人为设置。这个人为设置是根据实际销售经验而确定的。例如，KV300这个产品属于特别畅销的产品，最低库存为500套，最高库存量为2 000套。一般一周采购一次，一次1 500套左右。这个产品所占体积不大，全年畅销程度没有很大差别。有的专卖店一次就订购200套。连邦收到各地专卖店的订货单之后，订单管理系统会自动汇总，库存数与订货数相减，如低于最低库存量，就立即安排采购；库存数与订货数相减，如高于最高库存量，说明采购量过大，就采取相关措施尽快减少库存。库存管理系统包含订单管理系统，根据库存数和订单数，每天早晨自动生成当天的采购清单，由采购部安排采购事宜。

2. 配发货

总部给各地专卖店配发货产品一般分为三类：代销产品、配货产品、订货产品。装箱清单上会明确注明各产品的发货性质。软件开发商根据与连邦总部的合作协议，提供一定代销量的产品给连邦总部，总部根据代销总数量依据各地专卖店的销售能力和付款信誉来确定给专卖店的代销量。代销产品不用预先支付货款，在代销期间内销售不出去可以通过总部退还厂商，没有任何库存风险。产品的代销期为半年至一年。代销期结束后，总部会发通知要求各地专卖店退回代销产品。

配货产品是总部根据原先与专卖店的约定数量，主动配发给专卖店的产品。针对市场上一些当期不太畅销的产品，连邦总部事先不会发通知要求各地专卖店征订，但这些产品仍可能有一定的销售量，为了提高这些产品到达专卖店的速度，促进销售，连邦总部依据这些产品的销售程度和专卖店的销售能力，直接给各专卖店作为配货产品配发一定数量的产品，一般大城市的专卖店为3～5套，小城市为1～2套。配货产品先收取货款，由各地专卖店承担库存风险，各专卖店在收到货后一两个月内可以退回总部，超过期限不允许退回总部。实施配货产品政策，一是减少由专卖店订货到总部确认发货这个环节，使产品到货速度加快；二是鼓励专卖店积极开发当地市场，增强促销活动，变不太畅销的产品为畅销产品，拓宽畅销产品的范围。

订货产品是指根据专卖店的订货单配发的产品，包含首批征订的产品和日常订购的产品。订货产品的品种和数量主要是由各专卖店负责制定，订货产品先收取货款，由各地专卖店承担库存风险，无特殊情况下不允许退回总部。

3. 厂商直供

统一进货可以给连锁店带来规模优势，使其供货价格比别人更具竞争力。但是如果所有商品全部由总部统一供货，就会存在发给各个专卖店货物速度慢的问题。连邦就此探索出一条由厂商直接供货而结算由总部统一负责的途径。事实证明，连邦采用的这种方法是行之有效的。

由于软件市场增长速度放慢，市场竞争显得更加激烈，其中一个问题就是物流的速度和成本。各地连邦软件专卖店当地的竞争者是直接由厂商发货，包装费甚至运费是由厂商负责，不仅到货快，而且总成本低。而连邦总部尽管最早从厂商处拿到货，但要办理入库、打印标签、粘贴标签、分货，然后发货，货到专卖店时已经比当地竞争对手晚了一步，而且总部承担包装、分货成本，运费等还由专卖店自己承担，增加了总成本。对于在外地的厂商，连邦总部收到货的时间几乎和各地连邦软件专卖店当地竞争者拿到货的时间差不多，如果再由连邦总部发货给各专卖店，时间最长可能会耽误一周左右。现在厂商之间的竞争也很激烈，有些厂商为了达到占领更多市场份额的目的，往往新产品还未上市，广告早已提前一个月打出。用户看到广告以后经常到各个零售店里询问。对于一些畅销产品，有时前后也就相差一两个小时，连邦就是因为没有货，用户只好到竞争对手那里去了，店里也就少卖了几十套。如果到货速度比竞争对手晚一周左右，情况将不堪设想。

为了保持连邦专卖店的名副其实的“大而全”的产品形象，连邦总部和厂商签署协议，由厂商直接供货，总部统一和厂商结算。单据的传递是其关键。连邦和厂商约定，厂商制作一份发货单，传真一份给专卖店，一份给连邦总部。专卖店收到由厂商直接发来的货并检验无误后，在发货单上盖章签字后传真给连邦总部，总部根据专卖店的确认单制作专卖店的物流单，并办理产品入库手续，按规定和厂商结算。这样一来，不仅提高了连邦总部的工作效率，使产品到各专卖店的速度加快，而且降低了成本，运费、包装费由厂商承担，减少资金占用。

请分析连邦的物流配送的特点。

第5章

电子商务物流网络服务

本章概要

本章主要介绍电子商务物流网络服务的含义、特点及过程，分析电子商务物流网络服务的内容，探讨电子商务物流网络服务平台的含义、类型及服务内容，阐述电子商务物流网络服务平台搭建的原则、模式、程序以及电子商务物流网络服务平台的运营模式。

5.1 电子商务物流网络服务概述

5.1.1 电子商务物流网络服务的含义

电子商务物流网络服务是指通过互联网所提供的物流服务。电子商务物流网络服务是电子商务物流区别于传统物流的一个重要标志，也是电子商务物流服务的核心内容。

第一，通过电子商务物流网络服务，可以实现电子商务物流在更大范围的信息共享与交流，解决目前在社会范围存在的“信息孤岛”问题。

第二，通过电子商务物流网络服务，可以有效地减少企业搜寻信息成本，沟通洽谈成本以及委托、收托成本，降低物流实体的作业成本，也可以大幅度提高物流的效率，充分体现了电子商务的优势。

第三，电子商务物流网络服务的发展，可以催生新的物流服务方式与服务主体。目前，已经出现了以网络物流服务为主要方式的服务主体，它们通过搭建不同的服务平台，以不同的方式提供多种服务。

第四，电子商务物流网络服务的发展，可以优化物流产业结构，实现物流产业的升级与换代，使物流产业向信息化、电子商务化、科学化、智能化等高级化、现代化的方向发展。

第五，电子商务物流网络服务的发展，可以充实电子商务的应用，发挥电子商务在物流中的作用。

5.1.2 电子商务物流网络服务的特点

从不同方面进行分析，电子商务物流网络服务具有不同的特点。与物流实体服务相比较，电子商务物流网络服务具有以下特点。

1. 电子化

电子商务物流网络服务是以电子化的形式来提供服务的，如信息的提供、传输与发布，物流服务的委托、合同的签订等。

2. 虚拟化

电子商务物流网络服务通常是以虚拟化的形式将物流的各种职能与功能表现出来。虚拟化可以使人们组合物流的各种服务与功能，寻求物流的合理化，实现物流的高效率、低成本。

3. 远程化

电子商务物流网络服务是以远程化的方式提供的。处在不同地域的用户可以通过网络查询所需要的物流信息，寻找适合自身的合作伙伴，进行洽谈与物流委托，并对自身的物流活动进行监控。

4. 自动化

由于在电子商务物流网络服务中广泛地应用了现代先进的计算机技术、通信技术及网络技术等，开发实施了不同的信息服务系统，绝大部分的服务都是通过不同的软件来实现的，具有自动化的特点。例如，物流中心向供应商提出订单这个过程，就可以使用计算机通信方式，借助于增值网（Value-Added Network，VAN）上的电子定货系统（Point of Sale，EOS）和电子数据交换技术（Electronic Data Interchange，EDI）来自动实现，物流中心通过计算机网络收集下游客户的定货的过程也可以自动完成。此外，物流活动的大量运筹和决策，如库存水平的确定、运输（搬运）路径的选择、自动导向车的运行和作业控制、自动分拣机的运行等，都可以通过软件系统的智能决策自动地实现。这不仅提高了决策效率，降低了成本，而且减少了差错率，提高了服务水平。

此外，电子商务物流网络服务还具有高效化、低成本化及标准化等特点。

5.1.3 电子商务物流网络服务过程

一般来说，电子商务物流网络服务过程主要包括以下几个阶段。

1. 信息发布与查询阶段

信息发布与查询阶段是电子商务物流网络服务的第一阶段，也是目前电子商务物流网络服务体系中发展最快的一项服务。在该阶段，服务需求方和供给方分别通过网络发布信息，并寻求自身需要的信息。

一方面，服务提供方通过网络发布自身所提供的服务信息，并查询需要自身提供服务的用户信息；另一方面，服务需求方通过网络发布自身所需要的服务信息，并查询能够为自身提供服务的服务信息。

2. 洽谈磋商、认证、签订合同阶段

该阶段主要包括洽谈磋商、认证和签订合同 3 个环节。

第一个环节，洽谈磋商。供求双方根据第一阶段所查询的信息和所选择的客户，与其进行多方面的沟通与洽谈。沟通与洽谈的内容主要包括物流服务内容、物流服务价格、物流服务水平、付款方式与时间等。

第二个环节，认证。双方洽谈磋商达成一致后，就需要签订合同。为了保证双方的利益，在签订合同之前，双方需要进行认证。认证的内容包括身份认证、资信认证、质量认证等。

第三个环节，签订合同。经过认证后，双方签订合同。

在实际过程中，第一环节与第二环节的顺序有可能发生变化。有的企业在洽谈磋商前就可能要求进行认证，这时认证就成为该阶段的第一环节。

3. 实施阶段

签订合同后，双方根据所达成的协议与约定开始实施合同。在实施过程中，服务的一方（受托方）可以通过网络向被服务的一方（委托方）提供各种在服务过程中的信息；委托方可以通过网络对受托方在提供服务过程中的各种情况进行查询。例如，在运输服务中，委托方可以通过受托方在网络上提供的信息查询货物的地点、状态以及到货的时间与数量等。

5.2 电子商务物流网络服务内容

总体来说，电子商务物流网络服务内容主要包括物流信息服务、物流认证服务、物流委托（交易服务）、物流金融服务以及其他服务等。

5.2.1 电子商务物流信息服务

1. 电子商务物流信息服务的含义

电子商务物流信息服务是指通过互联网为客户提供的物流信息服务。物流信息服务是电子商务物流网络服务的基本服务，也是电子商务物流发展过程中首先开展的服务。

基于网络的物流信息服务，不仅可以改变目前所面临的“信息孤岛”问题，实现物流信息在更大范围的共享与交流，也可以为其他网络服务奠定坚实的基础。

2. 电子商务物流信息服务流程

一般来说，电子商务物流信息服务的流程主要包括以下几个方面。

（1）信息发布。信息发布主要包括 3 个方面的发布主体：一是物流需求方（一般为货主）对物流需求信息的发布；二是物流供给方对物流供给信息的发布；三是第三方（一般为服务平台）对物流相关信息的发布。

物流需求方对物流需求信息的发布，主要是按照第三方服务平台所提供的标准电子格式填写相关信息来进行发布的。在实际过程中，第三方服务平台对物流需求方发布的信息存在着较大的差异。有的要求信息发布者应具有会员资格，有的要对发布的信息进行审核，而有的则不做限制。图 5-1 所示为全国物流信息网（http://www.56888.net）货主发布信息的标准格式[①]。

物流供给方对物流供给信息的发布，也是按照第三方服务平台所提供的标准电子格式填写相关信息来进行发布的。图 5-2 所示为全国物流信息网（http://www.56888.net/）车主发布信息的格式[②]。

第三方服务平台对物流信息的发布，主要包括政策信息、行情信息及资信信息等。

（2）信息转换。第三方服务平台将各方发布的物流信息放入数据库中，并通过相应的系统软件归类并进行转换发布。

[①]全国物流信息网 http://www.56888.net/.

[②]全国物流信息网 http://www.56888.net/.

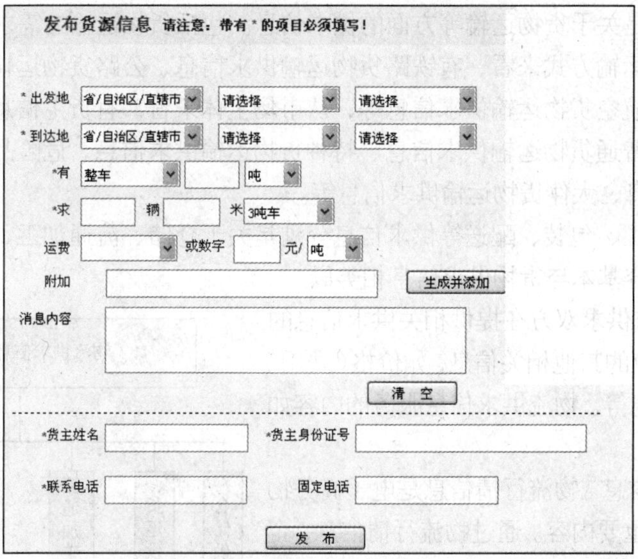

图 5-1　全国物流信息网——货主发布信息的标准格式

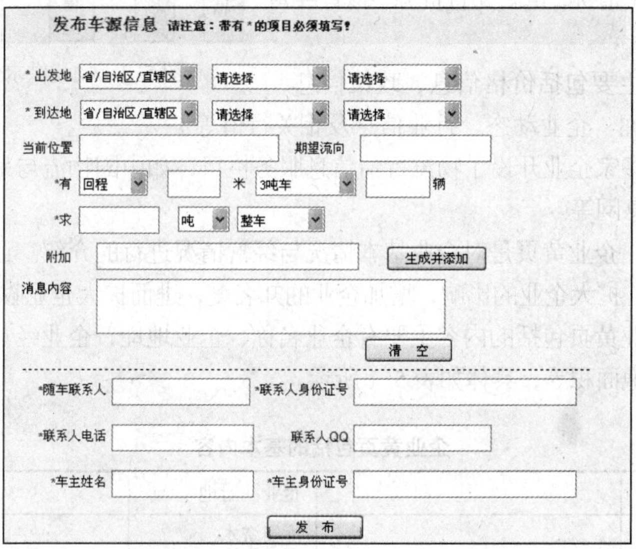

图 5-2　全国物流信息网——车主发布信息的标准格式

（3）信息在线。就是将经过转换的信息进行发布，以在线的形式通过互联网表现出来，供不同用户游览、查询等。

（4）信息查询。信息查询是指用户通过互联网获取物流服务商或其他物流服务机构提供的各种信息，以掌握和了解自身货物的相关情况，并及时作出生产经营活动的安排（信息查询的相关内容详见“电子商务物流信息服务内容”中的第（4）点——信息查询）。

3. 电子商务物流信息服务内容

一般来说，电子商务物流信息服务的内容主要包括以下几个方面。

（1）物流供求信息服务。物流供求信息服务是电子商务物流信息服务的基本服务，从物流活动的内容来说，物流供求信息服务的内容主要包括货运供求信息、仓储供求信息、流通加工供求信息、包装供求信息、配送供求信息以及其他物流供求信息等。

货运供求信息是关于货物运输等方面的供求信息。包括货物运输的需求信息、货物运输车辆的供应信息；从运输方式来看，有铁路货物运输供求信息、公路货物运输供求信息、水路货物运输供求信息、航空货物运输供求信息等；从市场主体来看，有货主信息、车主信息等；从货物特性来看，有普通货物运输供求信息、特种货物运输供求信息、危险品运输供求信息、贵重物品运输供求信息、大件货物运输供求信息等。

仓储、流通加工、包装、配送等供求信息分别是关于仓储、流通加工、包装、配送等方面的供求信息，其内容基本与货物供求信息相类似。

一般来说，物流供求双方在提供相关供求信息的同时，也会提供相应的其他相关信息，如价格（费用）信息、服务质量信息等。物流供求信息服务的内容如图5-3所示。

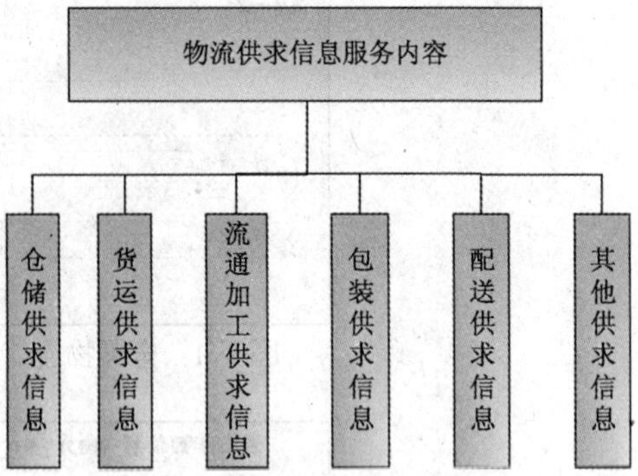

图5-3 物流供求信息服务的内容

（2）物流行情信息。物流行情信息是电子商务物流信息服务的一项重要内容。通过物流行情信息，企业可以掌握和了解物流行情发展的基本状况与趋势，并根据市场发展变化情况，重新配置资源，拟订经营计划，制定对策。

物流行情信息主要包括价格信息、政策信息、国际新闻、国内新闻、企业动态、行业信息及相关行情等。

目前，国内有多家企业开设了物流行情信息服务栏目，如中国物流与采购网、全国物流信息网、中国物流信息网等。

（3）企业黄页。企业黄页是对企业基本情况与经营情况进行的介绍。通过企业黄页，可以传递企业相关信息，扩大企业的影响，增加企业的知名度，进而扩大企业收入，增加企业收益。

一般来说，企业黄页包括的内容主要有企业名称、企业地址、企业经营理念、企业规模、企业类型、经营场地面积等，具体如表5-1所示。

表5-1 企业黄页包括的基本内容

企业名称		企业注册地	
企业类型		注册资本	
成立时间		经营面积	
员工人数		主营行业	
主营产品或服务		经营模式	
主要市场		年营业额	
管理体系认证		证书及荣誉	
联系方式		联系电话	
开户银行		银行账号	
工商注册信息		公司主页	

在实际过程中，为了方便用户对信息的查找，可以按区域、行业、服务类型等对企业进行分类，以降低用户查找时间，节约用户查找成本。同时，建立对应的沟通渠道，使用户可直接进行沟通与交流。

（4）信息查询。在物流信息服务中，通过互联网可以方便、快捷地进行物流信息查询服务。通过提供及时、真实、全面的信息查询服务，用户可以及时掌握和了解自身货物的相关信息，做好计划与经营安排；物流服务者也可以扩大服务范围，赢得客户，提升竞争力，增加收益。

作为信息查询的内容，其范围是相当广泛的，内涵也是相当丰富的。信息查询的内容不仅包括运输信息、仓储信息等物流实体信息，也包括相关物流延伸服务的信息；不仅包括费用信息的查询，也可以包括地点信息等的查询。

目前，国内一些大型物流企业、港口等都开设了信息查询服务，如青岛港物流信息网、ip138 查询网等。

（5）广告信息。广告信息也是物流信息服务的一项内容，其不仅可以扩大企业的影响，增加企业的知名度，而且对于网站来说，也可以增加收益。

4. 电子商务物流信息服务的特征

与传统物流信息服务相比较，电子商务物流信息服务具有以下特征。

第一，服务地域的全球化。电子商务物流信息服务可以在全球范围内，不受空间的制约为用户进行服务。既可以随时为不同国家和地区的用户提供服务，也可以为国内不同地域的用户提供服务。

第二，服务内容的广泛化。电子商务物流信息服务可以为用户提供多方面、多层次的物流信息服务。既可以提供供求信息服务，也可以提供用户业务的查询业务等。

第三，服务对象的大众化。电子商务物流信息服务面向所有需要物流信息服务的用户。

第四，服务时间的无限化。电子商务物流信息服务可以一天 24 小时进行服务，解除了时间的约束。

第五，服务功能的多样化。电子商务物流信息服务可以以多样化的功能方式为用户提供服务。

5.2.2 电子商务物流电子认证服务

1. 电子认证服务的含义与意义

电子认证服务是指为电子签名相关各方提供真实性、可靠性验证的公众服务活动[①]。其外延十分广泛，内涵也十分丰富。它不仅包括在电子商务活动中的身份认证，也包括在电子商务活动中商务活动双方所需要的各种认证。其主要认证的内容包括身份认证、资信认证、质量认证、合同认证及物流认证等。

电子认证是以电子签名为前提，基于电子签名而产生的一项保证电子商务和其他电子交易安全的法律措施。要实现网上交易的有效进行，建立一个完善的、多功能的、实时的认证体系是必不可少的。

电子认证环节与服务是进行网上交易的一个重要环节与服务，是确保交易安全、可靠、诚信的前提条件之一。电子签名和电子认证可以有效解决网络环境下的身份认证，解决信息被假冒、截取、篡改和否认等问题，保障网络安全。

2004 年 8 月 28 日，全国人大常委会第十一次会议审议通过了《中华人民共和国电子签名法》（以下简称《电子签名法》）。作为我国信息化领域的第一部法律，《电子签名法》确立了电子签

① 中华人民共和国工业和信息化部. 电子认证服务管理办法，2009-02-18.

名的法律效能，规范了电子认证的服务活动，保障了电子交易安全，为电子商务和电子政务的发展创造了良好的法律环境。与此同时，原信息产业部（现改为中华人民共和国工业和信息化部）也于2005年3月31日颁布，于2005年4月1日起施行《电子认证服务管理办法》；2009年2月4日工业和信息化部第6次部务会议审议通过了新的《电子认证服务管理办法》，自2009年3月31日起施行（原来由信息产业部发布的《电子认证服务管理办法》同时废止）。《电子签名法》与《电子认证服务管理办法》作为专门规范电子认证活动的法律文件，为电子认证服务业的发展奠定了坚实的基础。

2. 电子商务物流电子认证服务的含义与内容

物流电子认证服务是指在电子商务活动中有关物流方面的各种电子认证服务。作为电子认证的重要组成部分，其发展不仅可以完善电子认证体系，促进电子商务的发展，而且可以带动物流的信息化，拓展物流增值服务与开发市场，促进物流的现代化。

作为整个电子认证服务的一个组成部分，物流电子认证服务所包括的内容也是非常丰富的。从广义的角度来考虑，物流电子认证服务既包括对从事物流活动市场主体的认证，也包括对物流业务的认证；从狭义的角度来考虑，物流电子认证服务主要是指对物流业务的认证。

（1）物流服务主体电子认证。物流服务主体的电子认证是对物流服务商进行的认证。电子认证的主要内容包括物流服务商身份认证、能力认证、信誉认证、服务质量认证等。

在电子商务活动中，身份认证是一个最基本的要素，也是整个信息安全体系的基础。身份认证具有双向性。互联网的开放性和虚拟性加大了信任识别的难度，因而需要有效地确认商务活动中对方的真实身份，以确保商务活动的安全性和可靠性，避免因难以确认对方的真实身份而无法追索蒙受的损失。关于身份认证的模型等技术问题，武伟等（2007）提出了"基于互不信任企业联盟的统一身份认证模型"，徐涛和张艳宁（2008）提出了一种用于内容认证的网格模型半脆弱数字水印算法，刘素芹和李柏丹（2008）分析了当前的Kerberos身份认证机制，在Globus环境下提出了一种采用Web登录模块构建的网络身份认证模型等。

身份的真实性确定之后，商务活动的双方就需要对对方的业务能力、信用水平以及服务质量等进行认证。业务能力的认证主要是通过对对方的规模、设施水平等进行的认证；信用水平认证主要是对对方的诚信状况进行认证；服务质量认证是对对方提供的服务承诺与实际提供服务的差异进行的认证。

身份认证实施前期，企业需要提交的基本资料有企业名称、所属行业、成立时间、注册资本、联系人名称及电话、主营业务、股东情况、资产总额、净资产、主营业务收入、利润总额等。信用认证前期，企业需要提供的材料主要包括公司概况、所属行业、经营状况以及财务方面的资料。

（2）物流电子认证服务的内容。在电子交易活动中，购买方在确定了销售方身份之后，就需要对销售方在合同条款中所列货物的货权、存放地点以及数量与质量等进行确认，以保证交易的安全性与可靠性。要实现对货物物权、存放地点以及数量与质量等方面的有效认证，就需要有一个与上述业务紧密相关的第三方来进行。物流活动本身的特点，使其成为这一认证活动的有效承担者。

在物流活动中，承担物流活动的物流服务商需要对物流活动的客体——货物或商品进行一系列的确认，主要确认的内容包括货物或商品的所有权、地点以及数量与质量等。例如仓储服务商在接受委托方的仓储业务后，就要对委托方所委托存储的货物进行所有权、数量与质量等的确认；运输企业在接受委托方的运输业务后，除需要对委托方委托运输的货物或商品的物权、数量与质量进行确认外，还需要对委托方的委托地点进行确认。

以上的确认或认证，在以往的物流活动中，物流认证服务商主要是为保证自身的安全性等而进行的。在电子商务活动，特别是在有形电子商品交易活动中，物流服务商对货物或商品所进行的一系列确认或认证，除为保证自身的安全性等以外，还可以为交易双方提供物流电子认证。

从电子认证服务的内容来看，物流电子认证服务主要包括货物物权、存放地点、数量、质量等方面的认证。货物货权、地点、数量以及质量等认证是指电子认证机构对货物物权归属、存放地点、数量多少以及货物质量等所进行的认证。通过电子方式对货物物权、存放地点以及数量与质量进行认证，有效地解决了电子交易活动中购买方对货物物权、质量等所存在的担心，确认了销售方承诺的真实性，确保了交易的安全，加速了电子交易的过程。

从物流活动构成来看，物流电子认证服务主要包括仓储电子认证、运输认证以及流通加工、包装等方面的认证。

3. 电子商务物流电子认证服务的特征

除具有电子认证的一般特征外，与其他电子认证服务相比较，物流电子认证服务主要的任务与职能是在明确行为主体以后，确认行为主体行为内容的真实性与准确性。因而其具有以下几个方面的特征。

（1）实体性与虚拟性相结合。不同于一般的认证，物流电子认证虽然具有虚拟性的特点，但其所提供的认证服务内容是以其实体运动为基础的。对于电子交易主体特别是销售方所承诺的每一项内容，其都是以现实状况为基础来进行的。

（2）动态性与静态性相结合。电子交易动态性的特点，使得物流电子认证服务不同于在电子交易中的身份认证，一般来说，身份具有一定的静态性，而物流电子认证则具有很强的动态性。对于每一次交易，物流电子认证的内容都会有变化，表现出极强的动态性。在静态性方面，虽然基于网络的电子认证内容不得发生变化，但货物的实体可能发生运动，具有一定的动态性。

（3）可靠性与规范性相结合。可靠性是物流电子认证的生存基础，也是物流电子认证发展的前提。物流电子认证的可靠性既包括系统的可靠性、内容的可靠性、时间的可靠性等，也包括技术的可靠性等。物流电子认证的规范性是保证可靠性的一项重要条件与基础。物流电子认证的规范性主要包括程序的规范性、标准的规范性、操作的规范性、管理的规范性、安全的规范性等。在物流电子认证中，既要坚持可靠性原则，又要坚持规范性原则，将可靠性与规范性有效地结合在一起。

（4）中立性与合作性相结合。在物流电子认证过程中，作为提供认证服务的第三方，应具有中立性，以确保认证的公正性、真实性以及可信赖性。另一方面，在物流电子认证的过程中，开展物流电子认证的各方应积极合作，确保认证的及时性与全面性。

4. 电子商务物流电子认证流程

认证服务主体不同，服务方式不同，物流电子认证的流程也会存在差异。一般来说，作为第三方物流电子认证服务平台，当买卖双方通过网络完成谈判时需要进行身份认证，身份认证的过程如图 5-4 所示。

身份认证之后，如果需要物流电子认证，其基本流程如图 5-5 所示。

买方对需要进行认证的物流内容向物流电子认证平台提出申请，物流电子认证平台根据用户的申请提供相应的认证服务，对于特定物流信息的认证，可由物流服务商提供确认，并将认证结果提供给用户。

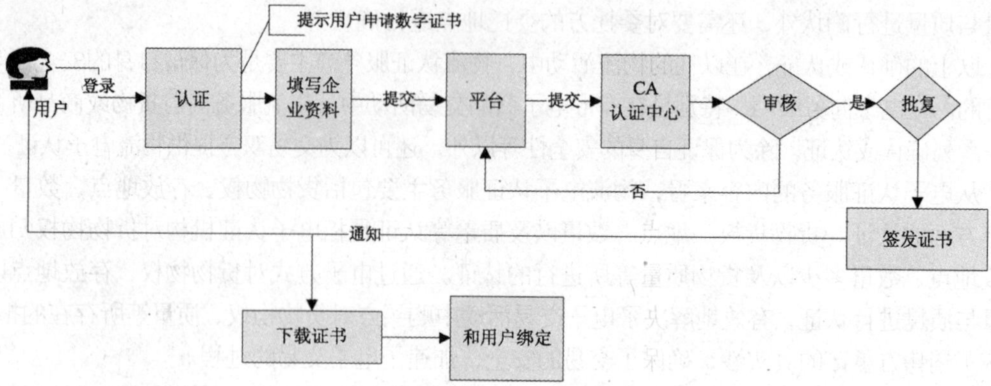

图 5-4　身份认证流程

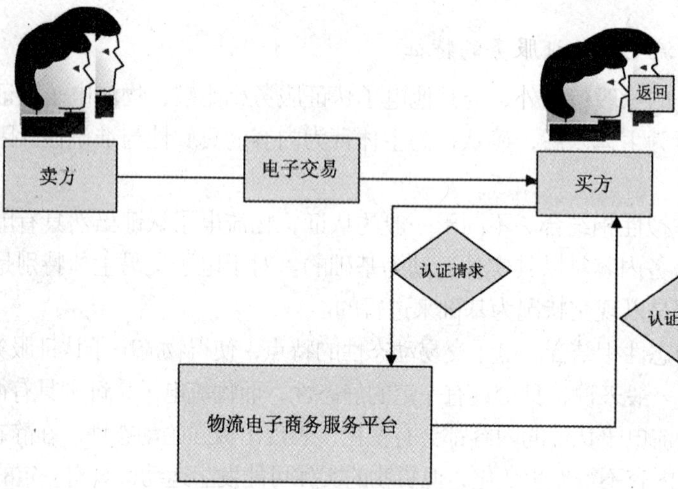

图 5-5　物流电子认证服务流程

5. 电子商务物流电子认证服务机构

（1）电子商务物流电子认证服务机构的基本类型。从业务的角度来看，电子商务物流电子认证服务机构可以包括 3 种类型，第一种类型是专门从事电子商务物流电子认证服务的机构；第二种类型是物流服务商以从事现有自身物流服务为依托，开展电子商务物流电子认证服务；第三种类型是对于物流服务商的认证，主要是身份认证，可由专门的认证服务机构来进行。在此主要探讨第一种和第二种。

对于第一种类型的电子商务物流电子认证机构来说，要开展电子商务物流电子认证服务，除了要具备电子认证服务的一般条件外，还需要具备以下两个基本条件：一是物流电子认证服务系统与服务平台；二是物流电子认证信息的来源。在以上两个基本条件中，确保物流电子认证信息的真实性、有效性以及全面性是物流电子认证机构进行物流电子认证的关键。

对于第二种类型的物流电子认证机构来说，要开展物流电子商务认证服务，一个基本的条件是要建立相应的物流电子认证服务系统与平台，同时要实现物流的信息化，保证信息的及时性。

（2）电子商务物流电子认证服务机构的设立。目前，电子认证机构设立的形式一般有 3 种：第一种是由国家有关部门下属单位直接设立，进行电子商务认证；第二种是由政府相关部门做出授权，确定审批条件和程序签发认证证书，并进行监督；第三种是通过法律规定电子认证主体的条件、权利及义务等。

目前，我国大部分省市区成立了电子认证机构，就其业务来说，主要是进行身份认证，没有物流电子认证，更没有专门从事物流电子认证服务的机构。

物流电子认证作为电子认证的一个重要组成部分，其发展与完善程度不仅对于我国电子认证服务体系的建设，对于促进我国电子商务的发展也有着重要的意义。

根据我国电子商务、物流的发展现状，对于物流电子商务认证机构的设立，要坚持立法先行、责任明确、严格监管的原则。通过法律明确从事物流电子认证机构的设备、营业场所、人员、资信、服务流程、管理制度、安全保障以及注册资本最低限额等法定条件，确立物流电子认证服务机构的权利与责任，并在电子认证监管机构下设立相应的监管部门对物流电子认证服务机构进行监管，以有效开展物流电子认证活动，保障电子商务交易安全，促进电子商务的发展，并确保国家利益、企业利益以及个人利益不受到损害。

（3）电子商务物流电子认证服务机构的运营。根据目前我国电子商务、电子认证、物流的总体发展状况，不论是现有的电子认证机构，还是物流企业都不具备进行物流电子认证服务的条件。一个切实可行的办法是电子认证机构与物流企业联合起来，发挥各自优势，共同开展物流电子认证服务。基本的方式是专业电子认证机构提供网络服务平台、系统等，物流企业提供服务数据信息。

5.2.3　电子商务物流委托服务

1. 电子商务物流委托服务的含义与特点

（1）电子商务物流委托服务的含义。电子商务物流委托服务是指物流服务需求方与物流服务供给方通过网络直接进行的物流委托服务。

电子商务物流委托服务是电子商务物流网络服务发展的高级阶段。在该阶段，通过网络，用户之间可以直接进行交流，签订合同，完成物流委托业务。

（2）电子商务物流委托服务的特点。与传统物流委托服务相比较，电子商务物流委托服务具有以下特征。

第一，电子化。电子商务物流委托服务是通过网络以电子化的形式进行的。

第二，标准化。电子商务物流委托服务是以标准化的合同格式来进行的。对于合同签订双方来说，合同的具体内容由双方协商约定。

第三，认证性。在电子商务物流委托服务中，双方在签订合同之前都要进行相关认证。例如，身份认证、信用认证、物流认证等，以确保双方的经济利益。

此外，电子商务物流委托服务还具有低成本、高效率及智能化等特点，并且不受时间与空间的约束。

2. 电子商务物流委托服务流程

一般来说，电子商务物流委托服务的业务流程包括两种：一种是先认证的流程，如图 5-6 所示；另一种是后认证的流程，如图 5-7 所示。

（1）信息查询。不论是对于物流服务的委托方来说，还是对于物流服务的受托方来说，在进行电子商务物流委托业务时，都需要寻找符合自身需要条件的业务伙伴。

对于具有长期合作关系的业务伙伴来说，在实际业务委托过程中，则不需要进行信息查询，而是直接和自身的业务伙伴签订委托协议。

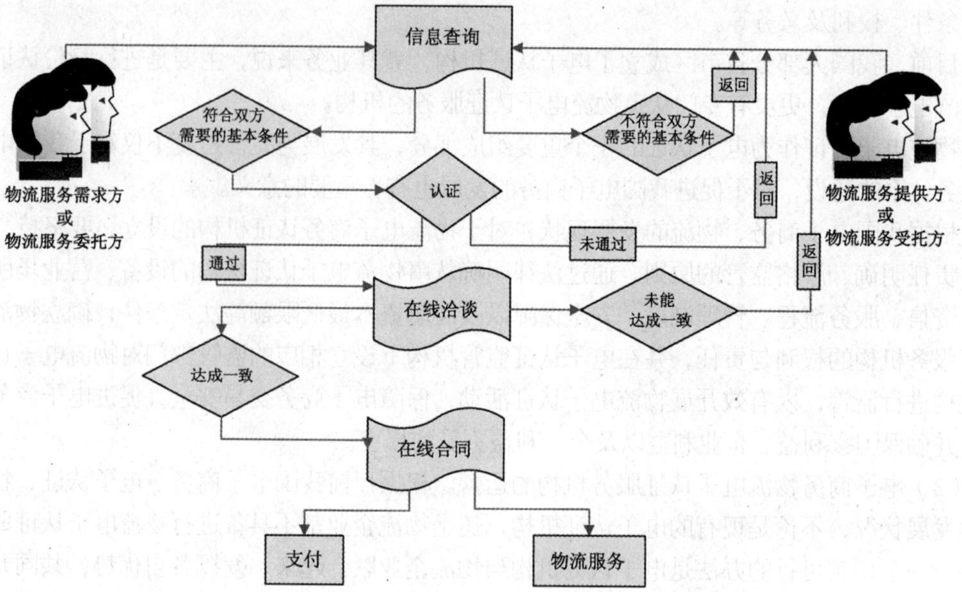

图 5-6 电子商务物流委托服务的业务流程（先认证）

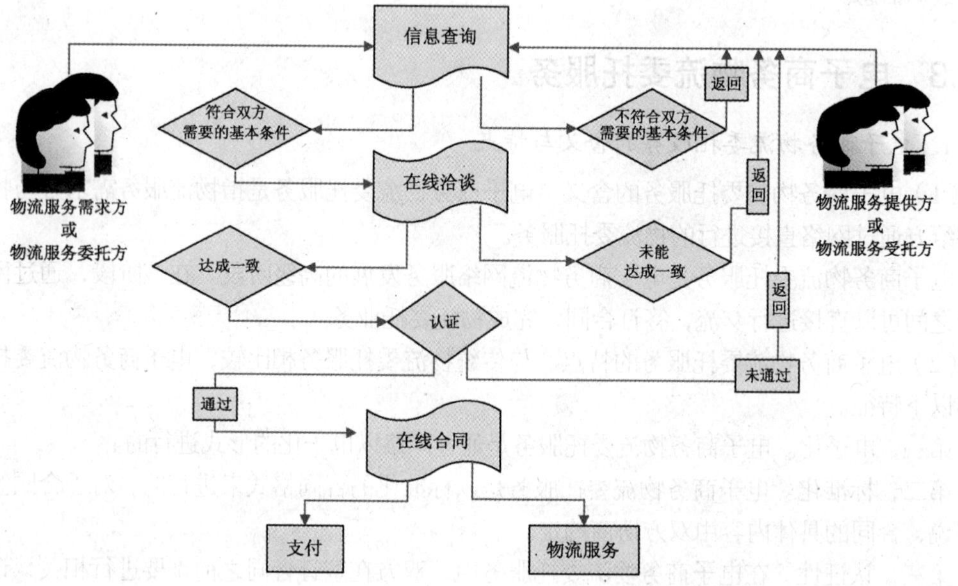

图 5-7 电子商务物流委托服务的业务流程（后认证）

（2）在线洽谈。在线洽谈是物流服务需求方（或物流服务委托方）与物流服务供给方（或物流服务方）就委托代理过程中的具体问题进行协商与约定。例如，在物流运输委托业务中，双方就交货的地点、费用等进行协商与约定等。

（3）在线签订合同。双方通过在线洽谈，就物流委托业务的相关事项达成一致意见后，在线签订物流委托电子合同。

需要注意的是，双方在线签订物流委托电子合同，一般都根据事先确定好的标准格式（一般由第三方服务机构或平台提供）进行。

（4）认证。认证是电子商务物流委托业务中的一个关键环节。它可以验证双方身份的真实性、信用的可靠性等，也有利于保证双方的经济利益。

（5）支付。双方签订物流委托电子合同后，由物流服务需求方（或委托方）根据双方的约定，向物流提供方支付物流服务费用。

（6）物流服务。双方签订物流委托电子合同后，由物流服务供给方（或受托方）根据双方的约定，向物流服务需求方提供物流服务。

3. 物流委托服务实施条件

开展电子商务物流委托服务要具备相应的支撑条件，主要包括以下几项。

第一，需要为双方提供一个实时的沟通渠道，便于交易双方对交易过程中的有关事项进行洽谈。

第二，需要为双方提供一个标准化的交易合同，如标准的物流委托电子单证等。

第三，需要接入相关的其他服务，如支付服务、认证服务等。

5.2.4 物流金融服务

目前，物流金融服务主要包括两大方面：一是支付结算服务；二是物流活动中的资金融通服务。

1. 支付服务

支付服务主要解决用户商务活动所进行的资金流动（货款、费用的支付与结算）问题，该项服务在物流服务过程中，主要是通过引入第三方服务的方式来实现。

2. 资金融通服务

资金融通服务是电子商务物流服务中的一项增值服务，也是为用户提供全方位服务的一项重要举措。通过为用户提供资金融通业务，一方面更好地满足了用户在生产经营过程中的资金需求；另一方面，也可以有效地拓展企业的服务范围，增加企业的收益。

目前，我国一些企业通过与银行等金融机构合作，并以网络化的形式开展了物流中的金融服务。

5.2.5 其他服务

在电子商务物流网络服务中，除具有以上相应的业务服务外，电子商务物流网络服务还包括其他相关的服务，其主要服务内容如图 5-8 所示。

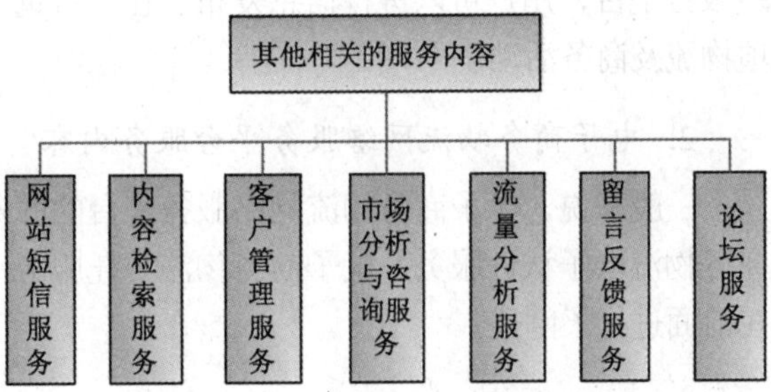

图 5-8　电子商务物流网络相关的服务

1. 网站短信服务

网站短信服务主要是为用户提供随时随地快速发布、及时查询物流信息及其他信息等。

2. 内容检索服务

内容检索服务主要是使客户在最短的时间里，获得所需要的数据资源。

3. 客户管理服务

为客户提供相应的基于网络平台的管理服务，主要包括作业管理、客户管理、合同管理、财务管理、数据管理等。

4. 市场分析与咨询服务

市场分析与咨询服务主要是为客户提供市场分析报告，并根据客户的需求，为客户提供个性化的咨询服务。

5. 流量分析服务

网站流量分析模块可以向商业网站提供页面访问计数、排行和访问分析服务，网站流量分析模块可以分析网站流量，对整个站点乃至任意页面的访问流量进行数据分析，并对网站分析出完整的统计报告，可以随时了解网站乃至任意页面的流量动向和受欢迎程度。

6. 留言反馈服务

留言板是一种简单有效的提供网站用户及用户与管理方之间进行在线交流的网站功能，用途广泛。和论坛比较，它不需要注册，随时可以发布信息，方便快捷。反馈服务是企业实现与客户及网站访问者信息交流的基本手段，使客户及网站访问者可以及时地与企业交流信息，通过反馈模块，企业可以收集到来自客户的宝贵意见。

7. 论坛服务

论坛服务为客户提供商务及其他活动的交流服务。

5.3 电子商务物流网络服务平台

5.3.1 电子商务物流网络服务平台的含义与服务内容

1. 电子商务物流网络服务平台的含义

电子商务物流网络服务平台是指以网络为主要手段，专门从事物流网络服务以及相关服务的电子商务服务平台。

电子商务物流网络服务平台是电子商务物流网络服务的载体与基础，通过电子商务物流网络服务平台，用户可以进行信息发布、在线查询、在线洽谈、签订合同以及相关业务管理等多项物流及商务活动。

2. 电子商务物流网络服务平台服务内容

一般来说，电子商务物流网络服务平台的服务内容主要包括电子商务物流信息服务、电子商务物流电子认证服务、电子商务物流委托服务、电子商务金融服务及其他服务等。对此，已在前面进行了阐述。

5.3.2 电子商务物流网络服务平台的类型

从不同方面来划分，电子商务物流网络服务平台的类型有很多，以下是几种常见的划分。

1. 按物流服务内容划分

按物流服务内容划分，电子商务物流网络服务平台主要有运输网络服务平台、仓储网络服务平台等。

（1）运输网络服务平台。运输网络服务平台主要是为用户提供运输物流服务的网络平台。服务内容包括货运信息发布、运输业务委托等。目前在我国电子商务物流网络服务平台建设与发展过程中，运输网络服务平台发展的速度是最快的，也是规模最大的。

中国道路运输网是北京中交运咨询有限公司下属的信息咨询平台之一，是一家在国际互联网上专业从事运输行业信息服务的综合类门户网站，以交通、运输、物流及相关行业为主要服务对象，开办以来，通过卓越的信息技术推广，成为一家拥有庞大客户群的专业信息咨询机构。

中国道路运输网创建了以信息服务为基础的互联网服务理念，作为行业内权威性的信息平台，提供最新的市场行情及行业信息，为用户提供更多、更丰富的信息服务，同时为道路运输企业和行业相关厂商提供产品信息发布窗口，拓展经营渠道，为政府、行业管理机构、行业协会、投资商、运输企业、交通运输设备制造业企业、行业研究机构及其他相关组织之间互相沟通创造桥梁。

（2）仓储网络服务平台。仓储网络服务平台主要是为用户提供仓储物流服务的网络平台。服务内容包括仓储信息发布、仓储业务委托等。近年来，我国仓储网络服务平台得到了较大的发展，下面是几个有代表性的仓储网络服务平台。

中国仓储与物流网，是由中国仓储业协会[①]主办的门户网站，是反映全国仓储业发展动态的综合信息平台，是仓储与物流企业、设备制造企业发布资源、服务与产品信息的窗口。协会会刊《商品储运与养护》和协会主办的《物流科技》两份杂志，是深度交流、研究、探索仓储与物流领域新理念、新方法、新技术的基地；在调查统计的基础上，协会每年发布中国仓储行业发展蓝皮书。

2. 按平台区域服务范围划分

按平台区域服务范围划分，电子商务物流网络服务平台主要有区域服务平台、全国服务平台以及国际服务平台等。

（1）省级服务平台。省级电子商务物流网络服务平台主要是为本省提供服务的网络平台，以实现本省物流信息的共享与交流以及物流资源的配置。其服务功能既包括物流信息服务、委托服务等，也包括金融服务和其他相关的增值服务等。

在大部分情况下，省级电子商务物流网络服务平台都是在政府的支持下发展起来的，因而政府服务内容构成了其一项重要的服务内容。

（2）区域服务平台。区域电子商务物流网络服务平台是面向区域之间以及区域内部的物流网络服务平台，其服务内容构成与省级电子商务物流网络服务平台的内容基本相同。

（3）全国服务平台。全国电子商务物流网络服务平台是面向全国提供物流服务的网络平台，其服务内容不仅包括省级与区域级电子商务物流网络服务平台的服务内容，而且包括全国不同地区物流的需求信息等相关服务。

（4）国际服务平台。国际电子商务物流网络服务平台是面向全球提供物流服务的网络平台，其服务内容相当广泛，目前，应用最多的服务类别主要是信息服务，并以国际货运信息为主。

与前三类电子商务物流网络服务平台不同的是，国际电子商务物流网络服务平台是以多种

[①] 中国仓储业协会是 1997 年在国家民政部登记成立的全国仓储行业跨部门、跨系统、跨地区的社团法人，协会会员涉及商业、外贸、物资、粮食、供销社、交通、军队、邮政，以及工业生产、设备制造十几个系统或行业。

语言形式表现的。

3. 按平台搭建主体划分

按平台搭建主体划分，电子商务物流网络服务平台有公共服务平台、行业服务平台和企业服务平台等。

（1）公共电子商务物流网络服务平台。公共电子商务物流网络服务平台是面向社会提供物流服务的网络平台。在实践过程中，可分为两种具体情况，一种是由企业建立的，面向社会提供物流服务；另一种是由政府部门主办的，向社会提供相关的物流服务。如税务、海关、运输部门等各相关企事业单位，在政府的监管下为电子商务物流网络服务平台提供电子政务和电子商务物流所涉及的信息和服务接口，以统一的服务规范来服务统一的物流平台，提高物流平台的整体运行效率。

（2）行业电子商务物流网络服务平台。行业电子商务物流网络服务平台是以某一行业为服务对象所建立的网络服务平台。主要提供该行业物流信息以及相关的增值服务。

在大多数情况下，行业电子商务物流网络服务平台都是由行业协会主办，或者在行业协会的支持下建设的。

（3）企业电子商务物流网络服务平台。主要是指物流服务企业及其相关物流服务主体以现有自身企业为基础，通过网络向社会提供相关的物流服务。例如，运输企业通过网络向货主提供运输物流服务，仓储企业通过网络向用户提供相关仓储服务，物流中心通过网络向用户提供中心内物流服务等。

5.3.3 电子商务物流网络服务平台的搭建

1. 电子商务物流网络服务平台搭建原则

为有效保证电子商务物流网络服务平台的顺利运行，实现服务平台功能的合理化、效益的最大化、性能的最优化，在电子商务物流网络服务平台的搭建过程中，要坚持以下原则。

（1）商务性与技术性相结合的原则。电子商务物流网络服务平台是进行物流商务活动的基础，其搭建要以物流商务活动为核心，根据物流活动的特点以及用户的需求来构建平台的服务内容与功能范围；与此同时，也要依据电子商务物流技术（包括计算机技术、通信技术、网络技术等）的可能与发展趋势，搭建平台的技术架构与服务体系，以保证技术对电子商务物流活动的有效支撑。

（2）总体性与阶段性相结合的原则。电子商务物流网络服务平台包括许多的服务内容与功能，在搭建过程中，要根据社会经济技术的发展环境、市场的需要、投资规模以及可能存在的风险，按照总体规划、分步实施的原则，本着基础性功能、简单功能、市场迫切需要的服务内容与功能优先实施来进行。

（3）合作性与协调性相结合的原则。电子商务物流网络服务平台运营，需要多方的共同参与。因而在电子商务物流网络服务平台的搭建过程中，应与各方进行积极的合作与协调，以保证服务内容与功能的完善性和技术的协调性。

（4）标准化与可扩展性相结合的原则。在系统建设时，各种异构系统和数据如果不能转换为统一的形式，就会给系统和数据互通造成麻烦。因此，要重视标准化建设，尽量统一系统和数据的形式，并要为将来的发展预先留好接口和数据字段，保证可拓展性，使系统在一定阶段内都能够适应物流的发展需要。

（5）先进性与安全性相结合的原则。为保证电子商务物流网络服务平台的高效性，需要采用各种各样的新技术。但新技术往往有一个弱点，那就是安全性还没有完善。但是电子商务物流网络服务平台承载着各种各样的物流基础数据信息和物流交易信息，这些信息有些具有相当重要的意义。因此，在采用先进技术的同时，也要保证系统运行时的稳定与安全。

2. 电子商务物流网络服务平台搭建模式

电子商务物流网络服务平台搭建模式是指对平台搭建所采取的基本战略与方法。对于物流企业来说，一般而言，电子商务物流网络服务平台搭建模式主要有以下几种。

（1）自建模式。该种模式是指搭建主体独立进行投资搭建平台的模式，一般适用于直接从事物流实体服务且规模较大的物流企业。

（2）外包模式。外包模式是指企业不独立搭建电子商务物流网络服务平台，而是将自身物流的网络服务委托专门从事网络服务的企业，由其所搭建平台为自身提供服务。一般适用于规模较小的物流服务企业。

（3）合资模式。合资模式是指由多家企业共同投资搭建平台的模式。在合资模式下，搭建平台的企业一般包括物流企业、网络服务企业等。该种模式有利于发挥各方的优势，可为平台未来的运营奠定一个较好的基础。

3. 电子商务物流网络服务平台搭建步骤

在市场调研的基础上，经过分析研究，企业决定搭建电子商务物流网络服务平台。其搭建的步骤一般包括以下几个方面。

（1）确定平台的商务方案。其主要包括平台的服务客户、服务内容、服务目标、投资收益与风险分析、服务功能等。

（2）确定平台的技术方案。根据确定平台的商务方案，确定平台的技术方案，包括技术结构、各项服务系统的开发与实施等。

（3）确定平台的营销方案。其主要包括平台的营销战略与策略等。

5.3.4　电子商务物流网络服务平台的运营模式

从不同方面进行考察，电子商务物流网络服务平台的运营模式存在着不同的类型，既有以资源为主的网络平台运营模式，也有以技术为主的网络平台运营模式，还有以需要为主的运营模式；既有以企业为主的网络平台运营模式，也有以政府为主的平台运营模式；既有以网络平台运营商为主的运营模式，也有以物流企业为主的运营模式等。在此，主要分析物流企业搭建的电子商务物流网络服务平台的运营模式。

一般来说，物流企业搭建的电子商务物流网络服务平台的运营模式主要有以下两种。

1. 自营模式

自营模式是指物流企业对于自身搭建的电子商务物流网络服务平台直接进行经营与管理的模式。

该种模式的优点在于能够有效地实施网络服务与实体服务的对接，便于一体化管理；不足在于网络服务的范围与内容会受到实体服务范围与内容的制约，网络运营的成本会较大，在企业缺乏相应的网络人才时，网络平台的服务水平会受到一定的影响。

2. 外包模式

外包模式是指物流企业将自身搭建的电子商务物流网络服务平台直接外包给专门的网络服务商进行运营与管理的模式。

该种模式的优点在于外包给专业的公司经营运营，网络服务水平会得到较大的提升，服务范围与内容也会适当地得以扩大；可能存在的不足是，如果协调不通畅，网络服务与实体服务对接的有效性会减弱，有时可能会受到网络服务商的制约。

本章小结

电子商务物流网络服务是指通过互联网提供的物流服务。电子商务物流网络服务是电子商务物流区别于传统物流的一个重要标志，也是电子商务物流服务的核心内容。与物流实体服务相比较，电子商务物流网络服务具有服务的电子化、虚拟化、远程化、自动化、高效化、低成本化及标准化等特点。

一般来说，电子商务物流网络服务过程主要包括信息发布与查询，洽谈磋商、认证、签订合同及实施几个阶段。电子商务物流网络服务的内容主要包括物流信息服务、物流认证服务、物流委托、物流金融服务以及其他服务等。信息服务是电子商务物流网络服务的基础服务，也是电子商务物流发展过程中首先开展的服务；电子认证服务是确保交易安全、可靠、诚信的前提性服务，是电子商务物流服务发展深化的条件之一；委托服务是电子商务物流发展的高级阶段，是电子商务物流的主要目的之一；物流金融服务是电子商务物流服务的增值服务，是目前电子商务物流发展最快的增值服务之一。此外，网站短信服务、内容检索服务、客户管理服务等也是电子商务物流服务的重要内容。

电子商务物流网络服务平台是指以互联网为主要手段，专门从事物流网络服务以及相关服务的电子商务服务平台。通过电子商务物流网络服务平台，用户可以进行信息发布、在线查询、在线洽谈、签订合同以及相关业务管理等多项商务活动。技术、理论与市场构成了电子商务物流网络服务平台发展的三大基础。按物流服务内容划分，电子商务物流网络服务平台主要有运输网络服务平台、仓储网络服务平台等；按平台区域服务范围划分，电子商务物流网络服务平台主要有区域服务平台、全国服务平台及国际服务平台等；按平台搭建主体划分，电子商务物流网络服务平台有公共服务平台、行业服务平台和企业服务平台等。

电子商务物流网络服务平台的搭建，要坚持商务性与技术性相结合、总体性与阶段性相结合、合作性与协调性相结合、标准化与可扩展性相结合、先进性与安全性相结合的原则。电子商务物流网络服务平台搭建模式主要有自建模式、外包模式和合资模式等。搭建电子商务物流网络服务平台的程序一般包括确定平台的商务方案、技术方案和营销方案等几个阶段。电子商务物流网络服务平台的运营模式主要包括自营模式和外包模式等。

复习与思考题

（1）简述电子商务物流网络服务的内涵与特点。

（2）简述电子商务物流网络服务的内容。

（3）简述电子商务物流网络服务过程。

（4）简述电子商务物流网络服务平台的内涵与搭建。

（5）简述电子商务物流网络服务在电子商务物流服务中的地位与作用。

案例分析：全国物流信息网的八大平台

全国物流信息网（国际域名为 www.56888.net）[①]，是由深圳市国网物流信息有限公司主办的。2013 年被国家工业和信息化部授予“国家中小企业公共服务示范平台”称号，2014 年获得中国物流与采购联合会“中国物流信息化优秀案例奖”，是一个为物流行业提供物流信息的专业平台。

全国物流信息网八大平台。

（1）配载平台。国网一点通平台历经几年发展，如今已成为中国最知名的物流信息软件。一点通目前在册用户超过六万，每天发布车源货源信息达 500 万条，全国各地会员轻松配货、配车。国网一拼通平台是专业集装箱信息拼箱平台，利用一拼通不但可以自由输入需要发布的信息，而且能提供即时在线文字聊天功能和免费网络电话功能。

（2）验证平台。国家公安部门授权，利用国网“证件通”即通过“全国身份证核查系统”进行身份证、驾驶证、行驶证三证核查，从而防止利用假证件骗货、骗车行为，帮助配货站、物流公司降低经营风险。

（3）支付平台。基于国网业务发展需要以及为用户提供更方便的客户服务，目前国网公司正筹备第三方支付平台（财富宝）项目。

（4）通信平台。为配合用户需要，为奔波在各城市、服务于物流业的朋友们提供更便捷的网络通信服务，国网公司致力于物流手机研发并成功推出 A8 物流手机。通过 A8 手机，会员不但可以正常接听拨打电话，而且可以轻松查找、发布货源、车源信息，解决无网络的尴尬，结束跑网吧的麻烦。

（5）信息平台。成立至今，国网致力于打造全国乃至全球物流界信息门户网站。网站现已推出公路、铁路、水运、航空、邮政、快递、物流及物流信息化等一系列信息栏目，致力于为广大物流界朋友提供有用、感兴趣的信息服务。

（6）保险平台。中国平安公司与国网公司强强联手，利用先进技术研究开发出“保险通”产品，共同打造全国物流保险平台，大大降低了物流公司及物流货运站的经营风险。

（7）监控平台。为提高对人员、车辆、货物的定位和跟踪监控，国网公司率先推出具有 GPS 网上监控功能的车信通定位软件。另外，国网“三证核查”系统也可以实现对司机及车辆真实身份的核查监控。车信通、“三证核查”两大业务系统真正做到了对人员、车辆及货物的监控。

（8）管理平台。国网车信通不仅是一个良好的监控家，而且是一名优秀的管理专家。车信通可以实现对车队人员在岗情况的管理，可以查看全国共享车库，找到外地回程车降低运费，也可以定位司机及其手机了解货物位置，还可以随时随地发送信息到一点通平台。使用车信通，用户找车、调车、管车、配货，不用愁。

案例分析：试分析“全国物流信息网”八大平台的功能与作用。

---

① http://blog.tianya.cn/post-3393517-33357330-1.shtml.

第 6 章

电子商务物流基础

本章概要

本章将介绍电子商务物流的三大基础：一是物流信息、物流信息化与物流信息系统；二是物流技术；三是物流设施与设备。

6.1 物流信息与物流管理信息系统

6.1.1 物流信息

1. 物流信息的含义

物流信息是指与物流活动（前面所讲到的商品包装、商品运输、商品储存、商品装卸等）有关的一切信息。物流信息是伴随企业物流活动的发生而产生的，企业如果希望对物流活动进行有效的控制就必须及时掌握准确的物流信息情况。由于物流信息贯穿物流活动的整个过程，并通过其自身对整体物流活动进行有效的控制，因此把物流信息称为电子商务物流的中枢神经。

从狭义上来看，物流信息是与物流活动有关的知识、资料、图像、数据、文件的总称。物流信息对运输管理、仓储管理、订单管理、包装管理、装卸搬运管理、流通加工管理、供应链管理等物流活动具有支持保证的功能。如在物流管理决策中，货物运输的路线、运输工具的选择、配送的批量、最佳库存的确定等都需要详细准确的物流信息。

从广义上来看，物流信息指与物流有关的流通活动的全部信息，包括内部信息和外部信息两大部分。内部信息资源是指物流企业内部经营管理和各个环节产生的信息资源，如物流计划信息、物流财务信息、物流运输信息、物流仓储信息、物流配送信息等。外部信息资源是存在于物流企业外部，是物质在企业外部流动时产生的对物流企业有影响的信息资源，主要针对供应链流程中的供应商、分销商、服务商等对象之间进行业务交接和战略匹配时发生的信息传递。它包括供货人信息、顾客信息、订货合同信息、交通运输信息、市场信息、政策信息，以及来自有关企业内部生产、财务等部门与物流有关的信息。因此，广义的物流信息不仅指与物流活动有关的信息，还包括与其他流通活动有关的信息，它们遍布整个供应、生产、销售、回收物流的运输、仓储、装卸、搬运、包装、加工等各个环节，是物流领域的神经网络。本书中如无特别说明，都是指广义的物流信息。

2. 物流信息的特点

物流信息一般具有如下特点。

首先，物流信息量大大增加。在电子商务时代，高频度、小数量的配送使得包装、存储、运输、装卸等物流活动产生了大量的信息，这些信息都从不同角度反映着物流活动的整个过程，如果能对这些信息进行详细的分析和控制，那么必将大大提高物流活动的效率。随着信息技术的发展，获得并处理这些信息将变得更加容易，因此这也将在另一方面促进物流信息量的增加。

其次，物流信息的来源更加广泛。在未来社会，企业间的关系将是一个双赢的竞争关系，所以通过企业之间密切的合作，可以为消费者提供更加优质的服务。对于企业的物流活动来说，也是如此。企业通过建立自己的物流网络，并运用 EDI 技术同相关的企业进行信息的交换和共享，这样可以对自己的物流活动进行最优化的控制，实现社会效率的最优化。

再次，物流信息的更新速度加快。随着高频度、小批量配送商品比例的增加，各种物流活动所发生的频率也大大加快了，因此，各种活动产生物流信息的频率也大大增加了，这就表现为物流信息的更新速度更快了。

最后，伴随物流活动产生的信息具有动态易变性。由于电子商务活动本身的复杂性以及电子商务物流所面对客户的多样性，决定了物流信息将随物流活动不同阶段而动态变化，这就需要相应的信息管理系统应具备对动态信息的捕获和揭示能力。

6.1.2　物流信息管理

1. 物流信息管理的含义

物流信息管理是指运用计划、组织、指挥、协调、控制等基本职能对物流信息搜集、检索、研究、报道、交流和提供服务的过程，并有效地运用人力、物力和财力等基本要素以期达到物流管理的总体目标的活动。

2. 物流信息管理的原则

（1）系统原则。物流信息管理最终是通过系统完成的。要有整体性观念，统筹规划、统筹兼顾，物流信息管理是多个管理的组合，而不是简单机械地叠加，要分阶段、有计划地实行。

（2）激活原则。大量的信息必须转化为有效信息系统的输入信息，即把物流管理信息激活，为我所用。

（3）整序原则。物流信息涵盖面广，信息量大，但是实行要求较高，所以要求物流信息管理必须遵循整序原则。一个厂商的物流系统的设计越有效，它对信息的准确性越敏感，而协调的、准时的物流系统是不可能用过度的存货来适应作业上的差错的，这是因为安全库存已被控制在最低限度。信息流反映了一个物流系统的动态，不准确的信息和作业过程中的延迟都会削弱物流表现。因此，物流信息的质量和及时性是物流作业的关键因素。

（4）防范原则。一般来说，物流管理信息被本企业获得，则成为物流管理的钥匙，但若为敌方企业所获，则成为致命的危害。所以信息自产生以来，安全性是永不会停止的话题。

（5）搜索原则。领导者只关心具体管理结果，而管理者要关心管理信息的来源，而这些信息往往不是表面的事情，是要有一定深度的挖掘才能得到的，要得到这些信息，就要遵循搜索原则。

3. 物流信息管理的内容

（1）信息政策制定。为了实现物流信息的相互识别和利用，实现物流供应链信息的通畅传递与共享，必须确定一系列共同遵守和认同的物流信息规则或规范，这就是物流信息政策的制定，如信息的格式与精度、信息传递的协议、信息共享的规则、信息安全的标准、信息存储的要求等，这是实现物流信息管理的基础。

（2）信息规划。即对信息资源的管理、开发、利用进行长远发展的计划，确定信息管理工作的目标与方向，制定出不同阶段的任务，指导数据库系统的建立和信息系统的开发，保证信息管理工作有条不紊地进行。

（3）信息收集。即应用各种手段、通过各种渠道进行物流信息的采集，以反映物流系统及其所处环境情况，为物流信息管理提供素材和原料。信息收集是整个物流信息管理中工作量最大、最费时间、最占人力的环节，因而在实际工作中，一是要做好信息收集的工作计划，二是要明确信息的需求，三是要选择合理的信息源，四是要保持收集工作的系统性和连续性。

（4）信息处理。信息处理工作，就是根据使用者的信息需求，对收集到的信息进行筛选、分类、加工及储存等活动，加工出对使用者有用的信息。信息处理的主要内容包括：第一，信息分类及汇总；第二，信息编目（或编码）；第三，信息储存；第四，信息更新；第五，数据挖掘。

（5）信息传递。信息传递是指信息从信息源发出，经过适当的媒介和信息通道输给接收者的过程。信息传递方式有许多种，从信息传递方向看，有单向信息传递方式和双向信息传递方式；从信息传递层次看，有直接传递方式和间接传递方式；从信息传递时空来看，有时间传递方式和空间传递方式；从信息传递媒介看，有人工传递和非人工的其他媒体传递方式。

（6）信息服务与应用。服务与应用是物流信息资料重要的特性，信息工作目的就是将信息提供给有关方面使用。物流信息的服务工作主要内容包括以下几方面。第一，信息发布和传播服务。按一定要求将信息内容通过新闻、出版、广播、电视、报刊杂志、音像影视、会议、文件、报告、年鉴等形式予以发表或公布，便于使用者搜集、使用。第二，信息交换服务。通过资料借阅、文献交流、成果转让、产权转移、数据共享等多种形式进行信息的交换，以起到交流、宣传、使用信息的作用。第三，信息技术服务。它包括数据处理、计算机、复印机等设备的操作和维修及技术培训、软件提供、信息系统开发服务等活动。第四，信息咨询服务。它包括公共信息提供、行业信息提供、政策咨询、管理咨询、工程咨询、信息中介、计算机检索等，实现按用户要求收集信息、查找和提供信息，或者就用户的物流经营管理问题，进行针对性信息研究、信息系统设计与开发等，帮助用户提高管理决策水平，实现信息的增值和放大，以信息化水平的提高带动用户物流管理水平的提高。

6.1.3 物流信息化

1. 物流信息化的概念与内涵

物流信息化是指物流企业以业务流程重组为基础，广泛使用现代物流信息技术，控制和集成企业物流活动的所有信息，实现企业内外信息资源共享和有效利用，以提高企业的经济效益和核心竞争力。物流信息化程度的高低，是衡量现代物流企业实力的一个重要标志，是物流企业市场核心竞争力的表现。现代物流企业必须广泛使用现代物流信息技术，控制和集成所有的信息。

物流信息化具有深刻的内涵，具体来说有以下5个方面。

（1）以现代物流信息技术为基础。物流信息技术是物流技术中发展最快的领域，从数据采集的条码系统、仓储管理系统，到办公自动化系统中的微机、各种终端设备等，硬件、软件等都在日新月异地发展并得到了广泛应用。物流信息化是现代物流信息技术在物流活动中广泛应用的过程。

（2）以物流信息资源开发利用为核心。在物流信息化建设过程中，存在着大量的物流信息及其相关信息，这些物流信息资源是企业最重要的资源之一。企业物流信息资源开发是物流信息化建设的核心任务，既是物流信息化的出发点，又是物流信息化的目标。未来的物流市场竞争，更多的将是物流信息资源的开发和利用效能的竞争。

（3）物流信息化覆盖物流活动的全方面。物流信息化包括运输信息化、仓储信息化、装卸搬运信息化、包装信息化、流通加工信息化、配送信息化等，覆盖了物流企业生产经营活动的各个方面。此外，还会引起物流企业组织结构、企业文化、企业经营管理理念和模式的变化。

（4）物流信息化的最终目的是增强企业的核心竞争力。物流信息化一旦成功将会给企业带来巨大的经济效益，这种效益不仅仅是量上的，更是质上的，企业要较以前有本质、根本的变化。沃尔玛从美国一个小镇的杂货店发展成为今天的全球零售商巨头，一个重要的原因是其率先引进先进的物流信息化系统，我国海尔的强大很多方面也是得益于物流信息化。因此，发展物流信息化，根本目的就是增强企业核心竞争力，提高企业的经济效益。

（5）物流信息化是一个过程。物流信息化不是一朝一夕能够实现的。传统物流企业最初使用信息技术，只是某个物流环节的使用。随着不断向物流活动的各个环节的渗透，才会逐渐体现出战略性影响。在这个过程中，物流信息化从单纯的自动化工具和信息沟通手段，发展为整个企业物流活动的信息化，是一个渐进的发展过程。物流信息化随着企业的发展而发展，而物流信息化水平的提高又反过来促进企业的发展，形成一个良性循环，从而推动企业不断向前发展。

物流信息化的发展速度和水平提高一方面取决于企业的发展水平，另一方面取决于物流企业员工的信息化知识和水平的高低。因此，大力加强对员工的信息化知识和技术的培训是提高物流信息化水平的一个重要条件。此外，企业可以通过学习和借鉴物流信息化建设比较成功的企业，使自已的建设过程事半功倍，从而促进物流信息化发展和水平的提高。

2. 物流信息化的内容

（1）物流过程信息化。即建设适应物流市场变化，可迅速、快捷、灵敏反应的物流信息系统，形成以物流市场为核心，物流要素的资源信息化、数字化、自动化，实现物流活动过程的优化和高度集成的信息体系。其具体主要体现在实现物流运输信息化、仓储信息化、装卸搬运信息化、包装信息化、流通加工信息化、配送信息化和信息处理的数字化。

（2）物流管理信息化。物流管理工作包括计划、组织、指挥、协调、控制等功能，是一项复杂的系统工程。物流管理信息化通过建立物流管理信息系统，使物流计划制定更加科学合理，并具有前瞻性，从而改善了物流管理工作费时费力的状况，提高了物流管理工作效率，优化了物流管理组织职能。上下级的沟通、各部门的协调交流由单向变为双向，组织反馈功能增强的同时，控制职能得到加强。管理信息化是指在物流管理的各个环节全过程的信息管理，通过建立不同子系统，彻底改变传统物流那种封闭的、强制的、分而治之的、以纵向层次组织为主体的信息流程，代之以开放的、民主的、组合分工、以横向组织为主的信息化管理运作。

（3）物流信息服务的网络化。现代物流企业的正常工作依赖于计算机网络的支撑，这要求企业必须构建企业内部信息网络和建立企业网站，企业内部网要与外部联通，实现物流信息资源共享：一方面充分利用企业外部信息资源；另一方面，必须建立符合企业特点的企业信息资源库，加强企业信息资源的开发利用效果。

（4）物流信息人才的常规化。与信息技术及信息管理思想配套，企业必须建立相应的信息管理机构，配备相应的信息管理人才，建立物流企业信息管理制度，培养物流信息管理人才，加强企业信息化标准工作，建立严格的操作程序和规程，按信息化要求加强企业业务流程重组和优化。

（5）物流信息的标准化。企业信息化的关键在于实现资源共享，如果没有统一的标准作为信息化的前提，企业内部信息化就无从谈起。目前标准化对信息化的制约体现在企业层、行业层、社会层这三个层次。加快建立高新技术发展的标准化体系，出台支持信息化发展的强制性标准，并积极配合有关部门制定好重大工程的信息接口标准，解决好物流业信息化标准化问题，已经成为物流信息化发展的先行问题。

3. 物流信息化的实施

（1）物流信息化阶段理论。一般情况下，物流信息化沿着物流系统本身的发展轨迹逐步深入，可分为3个阶段。

第一个阶段是建立物流系统的基础设施平台。例如，相关的交通运输基础设施、各种物流作业工具等硬环境基础，以及行业标准、法规政策等软环境基础。这一阶段的物流信息化具体表现在建立物流信息化所需的标准编码、协议以及信息采集、传输、存储、显示等基础的信息化标准与应用工具，涉及物流信息标准化与物流信息技术两大方面。

第二个阶段是形成物流系统的服务平台。服务平台是在基础设施平台的基础上根据物流系统本身的特点而形成的功能性子系统，如交通运输、仓储、报关等。传统物流的服务都要有一个标准化的、低成本的、高效的服务平台，为各个产业区提供必要的服务，这属于物流基本服务平台。而服务平台建设阶段则要求在第一阶段的基础之上，通过必要的整合，使得服务平台具备信息化的特征，实现物流基本服务的信息化，使信息化深入到所有的物流子系统之中，包括运营平台、开发平台、服务平台，以及在此基础之上的信息运行。信息系统的开发平台以及信息的服务平台都是服务平台信息化的重要内容。

第三个阶段是实现一个物流增值服务平台。这才是真正的物流个性化、定制化的服务，是建立在前两个物流基本服务平台基础之上的。从本质上讲，第三个阶段的物流服务是定制化的增值服务，是非标准的、个性化的，适应的是批量定制的需求。但是，由于它的两个基础平台是标准化的，寻求的是规模效益，因而现代物流企业必须在信息化的基础上，采用柔性生产的战略，逐步达到第三个阶段的要求。这里要求的信息化的内容和目标，主要是商务职能、知识管理、数据挖掘等，是较高层次的信息加工任务。它所涉及的绝不仅仅是信息技术的简单应用或系统的局部优化，而是整个业务流程在信息通信技术支撑下的重组，是质的飞跃。

但是，我国工业化和信息化的同步实施这一特殊性决定了我国物流信息化的进程绝对不是按部就班的。发达国家在前期标准化建设阶段就已基本完成，而我国必须把标准化建设的一些基础建设和上层的专业化应用放在一起，所以我国在实际发展中，出现了渐进式发展、协同发展与跨越式发展相互交织的特有现象。好处是可以实现后发优势，在进行基础设施建设的同时，致力于开发定制化服务的应用系统与运作模式，用跨越式发展模式加快发展。问题也是显然的，由于前期标准化建设不充分，受制于基础方面的制约，常不得不回头加强基础方面的薄弱环节，用引导和标准化两种手段来进行物流信息化的建设。

（2）物流信息化的实施主体。根据物流信息化阶段发展理论，物流信息化的实施主体如表6-1所示。

表 6-1　物流信息化阶段理论

发 展 阶 段	主要的实施内容	实 施 主 体
基础设施平台	编码、协议、标准、工具等	以政府为实施主体
基本服务平台	运营、开发、服务平台等的信息化	政府参与、企业实施
增值服务平台	系统优化及信息系统智能化建设等	以企业为实施主体

物流信息化的 3 个阶段由不同的主体实施。第一个阶段，政府主要提供基础性的框架，因此物流信息化的底层工作需要由政府牵头或者以政府为主来筹建；第二个阶段，服务平台应由政府促进，政府推动，企业参与，或者以企业投资为主来建设，采用政府与企业合作的方式实现；第三个阶段主要是创造环境、培养市场，政府没有必要直接参与，应由企业完成定制化、个性化服务。总之，政府相关部门或物流行业协会负责解决基础性的、公用的平台性质的服务功能，以及如何通过标准化的工具来实现、搭建不同层次平台的问题。

6.1.4　物流管理信息系统

1. 物流管理信息系统的含义

物流管理信息系统（Logistics Management Information System，LMIS）是一个由人、计算机网络等组成的能进行物流相关信息的收集、传送、储存、加工、维护和使用的系统。由于物流信息系统是信息网络和实体物流的有机结合，因而 LMIS 不仅是一个管理系统，更是一个网络化、智能化、社会化的系统。

2. 物流管理信息系统的基本功能

物流系统的不同阶段和不同层次之间通过信息流紧密地联系在一起，因而在物流系统中，总存在着对物流信息进行采集、传输、贮存、处理、显示和分析的物流管理信息系统。它的基本功能主要有数据的收集和录入、信息的存贮、信息的传播、信息的处理和信息的输出等几个方面。

（1）数据的收集和录入。首先，物流信息系统用某种方式记录下物流系统内外的有关数据，集中起来并转化为物流信息系统能够接收的形式并输入到系统中。

（2）信息的存储。数据进入系统之后，经过整理和加工，成为支持物流系统运行的物流信息，这些信息需要暂时存储或永久保存，以供使用。

（3）信息的传播。物流信息来自物流系统内外有关单元，又为不同的物流职能所用，因此，克服空间障碍的信息传输是物流信息系统的基本功能之一。

（4）信息的处理。物流信息系统的最基本目标就是将输入数据加工处理成物流信息。信息处理可以是简单的查询和排序，也可以是复杂的模型求解和预测。信息处理能力的强弱是衡量物流信息系统能力的一个重要方面。

（5）信息的输出。物流信息系统的目的是为各级物流人员提供信息。为了便于人们的理解，系统输出的形式应力求易读易懂、直观醒目，这是评价物流信息系统的主要标准之一。

物流信息系统应向信息采集的在线化、信息存储的大型化、信息传输的网络化、信息处理的智能化，以及信息输出的图形化方向发展。图 6-1 显示了物流管理信息系统的基本功能与运作过程。

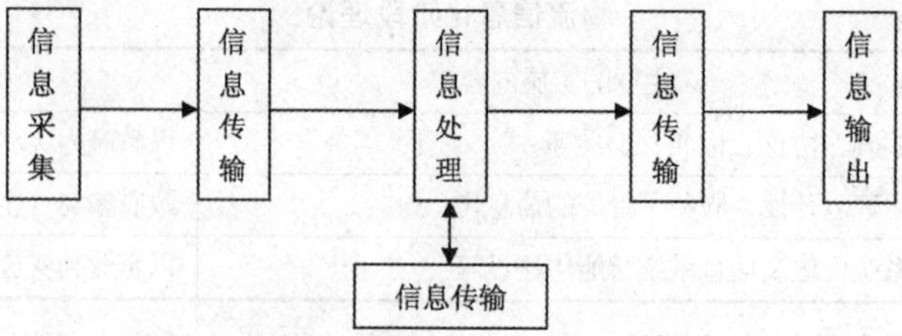

图 6-1　物流管理信息系统的基本功能与运作过程

此外，在实际工作中，物流信息系统还具有以下的功能。

（1）集中控制功能。该功能提供对物流全过程的监控，并能对各环节数据进行统计、分析，得出指导企业运营的依据。所涉及的环节有业务流程的集中管理、责任管理、运输管理、费用结算管理、仓储管理、统计报表。

（2）统计报表功能。统计报表是物流信息系统中最主要的信息输出手段，是企业领导和客户了解业务状况的依据。该系统可以提供动态的统计报表功能，也可以提供多种固定的统计报表。

（3）客户查询功能。该系统为客户提供灵活多样的查询条件，使得客户可以共享物流企业的信息资源，如货物物流分配情况、货物在途运输状况——实时货物跟踪、货物库存情况等。

（4）运输管理功能。它主要包括运输计划管理、货物接单管理、发运管理、路线管理以及运输过程中的单证管理等。

（5）仓储管理功能。它包括入库管理、出库管理和库存管理。

3. 物流管理信息系统的控制与层次结构

（1）物流管理信息系统的控制。在物流业务发生过程中，伴随着物流产生数据流。在数据的发生过程中，有许多相对固定的数据，很少需要维护，这些将作为基础资料。另外，作为系统，还需要设置某些权限，来对某些操作权限进行限制。

第一，安全加密功能：使用本系统的每个用户都需要经过严格的认证管理。

第二，权限设置功能：对每个经认证的用户所拥有的权限进行设置控制。

第三，代码管理功能：对本系统所用的基础代码进行管理维护。

第四，用户信息反馈功能：对每一个进入本系统的用户提供了信息反馈功能。

（2）物流信息管理系统的层次结构。处于物流系统中不同管理层上的物流部门或人员，需要不同类型的物流信息。因而一个完善的物流管理信息系统，如图 6-2 所示，应具有以下几个层次。

① 数据层：将收集、加工的物流信息以数据库的形式加以存储。

② 业务层：对合同、票据、报表等进行日常处理。

③ 运用层：包括车辆运输路径选择、仓库作业计划、库存管理等涉及当前运行的短期决策。

④ 控制层：建立物流系统的特征值体系，制定评价标准，建立控制与评价模型，根据运行信息监测物流系统的状况。

⑤ 计划层：建立各种物流系统分析模型，辅助高层管理人员制订物流战略计划。

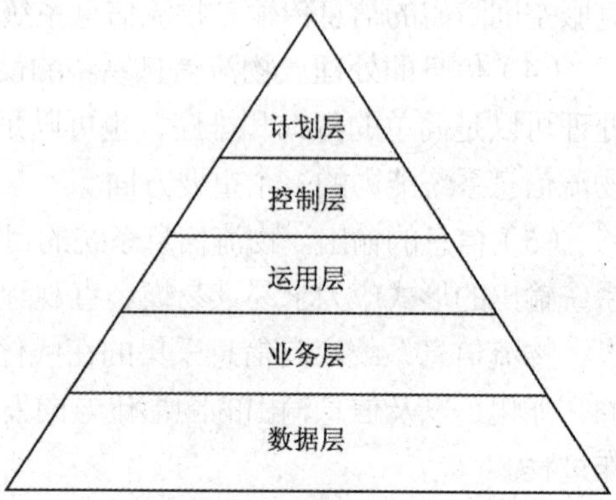

图 6-2　LMIS 层次结构

4. 物流信息管理系统的类型

（1）按系统的结构分类有单功能系统和多功能系统。单功能系统只能完成单一的工作，如合同管理系统、物资分配系统等，这种系统属于淘汰型。多功能系统能完成一个部门或一个企业所包含的全部物流信息管理工作，如仓库管理系统、运输管理系统等。这类系统是目前我国物流企业常用的 MIS，其将被网络 MIS 所代替。

（2）按系统功能性质分类有操作型系统和决策型系统。操作型系统是按照某个固定模式对数据进行固定的处理和加工的系统，它的输入/输出和处理均是不可变的，如财务会计管理系统。决策型系统能根据输入数据的不同，运用知识库的方法，对数据进行不同的加工和处理，并给用户提供决策的依据，现行电子商务就是一种人机对话共同决策系统。

（3）按系统配置分类有单机系统和网络系统。单机管理信息系统仅能在一台计算机上运行，虽然可以有多个终端，但主机只有一个。网络信息系统使用多台计算机，相互间以通信网联接起来，使各计算机实现资源共享。显然，单机系统只是一个过渡，网络系统才是发展方向。

5. 物流管理信息系统的构成

物流管理信息系统包括接受订货信息管理系统、订货信息管理系统、收货信息管理系统、库存管理信息管理系统、发货信息管理系统、配送信息管理系统、运输管理信息系统、包装信息管理系统、流通加工信息管理系统、成本管理信息系统、EDI 处理信息系统、物流综合管理信息系统。

（1）接受订货信息管理系统。办理接受订货手续是交易活动的始发点，所有物流活动均从接受定货开始。为了迅速准确地将商品送到，必须准确迅速地办理接受订货的各种手续。接受订货信息管理系统是办理从零售商处接受订单、准备货物、明确交货时间、交货期限、剩余货物管理等的信息管理系统。

（2）订货信息管理系统。订货信息管理系统是与接受订货信息管理系统、库存管理信息管理系统互动的，库存不足时应防止缺货；在库存过多或不合理时，根据订货劝告，适时适量地调整订货的信息管理系统。

（3）收货信息管理系统。收货信息管理系统是指根据收货预定信息，对收到的货物进行检验，与订货要求进行核对无误之后，计入库存、指定货位等的收货管理信息管理系统。

（4）发货信息管理系统。如何通过迅速、准确的发货安排，将商品送到顾客手中，是物流信息管理系统需要解决的主要课题。发货信息管理系统是一种与接受订货信息管理系统、库存管理信息管理系统互动，向保管场所发出拣选指令或者根据不同的配送方向进行分类的信息管理系统。

（5）库存管理信息管理系统。正确把握商品库存，对于制订恰当的采购计划、接受订货计划、收货计划和发货计划是必不可缺的，所以库存管理信息管理系统乃是物流管理信息的中心。对保存在物流中心内的商品进行实际管理、指定货位和调整库存的信息管理系统叫库存管理信息管理系统。

（6）配送信息管理系统。降低成本对于高效率的配送计划来说是非常重要的。配送信息管理系统是将商品按配送方向进行分类，制订车辆调配计划和配送路线计划的信息管理系统。

此外，物流管理信息系统还包括运输管理信息系统、包装信息管理系统、流通加工信息管理系统、成本管理信息系统、EDI 处理信息系统和物流综合管理信息系统等。

6. 物流管理信息系统的发展

随着工业和技术的不断进步，物流作业的方式也发生了很大变化，可以将其大致分为 4 个阶段：人工时代、机械化阶段、自动化阶段及集成化阶段。依据物流作业方式的变化，也可以将其发展分为 4 个阶段：人工作业阶段、合理化和计算机时代、自动化信息整合阶段及智能化信息整合阶段。在不同的阶段，物流管理信息系统具有不同的功能，发挥着不同的作用。物流管理信息系统在不同阶段所涵盖的内容及其发展如表 6-2 所示。

表 6-2　物流管理信息系统不同阶段的内容及其发展

发展阶段	人工作业阶段	合理化和计算机时代	自动化信息整合阶段	智能化信息整合阶段
状态说明	1. 人工制单 2. 用人工方式进行数字统计、汇总 3. 人工转账 4. 具有简易管理功能	1. 事物作业合理化 2. 报表单据合理化和标准化 3. 引进计算机制单 4. 计算机汇总统计 5. 计算机结算 6. 计算机提供各项管理报表 7. 各计算机之间彼此独立，有独立的数据库	1. 计算机软硬件集成化 2. 建立数据库管理系统 3. 做信息统计分析，制定各类决策 4. 系统对外联网进行信息接收、储存、转换、输出	1. 引入人工智能 2. 引入专家系统 3. 经营决策计算机
主要内容	1. 制作出入库凭证 2. 制作财务、会计凭证 3. 制作结算单 4. 人事薪金计算和制单 5. 人工制作会计账目 6. 人工填写库存账册	1. 订单信息处理系统 2. 出入库处理系统 3. 库存管理系统 4. 会计总账系统 5. 人事考核和薪金管理系统 6. 采购管理系统 7. 应收、应付账款管理系统 8. 票据、发票管理系统	1. 订单信息处理系统（包括通过网络的定购） 2. 销售预测系统 3. 物资管理系统 4. 车辆调派系统 5. 运输线路选择、规划系统 6. 供应商管理系统 7. 财务成本核算系统 8. 银行转账、结算系统 9. 信息系统的集成化连接 10. 绩效管理系统	1. 建立后勤支持系统 2. 物流动线分析系统 3. 安全库存量自动控制系统 4. 仓库规划布局系统 5. 车辆运输自动调度系统 6. 仓库软硬件设备、人力使用分析控制系统

物流信息系统的发展，对于整个物流系统的发展，乃至整个企业的发展，都具有非常重要的意义。随着信息技术的发展，物流信息系统在技术方面将会得到很大的发展。特别是在今天，随着互联网的广泛应用，基于互联网的物流管理信息系统将是今后发展的一个主要趋势。

6.1.5 物流管理信息系统的设计与评价

1. 物流信息管理系统的设计

（1）物流 MIS 开发的过程。建立 LMIS，不是单项数据处理的简单组合，必须要有系统规划。因为它涉及传统管理思想的转变、管理基础工作的整顿提高，以及现代化物流管理方法的应用等许多方面，是一项范围广、协调性强、人机紧密结合的系统工程。

物流信息系统规划是系统开发最重要的阶段，一旦有了好的系统规划，就可以按照数据处理系统的分析和设计持续进行工作，直到系统的实现。物流信息系统的总体规划分为 4 个基本步骤。

① 定义管理目标。确立各级管理的统一目标，局部目标要服从总体目标。

② 定义管理功能。确定管理过程中的主要活动和决策。

③ 定义数据分类。在定义管理功能的基础上，把数据按支持一个或多个管理功能分类。

④ 定义信息结构。确定信息系统各个部分及其相互数据之间的关系，导出各个独立性较强的模块，确定模块实现的优先关系，即划分子系统。

（2）物流 MIS 开发的内容。有了系统规划以后，还要进行非常复杂的开发过程，作为电子商务物流 MIS 开发的内容主要包括以下几个方面。

① 系统分析。主要对现行系统和管理方法以及信息流程等有关情况进行现场调查，给出有关的调研图表，提出信息系统设计的目标以及达到此目标的可能性。

② 系统逻辑设计。在系统调研的基础上，从整体上构造出物流信息系统的逻辑模型，对各种模型进行优选，确定出最终的方案。

③ 系统的物理设计。以逻辑模型为框架，利用各种编程方法，实现逻辑模型中的各个功能块，如确定并实现系统的输入、输出、存储及处理方法。此阶段的重要工作是程序设计。

④ 系统实施。将系统的各个功能模块进行单独调试和联合调试，对其进行修改和完善，最后得到符合要求的物流信息系统软件。

⑤ 系统维护与评价。在信息系统试运行一段时间以后，根据现场要求与变化，对系统做一些必要的修改，进一步完善系统，最后和用户一起对系统的功能、效益作出评价。

2. 物流信息管理系统的评价

（1）物流信息管理系统的评价原则。物流系统评价评价的原则主要有：客观性原则、可比性原则和系统性原则等。

客观性原则。评价的目的是决策，因此评价的质量影响着决策的正确性。也就是说，必须保证评价的客观性，必须弄清评价资料是否全面、可靠、正确，防止评价人员的倾向性，并注意人员的组成应具有代表性。

可比性原则。替代方案在保证实现系统的基本功能上要有可比性和一致性。个别方案功能突出、内容有新意，也只能说明其相关方面，不能代替其他方面。

系统性原则。评价指标要包括系统目标所涉及的一切方面，而且对定性问题要有恰当的评价指标，以保证评价不出现片面性。

（2）物流信息管理系统的评价步骤。物流信息管理系统评价是根据明确的目标来测定对象系统的属性，并将这种属性变为客观定量的计算值，或者主观效用的行为过程。这一过程包括 3 个关键步骤：一是明确评价目的；二是建立评价指标体系；三是选择评价方法并建立评价模型。

第一，确定评价目的。对物流信息管理系统进行综合评价，是为了从总体上把握物流信息管理系统现状，寻找物流信息管理系统的薄弱环节，明确物流信息管理系统的改善方向。为此，应将物流系统各项评价指标的实际值与设定的基准值相比较，以显现现实系统与基准系统的差别，基准值的设定通常有下列 3 种方式：一是以物流信息管理系统运行的目标值为基准值，评价物流信息管理系统对预期目标的实现程度，寻找实际与目标的差距所在；二是以物流信息管理系统运行的历史值为基准值，评价物流信息管理系统的发展趋势，从中发现薄弱环节；三是以同行业的标准值、平均水平值或先进水平值为基准值，评价物流信息管理系统在同类系统中的地位，从而寻找出改善物流系统的潜力。

第二，建立评价指标体系。从系统的观点来看，系统的评价指标体系是由若干个单项评价指标组成的有机整体。它应反映出评价目的的要求，并尽量做到全面、合理、科学、实用。为此，在建立物流信息管理系统综合评价的指标体系时，应选择有代表性的物流信息管理系统特征值指标，以便从总体上反映物流信息管理系统的现状，发现存在的主要问题，明确改善方向。

第三，选择评价方法和模型。确定评价指标体系之后，就需要选择合理的评价方法与模型。评价方法与模型要充分考虑物流的特点，保证评价的客观性；此外，要保证评价数据的真实性、全面性与及时性。

第四，进行评价与综合分析。根据评价指标、方法与模型，对物流信息管理系统进行评价，评价过程结束后，要进行综合分析，并撰写综合分析报告。

（3）计算机辅助采购及物流支持。"计算机辅助采购及物流支持"（Computer-aided Acquisition and Logistic Support，CALS）是一种利用互联网络技术、现代化管理方法、生产技术、自动控制、系统工程技术，将整个社会经济运行中的各经济要素有机地结合起来，实现资源优化配置、降低成本、提高效益的综合管理系统。CAILS 是在 CIMS（计算机集成制造系统）的基础上，结合了电子商务（电子商务）而发展起来的。

1985 年，美国国防部为解决武器的开发成本、质量及时间问题，实施了比较简单而原始的 CALS。冷战之后，CALS 的重要作用为工商界所认识，美国商业部开始将 CALS 引入美国的社会经济体系中。随后，日本和西欧发达国家也相继开发了 CALS，并已取得了良好的效果。于是，CALS 开始风靡世界。

CALS 的技术基础是互联网络和统一数据格式。它的优点是其对象超越单个企业，面向整个社会经济。CALS 利用广域网（如互联网）与局域网（如 Intranet / Extranet）的互联技术，把企业内部的 CIMS 系统与企业间的电子商务系统结合起来。这样，它就能立足于服务全社会的经济运行，将社会经济的各个环节连成一体，为克服市场机制的盲目性和滞后性提供了一种很好的管理和调控方式。CALS 的信息流还可以通过信息的集成化、标准化、信息共享，联系产需双方，实现对商品流通过程的主动调控，并在一定程度上促进了专业化生产。例如，一个生产、流通一体化的企业即使流通业务是盈利的，如果生产方面占很大优势，根据比较利益原则，也有可能放弃流通业务，而把人力、物力、财力投入生产过程。

它还能调动各个环节协调动作，完成材料采购、商品生产、运输、仓储、包装、装卸以及流通加工等一系列物流活动。这样，不仅提高了物流设备利用率，还可以达到准时生产和准时流通（JIT）及零库存，企业将节省大量的流通费用。而且由于 CALS 是由计算机控制的，因而出错率极低，物流质量就会大幅提高。由于 CALS 既是管理系统又是生产系统，它还可以在流通过程中根据内外部环境的变化，利用弹性生产系统（FMS）对包装和流通加工进行辅助设计，有利于流通服务的发展。

另外，CALS 在流通过程中，还有辅助决策的功能。它从社会各个方面收到信息后，加以自动地分析和数据处理，并能提供决策建议，使物流企业能比较方便地从 CALS 中找出适应市场需求变化的最终决策方案。

从社会角度看，CALS 加速了整个社会经济的运行速度，提高了运营质量以及系统内的整体竞争能力。如果能形成国际统一的技术标准，则 CALS 将成为国际化物流的基础，为世界经济一体化作出重大贡献。

3. 中国物流软件的开发与应用

近年来，随着物流的不断发展，物流信息化需求也得到了较大的发展，需求量较大的物流软件为物流运作管理软件。相关调查显示，有 50.6% 的企业准备开发物流运作管理软件；有 33.8% 的企业准备开发库存分析软件；有 24.7% 的企业准备开发条码扫描系统；有 22.1% 的企业准备开发配送资源系统；有 21.4% 的企业准备开发运输决策软件；有 9.7% 的企业准备开发仓库选址软件，详见表 6-3。

表 6-3 中国物流软件应用

企业数量	物流运作管理软件	仓库选址软件	运输决策软件	库存分析软件	条码扫描系统	配送资源系统
生产企业	53	8	20	39	28	16
商业企业	6	3	4	6	4	5
物流企业	19	4	9	7	6	13
总计	78	15	33	52	38	34
比例	50.6%	9.7%	21.4%	33.8%	24.7%	22.1%

课间案例

宝供物流信息系统

1. 企业背景

宝供物流企业集团有限公司（P.G.LOGISTICS GROUP CO., LTD）创建于 1994 年，总部设在广州，是国内第一家经国家工商总局批准以物流名称注册的企业集团，是中国最早运用现代物流理念为客户提供物流一体化服务的专业公司，也是目前我国最具规模、最具影响力、最领先的第三方物流企业。当前，公司已在全国 65 个城市设有 7 个分公司、8 个子公司和 50 多个办事处，形成了一个覆盖全国并开始向美国、澳大利亚、泰国、中国香港等国家或地区延伸的国际化物流运作网络和信息网络，与国内外近百家著名大型工商企业结成战略联盟（其中 52 家为宝洁、飞利浦、联合利华、安利、通用电器、松下、三星、东芝、LG、壳牌、丰田汽车、雀巢、卡夫等世界 500 强企业以及国内一批大型制造企业如 TCL 、厦华、中石油等），为他们提供商品以及原辅材料、零部件的采购、储存、分销、加工、包装、配送、信息处理、信息服务、系统规划设计等供应链一体化的综合物流服务。2002 年 12 月宝供集团被中国物流与采购联合会命名为“中国物流示范基地”，成为入选的唯一一家第三方物流企业。同时，宝供物流也是国家经贸委的重点联系企业、广东省流通龙头企业、中国物流百强企业、中国 5A 级物流企业。

2. 信息系统规划

物流信息系统规划是物流系统规划的一部分，也是企业战略规划的一部分。它服务于企业的长期规划，是长期规划的手段和保证。物流信息系统规划是系统开发最重要的阶段，一旦确定了切身符合的系统规划，就可以按照数据处理系统的分析和设计持续进行工作，直到系统的实现。

宝供物流是国内最早一批并至今仍然是屹立在国内现代化第三方物流前列的物流企业，其物流信息系统也在行业内处于遥遥领先的地位。在二十年的发展中，宝供物流归纳了两套制定物流信息系统总体规划的方法。

（1）战略集合转换法。一是向宝供物流阐明组织的战略规划，二是宝供物流将组织战略集合转化成物流信息系统战略。

（2）关键成功因素法。关键成功因素法包含以下步骤：第一，确定企业的战略目标，宝供物流的高级物流规划师会与高层管理者进行交流，了解企业的发展战略；第二，识别所有成功因素，了解企业的发展战略后，再识别达成该战略的所有成功因素。采用逐层分解的方法找出影响战略的成功因素。

3. 信息管理

物流信息管理就是对物流信息资源进行统一规划和组织，并对物流信息的收集、加工、存储、检索、传递和应用的全过程进行合理控制，从而使物流供应链各环节协调一致，实现信息共享和互动，减少信息冗余和错误，辅助决策支持，改善客户关系，最终实现信息流、资金流、商流、物流的高度统一，达到提高物流供应链竞争力的目的。

4. EDI对接

电子数据交换（Electronic Data Interchange，EDI）是指将商业或行政事务按一个公认的标准，形成结构化的事务处理或文档数据格式，从计算机到计算机的电子传输方法。宝供将企业各个环节通过EDI有效地联系在一起。

5. 客户定制信息服务

宝供物流为客户提供定制信息服务，并为以后的扩展提供必要的支持。

6.2 物流技术

6.2.1 物流技术的含义与构成

1. 物流技术的含义

物流技术一般是指与物流要素活动有关的所有专业技术的总称，既包括各种操作方法、管理技能等，如流通加工技术、物品包装技术、物品标识技术、物品实时跟踪技术等，也包括物流规划、物流评价、物流设计、物流策略等。目前飞速发展的现代信息技术，一方面给物流技术增添了新的内容，如BAR CODE（条码）、EDI（电子数据交换）、GIS（地理信息系统）、GPS（全球卫星定位）等；另一方面，它不仅给传统的以实物运作为主的物流技术提供了发展的机遇，而且使传统的物流技术面临着挑战。传统的物流技术只有与现代的信息技术等紧密地结合，才能得到发展，才能发挥更大的作用，物流也才能得到有效的发展。

2. 物流技术的构成

（1）按范围划分，物流技术有狭义和广义之分。狭义的物流技术主要是指与物流操作活动密切相关的物流技术。例如，货物实体在运动过程中的一些物流技术、有关物流信息运动的一些物流技术等。本章主要介绍和研究该种含义上的物流技术。

广义的物流技术不仅包括物流活动过程中的有关物流技术，也包括其构成之外的一些物流技术以及物流技术的发展规律等，比如物流规划技术、物流效率分析与评价技术等。

（2）按领域划分，物流技术可划分为硬技术和软技术。物流硬技术是指组织实施电子商务物流过程所需要的各种物流设施、物流机械装备、物流材料和物流技术手段，既包括传统的物流硬技术和装备也包括典型的现代物流硬技术手段和装备。传统的物流硬技术主要包括：①电子商务物流密切相关的基础设施，如仓库、公路、车站、港口及机场等；②机械技术如装卸机械、分拣机械、包装机械及运输机械等；③材料技术如集装材料和包装材料等。典型的现代物流硬技术手段和装备主要包括计算机、互联网、数据库技术、条形码技术，同时还有电子数据交换(E-lectronic Data Interchange，EDI)、全球卫星定位系统（Global Positioning System，GPS）、地理信息系统（Geographic Information Systein，GIS）、电子订货系统（Electronic Ordering System，EOS）、销售时点信息系统（Point of Sale System，POS）等。

物流软技术是指为组织实现高效率的物流所需要的计划、分析、评价等方面的技术和管理方法等，它包括物流系统化、物流标准化、各种物资设备的合理调配使用，库存、成本、操作流程、人员、物流路线的合理选择，以及为物流活动高效率而进行的计划、组织、指挥、控制和协调等。物流软技术又称物流技术应用方案，主要包括：①规划技术，对流通形态和硬技术进行规划研究与优化改进的工作，如运输或配送中的路线规划技术；②运用技术，对运输工具的选择使用、装卸方法、库存管理、资源与劳务调配等，如库存控制技术、物流过程中的可视化技术；③评价技术，成本控制与核算以及系统绩效评价等。还包括现代物流技术中的供应链管理（Supply Chain Management，SCM）、顾客关系管理（Customer Relationship Management，CRM）、快速反应（Quick Response，QR）、准时制生产（Just In Time，JIT）等。

（3）按内容划分，物流技术可划分为实物作业技术和现代信息技术。实物作业技术主要包括包装、运输、储存保管及装卸搬运技术等；现代信息技术主要包括如 GIS、GPS、EDI、BARCODE 等。

此外，物流技术也可以按物流作业过程、物流管理方法等进行划分。

6.2.2　物流技术的作用

物流技术是构成电子商务物流系统的要素之一，担负着物流作业的各项任务，影响着物流活动的每一环节，在物流活动中处于十分重要的地位。物流技术通过切入物流企业的业务流程来实现对物流企业各生产要素进行合理组合与高效利用，降低了经营成本，提高了物流活动的效率。它有效地把各种零散数据组织起来，赋予了物流企业新型的生产要素——信息，大大提高了物流企业的业务预测和管理能力，有效地帮助物流企业提高了服务质素，提升了物流企业的整体效益。物流技术的作用主要体现在以下四个方面。

1. 提高效率

电子商务物流的优势之一就是能简化物流的业务流程，从而提高物流的作业效率。在电子商务物流情况下，一方面，人们可以通过电子商务方面的有关技术，对电子商务物流活动进行模拟、决策和控制，从而使物流作业活动选择最佳方式、方法和作业程序，提高物流的作业效率；另一方面，物流作业技术的应用可以提高物流作业的水平、质量和效率。

2. 降低费用

先进、合理的物流技术不仅可以有效地提高电子商务物流的效率，而且可以降低电子商务物流的费用，这主要是由于先进、合理的电子商务物流技术的应用不仅可以有效地使物流资源得到合理运用，而且可以有效地减少物流作业过程中的货物损失。

3. 提升运作质量和客户满意度

物流技术的应用不仅提高了电子商务物流效率，降低了物流费用，而且提高了客户的满意度，密切了与客户的关系。随着电子商务物流技术的应用、快速反应的建立，可使企业能及时地根据客户的需要，将货物保质保量、迅速准确地送到客户指定的地点。

4. 衡量服务水平高低的主要标志

物流技术的应用是物流生产力提高的决定性因素，其水平的高低直接关系到物流各项功能的完善和有效实现，直接影响着整体物流水平的高低。因此，电子商务物流技术是整体物流水平高低的主要标志。

此外，电子商务物流技术还有利于实现物流的系统化和标准化，有利于企业开拓市场，扩大经营规模。

6.2.3 物流技术的评价标准

物流技术可以提高物流的效率和效益，但在生产实践中所采用的物流技术并不是越多越好，必须考虑物流技术的优化选择问题。总体来说，物流技术的选用要结合本地区、本企业的实际情况，遵循技术上适用先进、经济上合理及实际中可执行三大原则，这三大原则也是对物流技术进行评价的标准。

1. 技术上适用

技术上适用先进就是在物流技术的选择时要具有前瞻性、适度超前，尽可能采用先进的物流技术，要充分考虑到所选择的物流技术未来一段时间仍具有一定的技术价值，符合物流系统的长期发展需要。要从技术的功能性、稳定性、可靠性、拓展性、安全性等方面对电子商务技术进行评价，同时要重视和考虑现代信息技术、物流作业技术两者的配套性和协调性，谨防两者脱节。通过对物流技术的全流程系统化提升，提高整个物流系统的技术水平。

2. 经济上合理

经济上合理就是指无论从宏观还是微观的角度都要实现一定的投资收益目标，充分考虑物流技术投入与功能的价值优化。这里，一是要考虑采用某项物流技术时的投资规模，投资规模不能脱离企业实际，如果投资规模过大，不仅会使企业面临严重的财务压力，也会导致投资效益的下降。二是要考虑企业的物流规模和发展方向。一般来说，对于物流规模较小且不把物流作为主要发展方向的企业来说，应尽量减少在物流硬技术方面的投资，而相应地扩大在物流软技术方面的投资；而对于物流规模较大且把物流作为主要发展方向的企业来说，不仅要进行物流硬技术方面的投资，还应适当加大在物流软技术方面的投资。三是要考虑电子商务物流技术在应用过程中的费用问题。

3. 实际中可行

实际中可行就是要充分考虑物流技术设施体系中相关要素服务提供者的利益，实现整个电子商务物流体系的整体优化。首先，物流技术的建设使用要符合国家的相关法律法规要求，以人为本，注重社会和谐与生态维护；其次，物流技术使用要符合物流发展规律，充分发挥现有基础设施资源的作用，通过引进先进的物流技术激活、整合、提升现有物流资源。从电子商务物流对相关物流技术的要求出发，按照结构科学、功能完善、互相兼容、专业分工的要求，实现电子商务物流技术的系统性优化演进。

在物流技术的选择上还应遵循适用性原则，即物流技术的应用应适合物流的现实经济状况。技术的发展和社会经济的发展是密切相关的，技术的先进性必须同经济的合理性相结合。只有这样，物流技术的应用才能给社会经济带来最佳的经济效益，物流技术才有其发展价值。适用性的原则产生了“适用技术”的概念。所谓“适用技术”，就是能够体现技术的先进性与经济的合理性的一致关系，在具体条件下使用能带来实际效益的技术。在物流管理中，对于采用各种物流技术，无论是硬技术还是软技术都应采用适用技术，都既要考虑技术上的先进性，又要考虑经济上的合理性。在物流活动过程中，对于物流过程中的某一个项目、技术方案或新的措施等，都应进行技术分析和评价，务必使技术先进性和经济合理性相统一，使两者处于最佳的状态之中。

6.3　信息技术及其在物流中的应用

如前所述，信息技术是物流技术的重要技术支撑，随着信息技术的在电子商务物流领域的广泛应用，物流技术在原有传统实物作业技术的基础上得到了快速发展，达到了一个新的技术水平。在此简要介绍典型的信息技术及其物流中的应用，这些技术包括条码技术、射频识别技术、电子数据交换技术、地理信息系统、全球卫星定位系统、计算机网络技术以及商业智能等。

6.3.1　条码技术与应用

1. 条码的概念与作用

条码技术（Bar Code）是在计算机的应用实践中产生和发展起来的一种自动识别技术。它是为实现对信息的自动扫描而设计的，是实现快速、准确而可靠地采集数据的有效手段。条码技术的应用解决了数据录入和数据采集的“瓶颈”问题，为供应链管理提供了有力的技术支持。

条码技术作为一种数据输入手段具有操作简单、信息采集速度快、采集信息量大、准确度高、成本低廉、可靠性强等特点，已在电子商务物流领域已经得到广泛应用。为物流各环节提供了通用的“语言”，为商业数据的自动采集和电子数据交换奠定了基础。

条码技术作为物流信息系统中的数据自动采集技术，是实现物流信息自动采集与输入的重要技术，提供了一种对物流中的物品进行标识和描述的方法，是实现 POS 系统、EDI、电子商务、供应链管理的技术基础，是物流管理现代化的重要技术手段。

条码技术还是实现自动化管理的有力武器，利用条码技术可以对企业的物流信息进行采集跟踪，满足企业针对物料准备、生产制造、仓储运输、市场销售、售后服务、质量控制等方面的信息管理需求，有利于实现进货、销售、仓储管理一体化，产、供、销一条龙。

2. 物流条码的特点

物流条码是物流过程中用以识别具体实物的一种特殊代码。运用物流条码可使信息的传递更加方便、快捷、准确，充分发挥物流系统的功能。与通用商品条码相比，物流条码有以下特点。

（1）储运单元的唯一标识。商品条码是最终消费品的唯一标识；物流条码是储运单元的唯一标识，通常标识多个或多种类商品的集合，用于物流的现代化管理。

（2）服务于供应链全过程。商品条码服务于消费环节；物流条码服务于供应链全过程，商品从生产到最终零售中间经过若干环节，物流条码是这些环节中的唯一标识，是多种行业共享的通用数据。

（3）采用码制不同，信息容量大。商品条码采用的是 EAN/UPC 码制，是 13 位数字条码；物流条码则主要采用 UCC/EAN-128 条码，是可表示多种含义、多种信息的条码，可表示货物的体积、重量、生产日期、批号等信息。

（4）标准维护复杂程度高。商品条码已经很成熟，实现了国际标准化，不需要经常变更；物流条码是可变形条码，随着贸易的具体需要而有改变，相关标准是一个需要经常维护的标准。

3. 物流条码的标准体系

条码标准是对条码技术应用实践中重复性事物和概念所作的统一规定，而物流条码标准是其中的重要组成部分。物流条码标准主要包括码制标准、应用标准和产品包装标准三大类。

（1）码制标准。条码码制是指条码符号的类型，每种类型的条码符号都是由符合特定编码规则的条和空组成，都有固定的编码容量和条码字符集。国际上基本可以满足物流条码体系应用要求的物流条码只有 3 种，即 EAN-13 条码、交插二五条码和 UCC/EAN-128 条码。

EAN-13 码是由用来标识不同国家和地区的 3 位前缀码、4 位或 5 位制造厂商代码、5 位或 4 位商品代码、1 位校验码共 13 位数字组成的。我国于 1990 年制定了 GB/T 12904—1991《通用商品条码》国家标准。物流条码应用的是 EAN 码制中的 EAN-13 码。

交插二五条码是一种连续、无固定长度、具有自校验功能的双向条码。ITF（interleaved two of five）条码是在交插二五码的基础上扩展形成的一种应用于储运包装箱上的条码，常常用 ITF-14 和 ITF-6 来标识商品装卸、仓储、运输等储运单元。交插二五条码在物流管理中被广泛采用。我国于 1998 年 3 月开始实施 GB/T 16829—1997《交插二五条码》国家标准。

贸易单元 128 条码是物流条码实施的关键。它是一种连续型、非定长、有含义的高密度代码。我国制定的 GB/T 15429—1994《贸易单元 128 条码》国家标准等效采用了 UCC/EAN-128 条码。贸易单元 128 码由 A、B、C 3 套字符集组成，包括数据符、校验符、终止符。128 码的 3 套字符集覆盖了 128 个 ASCII 码字符。它能够更多地标识贸易单元的信息，如产品批号、数量、规格、生产日期、交货地、有效期等，使物流条码成为贸易中的重要工具。

这三种条码虽然都是物流条码中常用的码制，但它们在实际中的应用又有所不同。一般来说，通用商品条码用在单个大件商品的包装箱上，或者当包装箱内含有预先确定的规定数量商品的时，通过给每个货运单元分配一个和消费单元不同的 EAN-13 码，也可使用通用商品条码码制；交插二五码可用于定量储运单元的包装箱上，ITF-14 和 ITF-6 附加代码共同使用也可以用于变量储运单元；贸易单元 128 条码的使用是物流条码实施的关键，它可以弥补商品通用代码和交插二五码的不足，而且其印刷要求更为宽松，在许多粗糙、不规则的包装上都可以印刷。

（2）应用标准。应用标准包括位置码、储运单元条码、条码应用标识三种码制，每种码制在不同的情况下有不同的作用。

位置码是对物理实体、功能实体、法律实体进行识别的代码，具有唯一性、无含义性、国际通用等特点，并有严格的定义和结构，主要应用于 EDI 和自动数据采集。根据《EAN 位置码》技术规范，结合我国具体情况，我国制定了 GB/T 16828—1997《位置码》国家标准。

储运单元代码。储运单元是指由若干消费单元组成的稳定和标准的产品集合，是收发货、运输、装卸、仓储等项业务所必需的一种产品单元。储运单元有定量储运单元和变量储运单元两种情况。都用交插二五条码表示。我国在遵守 EAN 规范中《关于储运单元条码与标识的 EAN 规范》的前提下，结合我国的具体情况制定了 GB/T 16830—1997《储运单元条码》国家标准，规范了货物储运过程中物流条码。

条码应用标识是指一组由条码表示的数据，用来表示贸易单元的相关信息，由数据和应用标识符两部分组成。应用标识符用来定义条码数据域，不同的应用标识符用来唯一标识其后数据域的含义及格式。使用应用标识符后，在一个条码符号中可以表示很多不同内容的数据元素。我国根据《UCC/EAN 应用标识符标准规范》和我国的实际需要制定了 GB/T 16986—1997《条码应用标识》国家标准。条码应用标识是商品统一条码有益和必要的补充，填补了其他 EAN／UCC 标准遗留的空白。它将物流和信息流有机地结合起来，成为联结条码与电子数据交换的纽带。

（3）产品包装标准。使用物流条码后，物流过程中的数据可以实现共享，通过物流条码数据的采集和反馈可以提高物流系统的经济效益。但要想更好地实现这一目标，在物流条码标准体系中还应该在包装方面制定一些标准，以保证物流条码能够快速、准确地被识别。对于不同码制的代码，在国家标准中都有具体的要求，以保证条码符号的质量。我国已经制定了 GB/T 14257—1993《通用商品条码符号位置》国家标准和 GB/T 14258—1993《条码符号印刷质量的检测》国家标准，作为物流条码标准体系的引用标准。

4. 条码技术在物流领域中的应用

在供应链物流领域，从产品的生产到成品下线、销售、运输、仓储、零售等各个环节，都可以应用条码技术，进行方便、快捷的管理。条码技术就像一条纽带，把产品生命周期各阶段发生的信息连接在一起，在仓库货物管理、生产线人员管理、流水线的生产管理、仓储管理、进货管理、入库管理、库存货物管理、货物信息控制、跟踪、出库管理、系统管理等方面都发挥着不可替代的作用。条码技术可以不断改善物流能力，实时地监督物流动态的信息系统，识别潜在的作业障碍，创造完美的客户体验，获得持久的竞争优势。

例如，在仓储管理中，条码应用已经贯穿出入库、盘点、库存管理等多方面。在出入库过程中，条码可以加快出入库的速度，也能减少出入库操作的差错。条码在仓储管理中带来的最大变化是在盘点业务上，在利用了条码后，就有可能采用自动化盘点技术。

再如，在库存管理中，条码的重要意义在于货位保证。条码技术不仅可以标识所有物品，同样可以标识货位。要求只有扫描了货位条码和货物条码后才能完成上下架过程，就可以确保货物的货位信息总是准确的。

此外，在分货拣选系统中，条码也发挥着重要作用。由于每件物品外包装上都印（贴）有条码，利用条码技术便可自动进行分货拣选，可以快速处理大量的货物，并实现有关的管理。

行业应用方面，如在我国的邮政速递行业，条码技术的应用已经涉及邮政速递物流的各个环节，包括包裹的接收、仓储、运输、分拣、递送、查询等环节都在采用条码技术，条码技术提高了作业的效率，增强了数据和信息的准确性和实时性，带来了较好的客户体验。

6.3.2　扫描技术与应用

条码阅读器是读取条码所包含的信息的设备。条码阅读器通常由以下几部分组成：光源、接收装置、光电转换部件、译码电路、计算机接口。它们的基本工作原理为：由光源发出的光线经过光学系统照射到条码符号上面，被反射回来的光经过光学系统成像在光电转换器上，使之产生电信号，信号经过电路放大后产生一模拟电压，它与照射到条码符号上被反射回来的光成正比，再经过滤波、整形，形成与模拟信号对应的方波信号，经译码器解释为计算机可以直接接受的数字信号。

普通的条码阅读器通常采用以下 3 种技术：光笔、CCD、激光，它们都有各自的优缺点，没有一种阅读器能够在所有方面都具有优势。

1. 光笔

（1）工作原理。光笔是最先出现的一种手持接触式条码阅读器，也是最为经济的一种条码阅读器。使用时，操作者需将光笔接触到条码表面，通过光笔的镜头发出一个很小的光点，当这个光点从左到右划过条码时，在“空”部分，光线被反射，在“条”的部分，光线将被吸收，因此在光笔内部产生一个变化的电压，这个电压通过放大、整形后用于译码。

（2）优点。与条码接触阅读，能够明确哪一个是被阅读的条码；阅读条码的长度可以不受限制；与其他的阅读器相比成本较低；内部没有移动部件，比较坚固；体积小，重量轻。

（3）缺点。使用光笔会受到各种限制，如有一些场合不适合接触阅读条码；另外，只有在比较平坦的表面上阅读指定密度的、打印质量较好的条码时，光笔才能发挥它的作用；而且操作人员需要经过一定的训练才能使用，如阅读速度、阅读角度以及使用的压力不当都会影响它的阅读性能；因为必须接触阅读，所以当条码在因保存不当而产生损坏，或者上面有一层保护膜时，光笔都不能使用；光笔的首读成功率低，误码率较高。

2. 阅读器

（1）工作原理。电子耦合器件（Charg Couple Device，CCD）阅读器比较适合近距离和接触阅读，它的价格比激光阅读器便宜，而且内部没有移动部件。CCD 阅读器使用一个或多个 LED，发出的光线能够覆盖整个条码，条码的图像被传到一排光探测器上，被每个单独的光电二极管采样，由邻近的探测器的探测结果为“黑”或“白”以区分每一个条或空，从而确定条码的字符。换言之，CCD 阅读器不是逐一阅读每一个“条”或“空”，而是条码的整个部分，并转换成可以译码的电信号。

（2）优点。CCD 阅读器的价格较便宜，阅读条码的密度广泛，容易使用，重量比激光阅读器轻，不像光笔一样只能接触阅读。

（3）缺点。局限在于它的阅读景深和阅读宽度，在需要阅读印在弧型表面（如饮料罐上）的条码的时候会有困难；在一些需要远距离阅读的场合，如仓库领域，也不是很适合；在所要阅读的条码比较宽时，CCD 也不是很好的选择，信息很长或密度很低的条码很容易超出扫描头的阅读范围，导致条码不可读；此外，CCD 的防摔性能较差，因此产生的故障率较高；而且某些采取多个 LED 的条码阅读器中，任意一个的 LED 故障都会导致不能阅读；大部分 CCD 阅读器的首读成功率较低且误码机率高。

3. 激光扫描仪

（1）工作原理。虽然是各种扫描器中价格相对较高的，但它所能提供的各项功能指标最高，因此在各个行业中都被广泛采用。激光扫描仪的基本工作原理为：手持式激光扫描仪通过一个激光二极管发出一束光线，照射到一个旋转的棱镜或来回摆动的镜子上，反射后的光线穿过阅读窗照射到条码表面，光线经过条或空的反射后返回阅读器，由一个镜子进行采集、聚焦，通过光电转换器转换成电信号，该信号将通过扫描器或终端上的译码软件进行译码。

（2）种类。激光扫描仪分为手持与固定两种形式。手持激光枪连接方便简单，使用灵活，固定式激光扫描仪适用于阅读器较大、条码较小的场合，可以有效解放双手工作。

（3）优点。激光扫描仪用于非接触扫描表现出众，通常情况下，在阅读距离超过 30cm 时激光阅读器是唯一的选择；激光阅读条码密度范围广，并且可以阅读不规则的条码表面或者透过玻璃或透明胶纸阅读，因为是非接触阅读，因此不会损坏条码标签；因为有较先进的阅读及解码系统，首读识别成功率高，识别速度相对光笔及 CCD 更快，而且对印刷质量不好或模糊的条码识别效果好；误码率极低（仅约为三百万分之一）；激光阅读器的防震防摔性能好。

（4）缺点。激光扫描仪的唯一的缺点是它的价格相对较高，但如果从购买费用与使用费用的总和计算，与 CCD 阅读器并没有太大的区别。

6.3.3 EDI 技术与应用

EDI 是 Electronic Data Interchange 的缩写，我国将其译为电子数据交换，俗称“无纸贸易”。

国际标准化组织将 EDI 定义为一种电子传输方法，这种方法首先将商业或行政事务处理中的报文数据按照一个公认的标准，形成结构化的事务处理的报文数据格式，进而将这些结构化的报文数据经由网络，从计算机传输到计算机。

从基本意义来说，电子数据交换的意思并不限于贸易活动，如医院中的信息交流，现在也已采用 EDI 的思想与方法，并已在国外一些地方实际使用。因此，严格地讲，无纸贸易是 EDI 在贸易领域中的实际应用，EDI 的概念应当更广泛一些，只是在现实的应用中，贸易领域的应用是发展最快、应用最多的方面。

1. EDI 系统组成

EDI 系统包括 EDI 的环境、EDI 的过程和 EDI 的技术实现 3 个基本方面。

需要进行信息交换的某一应用领域，即 EDI 的环境，如国际贸易、国内贸易、医院工作、图书馆工作、项目管理等。它限定了有哪些信息需要传递，在哪些地点之间进行传递。

信息交换的流程及规则，即 EDI 的过程。它反映了实际领域中的业务过程，以及与之相伴的信息流程。例如，在贸易过程中，从询价、报价开始，直到付款、交货。中间涉及供应者、购买者、银行、运输公司、保险公司等多种企业（或称角色），先后几十种信息交换业务需要执行。在实际工作中，这种流程体现为一系列规则与标准。

信息交流的手段，括硬件设备、通信设备及软件，即 EDI 的技术实现。从目前来看，计算机硬件设备、通信设备已经比较普遍，EDI 的应用也没有什么特殊的要求，不需要特殊的开发；需要开发的是软件，针对某一领域的应用，遵从某一特定的标准，就要有一套专门的软件。

2. EDI 技术标准

EDI 技术标准是整个 EDI 技术的关键，由于 EDI 技术是以事先商定的报文格式进行数据的传输和信息交换，因此制定统一的技术标准至关重要。EDI 的标准包括 EDI 网络通信标准、EDI 处理标准、EDI 联系标准和 EDI 语义语法标准等。EDI 网络通信标准是要解决 EDI 通信网络应该建立在何种通信网络协议之上，以保证各类 EDI 用户系统的互联；EDI 处理标准是要研究那些不同地域不同行业的各种 EDI 报文、相互共有的"公共元素报文"的处理标准；EDI 联系标准解决 EDI 用户所属的其他信息管理系统或数据库与 EDI 系统之间的接口；EDI 语义语法标准（又称 EDI 报文标准）是要解决各种报文类型格式、数据元编码、字符集和语法规则以及报表生成等。

EDI 语义语法标准是 EDI 技术的核心。最首要的是实现单证标准化，包括单证格式的标准化、所记载信息的标准化以及信息描述的标准化。单证格式的标准化是指按照国际贸易基本单证格式设计各种商务往来的单证样式，在单证上利用代码表示信息时，代码应处位置的标准化。信息内容的标准化涉及单证上的哪些内容是必需的，哪些不一定是必需内容。

3. EDI 操作过程

当今世界通用的 EDI 通信网络，是建立在 MHS 数据通信平台上的信箱系统，其通信机制是信箱间信息的存储和转发。其操作过程如下。

（1）映射（Mapping）——生成 EDI 平面文件。EDI 平面文件（Flat File）是指通过应用系统将用户的应用文件（如单证、票据）或数据库中的数据，映射成的一种标准的中间文件。这一过程称为映射（Mapping）。平面文件是用户通过应用系统直接编辑、修改和操作的单证和票据文件，它可直接阅读、显示和打印输出。

（2）翻译（Translation）——生成 EDI 标准格式文件。其功能是将平面文件通过翻译软件（Translation Software）生成 EDI 标准格式文件。EDI 标准格式文件，就是所谓的 EDI 电子单证，或称电子票据。它是 EDI 用户之间进行贸易和业务往来的依据。EDI 标准格式文件是一种只有计算机才能阅读的 ASCII 文件。它是按照 EDI 数据交换标准（即 EDI 标准）的要求，将单证文件（平面文件）中的目录项，加上特定的分割符、控制符和其他信息，生成的一种包括控制符、代码和单证信息在内的 ASCII 码文件。

（3）通信。这一步由计算机通信软件完成。用户通过通信网络，接入 EDI 信箱系统，将 EDI 电子单证投递到对方的信箱中。EDI 信箱系统则自动完成投递和转接，并按照 X.400 通信协议的要求，为电子单证加上信封、信头、信尾、投送地址、安全要求及其他辅助信息。

（4）EDI 文件的接收和处理。接收和处理过程是发送过程的逆过程。首先需要接收用户通过通信网络接入 EDI 信箱系统，打开自己的信箱，将来函接收到自己的计算机中，经格式校验、翻译、映射还原成应用文件。最后对应用文件进行编辑、处理和回复。

在实际操作过程中，EDI 系统为用户提供的 EDI 应用软件包，包括应用系统、映射、翻译、格式校验和通信连接等全部功能。其处理过程，用户可将其看作是一个"黑匣子"，完全不必关心里面具体的过程。

4. EDI 在物流领域中的应用

EDI 是一种信息管理或处理的有效手段，它可以对物流供应链上的物流信息进行有效地运作，如传输物流单证等。EDI 在物流运作的目的是充分利用现有计算机及通信网络资源，提高交易双方信息的传输效率，降低物流成本。具体来说主要包括以下几方面。

首先，对于制造业来说，利用 EDI 可以有效地减少库存量及生产线待料时间，降低生产成本；其次，对于运输业说，利用 EDI 可以快速通送报检，科学合理地利用运输资源，降低运输成本费用和节约运输时间；最后，对于流通业来说，利用 EDI 可以建立快速响应系统，减少商场库存量与空架率，加速奖金周转，降低物流成本；同时可以建立起物流配送体系，完成产、存、运、销一体化的供应线管理。

EDI 应用获益最大的是零售业、制造业和配送业，在这些行业中的供应链上应用 EDI 技术，使传输发票、订单过程达到了很高的效率。此外，EDI 在密切贸易伙伴关系方面有潜在的优势。

6.3.4 射频识别技术与应用

1. 射频识别技术简介

射频识别（Radio Frequency Identification，RFID）技术是一种非接触式的自动识别技术，它通过射频信号自动识别目标对象并获取相关数据，识别工作无须人工干预，可工作于各种恶劣环境。与条码技术相比，RFID 的优点是无方向性，不局限于视线，识别距离远；射频识别卡具有读写能力，可携带大量数据，难以伪造，有智能；一次能读取数个至数千个标签识别码及数据，加快了信息采集和流程处理速度，增强作业的准确性和快捷性。

射频识别系统的传送距离由许多因素决定，如传送频率、天线设计等。对于应用射频识别的特定情况应考虑传送距离、工作频率、标签的数据容量、尺寸、重量、定位、响应速度及选择能力等。

一个典型的 RFID 系统由射频电子标签（Tag）、读写器或阅读器（Reader）以及应用系统（包括连接线路）3 个部分构成。RFID 技术的基本工作原理：标签进入磁场后，接收解读器发出的射频信号，凭借感应电流所获得的能量发送出存储在芯片中的产品信息（Passive Tag，无源标签或被动标签），或者主动发送某一频率的信号（Active Tag，有源标签或主动标签）；解读器读取信息并解码后，送至中央信息系统进行有关数据处理。

射频识别技术应用在高速公路收费站不停车收费、火车不停车抄录车号、对运动中的物品和动物的跟踪等，也适用于物料跟踪、运载工具和货架识别等要求非接触数据采集和交换的场合。由于射频标签具有可读写能力，对于需要频繁改变数据内容的场合尤为适用。

将条码与 RFID 技术相结合，也是 RFID 在现阶段应用的一种方式。企业可以将条形码贴在物品上，将射频电子标签贴在存放物品的托盘或叉车上，电子标签存放托盘或叉车上所有物品的信息，阅读器则安置在仓库的进出口。每当物品进库时，阅读器自动识别电子标签上面的物品信息，并将信息存储到与之相连的管理系统中；当物品出库时，同样由阅读器自动识别物品信息，并传送到管理系统，由系统对信息进行出库处理。

2. RFID 技术在物流中的应用

在商业流通领域，据 Sanford C. Bernstein 公司的零售业分析师估计，通过采用 RFID，沃尔玛每年可以节省 83.5 亿美元，其中大部分是因为不需要人工查看进货的条码而节省的劳动力成本。RFID 有助于解决零售业两个最大的难题：商品断货和损耗，如单是盗窃一项，沃尔玛一年的损失就差不多有 20 亿美元。据研究机构估计，RFID 技术能够帮助把失窃和存货水平降低 25%。

我国 RFID 技术的应用也已经开始，高速公路的收费站口通过使用 RFID 技术可以实现不停车收费，铁路系统使用 RFID 技术记录货车车厢编号，一些物流公司也正在将 RFID 技术用于物流管理。

6.3.5　地理信息系统与应用

1. GIS 与 WebGIS 简介

地理信息系统（Geographic Information System，GIS）是一种基于计算机的工具，它可以对在地球上存在的东西和发生的事件进行成图和分析。GIS 技术把地图这种独特的视觉化效果和地理分析功能与一般的数据库操作（如查询和统计分析等）集成在一起。这种能力使 GIS 与其他信息系统相区别，从而使其在广泛的公众和个人企事业单位中解释事件、预测结果、规划战略等中具有实用价值。

随着互联网技术的不断发展和人们对地理信息系统（GIS）的需求，产生了基于互联网技术的地理信息系统 WebGIS。WebGIS 是互联网技术应用于 GIS 开发的产物，GIS 通过 WWW 成为大众使用的技术和工具，人们可以浏览检索 Web 上的各种地理信息和进行各种地理空间分析与预测、空间推理和决策等。同传统 GIS 相比，WebGIS 具有访问范围广泛、平台独立性强、系统成本低、操作简单等特点。

WebGIS 系统可以分为 4 个部分：WebGIS 浏览器，用以显示空间数据信息并支持 Client 端的在线处理，如查询和分析等；WebGIS 信息代理，用以均衡网络负载，实现空间信息网络化；WebGIS 服务器，用以满足浏览器的数据请求，完成后台空间数据库的管理；WebGIS 编辑器，提供导入空间数据库数据的功能，形成完整的 GIS 对象、GIS 模型和 GIS 数据结构的编辑和表现环境。

2. GIS 物流模型

GIS 应用于物流分析，主要是指利用 GIS 强大的地理数据功能来完善物流分析技术。国外公司已经开发出利用GIS进行物流分析的专门工具软件。完整的GIS物流分析软件集成了车辆路线模型、最短路径模型、网络物流模型、分配集合模型和设施定位模型等。

车辆路线模型：用于解决一个起始点、多个终点的货物运输中，如何降低物流作业费用，并保证服务质量的问题，包括决定使用多少辆车、每辆车的路线等。

网络物流模型：用于解决寻求最有效的分配货物路径问题，也就是物流网点布局问题。如将货物从N个仓库运往到M个商店，每个商店都有固定的需求量，因此需要确定由哪个仓库提货送给哪个商店的运输代价最小。

分配集合模型：可以根据各个要素的相似点把同一层上的所有或部分要素分为几个组，用以解决和确定服务范围和销售市场范围等问题。如某一公司要设立X个分销点，要求这些分销点要覆盖某一地区，而且要使每个分销点的顾客数目大致相等。

设施定位模型：用于确定一个或多个设施的位置。在物流系统中，物流中心和运输线共同组成了物流网络，物流中心处于网络的节点上，节点决定着线路，如何根据供求的实际需要并结合经济效益等原则，运用此模型可以解决在既定区域内设立多少个物流中心、每个物流中心的位置、每个物流中心的规模，以及物流中心之间的物流关系等问题。

3. GIS技术在物流中的应用

基于GIS的物流配送系统主要有下列功能。

（1）车辆和货物跟踪。利用GPS和电子地图可以实时显示出车辆或货物的实际位置，并能查询出车辆和货物的状态，以便进行合理调度和管理。

（2）提供运输路线规划和导航。规划出运输线路，使显示器能够在电子地图上显示设计线路，并同时显示汽车运行路径和运行方法。

（3）信息查询。对配送范围内的主要建筑、运输车辆、客户等进行查询，查询资料可以文字、语言及图像的形式显示，并在电子地图上显示其位置。

（4）模拟与决策。例如，可利用长期客户、车辆、订单和地理数据等建立模型来进行物流网络的布局模拟，并以此来建立决策支持系统，以提供更有效而直观的决策依据。

目前，我国已经开始将GIS应用于物流分析和物流研究，并取得了一定成效。例如，威海烟草的GIS多点线路优化系统，该系统通过收集大量的地理信息数据，打造了烟草GIS系统的可视化信息平台。使用该系统后，威海烟草利用历史数据及地理位置和周边环境规划了经济的物流配送区域，使各个配送区域布局更合理，地理位置相对集中，直接节省运力达28.13%。同时，配送区域内各条路线工作量大体平衡，提高了为零售客户的服务水平。与烟草配送GPS车辆卫星定位系统整合后，利用车辆定位跟踪功能，可以实时查看车辆位置信息，提高了车辆配送安全性，规范了车辆管理。通过数据分析生成的各种统计分析报表还可以为经营决策提供第一手资料。

6.3.6 卫星定位系统与导航系统

1. GPS系统的组成

（1）简介。全球卫星定位系统（Global Positioning Systems，GPS）是美国历时20年耗资200亿美元于1994年完成整体部署的，该系统具有全天候、全方位和高精度的实时三维导航与定位能力。现在，GPS与现代通信技术相结合，使得测定地球表面三维坐标的方法从静态发展到动态，从数据后处理发展到实时的定位与导航，极大地扩展了它的应用广度和深度。

GPS 系统由三大部分组成，包括 GPS 卫星星座、地面监控系统和信号接收系统。

GPS 卫星星座由 21 颗工作卫星和 3 颗在轨备用卫星组成。24 颗卫星均匀分布在 6 个轨道平面内，轨道倾角为 55°，各个轨道平面之间相距 60°，每个轨道平面内各颗卫星之间的升交角距相差 90°，任意一轨道平面上的卫星比西边相邻轨道平面上的相应卫星超前 30°。卫星高度 20 180 千米，周期 12 小时。这样，位于地球上任意一点地平线以上的卫星颗数最少为 4 颗，最多为 11 颗。在用 GPS 信号导航定位时，为了结算测站的三维坐标，必须观测 4 颗 GPS 卫星——称为定位星座。这 4 颗卫星在观测过程中的几何位置分布对定位精度有一定的影响。

地面监控系统的主要工作是向卫星提供星历。星历是描述卫星运动及其轨道的参数，卫星发射的星历是信号接收系统计算星的位置依据。此外，卫星上的各种设备是否正常工作以及卫星是否一直沿着预定轨道运行都要由地面设备进行监测和控制。地面监控系统另一重要作用是保持各颗卫星处于同一时间标准即 GPS 时间系统。GPS 的地面监控系统包括一个主控站、3 个注入站和 5 个监测站。该系统的功能是：对空间卫星系统进行监测、控制，并向每颗卫星注入更新的导航电文。其中监测站用 GPS 接收系统测量每颗卫星的伪距和距离差，采集气象数据，并将观测数据传送给主控点。主控站接收各监测站的 GPS 卫星观测数据、卫星工作状态数据、各监测站和注入站自身的工作状态数据。根据上述各类数据，完成每颗卫星的导航电文的编算并将其传送给注入站；主控站还要控制和协调监测站间、注入站间的工作，检验注入卫星的导航电文是否正确以及卫星是否将导航电文发给了 GPS 用户系统；主控站还负责诊断卫星工作状态，改变偏离轨道的卫星位置及姿态，调整备用卫星取代失效卫星。注入站接受主控站送达的各卫星导航电文，并将之注入飞越其上空的每颗卫星。

信号接收系统主要由 GPS 卫星接收机和 GPS 数据处理软件构成。GPS 卫星接收机由能捕获、跟踪卫星、接收放大 GPS 信号的天线单元，和对信号进行处理、还原导航电文、解求导航定位数据的接收单元两部分组成。GPS 数据处理软件的主要功能是对 GPS 接收机获取的卫星测量记录数据进行处理，解得测站的三维坐标、运动速度、方向及精确时刻等。

（2）GPS 技术在物流中的应用。GPS 在物流领域可以应用于汽车自定位、跟踪调度以及铁路运输等方面的管理，也可用于军事物流。

① 在汽车自动定位、跟踪调度方面的应用。利用 GPS 的计算机管理信息系统，可以通过 GPS 和计算机网络实时收集全路汽车所运货物的动态信息，通过对物流车辆、货物的实时定位追踪，实现对车辆的有效指挥、协调、调度和管理，还可以进行历史轨迹的回放、超速越界报警、行驶里程统计等。

② 在铁路运输方面的管理。利用 GPS 的计算机管理信息系统，可以通过 GPS 和计算机网络实时收集全路列车、机车、车辆、集装箱及所运货物的动态信息，实现列车及货物的追踪管理。只要知道货车的车种、车型和车号，就可以立即从近 10 万千米的铁路网上流动着的几十万辆货车中找到该货车，还能得知这辆货车现在何处运行或停在何处，以及所有的车载货物发货信息。铁路部门运用这项技术可大大提高其路网及运营的透明度，为货主提供更高质量的服务。

③ 用于军事物流。全球卫星定位系统首先是因为军事目的而建立的，在军事物流中应用相当普遍，如后勤装务的保障等方面。通过 GPS 技术及系统，各级指挥人员可以实时掌握各地驻军的数量、要求以及军用物资的状态、位置，无论在战时还是在平时都能及时地进行准确的后勤补给。

2. 格洛纳斯卫星导航系统

（1）简介。格洛纳斯（GLONASS）是俄语“全球卫星导航系统（GLOBAL NAVIGATION

SATELLITE SYSTEM）”的缩写。该系统最早开发于苏联时期，后由俄罗斯继续该计划。该系统于 2007 年开始运营，当时只开放俄罗斯境内卫星定位及导航服务。到 2009 年，其服务范围已经拓展到全球。该系统主要服务内容包括确定陆地、海上及空中目标的坐标及运动速度信息等。

GLONASS 星座共有 30 颗卫星：27 颗工作星和 3 颗备份星。27 颗星均匀地分布在 3 个近圆形的轨道平面上，这 3 个轨道平面两两相隔 120°，每个轨道面有 8 颗卫星，同平面内的卫星之间相隔 45°，轨道高度 2.36 万千米，运行周期 11 小时 15 分，轨道倾角 64.8°。

（2）主要功能。GLONASS 技术，可为全球海陆空以及近地空间的各种军、民用户全天候、连续地提供高精度的三维位置、三维速度和时间信息。GLONASS 在定位、测速及定时精度上则优于施加选择可用性（SA）之后的 GPS，俄罗斯向国际民航和海事组织承诺将向全球用户提供民用导航服务。

（3）在物流中的应用。由于 GLONASS 与 GPS 一样可为全球海、陆、空以及近地空间的各种用户提供全天候、连续、高精度的各种三维位置、三维速度和时间信息（PVT 信息），因而该系统同样可应用于汽车自动定位和跟踪调度、铁路运输的管理以及军事物流等。

3. 欧洲伽利略系统

（1）简介。伽利略计划，实际上是一个欧洲的全球导航服务计划。它是世界上第一个专门为民用目的设计的全球性卫星导航定位系统，与现在普遍使用的 GPS 相比，它将更先进、有效、可靠。它的总体思路具有 4 大特点：自成独立体系；能与其他的 GNSS 系统兼容互动；具备先进性和竞争能力；公开进行国际合作。欧洲伽利略系统是欧洲计划建设的新一代民用全球卫星导航系统，按照规划伽利略计划将耗资约 27 亿美元，系统由 30 颗卫星组成，其中 27 颗卫星为工作卫星，3 颗为候补卫星。卫星高度为 24 126 千米，位于 3 个倾角为 56° 的轨道平面内。该系统除了 30 颗中高度圆轨道卫星外，还有 2 个地面控制中心。

（2）主要功能与服务。虽然提供的信息仍是位置、速度和时间，但是伽利略系统提供的服务种类远比 GPS 多，GPS 仅有标准定位服务（SPS）和精确定位服务（PPS）两种，而伽利略系统则提供 5 种服务，这就是：公开服务（OS）——与 GPS 的 SPS 相类似，免费提供、生命安全服务（SoLS）、商业服务（CS）、公共特许服务（PRS）以及搜救（SAR）服务。以上所述的前 4 种是伽利略的核心服务，最后一种则是支持 SARSAT 的服务。伽利略服务不仅种类多，而且独具特色，它能提供完好性广播、服务的保证、民用控制、局域增强。

（3）在物流中的应用。伽利略系统主要用于民用领域，在物流上同样可应用于汽车自动定位和跟踪调度、铁路运输的管理等。

4. 北斗卫星导航系统

（1）简介。中国的北斗卫星导航系统（BeiDou Navigation Satellite System，BDS）是中国自行研制的全球卫星导航系统。是继美国全球定位系统（GPS）、俄罗斯格洛纳斯卫星导航系统（GLONASS）之后第三个成熟的卫星导航系统。北斗卫星导航系统（BDS）和美国 GPS、俄罗斯 GLONASS、欧盟 GALILEO，是联合国卫星导航委员会已认定的供应商。

北斗卫星导航系统由空间段、地面段和用户段三部分组成。北斗卫星导航系统空间段计划由 35 颗卫星组成，包括 5 颗静止轨道卫星、27 颗中地球轨道卫星、3 颗倾斜同步轨道卫星。5 颗静止轨道卫星定点位置为东经 58.75°、东经 80°、东经 110.5°、东经 140°、东经 160°，中地球轨道卫星运行在 3 个轨道面上，轨道面之间为相隔 120°均匀分布。至 2012 年底北斗亚太区域导航正式开通时，已为正式系统在西昌卫星发射中心发射了 16 颗卫星，其中 14 颗组网并提供服务，分别为 5 颗静止轨道卫星、5 颗倾斜地球同步轨道卫星（均在倾角 55°的轨道面上），4 颗中地球轨道卫星（均在倾角 55°的轨道面上）。

（2）功能。北斗系统具有四大功能。第一，短报文通信。北斗系统用户终端具有双向报文通信功能，用户可以一次传送 40～60 个汉字的短报文信息。第二，区域导航。可以达到一次传送达 120 个汉字的信息，在远洋航行中有重要的应用价值。第三，精密授时。北斗系统具有精密授时功能，可向用户提供 20ns～100ns 时间同步精度。第四，定位。北斗系统水平精度 100 米（1σ），设立标校站之后为 20 米（类似差分状态）。系统容纳的最大用户数为 540 000 户/小时。

（3）在物流中的应用。北斗系统在物流中的应用主要包括以下几个方面。

第一，道路交通管理。卫星导航将有利于减缓交通阻塞，提升道路交通管理水平。通过在车辆上安装卫星导航接收机和数据发射机，车辆的位置信息就能在几秒钟内自动转发到中心站。这些位置信息可用于道路交通管理。

第二，铁路智能交通。卫星导航将促进传统运输方式实现升级与转型。例如，在铁路运输领域，通过安装卫星导航终端设备，可极大缩短列车行驶间隔时间，降低运输成本，有效提高运输效率。未来，北斗卫星导航系统将提供高可靠、高精度的定位、测速、授时服务，促进铁路交通的现代化，实现传统调度向智能交通管理的转型。

第三，海运和水运。海运和水运是全世界最广泛的运输方式之一，也是卫星导航最早应用的领域之一。在世界各大洋和江河湖泊行驶的各类船舶大多都安装了卫星导航终端设备，使海上和水路运输更为高效和安全。北斗卫星导航系统将在任何天气条件下，为水上航行船舶提供导航定位和安全保障。同时，北斗卫星导航系统特有的短报文通信功能将支持各种新型服务的开发。

第四，航空运输。当飞机在机场跑道着陆时，最基本的要求是确保飞机相互间的安全距离。利用卫星导航精确定位与测速的优势，可实时确定飞机的瞬时位置，有效减小飞机之间的安全距离，甚至在大雾天气情况下，可以实现自动盲降，极大提高飞行安全和机场运营效率。通过将北斗卫星导航系统与其他系统的有效结合，将为航空运输提供更多的安全保障。

6.3.7　计算机网络技术与应用

随着互联网技术的迅速发展，计算机网络技术在物流信息系统中得到了广泛地应用。通过互联网，计算机网络将分散在不同地理位置的物流分支机构、供应商、客户等联结起来，形成了一个信息传递与共享的信息网络，便于各方实时了解各地业务的运作情况，提高了物流活动的运作效率。这里仅简要介绍现代物流领域应用较多的企业内部网、虚拟专用网络、无线网技术等网络技术。

1. 企业内部网

企业内部网，英文是 Intranet，是互联网技术在企业内部的应用。它实际上是采用互联网技术建立的企业内部网络，它的核心技术是基于 Web 的计算。Intranet 的基本思想是：在内部网络上采用 TCP/IP 作为通信协议，利用互联网的 Web 模型作为标准信息平台，同时建立防火墙把内部网和互联网分开。Intranet 能够以极少的成本和时间将一个企业内部的大量信息资源高效合理地传递到每个人。Intranet 为企业提供了一种能充分利用通信线路、经济而有效地建立企业内联网的方案，应用 Intranet，企业可以有效地进行财务管理、供应链管理、进销存管理、客户关系管理等。

2. 虚拟专用网

虚拟专用网（Virtual Private Network，VPN）被定义为通过一个公用网络（通常互联网）建立一个临时的、安全的连接，是一条穿过混乱的公用网络的安全、稳定的隧道。可以把它理解成是虚拟出来的企业内部专线，它可以通过特殊的加密的通信协议在连接在互联网上的位于不同地方的两个或多个企业内部网之间建立一条专有的通信线路。VPN 是对企业内部网的扩展，它可以帮助远程用户、公司分支机构、商业伙伴及供应商同公司的内部网建立可信的安全连接，并保证数据的安全传输。

目前，跨国跨地区的物流企业日益增加，各个公司分支机构的数量更是高速增长。各分支机构必须可以即时地共享信息，从而将多个传统上分离的物流环节结合成一个整体，用来保证对物流过程的有效监控与管理，以降低物流的成本。同时，一些物流企业也允许其商业伙伴有限制地访问本企业的局域网，并依靠网络来动态维持与加强合作关系。VPN 作为一种经济、安全的网络连接方式可以解决上述需求，用户可以利用现有网络资源及 VPN 设备在总部与分支机构间构建起公司的大型内部网，实现信息共享。VPN 网络技术可以使物流企业较少地关注网络的运行与维护，更多地致力于企业商业目标的实现。

对于物流企业来说，VPN 提供了安全、可靠的互联网访问通道，为企业进一步发展提供了可靠的技术保障。而且 VPN 能提供相当于专用线路的服务，是方便快捷的企业私有网络。通过使用 VPN 技术，用户可以简化企业广域网的设计，降低网络基础设施的构建成本，保证了数据的私有性和安全性并可以使得物流企业与商业合作伙伴间 Extrnaet 的建立变得简单易行。

3. 无线网

无线计算机网络通信的最大特点是将无线电波作为数据传输的介质，从服务器发送的数据通过有线网络的层层解析，传送到与有线网络相连接的无线网络访问节点（Access Point，AP）中，在 AP 中，数据通过特定的算法进行调制，生成无线信号，最后经信号发射装置传播出去。由于无线信号散播于空气中，因此无线网络是一个相对开放的网络系统，在 AP 的信号覆盖范围内，任何一个移动单元（Mobile Unit，MU），都可以捕获到无线信号，MU 将无线信号进行解调制运算，从中还原出所需要的数据。这一过程就是无线网络中数据从服务器到达终端的过程，反之亦然。在整个网络系统架构中，AP 作为有线网络数据和无线网络信号的接口，以节点方式和有线网络连接，以基站的方式管理移动单元完成有线网络与无线网络之间的数据传输。

事实上，无线网络并没有离开网络的概念，而是计算机网络技术的延伸；是依托于有线网络，对移动点和无法布设网络信号线的应用点的扩展。无线网络技术一般可以提供数百米的网络覆盖范围，解决了设备、人员在流动中采集、传输数据的问题，实现了物流信息的移动采集，适合于在移动范围有限的场合如仓库、物流中心中使用。

4. 移动通信技术

移动通信是指移动体之间或移动体与固定体之间的通信。移动通信的种类很多，前述的无线网络也属于移动通信的一种，这里特指利用蜂窝移动电话系统所进行的数据通信。与无线网络技术提供的数百米的覆盖范围相比，蜂窝移动电话系统可以提供大范围的移动通信服务，适合在运输管理、工作人员出差等场合使用。

在物流领域应用较多的移动通信方式主要有 GPRS、EDGE 和 3G 技术等。

GPRS 是通用分组无线业务（General Packet Radio Service）的简称，是一种以全球手机系统（GSM）为基础的数据传输技术。GPRS 是封包（Packet）方式进行数据传输，费用较为便宜。

GPRS 的传输速率可达 56 甚至 114kbit/s，基本可以满足物流领域远程传输数据的需要。

EDGE 是增强型数据速率 GSM 演进技术（Enhanced Data Rate for GSM Evolution）的缩写，是一种从 GSM 到 3G 的过渡技术。由于 EDGE 是一种介于现有的第二代移动网络与第三代移动网络之间的过渡技术，比“二代半”技术 GPRS 更加优良，因此也有人称它为“2.75 代”技术。EDGE 技术有效提高了 GPRS 信道编码效率及其高速移动数据标准，它的最高速率可达 384kbit/s，它将会逐步取代 GPRS 成为与第三代移动通信系统最接近的一项技术。目前我国大部分城市都可以使用中国移动通信提供的 EDGE 网络。

3G，全称为 3rd Generation，其中文含义就是指第三代数字通信，与前两代的主要区别是在传输声音和数据的速度上的提升，其网络能够支持不同的数据传输速度，即在室内、室外和行车的环境中能够分别支持至少 2Mbit/s、384kbit/s 以及 144kbit/s 的传输速度。目前，国际上有三个不同的 3G 标准，分别是中国自主研发的 TD-SCDMA、WCDMA 和 CDMA2000，随着我国电信业重组的完成，在不远的将来就能享受到 3G 带来的优质服务。

5. 计算机网络技术在物流中的应用

随着现代物流业的发展，跨国跨地区的物流企业日益增加，各个公司分支机构的数量更是高速增长。这些集团化的公司需要及时了解各地的经营管理状况，制定符合各地不同状况的经营方向，公司内部人员更需要及时了解公司的策略性变化、公司人事情况、公司业务发展情况以及一些简单但又关键的文档，如通信录、产品技术规格和价格、公司规章制度等信息。解决这些问题的方法就是建立企业内部网 Intranet，通过内部管理信息系统对企业进行管理，传递信息；为了让外地分支机构用户也能方便地获取 MIS 系统中的运单、报价、客户等各方面信息，可以采用 VPN 技术建立虚拟专用网络，实现数据的集中管理、数据实时传递和移动办公等功能；对于那些在仓库、物流中心等活动范围有限但需要不断移动工作的人员，可以为其配备无线网络设备，实现在移动中的数据采集与传输，简化收货、库存管理、出货等工作的流程，提高数据的实效性，减少出错的可能；为了解决外地出差人员移动办公的需求，还可以建立基于移动通信技术虚拟专用网络，接入企业的 Intranet，实现随时随地的办公，此外移动通信技术与 GPS 技术相结合，还可以构建车辆的跟踪定位系统，在移动通信技术带宽足够的前提下甚至可以实时传输语音、视频等数据，完善对物流车辆的管理。

6.3.8　商业智能及其在物流领域中的作用

1. 商业智能简介及其作用

商业智能这一术语 1989 年由 Gartener Group 的 Howard Dresner 最早提出。它描述了一系列的概念和方法，通过应用基于事实的支持系统来辅助商业决策的制定。商业智能的作用是将企业现有的数据转化为知识，帮助企业做出正确明智的经营决策。

在当今现代化的物流企业操作的过程中，通常会产生大量的数据，比如订单、库存、往来账目、顾客等。通过建立有效的商业智能系统，可以利用这些数据来增进对企业业务、供应链合作伙伴、顾客行为等状况的了解，预测企业业务发展趋势，并做出及时正确的判断。商业智能系统能够为使用者提供两个基本的效益：一是提供从数据中发现新关系的能力；二是加强战术和战略决策以及决策过程的精确性。复杂的商业智能系统能够适应来自不同数据资源的各种各样的数据类型，使用者在决策过程中，能够从大量细微、难懂的数据中挖掘和识别出有用的知识。

商业智能技术在物流企业的运输管理、仓储管理、增强供应链可见性、供需预测、衡量企业关键运营指标、人力资源管理等诸多方面都大有可为。

2. 商业智能系统构造和相关技术

通常来说，建立一个完整的商业智能系统。要遵守以下步骤：（1）识别和确定数据源。商业智能的数据来自于多种数据源，如订单信息、顾客信息、产品信息、库存信息、财务信息等；（2）进行数据集成和存储管理；（3）数据分析和建模，运用商业智能系统所提供的数据分析工具，通过数据分析、建模将数据转化为信息和知识。从建立商业智能系统的技术角度来看，所需要的技术主要有数据仓库技术、数据挖掘技术以及联机分析处理（OLAP）。

3. 商业智能在企业物流中的应用

商业智能系统不仅在正向物流中发挥着重要的作用，在逆向物流中同样有着重要的作用。世界著名品牌雅诗兰黛在全球范围的年销售额达到40亿美元，但同时每年退货、过期、报废和损坏的数额达到1.9亿美元，约占销售额的4.75%。每年的巨额流失使雅诗兰黛公司决定花大力气改善其忽视的逆向物流领域。公司于3年前投资130万美元发展逆向物流的商业智能系统、扫描系统，效果显著。在整个系统运转的第一年就为公司追回了原先要通过裁员和降低管理费用产生的成本价值。通过对24%以上的退货运用商业智能工具进行分析、评估，从中分拣出可以再次分销的数量是真正需要退回的1.5倍，从而每年节省了约47.5万美元的成本。与此同时，系统对超过保质期的产品识别也在大大提高，因为超过保质期而被销毁的退货从37%降到了27%。据雅诗兰黛逆向物流部门经理预计，未来几年，他们的产品销毁率有望降到15%以下。除雅诗兰黛外，IBM、通用汽车业也于几年前开始在逆向物流中运用商业智能系统技术和其他相关技术，进行深度挖掘，强化管理，降低成本，提高服务满意度。

6.4 物流设施与设备

6.4.1 物流设施与设备的含义及其分类

1. 物流设施与设备的含义

物流设施与设备，是指在进行物流作业活动，实现物流功能过程中所使用的各种设施与装备的总称。设施与设备是整个现代物流系统中除了人的因素以外最重要的关键因素，它们担负着物流作业的各项任务，对提高物流系统的能力、效率、效果、成本、服务等各方面都有着十分重要的影响。现代物流如果离开了物流设施与设备，就将回到运行效率极其低下的原始物流时代。

物流设施与设备是进行物流活动的技术保障和物质基础，是物流系统中的重要资产和物流活动环节中的组成部分，也是物流技术水平高低的主要标志。

2. 物流设施与设备的分类

物流设施也就是物流活动的空间，它贯穿了物流的全过程，涉及各个作业环节。物流设施主要有物流基础性设施和物流功能性设施两大类。

物流基础性设施多为公共设施，是宏观物流的基础。它主要包括：物流网络结构中的枢纽性节点，如大型交通枢纽、国家级战略储备中心、物流基地等；物流网络结构中的线，如铁路、公路、航道、航线、管道等；物流基础信息平台。

物流功能性设施是物流社会化服务的组成部分。主要包括：以储存为主要职能的节点，如储备仓库、营业仓库、中转仓库、货栈等；以组织物流在系统中实现位移为主要职能的节点，如流通仓库、流通中心、配送中心、流通加工点等。

物流设备种类繁多，形式各样，按其功能的不同，可划分为以下几大类。

（1）运输设备。它是指用于较长距离移动货物的机械装备，按运输方式可分为公路运输设备（汽车）、铁路运输设备（火车）、水路运输设备（船舶）、航空运输设备（飞机）、管道运输设备（管道、泵等）。

（2）搬运装卸设备。它是指将各种物品提升、下降、移动、放置于需要的位置，进行短距离输送的机械设备，主要有起重机械（门式、桥式、轮胎式）、输送机械（带式、链式、斗式、螺旋式）、叉车、单斗车、牵引车等。

（3）集装单元器具与装卸专用机械。它是指用集装单元化形式进行储存、运输作业的物流设备，主要包括各种集装器具（集装箱、集装袋）和装卸专用机械（集装箱吊具、集装箱吊运机、集装箱起重机等）。

（4）仓储设备。它是指在仓库中进行生产和辅助生产作业以及保证仓库及作业安全所必需的各种机械设备的总称。它包括各式托盘、堆垛机械、货架、自动导向车、分拣设备、堆垛机器人等，也包括计量设备、商品保养和检验设备、机械维修设备、安全消防设备等辅助设备。

（5）流通加工设备。它是用于完成如分割、计量、分选、组装等流通加工任务的相关专用机械设备，如各种加工机械、搅拌机械、分选分装机械等。

（6）包装设备。它是指用于完成全部或部分包装过程的有关机械设备，如充填设备、罐装设备、捆扎设备、裹包设备、贴标设备、封口设备、清洗设备、真空包装设备等。

（7）物流信息采集与传输设备。它包括条码扫描设备、射频设备、电子数据交换设备、定位跟踪设备、物流监控设备、POS 设备等。

6.4.2 设施与设备管理的基本任务与内容

现代物流企业的物流技术与装备水平正跟随现代科技的不断进步和物流需求的快速发展而迅速提高。物流设施与设备正朝着精密化、复杂化、信息化的方向不断发展，对物流设施与设备管理水平的要求也不断提高，而且物流企业对现代物流技术装备的依赖程度也与日俱增，因此，搞好现代物流企业的设施与设备管理，对提高物流企业的管理水平和经济效益都有着十分重要的意义。管理好现代物流企业的设施与设备，已经成为物流企业管理活动的一个重要组成部分。

1. 设施与设备管理的基本任务

物流企业的设施与设备管理是指为使物流设施与设备在整个寿命周期的费用达到最经济的程度，对其从选择、使用、养护、修理直到报废为止所开展的一系列管理工作的总称。

物流企业设施与设备管理的基本任务，就是在提高经济效益的前提下，通过一系列技术、经济、组织等措施，充分发挥设施与设备的效能，不断改善和提高物流技术装备素质，减少设备闲置，避免资源浪费，降低物流损失，提高物流的效率和效益。具体任务主要包括以下几个方面。

（1）根据技术先进、经济合理原则，正确选择物流设施与设备，为企业物流活动提供最优的技术装备。

（2）要针对各种设施与设备的特点，合理使用、精心维护，并建立健全有关正确使用和维护物流设施与设备的规章制度和管理制度。

（3）在节省设施与设备管理费用和维修费用的条件下，保证企业的设施与设备始终处于良好的技术状态。

（4）做好现有设施与设备的挖潜、革新、改造和更新工作，提高物流设施与设备的现代化水平。

（5）认真做好物流企业设施与设备的日常管理工作。

2. 设施与设备管理内容

物流设施与设备在物流企业的经营活动过程中，表现为两种运动形态：一种是物流设施与设备的物质运动形态，即从设施与设备的选购开始，经过安装调试、日常使用、维护保养、改造、更新，直至报废；另一种是物流设施与设备的价值运动形态，包括设施与设备的最初投资、折旧费、维护修理费、更新改造费用等。设施与设备管理的原则是对上述两种运动形态的全程管理，对物质运动形态的管理称为技术管理，对价值运动形态的管理称为经济管理。具体管理内容如下。

（1）根据设施与设备的生产效率、投资效果及配套性和可靠性，正确选择技术上先进、经济上合理、生产上适用的设施与设备。

（2）根据设施与设备的性能、使用要求，结合企业物流作业计划，合理使用设施与设备，提高物流设施与设备的利用率。

（3）及时、经常地做好设施与设备的维护保养工作，提高设施与设备的完好率，延长设施与设备的寿命。

（4）制定并认真贯彻执行合理的设备预防修理制度。

（5）做好设备的验收、登记、保管、调拨、报废等日常管理工作。

（6）有计划、有步骤、有重点地进行设施与设备的改造和更新工作。

6.4.3 电子商务物流设施与设备的管理方法

1. 设备日常管理工作程序

设备购进后，首先要根据设备的类别进行归类。然后进行编号，编号后进行逐项登录，即详细登录设备的名称、来源、生产单位、用途、技术参数及随主机附带的工具数量、安装地点等，并在使用过程中建立设备的技术档案制度。如果设备因故调出，则要在设备登录卡上详细记载设备的去向、所处状态、调出日期、交接地点及责任人等情况。如果设备发生故障（或事故），操作人员和维修人员要分析故障（或事故）发生的原因，制定避免措施，并安排及时修复，使设备尽快恢复正常运转状态。当设备已经在技术上和经济上认定不能或者没有必要继续使用时，要请有关技术人员鉴定，经有关主管部门和领导批准，然后进行报废处理，使其退出生产过程。

2. 设备使用、保养和维护

（1）设备的合理使用。物流设备使用寿命的长短很大程度上决定于设备的使用是否合理正确，设备的合理使用是设备管理的一个重要环节，做到正确、合理地使用设备，应做好以下工作。

第一，针对设备的不同特点和要求，制定一套科学的规章制度，包括安全操作规程、定期检查维护规程、操作人员岗位责任制、交接班制度及设备档案登记制度等。

第二，要做好设备的安装、调试工作。设备在正式投入使用前，应严格按技术说明，协同厂方做好设备的安装调试，并经试运行验收合格后方能投入使用。

第三，要为各类设备配备合格的操作人员，要求操作人员必须掌握设备的操作方法、技术规范，了解设备的性能、结构和保养知识，实行凭操作证使用设备的制度。

第四，为各类设备合理安排生产任务，就是要根据工作对象的特点和设备的性能、结构特点以及其他技术条件，为其安排相应的生产任务，使每台设备做到合理负荷、安全运转。

第五，为设备创造良好的使用环境和工作条件，保持设备作业环境整洁，并根据设备特点安装必要的防护、防潮、防腐、保暖、恒温等装置，配备必要的测量、控制和安全保护用的仪器仪表装置等。

第六，合理规定设备使用的能源、器材、油料等消耗定额以及费用限额。

（2）设备的保养和维护。设备在使用过程中，不可避免地会出现干摩擦、零件松动、声响异常等不正常现象，如果不及时处理和解决，就会使设备的使用寿命缩短，甚至酿成事故。因此只有做好设备的保养与维护工作，及时处理技术状态变化引起的故障隐患，随时改善设备的使用情况，才能保证设备的正常运转，延长其使用寿命。

设备保养和维护应遵循设备自身运动的客观要求，其主要内容包括：清洁、润滑、紧固、调整、防腐等。目前，实行的比较普遍的是“三级保养制”，即日常保养、一级保养和二级保养。

日常保养。日常保养由操作人员每天对设备进行理性保养。主要内容有：班前班后检查、擦拭、润滑设备的各个部位；操作过程中认真关注设备运转情况，及时发现和排除小故障，并做好交接班记录。

一级保养。一级保养是以操作人员为主，维修人员为辅，对设备进行局部和重点拆卸、检查，清洗有关部位，疏通油路，调整各部位配合间隙，紧固各部位等。

二级保养。二级保养是以维修人员为主，操作人员参加，更换或修复磨损件，对润滑系统进行清洗、换油，对设备进行部分解体检查和对电气系统检查、修理，局部恢复精度，满足物流作业工艺要求。

此外，物流企业在实施设备保养制度过程中，对那些已运转到规定期的重点和关键设备，不管其技术状态好坏，生产任务缓急，都必须按保养作业范围和要求进行检查和保养，以确保这类设备运转的正常完好和具有足够的精确度、稳定性。

本章小结

从狭义范围来看，物流信息是指与物流活动（如运输、保管、保转、装卸、流通加工等）有关的信息；从广义范围来看，物流信息不仅指与物流活动有关的信息，而且包含与其他流通活动有关的信息，如商品交易信息和市场信息等与物流有关的信息。一般而言，物流信息具有涉及面广、信息量大、更新快、及时性强、地域分布很广、来源多样化等特点。

电子商务物流管理信息系统是一个由人和计算机网络等组成的能进行物流相关信息的收集、传送、储存、加工、维护和使用的系统，其系统功能主要包括集中控制功能、运输管理功能、仓储管理功能、统计报表功能以及客户查询功能等。层次结构主要有数据层、业务层、运用层、控制层和计划层 5 个部分。划分标志不同，类型也不同。电子商务物流信息系统主要包括接受订货信息管理系统、订货信息管理系统、收货信息管理系统、库存管理信息管理系统、发货信息管理系统、配送信息管理系统等。物流信息系统的总体规划基本上分为定义管理目标、定义管理功能、定义数据分类和定义信息结构 4 个基本步骤，开发内容主要包括系统分析、系统逻辑设计、系统的物理设计、系统实施和系统维护与评价等。

电子商务物流技术是电子商务物流活动的重要技术支撑，其水平的高低直接关系到电子商务物流活动各项功能的完善和有效实现。电子商务物流技术涵盖了与电子商务物流要素活动有关的所有专业技术，既包括传统物流技术领域中的各种操作方法、管理技能，也包括许多现代信息技术在物流领域中的应用。电子商务物流技术包括电子商务物流硬技术和电子商务物流软技术两个方面。电子商务物流技术是提高电子商务物流效率的主要手段，是降低电子商务物流费用的重要因素，是提高电子商务物流运作质量和客户满意度的技术基础，是整体物流水平高低的主要标志。电子商务物流技术的选用要遵循技术上适用先进、经济上合理及实际中可执行三大原则。物流信息技术是现代物流技术的核心，推动了物流技术向信息化、网络化、自动化、智能化、柔性化、虚拟化的方向发展。典型的物流信息技术主要有条码技术、射频识别技术、电子数据交换技术、地理信息系统、全球卫星定位系统、计算机网络技术及商业智能等。

物流设施与设备，是指在进行物流作业活动，实现物流功能过程中所使用的各种设施与装备的总称。设施与设备是整个现代物流系统中除了人以外最重要的因素，是物流运作的技术保障和物质基础。物流设施也就是物流活动的空间，主要有物流基础性设施和物流功能性设施两大类。物流设施与设备管理的基本任务，就是在提高经济效益的前提下，通过一系列技术、经济、组织等措施，充分发挥设施与设备的效能，不断改善和提高物流技术装备素质，减少设备闲置，避免资源浪费，降低物流损失，提高物流的效率和效益。设施与设备管理包括对设备的技术管理和经济管理，管理方法包括设备的日常管理工作程序和设备的使用、保养和维护。

复习与思考题

（1）物流信息的含义是什么？从狭义与广义上，分别包括哪些内容？

（2）物流信息的特点是什么？物流信息化的功能有哪些？应遵循什么原则？

（3）物流信息系统设计的过程应该是怎样的？分哪些步骤？

（4）什么是电子商务物流技术？电子商务物流技术的构成如何？

（5）电子商务物流技术的作用有哪些？

（6）在物流领域应用的典型现代信息技术主要有哪些？都是如何在电子商务物流中应用的？

（7）物流企业设施与设备管理的基本任务与内容是什么？

（8）结合当今某一物流企业的现状，谈谈你对该企业物流管理的看法，说明物流信息化的重要性，并提出针对该企业的物流信息管理系统的具体方案。

案例分析：e-vix 公司的物流可视化“WMS 实时物流系统”

1. e-vix 公司简介

e-vix 是日本一家专门从事尖端信息技术和业务知识的专业服务企业。公司成立于 1990 年 9 月，现有员工 218 人（2006 年 1 月底数据），公司业务的主要内容包括系统开发、数据分析、网络构建及应用技术支援、应用方案销售以及外包服务等。此外，公司开发的针对物流业库存、进发货业务的管理系统“实时物流”，针对通信销售业的销售管理系统“BIG通贩专家”别具特色。

2. e-vix公司的物流可视化“WMS实时物流系统”

针对产品发货时间长，难以及时掌握库存数字，繁忙时错误百出、越忙越乱以及商品屡屡被退货的现象，e-vix公司开发了物流可视化“WMS实时物流系统”。

（1）物流可视化“WMS实时物流系统”的优点及架构。“WMS实时物流系统”是使用无线手提终端的物流服务包“WMS实时物流系统”，通过无线手提终端XIT（爱克吉特）来实现进货、库存、发货等实时管理的物流专用产品包。实现了随时随地、准确无误的物流管理，物流业务的统一管理，准确地把握了库存，防止误发货，提高了工作效率。

物流可视化“WMS实时物流系统”的架构如图6-3所示。

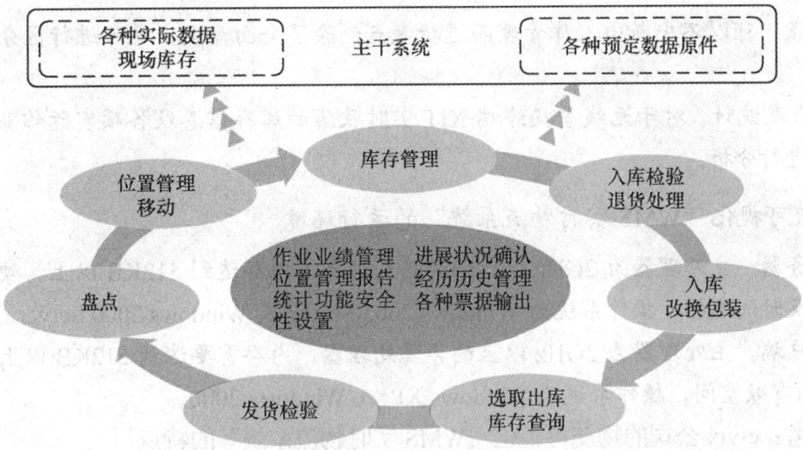

图6-3 物流可视化的WMS实时物流系统

（2）物流可视化“WMS实时物流系统”的特征。

特征1：可以较低成本构建物流系统的成套产品。WMS实时物流系统，采用了无线手提终端XIT的物流服务产品包。可以实时管理和掌握进货、货物检验、入库、选取、出库、发货、库存管理、盘点等作业状况。因该产品集多功能于一体，具有引入简单、成本低等特点。另外，也可根据需要选择所需的功能、自定义引入。

特征2：容易操作使用且具备多功能的无限手提终端XIT（爱克吉特）。WMS实时物流系统所采用的手提终端为威尔卡特公司生产的无限手提终端XIT（爱克吉特）。该产品性能高，除可以实现稳定的高速数据传送之外，简单易用，可以保证操作者准确高效地工作。

特征3：可以简单地实现无线手提终端应用程序的开发。通过使用手提终端用软件开发工具“网上滑翔机X（Web Glider-X）”，除可进行无线手提终端的画面设计和应用程序开发外，也可进行计算机方的应用程序开发，从而减少构建系统所需的时间，削减软件开发所需人工费等费用。

特征4：可以实时监视机器情况使用过程中的各种情况。WMS实时物流系统配置有网络监视工具。一旦发生故障，可使用网络监视工具，将软件和硬件分开，准确地把握问题的症结所在。可以快捷地区分并判断是网络有问题，还是无线手提终端XIT发生故障，以保证采取迅速的应对和处理。当终端发生故障时，可自动发送邮件通知系统管理者。

3. 应用

（1）进货。除基于进货预定的数据之外，也收集预定外的进货及退货数据。发生大宗进货时，即使是作业中途也可以变更人员的配置。

（2）入库（可对应自由位置和固定位置）。什么地方放着什么商品，只要看一眼无线手提终端 XIT 便一目了然。当然，也可进行不固定放置位置的“自由位置”管理。自由位置管理可以有效使用仓库的保管面积。

（3）区分选择。无线手提终端 XIT 可通过自动计算选取的最短路径来提示商品所在场所。即使多个商品，也可完成高效选取。通过准确的指示，可以有效地杜绝发货错误。

（4）发货。可以通过无线手提终端 XIT 来确认发货检验时的缺少商品。

（5）库存管理。可以用无线手提终端 XIT 来进行实时库存查询，也可在库存减少时自动进行订货。

（6）盘点。可以不中断出入库管理而进行盘点；除了全面盘点，也可进行区分时段的局部盘点。

（7）报告及统计。对于无线手提终端 XIT 实时收集的库存信息及各项实际作业数据，可通过管理画面进行分析。

4. 物流可视化“WMS 实时物流系统”的运行环境

（1）服务器。主处理器为 2GHz 以上的奔腾处理器，内存达到 512KB 以上，硬盘根据数据库保存内容及时间选择，操作系统为 Windows 2003 Server 或 Windows 2000 Server。

（2）客户端。主处理器为 2GHz 以上的奔腾处理器，内存需要达到 512KB 以上，硬盘需要 20GB 以上的有效空间，操作系统为 Windows XP 或 Windows 2000。

案例思考：e-vix 公司的物流可视化“WMS 实时物流系统”的特点。

第7章

物流中心与园区

本章概要

本章首先介绍物流中心的内涵、功能与种类，阐述物流中心布局的原则、影响因素与设置方法；其次，介绍了物流园区的内涵、功能与作用，阐述了日本物流园区的规划与运营，并就我国物流园区的发展问题进行了分析。

7.1 物流中心概述

7.1.1 物流中心的内涵

1. 物流中心的含义

物流中心（Distribution Center）是指专门从事物流活动的中心场所。《中华人民共和国物流术语标准》认为[①]，物流中心是从事物流活动且具有完善的信息网络的场所或组织，应符合下列要求：第一，主要面向社会提供公共物流服务；第二，物流功能健全；第三，集聚辐射范围大；第四，存储、吞吐能力强；第五，对下游配送中心客户提供物流服务。

2. 物流中心与仓库关系

一般来说，物流中心大都是在仓库的基础上发展起来的，与仓库相比较，物流中心具有以下几个方面的特点。

（1）功能多于仓库。物流中心的功能不仅包括仓储功能，而且包括运输功能、包装功能、流通加工功能、配送功能以及物流信息处理功能；而仓库的功能主要是储存功能与装卸搬运功能。

（2）规模大于仓库。一般来说，物流中心的规模相对要大于仓库。

（3）运动过程复杂于仓库。相对于仓库来说，物流中心不仅涉及货物实体的运动，还涉及信息、资金，甚至涉及商流的运动，其运动过程一般要复杂于仓库的运动过程，更具有动态性，管理的难度也相对较大。

7.1.2 物流中心的功能

根据物流中心本身的内涵与特点，物流中心的功能可以划分为基础功能、基本功能与增值服务功能等。

[①]《中华人民共和国国家标准　物流术语》（GB/T 18354—2006）.

1. 基础功能

物流中心的基础功能主要包括储存功能、运输功能、装卸搬运功能、流通加工功能、包装功能以及配送功能等。

（1）储存功能。储存功能是物流中心所应具备的基础功能之一。但物流中心储存功能的主要目的不是储存物品，而是通过储存使物品更好、更快地进行周转。因此，物流中心储区储位等的划分与布局，应从动态的角度来考虑，更加注重物品的流动性。

（2）运输功能。如果说储存、装卸搬运、流通加工以及包装等更多的是在物流中心的内部区域进行，那么运输则更多的是在物流中心的外部区域进行。物流中心配置运输功能的目的主要包括以下两个方面：一是为了更好地满足客户服务的需要，方便用户；二是满足自身对运输的需要。在很多情况下，当具备多个物流中心时，就需要通过运输来进行衔接。

（3）装卸搬运功能。装卸搬运作为物流的节点环节，对物流活动的效率起着重要的作用，物流中心要加速商品或货物的周转速度，就必须具备该种功能。从效率方面来考虑，物流中心应配备相应的装卸搬运设备，尽可能实现装卸搬运的机械化与自动化，以提高装卸搬运作业效率，减少作业对商品造成的损毁。

（4）流通加工功能。作为物流活动的中心场所，其经营活动应该以客户的需求为中心。为了更有效地满足客户的需求，设立流通加工功能对于物流中心是十分重要的。

（5）包装功能。物流中心的包装作业主要包括对商品或货物进行组合、拼配、加固等，物流中心设立包装功能，是为了更有效率、在更低的成本下进行物流活动。

（6）配送功能。配送功能是物流中心特别是配送中心的一个主要功能。其主要是以物流中心为出发点，向用户进行配送服务。配送的业务流程包括客户需求确认、货物分拣、组装、送货、交货等环节。种类一般包括市内配送与区域配送：市内配送主要是在一个城市内部所进行的配送；区域配送主要是在一个区域范围内所进行的配送，区域配送一般是按经济区域，以中心城市或次中心城市为圆点进行的。

2. 基本功能

物流中心的基本功能主要包括集约功能和组织功能两大部分。

（1）集约功能。物流中心的集约功能主要表现在资源要素的集约和功能要素的集约上。资源要素的集约主要包括物质资源要素、人力资源要素和资金资源要素等的集约，功能要素的集约主要包括信息、包装、储存、装卸搬运以及运输与配送等功能要素的集约。

物流中心的集约功能实现了物流资源与功能配置的有效组合，有利于提高物流资源的利用效率，发挥物流功能的作用；而且有利于降低物流成本，提高对客户的服务水平。

（2）组织功能。物流中心的组织功能主要表现在物流中心对物流资源要素的组织、物流功能要素的组织以及物流活动的组织等方面。物流中心可以根据社会经济和自身的发展需要，组织物流资源与功能，并对物流活动进行组织。

3. 增值功能

作为物流活动的中心场所，物流中心还拥有配置信息服务、商流服务、结算与资金服务等增值功能。

（1）信息服务功能。物流中心不仅是货物运动的中心场所，同时也是信息运动的中心。物流中心在建立信息系统的同时，还可以利用信息系统为客户提供多方面的信息服务。

（2）商流服务功能。商流服务功能主要是指物流中心在为客户提供物流服务的过程中，同时为用户提供的交易服务所产生的增值服务。在实际过程中，物流中心可以根据自身的现实情况以及客户的需要，提供相应的商流服务功能。例如，有的物流中心为客户提供交易场所服务等。

（3）结算与资金服务功能。结算与资金服务功能是物流中心为客户提供的一种延伸服务。结算功能包括物流费用的结算、代收货款等；资金功能主要是指物流中心在提供物流服务的同时，为客户提供相应的资金支持与服务。在实际的过程中，结算与资金功能经常是与物流功能融为一体的。

此外，物流中心也可以为客户提供物流方案的设计与咨询、培训与教育等功能。

在以上 3 类功能中，物流中心的基础功能需要实力，基本功能与增值服务功能则需要不断创新。对于物流中心来说，在完善基础功能与基本功能的同时，要积极增加增值服务功能，以扩大服务范围，完善物流服务系统，为客户提供全范围的服务。至于物流中心增值服务的范围与内容，既要考虑客户的需求，又要考虑自身的现实情况。

7.1.3　物流中心的种类

1. **按功能划分**

按功能划分，物流中心可分为集货中心、配送中心和集配中心。

（1）集货中心。集货是将零星货物聚集成批量货物的一种经济活动，专门从事这种活动的物流中心一般称为集货中心。一般来说，集货中心主要设置在生产区域，业务流程一般包括集货、进货、加工、包装、储存、运输等（见图 7-1）。

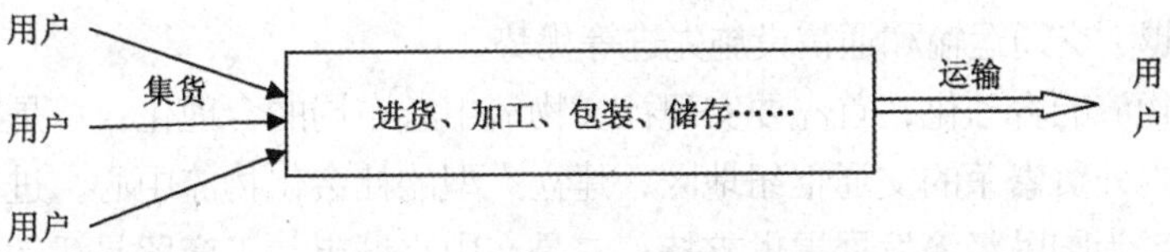

图 7-1　集货中心的业务流程

集货中心要有效地完成自身的职能，应具有以下主要设施：一是要具有与其业务相关的设备装备；二是要具有相应的储存设施；三是要具有相应的网络系统。

（2）配送中心。配送中心是“从事配送业务且具有完善信息网络的场所或组织，应基本符合下列要求：①主要为特定客户或末端客户提供服务；②配送功能健全；③辐射范围小；④多品种、小批量、多批次、短周期”。[①]

一般来说，配送中心是专门从事物流配送业务活动的物流中心。如果说集货中心的主要功能是对货物的积聚，那么配送中心的主要功能则是实现货物的发散。其业务流程一般包括进货、储存、分拣、整理、配货、配装、送货等（见图 7-2）。

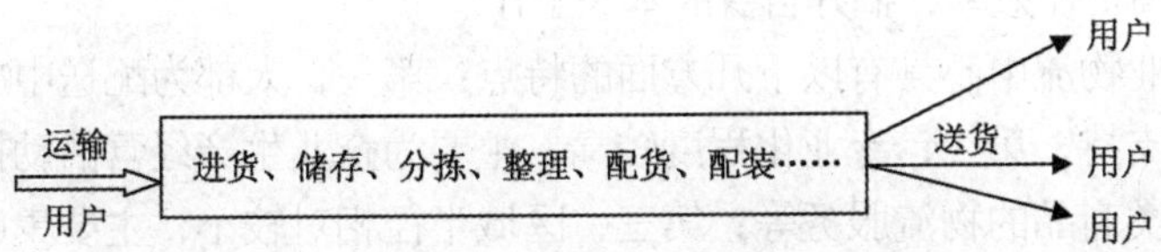

图 7-2　配送中心的业务流程

[①]《中华人民共和国国家标准——物流术语》（GB/T 18354—2006）.

（3）集配中心。集配中心是指融集货中心和配送中心功能为一体的物流中心。它既具有集货的功能，也具有配送的功能。集配中心既包括以货物转运为主的转运中心，也包括以储备为主要功能的储备中心和以加工为主的加工中心等，其业务流程如图7-3所示。

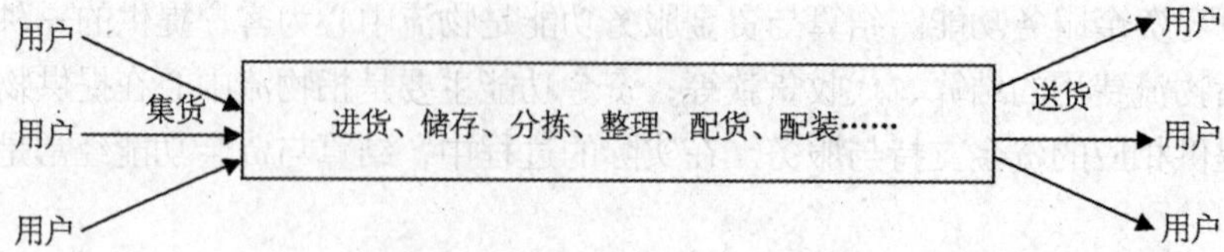

图7-3 集配中心的业务流程

此外，从功能角度也可以对物流中心做如下划分。

TC——Transfer Center，是不具有商品保管、在库管理等功能，而是单纯从事商品周转、分拣业务的物流中心。

DC——Distribution Center，是拥有商品保管、在库管理等功能，同时又进行商品周转、分拣业务的物流中心。

SC——Stock Center，是主要从事商品保管功能的物流中心。

PC——Process Center，是主要从事流通加工功能的物流中心。

2. 按社会化程度划分

按社会化程度划分，物流中心可分为社会物流中心和企业物流中心。

（1）社会物流中心。社会物流中心是指专门向社会提供物流服务的物流中心。一般来说，社会物流中心主要建立在中心城市，其原因在于中心城市具有市场发达、物流规模大、用户相对集中、位置优越、交通运输和通信设施先进等优势。

要实现社会物流的合理化，首先要实现社会物流中心布局的合理化：一是在中心城市，特别是生产发达、内外贸繁荣的交通枢纽地区，建立大型的社会化物流中心，进行货物的吞吐、集散等物流业务，为国民经济发展提供支持；二是在中小城市、工商贸易活动较发达的地区，建立中小型的社会物流中心，专门从事货物的储存、运输以及配送等物流服务，为市场主体的经营活动提供物流服务。其次，加强流通体制的改革，实现物流中心的社会化。目前核心的问题就是彻底打破现有物流中心的管理体制，具体措施是将分别隶属于中央各部委的物流中心和地方的物流中心企业社会化。再次，采取必要的倾斜政策，适当地加大对社会化物流中心的投资建设。最后，物流中心要树立社会化的经营思想和理念，以市场为导向，依靠现代化的手段和方法从事物流业务活动。

（2）企业物流中心。企业物流中心是指企业从自身生产经营活动需要出发，根据自身生产经营活动规模、区域等条件，专门设立的为企业自身提供物流服务的物流中心。在实际运作过程中，企业各部门将自身活动涉及的物流业务全部交由物流部门（中心）来进行，以便其他部门能集中精力，提高工作效率，搞好自身的本职工作。

一般来说，企业物流中心具有以下几方面的特点：第一，大都为配送中心，旨在为企业的营销活动提供配送支持；第二，专业化程度较高，主要为企业生产经营活动提供相应的专业化物流服务，比如某类商品的物流服务等；第三，区域半径相对较小，主要集中在用户或生产相对集中的地区，而对于用户相对分散、需求规模较小的地区，大都采取委托社会物流中心来完成相关的物流服务；第四，相对于社会物流中心来说，规模较小；第五，自主性相对较小，其业务大都服从于企业总体的需要以及各业务部门的需求。

由于企业物流中心是根据企业自身生产经营活动而设立的专门从事物流活动的物流中心，因此在实际的运作过程中，企业物流中心要协调处理好以下几方面的关系：一是物流中心与企业总部及各业务部门的关系；二是物流中心与企业客户之间的关系；三是物流中心内部各部门之间的关系。

3. 按综合程度划分

按综合程度划分，物流中心可分为综合物流中心和专业物流中心。

这里的综合程度主要包括两个方面：一是指物流中心在服务项目上的综合程度，主要包括物流的信息服务以及实物运作等；二是指物流中心在提供货物种类上的综合程度。

（1）综合物流中心。综合物流中心是指服务项目或服务货物种类较多的物流中心。一般来说，其具有以下几个方面的特点：第一，物流服务项目较多，物流功能健全，其不仅具有物流中心所具备的基本功能，而且能够提供一些相应的物流增值服务；第二，可提供多种货物的物流服务；第三，规模较大，实力较强；第四，大都设置在中心城市。

（2）专业物流中心。专业物流中心是指以提供某类物流服务或某类货物为主的物流中心。与综合物流中心相比较，其更加注重专业化服务与特色服务。专业物流中心既可以设置在中心城市，也可以设置在中等城市。

4. 按地理区域划分

按地理区域划分，物流中心可分为区域物流中心和城市物流中心。

（1）区域物流中心。区域物流中心是指专门在某一区域从事物流活动的物流中心。区域物流中心一般建在中心城市，以便依托中心城市的区位、交通运输和通信设施等优势。

（2）城市物流中心。城市物流中心是指以城市为核心进行业务活动的物流中心。其特点主要表现在以下几个方面：第一，一般表现为配送中心，旨在为企业的营销活动提供配送支持；第二，专业化程度较高，主要是提供某一类商品或货物的物流配送服务；第三，区域半径相对较小，主要在城市内部。

课间案例

批发型、零售型与仓储性配送中心

（1）批发型。在国外，批发型配送中心是配送中心的一个重要组成部分。美国加州食品配送中心是全美第二大批发配送中心，该中心建于1982年，建筑面积10万平方米，工作人员2 000人左右，共有全封闭型温控运输车600多辆，1995年销售额达20亿美元。加州食品配送中心经营的商品均为食品，有43 000多个品种，其中有98%的商品由该公司组织进货，另有2%的商品是该中心开发加工的商品，主要是牛奶、面包、冰激凌等新鲜食品。该中心实行会员制，各会员超市因店铺的规模大小不同、所需商品配送量的不同，而向中心交纳不同的会员费。会员店在日常交易中与其他店一样，不享受任何特殊的待遇，但可以参加配送中心定期的利润处理。该配送中心本身不是盈利单位，可以不交营业税。所以，当配送中心获得利润时，采取分红的形式，将部分利润分给会员店。会员店分得红利的多少，将根据其在配送中心的送货量和交易额的多少而定，多者多分红。

该配送中心主要依靠计算机管理。业务部通过计算机获得会员店的订货信息，及时向生产厂家和储运部发出要货的指示单。厂家和储运部再根据要货指示单的先后缓急安排配送先后顺序，将分配好的货物放在待配送口等待发运。配送中心24小时运转，配送半径一般为50千米。

该配送中心具有以下特点。

① 面向本地区的所有需求客户，服务半径较小，是地区配送中心的概念。批发配送完成，就是销售完成，即可转入结算。

② 对客户订货信息系统要有很快的响应，要能应付客户的突发需求，区别轻重缓急来配送。同时，系统要能很快速汇总订货信息反馈给供应商伙伴，以保证库存的低水平。

③ 经营的基本手段是通过批量来压低进货单价，批量销售。因此对客户加价不多，一般批量越大，加价越低。

其运作流程如图 7-4 所示。

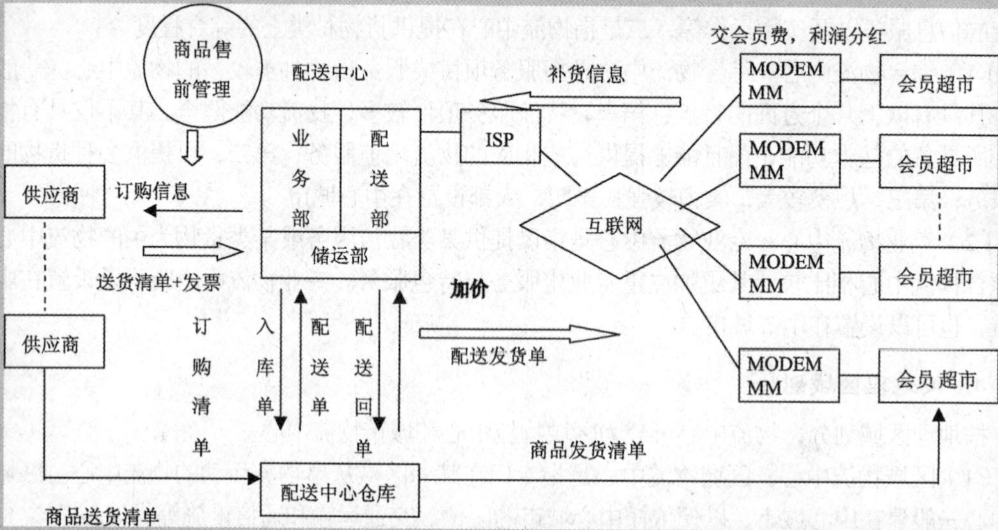

图 7-4 批发型（地区）配送中心

（2）零售型。美国沃尔玛公司的配送中心是典型的零售型配送中心。该配送中心是沃尔玛公司独资建立的，专为本公司的连锁店按时提供商品，确保各店稳定经营。该中心的建筑面积为 12 万平方米，总投资 7 000 万美元，有职工 1 200 多人；配送设备包括 200 辆车、400 节车厢、13 条配送传送带，配送场内设有 170 个接货口。中心 24 小时运转，每天为分布在纽约、宾夕法尼亚州等 6 个州的沃尔玛公司的 100 家连锁店配送商品。

该中心设在 100 家连锁店的中央位置，商圈为 320 千米，服务对象店的平均规模为 1.2 万平方米。中心经营商品达 4 万种，主要是食品和日用品，通常库存为 4 000 万美元，旺季为 7 000 万美元，年周转库存 24 次。在库存商品中，畅销商品和滞销商品各占 50%，库存商品期限超过 180 天为滞销商品。1995 年，该中心的销售额为 20 亿美元。

在沃尔玛公司各连锁店销售的商品，根据各地区收入和消费水平的不同，其价格也有所不同。总公司对价格差价规定了上下限，原则上不能高于所在地区同行业同类商品的价格。

该配送中心具有以下特点。

① 典型的连锁超市配送中心，服务对象是本公司超市。对超市基本上是平价配送，因此配送完成，只是中心与超市完成交割，不表示企业销售完成。中心一般不能做到零库存。

② 中心主要根据超市销售信息来组织配送，兼顾超市的特殊需求以及公司的新品配送。

③ 公司统一进货，连锁超市一般不自行采购商品。

④ 由于沃尔玛公司各连锁店均为能解决顾客一次性采购问题的大型超市，故超市需要保持适量的店内库存。

其运作流程如图 7-5 所示。

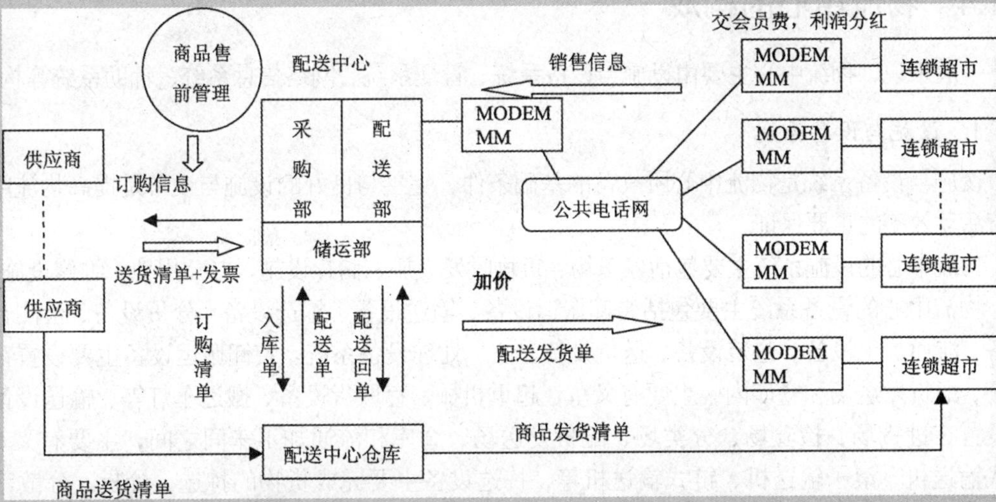

图 7-5　零售型（地区）配送中心

（3）仓储型。美国福来明公司的食品配送中心是典型的仓储式配送中心。它的主要任务是接受美国独立杂货商联盟加州总部的委托业务，为该联盟在该地区的 350 家加盟店负责商品配送。该配送中心建筑面积为 7 万平方米，经营品种 8.9 万种，其中有 1 200 个品种是美国独立杂货商联盟开发的，采取集中配送。在服务对象店经营的商品中，有 70%左右的商品由该中心集中配送，一般鲜活商品和怕撞的商品，如牛奶、面包、炸土豆片、瓶装饮料和啤酒等，从当地厂家直接进货到店，蔬菜等商品从当地的批发市场直接进货。

该配送中心具有以下特点。

① 由仓储企业转型而来，配送中心功能比较简单，只面向接受服务委托的加盟超市。商品以包装食品为主，要求品种尽量齐全，是专业配送中心的概念。

② 加盟超市与中心是一种比较松散的结合，超市有 30%的商品自行采购。

③ 经营方式及信息系统要求与批发型基本相同。

其运作流程如图 7-6 所示。

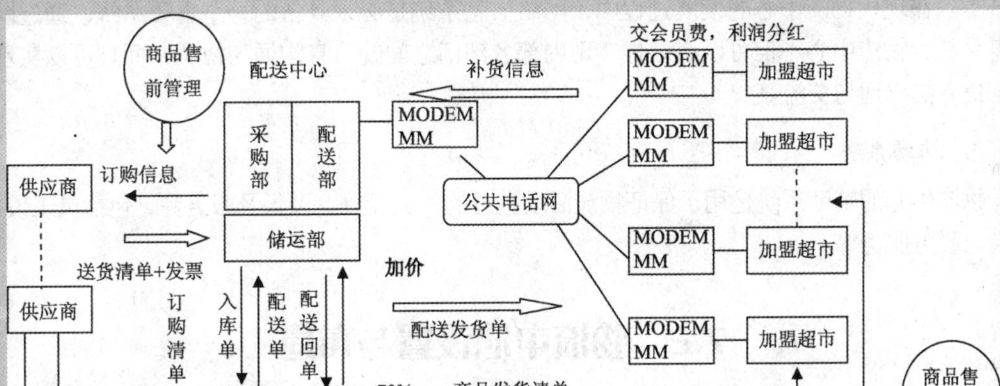

图 7-6　仓储型（地区）配送中心

7.1.4 物流中心的构成

一般来说，物流中心主要由设施与设备系统、管理系统、网络信息系统、辅助系统等构成。

1. 设施与设备系统

设施与设备系统是物流中心所具备的基础条件，完善与良好的设施与设备是提高物流中心物流活动效率的重要保证。

物流中心的设施系统主要包括停车场、货物收发设施、储存设施、办公用地、维修设施等。

物流中心的设备系统主要包括装卸搬运设备、输送设备、拣选设备、分货设备、检测计量设备、流通加工设备、包装设备、送货设备、信息处理设备系统。装卸搬运设备主要设置在进货场、配货发送场和仓库内，主要有叉车、起重机械、存取货设备、搬运车灯等；输送设备主要设置在进货场、检验场、分类场、配货发送场、仓库和流通加工车间之间，主要有叉车、带式输送机、滚子输送机、链式输送机等；拣选设备主要完成货物的拣选、分货、分散等配送作业，主要包括拣选式叉车、拣选式升降机、拣选式巷道堆码机等；储存设备主要有库房和货架等。

2. 管理系统

管理系统是物流中心的核心系统，是物流中心进行各种物流活动的灵魂。物流中心的管理系统包括计划与战略系统、指挥协调与控制系统、作业管理系统、客户管理系统以及财务、人力资源管理系统等。

计划与战略系统主要用于确定物流中心战略规划与经营计划等，包括需求的预测、目标的确定、资源与设施设备的配置、组织机构的设置等。指挥协调与控制系统主要用于对物流中心各项活动进行组织与协调，保持各项活动的顺利进行。

3. 网络信息系统

物流中心的网络信息系统主要包括物流中心内部的网络系统和物流中心与外部相连的网络系统等。在现代物流中心的发展过程中，网络信息系统是必须具备的一个重要系统，通过网络信息系统，物流中心不但可以有效地实现内部各部门之间的信息沟通与协调，而且可以实现与外部信息的沟通与交流。

4. 辅助系统

物流中心的辅助系统是用于保证物流活动进行的相关设施、设备及服务等，包括员工设施、工商与税务服务等。

7.2 物流中心设置与布局

7.2.1 物流中心设置与布局原则

1. 规模适当

物流中心设置与布局的规模要以需要为基础。社会物流中心应以社会经济的发展需要为基础，企业物流中心应以企业的发展需要为基础，不能脱离需要而盲目设置其规模。

在设置与布局物流规模时，一是要充分地进行调研，掌握和了解该区域物流规模、历史和现状；二是要把握该区域物流规模的发展趋势与方向。在此基础上，确定物流中心设置的规模。

2. 区位合理

物流中心的物流活动不仅存在于物流中心内部，也存在于物流中心之外。科学合理的区位布局对于物流中心的运营、物流效率的提高以及物流成本的降低有着重要的作用。在选择物流中心的区位时，既要考虑地价因素，又要考虑运输因素，此外还要考虑政策等其他因素。

日本物流中心的选址

（1）物流中心选址与经济圈。日本建设厅道路经济调查室，曾对物流中心选址问题作了调查，其中涉及制造业、批发业、零售业等 3 000 个企业，有明确答复的有 805 家企业（回答率占 26.8%）。在对有效回答的企业类别中，其中基础材料制造商 7.6%、加工装配制造商 32.0%、生活用品制造商 16.1%、批发业 12.8%、零售业 18.4%、其他 13.0%。但是，一般都存在选址难的问题。目前物流中心有趋于集中的现象，主要是取得用地权难，经济圈中心土地费用高，距离中心远则运输距离增加。此外，建设资金筹集也很困难。

（2）物流设施与道路质量。物流中心主要的设施，如果与道路过近，可能影响道路利用效率；过远，则可能造成运距过长，运输成本增加。有关的调查资料统计，日本物流中心的物流设施与高速公路的距离如表 7-1 所示。

表 7-1　日本物流中心的物流设施与高速公路的距离

距高速公路	直临	< 3km	<5 km	<10 km	>10 km
所占百分比（%）	11.2	34.5	29.8	21.5	2.9

物流设施与道路距离还与物流中心的类型有关。有关调查表明，区域物流中心、配送中心、仓库与高速公路的距离如表 7-2 所示。

表 7-2　不同物流设施与高速公路的距离　单位：%

距高速公路	直临	< 3km	<5 km	<10 km	>10 km	合计（个）
区域中心	5.6	32.4	29.6	28.7	3.7	182
配送中心	16.3	37.0	27.2	18.4	1.1	163
仓库	13.9	22.2	38.9	22.2	2.8	103
物流设施	10.8	34.4	30.5	22.0	2.3	548

区域物流中心、配送中心、仓库距离高速的距离分布有一定差别。此外，分行业的物流设施对距离也有不同程度要求，如表 7-3 所示。

表 7-3　分行业的各类物流设施与高速公路的距离　单位：%

行业类别	直临	< 3km	<5 km	<10 km	>10 km	合计（个）
基础材料	5.9	35.3	35.3	22.5	1.0	17
加工装配	8.1	25.3	30.3	33.3	3.0	99
生活用品	14.3	35.7	35.7	10.7	3.6	56
批发业	16.4	38.2	23.6	16.4	5.4	55

资料来源：牛鱼龙．世界物流经典案例［M］．深圳：海天出版社，2003.2：142-146.

3. 功能满足需要

具备一定的功能是物流中心进行物流活动的基本要求。物流中心功能的设置应主要从以下两个方面来加以考虑：第一，符合物流中心对功能的一般要求；第二，以用户的需要为核心来进行设置。

4. 硬件与软件相互配套

物流中心的硬件主要包括设施与设备两大类：硬件设施有仓储设施、道路设施、停车场地、进货与发货场地等；设备包括装卸搬运设备、运输车辆、计算机设备等。物流中心的软件包括各种管理体系与制度、管理方法以及物流作业技术等。在物流中心的建设过程中，既要重视硬件的建设，又要重视软件的建设，避免只重视硬件建设，而忽视软件建设的状况。

7.2.2 物流中心设置与布局方法

1. 物流中心设置与布局影响因素

在设置物流中心时，既要考虑外部因素，又要考虑内部因素。

外部因素主要包括物流规模、客户需求、自然条件、交通运输条件、用地条件以及法规制度与政府规划等。

内部因素主要包括人员的配置、资金的使用、设施与设备的利用以及企业的营销战略、目标、结构和策略等。

2. 物流中心位置与布局选择方法

物流中心位置的选择一般包括单一物流中心位置的选择和多个相关物流中心位置的选择。

（1）单一物流中心位置的选择方法。单一物流中心位置的设置方法主要包括数值分析法和重心法。

① 数值分析法。数值分析法也称坐标分析法，是利用坐标（函数）来确定物流中心位置的方法，基本目标是使由物流中心至客户之间的运输费用最小。假如在某一区域范围内有 n 个客户，且各客户所处的位置及需求量已确定。此时数值分析法的分析步骤如下。

首先，设各客户的需求量分别为 W_i，物流中心至客户的单位运输费用为 M_i（元/吨千米等），物流中心至客户的运输距离为 D_i，并将各客户所处的位置分别置于不同的坐标点（X_i，Y_i）上。

其次，设物流中心的坐标点为（X_o，Y_o），总运输费用为 C。

若以 C_i 表示从物流中心到客户的运输费用，则运输费用总额为：

$$C=\sum C_i=\sum W_iM_iD_i$$

最后，求解 C 值最小的物流中心地点（X_o，Y_o），满足如下条件。

$$\frac{\mathrm{d}c}{\mathrm{d}x_o}=0$$

$$\frac{\mathrm{d}c}{\mathrm{d}y_o}=0$$

依据上述公式求解出 X_o、Y_o，即为物流中心的地点。

② 重心法。重心法是指通过寻求重心而确定物流中心地理位置的方法。值得注意的是，重心法对于用地的现实性和候选位置缺乏全面的考虑。弥补的措施是，对不能实现的场址点，可以在其附近选择几个候补的场址，再把各候补选址点代入数值分析法中，进行求解。重心法求

解如图 7-7 所示。

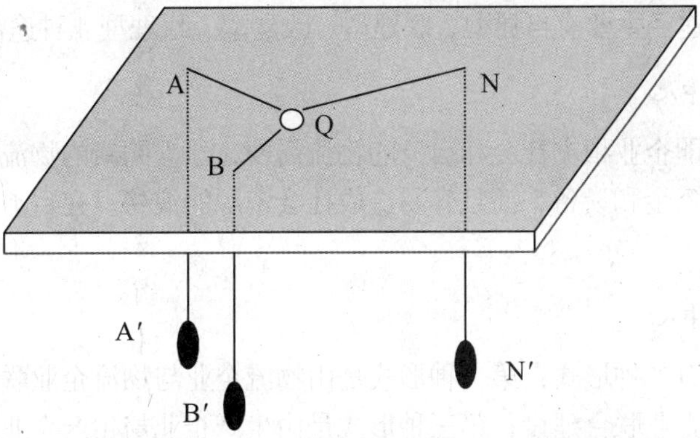

图 7-7　物流中心位置选择方法——重心法

（2）多个相关物流中心位置与布局选择方法。

① 启发式法。启发式法又称 Kuehn-Hamburger（奎汉·哈姆勃兹）模型，是一种初次求近似解的方法。这个方法是先简单地求初次解，然后再反复计算修改该解，使之逐步达到近似值最佳解。该方法是按下列确定的目标函数和约束条件进行求解的。

$$\text{Min}F=\sum h_{ijk}(A_{hij}+B_{hjk})X_{hijk}+\sum jF_jZ_j+\sum hjS_{hj}(\sum ikX_{hijk})+\sum hkD_{hk}(T_{hk})$$

$$\begin{cases}\sum ijX_{hijk}=Q_{hk}\\ \sum jkX_{hijk}\leqslant Y_{hi}\\ I_j(\sum hjkX_{hijk})\leqslant W_j\end{cases}$$

其中：h 为产品、I 为工厂、J 为仓库、k 为客户；

A_{hij} 为从工厂（i）到仓库（j）运输产品（h）时的单位运输费用；

B_{hjk} 为从仓库（j）到客户（k）之间配送产品（h）时的单位运输费用；

X_{hijk} 为从工厂（i）经过仓库（j）向客户（k）运输产品（h）的数量；

F_j 为在仓库（j）期间的平均储存费用；

Z_j 为当 $\sum hik\,X_{hijk}>0$ 时取 1，否则取 0；

$S_{hj}(\sum ih\,X_{hijk})$ 为在仓库（i）中保管产品（h）而产生的部分可变费用（如管理费用、保管费用等）；

$D_{hk}(T_{hk})$ 为向客户（k）配送产品（h）时，因为延误时间（T）而支付的损失费用；

Q_{hk} 为客户（k）需要的产品（h）数量；

W_j 为仓库（j）的能力；

Y_{hi} 为生产产品（h）的工厂（i）的能力；

$I_j(\sum h_{jk}\,X_{hijk})$ 为各工厂经由仓库（j）向所有客户配送产品的最大库存定额；

F 为总费用。

② CELP 法。CELP 法是日本反町洋一先生创造的方法，是 Cacelp 的缩写。其步骤可分为两个过程：第一步首先用线性规划（LP）方法确定各物流中心的市场占有率，求出物流活动分担区域的重心；第二步用混合整数计划法的“筹划型”，确定物流中心的建设位置。

该方法的具体过程是通过约束条件和目标函数进行求解的。

7.2.3 建立物流中心途径

建立物流中心的途径主要有自建型、联建型、改建型、代理型4种途径。

1. 自建型物流中心

自建型物流中心即企业根据社会和自身的物流需要，建立的新的物流中心。这种形式一般来说需要投入较大的资金和设备，而且容易造成社会资源的浪费，在目前条件下不是一种较优的选择。

2. 联建型物流中心

联建型物流中心有多种形式：第一种形式是由物流企业与物流企业联合建设；第二种形式是由物流企业与生产企业联合建设；第三种形式是由生产企业与生产企业联合建设；第四种形式是由网站与物流企业联合建设；第五种形式是由网站和生产企业联合建设；第六种形式是由物流企业、生产企业、网站联合建设。联建可以有效节约建设投资，降低物流成本，提高物流效益，同时有利于盘活存量资产，发挥优势，优化资源配置，实现物流企业、生产企业与网站的同步发展。在目前，通过联建的形式发展物流中心，既有着良好的内部环境，又符合我国流通体制改革的要求，不失为一种理想类型。

3. 改建型物流中心

改建型物流中心是指将原有储运企业与物流企业的场地、设施设备等，通过技术改造、管理创新、功能完善，使之转化为现代化的物流中心。对于实力雄厚、集散能力强、设施设备条件较好的储运企业和物流企业来说，改建方式既可以实现现有资源的充分利用，又能减少投入资金，是发展物流中心的有效途径之一。

4. 代理型物流中心

代理型物流中心是指生产企业、网站等非物流企业，将物流业务交由物流中心（即“第三方”）来完成的一种方式。通过代理型物流中心来完成自身的物流业务，不仅有利于委托方减少投资，集中核心业务，提高物流效率，也有利于代理型物流中心扩大物流规模，降低物流费用水平，提高物流服务水平。

7.3 物流园区

7.3.1 物流园区的内涵

1. 物流园区的含义

物流园区大约是于20世纪60年代在日本出现的，20世纪90年代以后，物流园区在欧洲得到了较大的发展，其中以德国最具代表性。1995年德国对境内建造的28个物流园区进行规划修改与完善，扩建至39个，这39个物流园区在德国形成一个网络[①]。

从世界范围内讲，物流园区还是一个新生事物，没有一个明确和统一的定义。日本将其称为“distribution park”，德国将其称为“freight village”。在我国，通常翻译为“logistics park”，

[①]汪小燕. 德国物流园区的历史与现状［C］//第二次全国城市物流园区（基地、中心）交流研讨会论文集，2004.

有的也将其称为“物流基地”[①]。

目前，关于物流园区主要有如下几种解释。

（1）物流园区是一种非常大的物流节点，具有很强的集约功能和综合功能，它是物流节点集约而成的产物，也是不同物流线路共同的交汇点；物流园区作为一个或多个物流中心、配送中心在空间上集中布局的场所，是具有一定规模和综合服务功能的物流集结点[②]。也有一些学者认为物流园区是一个大型物流中心、配送中心或多个物流中心、配送中心的集聚地，它一般以仓储、运输、加工等用地为主，同时还包括一定的与之配套的信息、咨询、维修、综合服务等设施用地[③]。

（2）物流园区是由多家专业从事物流服务、拥有多种物流设施的不同类型物流企业在空间上相对集中分布而形成的场所，是具有一定规模和综合服务功能的物流集结点[④]。

（3）物流园区是多种运输方式衔接形成的物流节点活动的空间集聚体，是在政府规划指导下多种现代物流设施设备和多家物流组织机构在空间上集中布局的大型场所，是具有一定规模和多种服务功能的新型物流业务载体。它按照专业化、规模化的原则组织物流活动，园区内各经营主体通过共享相关基础设施和配套服务设施，发挥整体优势和互补优势，进而实现物流集聚的集约化、规模化效应和促进载体城市的可持续发展[⑤]。

此外，也有人认为物流园区：①是一个地理区域，该区域具备物流服务的基础设施、配套条件和物流服务功能；②是一个行业区间，是各种物流活动的聚集点，拥有众多的物流经营者，为某一城市或区域的产业活动集中提供相应的物流服务；③对于目标用户来说，它们只是进行物流管理的一个外部条件[⑥]，等等。深圳市根据近年来发展物流产业的探索与实践，把物流园区界定为“从事专业物流产业、具有公共公益性的相对集中的独立区域”[⑦]。

我们认为，物流园区是多种物流设施和不同类型物流企业在空间上集中布局的场所，是具有一定规模和综合服务功能的特定区域。首先，物流园区是一个空间概念。物流园区与工业园区、科技园区一样是具有产业一致性或关联性且集中连片的物流空间。它是多家物流企业在空间集中布局的场所，并非物流管理和经营的实体，是区域物流网络的大型节点。其次，物流园区是集中物流基础设施的场所，是物流资源的集聚中心。最后，物流园区是多种物流服务的中心，不仅包括物流的基本服务功能，也包括与物流基本功能相关的其他服务。

2. 物流园区与物流中心和配送中心的关系

物流园区、物流中心、配送中心三者之间既有联系，也有区别。

（1）物流园区与物流中心和配送中心的联系。物流园区是物流中心的空间载体，是物流管理和经营企业的集中聚集地。三者都是物流活动的中心场所与节点，都有相应的物流设施与设备，并都运用现代的信息技术。

（2）物流园区与物流中心和配送中心的区别。尽管物流园区、物流中心和配送中心有类似之处，但三者并非同一概念，它们之间的不同之处有以下几点。

---

①金江军，潘懋．现代物流［M］．北京：北京大学出版社，2003.

②王之泰．中国需要物流基地［J］．中国商贸，2000（8）.

③张铎，李姗姗．物流基地解析［J］．中国物流与采购，2002（21）．李伊松，安茜．物流基地利在长远［J］．中国物资流通，2002（3）.

④通创物流咨询有限公司课题组．中国物流园区发展模式［M］．北京：中国物资出版社，2004.

⑤张晓东．物流园区布局规划理论研究［M］．北京：中国物资出版社，2004.

⑥张国强．物流园区发展与中国物流效率无关论［J］．中国物流与采购，2004(10).

⑦王文杰．中国物流中心网.

第一，它们是处于不同层次的物流节点。配送中心的专业性非常强，它的规模要依据配送的要求，依据客户而定，配送中心处在供应链的下游，商品从配送中心配送到批发市场或商场超市，处于最基础的层次。物流中心的规模一般较大，处在供应链的上游，产品从生产企业运送到物流中心进行集中处理，大批量运送到下游客户，处于中间层次。物流园区的综合性非常强，而且规模非常大，处于最高层次。物流园区汇集先进的物流设备与设施，通过合理调度、分配各项物流设施装备，能够实现统一协调管理，实现效率和效益的最大化，以提供高质量的物流服务。

第二，物流园区是多种运输方式的交汇点。物流园区是铁路、公路、航空、水运等多种运输方式集结的一体化枢纽，可以协调多种运输方式的组合。良好完善齐全的物流设施与设备，可以吸引众多物流中心和配送中心进入。

第三，在规模、功能、辐射范围、资源整合以及对经济发展贡献方面，物流园区最大，物流中心次之，配送中心则较小。

具体来看，物流园区、物流中心和配送中心的关系如表7-4所示。

表7-4 物流园区、物流中心和配送中心的关系

<table>
<tr><th colspan="2">类　别</th><th>物流园区</th><th>物流中心</th><th>配送中心</th></tr>
<tr><td rowspan="6">区别</td><td>规划</td><td>政府行为，是城市整体规划的一部分</td><td>少数为政府行为，多数为企业行为</td><td>企业行为</td></tr>
<tr><td>开发</td><td>统一开发</td><td>少数为集中开发，大多数为企业自主开发</td><td>企业自主开发</td></tr>
<tr><td>经营与管理</td><td>设有专门物流企业或管理公司统一管理</td><td>企业自主经营</td><td>企业自主经营</td></tr>
<tr><td>规模</td><td>数个或多个物流中心和物流管理集团的集中地</td><td>多个物流经营实体或经营企业</td><td>一个或多个物流经营实体或经营企业</td></tr>
<tr><td>地位</td><td>特大型物流聚集据点，具有综合功能和指挥作用</td><td>物流节点，具有一定的综合功能</td><td>物流节点，具有很强的专业性</td></tr>
<tr><td>供应链中的位置</td><td>在物流中心的上游</td><td>一般在物流园区的下游</td><td>一般在物流中心的下游</td></tr>
<tr><td>联系</td><td colspan="4">物流园区是物流中心、配送中心的空间载体，规模更大，职能更多，集聚型性更强</td></tr>
</table>

3. 物流园区数量与规模

对于一个国家与地区来说，在经济发展过程中，究竟要建多少物流园区，规模需要多大，是一个值得重视而又需要认真研究的问题。数量过多、规模过大，势必会造成资源的浪费；反之，又不能满足社会经济的发展需要。

一般来说，在设立物流园区时，其数量与规模主要考虑以下几个方面的因素：第一，本国与本地区经济发展的总量，主要参考指标是GDP；第二，本国与本地区的产业结构；第三，本国与本地区的地理区位；第四，本国与本地区的物流发展水平。

目前德国物流园区的数量大约有39个，法国有20个，荷兰有14个，日本大约有20个，我国没有准确的统计数据，大约有上千家。就物流园区的规模来看，我国深圳平湖物流基地规划面积为1 600公顷，上海宝山物流园区为200公顷，洋山深水港物流园区为1 300公顷，大连国际物流园区为760公顷，北京良乡综合物流园区为486.6公顷[①]。在广州物流园区的“3+5”规

[①]庄诚炯．城市物流空间研究［D］．上海：同济大学硕士论文，2004.

划中，南沙物流园区为 1 000～1 300 公顷，空港物流园区约 400 公顷，增城物流园区约 667 公顷，沙湾物流园区约 300 公顷[①]。表 7-5 所示为国外物流园区的规模及其他状况指标。

表 7-5　国外一些物流园区占地面积及其他指标

项 目 名 称	占地面积（km^2）	日均物流量（吨/天）	每 1000 吨占地面积（km^2）
日本 Adachi 园区	0.33	8 335	0.040
日本 Habashi 园区	0.31	7 262	0.043
日本京滨（Keihin）园区	0.63	10 150	0.062
日本平和岛公路货物集散中心	0.223	5 500	0.041
德国 Augsburg 物流园区	1.12	3 918	0.286
德国斯图加特物流园区	0.53	5 300	0.100
		集装标箱（个/天）	1 000 个标箱占地面积（km^2）
中国台北港货柜储运中心	1.1	7 671	0.14
德国不来梅物流园区	2.0	630	3.17
德国汉堡港口货运中心	1.6	20 000	0.08

7.3.2　物流园区的功能与作用

1. 物流园区的功能

除具有物流中心的功能外，物流园区还具备物流组织与管理以及开发等功能。

（1）物流组织与管理功能。物流园区将不同物流企业及相关企业组织到一起，在园区内形成一个社会化的高级物流服务企业群[②]，并将物流的不同业务聚集在园区内。物流园区所具备的组织与管理功能，对有效配置物流资源，提高物流效率，降低物流成本有着非常重要的作用。

在实际过程中，尽管不同物流园区所处的区域、形态，以及提供的服务、结构与规模会有所差异，但其组织与管理功能的内容基本上都是相近的。

（2）开发功能。首先是物流基础设施的开发功能。一方面，物流园区本身基础设施的开发与建设，构成了区域与城市基础设施建设的一部分；另一方面，物流园区的发展要求相应的社会基础设施与其配套，有利于促进社会基础设施的建设。其次，支持经济发展的开发功能。物流园区除具有自身的开发功能外，还具有支持产业开发的功能，主要原因是物流园区的物流基础设施比较完善，物流服务功能齐全。物流的集中运作会使物流成本得以下降，效率得以提高，从而确保了经济发展所必需的物流运作效率和水平，进而推进其他产业的发展。所以，物流园区是一种推进型产业。所谓推进型产业（Propulsive Industry），就是一种优势的经济单元，它自身的成长与创新会诱导其他经济单元的成长。

2. 物流园区的作用

（1）推动社会分工与专业化。分工有利于促进劳动专业化的形成和劳动生产率的提高，是促进经济发展的重要动力之一。物流园区的产生与发展，既是社会化分工的要求，也是物流发展的深化。

物流园区对社会分工与专业化的推动作用，有力地促进了社会经济发展。一方面，物流园

[①]许险峰，梁文．物流园区规划建设的若干问题探讨［R］//中国物流学术前沿报告．北京：中国物资出版社，2005:190.

[②]刘兴富．关于我国物流园区开发与运营的五点思考［J］．物流世界，2005（5）.

区的建设与发展，可以实现物流资源的集合与优化配置，降低物流成本，提高物流效率，促进整个物流产业的发展。另一方面，物流园区的发展，减少了其他产业以及整个国民经济在物流方面的投资，有利于集中资源，提高核心竞争力。物流成本的降低、效率的提高，也减少了其他产业的产品成本，促进其竞争力的提高。

（2）促进产业结构优化。物流园区对产业结构的影响包括直接和间接两个方面。直接影响主要是对流通结构的影响，间接影响主要是通过流通结构的变化来影响生产结构等，并进而影响整个国民经济结构。

从物流园区促进产业结构演变的机制看，主要包括以下五个方面：第一，物流园区内的经济活动可以改变生产要素的存量，拉动产业结构的变化；第二，物流活动通过前向、后向经济联系推动区域产业结构的变化；第三，通过物流产业劳动者收入的增加，驱动区域市场对消费品的有效需求扩张，从而刺激本国或本地区消费品和投资品的生产；第四，物流园区的建设通过推动区域基础设施的发展，产生联动效应；第五，物流园区的建设与发展可以优化产业在空间上的区域布局。

当然，物流园区内企业通过引进国内外的先进物流技术和运营管理经验，可以有效地降低物流成本，实现产品单位成本的降低，提高产品的市场竞争力，进而加速产业结构的升级与换代。

（3）带动经济运行机制创新。机制创新是经济增长的活力源泉，物流园区的建设与发展会带动经济运营机制的创新。

第一，物流园区的建设与发展会使政府管理机制不断完善。物流园区作为社会经济活动的一个组成部分，有其自身的运动规律与要求。为了有效发挥物流园区对经济发展的支撑作用，政府的管理制度、机制等要符合物流园区运动规律的要求，不断地进行完善。

第二，物流园区的建设与发展有利于带动企业经营机制的创新。首先，会促进物流企业的创新。物流园区将众多的物流企业集聚在一起，形成了一个完整有效的物流服务链。在这个链条中，每一个物流企业都会根据自身的优势选择自身最为擅长的物流服务来开展经营活动，实现经营的创新。其次，会促进非物流企业的创新。对于非物流企业（包括生产企业、商业企业等）来说，物流园区的建设与发展，物流服务链的完善，会使非物流企业更多地对自身业务采取外包的形式，形成业务方式的创新。

（4）优化经济发展环境。目前，物流发展水平已成为衡量一个国家及地区经济环境优劣的重要条件。物流园区的发展可优化经济发展环境，提升物流的发展水平，促进物流产业与经济的发展。

此外，物流园区的建设与发展可以创造大量的就业机会，增加国民收入，实现对国民经济发展的促进作用。

然而，并不是每一个物流园区所在区域都能因物流园区的存在而使经济发展受益，只有那些园区布局合理、规模适当、功能完善，能够利用物流园区比较优势的区域，才能有效地发挥物流园区对经济发展的促进作用。

7.3.3 我国物流园区的发展[①]

1. 我国物流园区的发展现状

近几年我国物流园区得到了较大的发展。目前，在我国大部分省份的物流发展规划中，都

[①]中国物流与采购联合会，中国物流学会.第四次全国物流园区（基地）调查报告，2015.7.

把物流园区的发展与建设作为一项重要的内容。

2006 年，国家发展和改革委员会与中国物流与采购联合会联合，对全国物流园区进行了调研。本项调查收集到的物流园区的总量为 207 个，其中已经运营的物流园区 50 个，占 24%；在建的物流园区 65 个，占 31%；规划中的物流园区 92 个，占 45%。物流园区主要分布在东部沿海经济区和南部沿海经济区，其物流园区的数量为 88 个，占到总量的 43%。在物流园区的开发过程中，政府规划企业主导开发的物流园区有 128 个，占 61%；政府规划、工业地产商主导开发的物流园区有 51 个，占 25%；企业自主开发的物流园区有 28 个，占 14%。在物流园区的投资主体中，政府提供优惠政策、企业出资建设的物流园区占 34%；政府和企业共同投资建设的物流园区占 25%；企业自已出资兴建的物流园区占 41%。从投资规模看，总投资在 1 亿～10 亿元的物流园区占 50%；总投资在 1 亿元以下的物流园区占 12%；总投资在 30 亿元以上的物流园区占 7%。物流园区的占地面积主要集中在 0.1～1 平方千米，该园区占 47%。物流园区主要的收入来源包括库房/货场租金、配套设施租金/管理费、各种增值服务费、物业管理费和办公楼租金。规划不充分和征地困难成为物流园区建设发展过程中遇到的最大阻力，多数物流园区进行了信息化建设和提供信息化服务。

为进一步掌握全国物流园区（基地）的发展现状、问题及趋势，中国物流与采购联合会和中国物流学会在 2006 年、2008 年和 2012 年三次调查的基础上，于 2015 年组织开展了第四次全国物流园区（基地）调查。根据《第四次全国物流园区（基地）调查报告》，我国物流园区发展情况如下。

第一，园区数量稳步增加，区域分布趋于均衡。经核实，截至本次调查结束，全国包括运营、在建和规划的各类物流园区共计 1 210 家，比 2006 年的 207 家增长 484%；与 2008 年的 475 家相比，增长 155%；与 2012 年的 754 家相比，增长 60%，如图 7-8 所示。

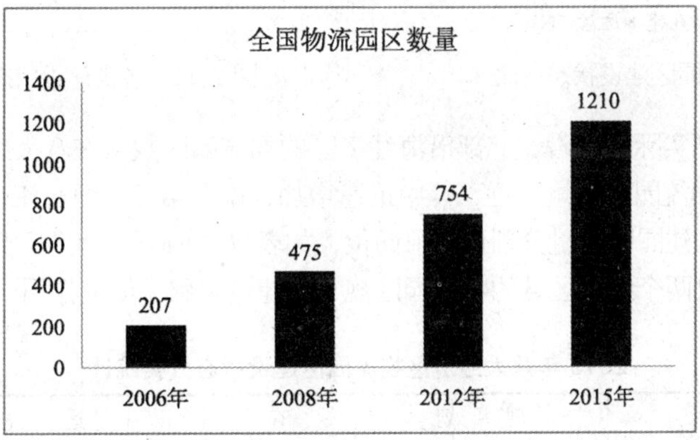

图 7-8　全国物流园区数量

从物流园区的区域分布来看，北部沿海经济区物流园区数量最多，为 216 家，然后依次是长江中游经济区 211 家，黄河中游经济区 175 家，东部沿海经济区 156 家，南部沿海经济区 135 家，西南经济区 132 家，东北经济区 111 家，西北经济区 74 家，如图 7-9 所示。

第二，运营园区占比提升，政策效应初步显现。调查显示，全国 1 210 家物流园区中，运营的有 857 家，占 71%；在建的有 240 家，占 20%；规划的有 113 家，占 9%，其数量占比如图 7-10 所示。

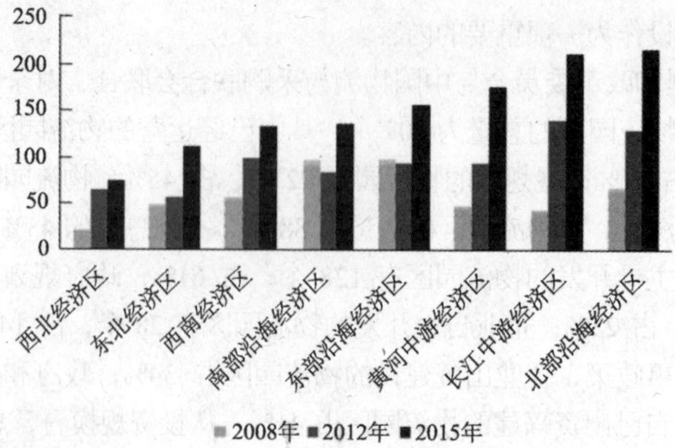

图 7-9　八大经济区物流园区分布情况

与前两次全国物流园区调查数据相比，本次处于运营状态的物流园区数量大幅上升，由 2012 年的 348 家上升至 2015 年的 857 家；处于在建状态的物流园区的数量与 2012 年基本持平，如图 7-11 所示。

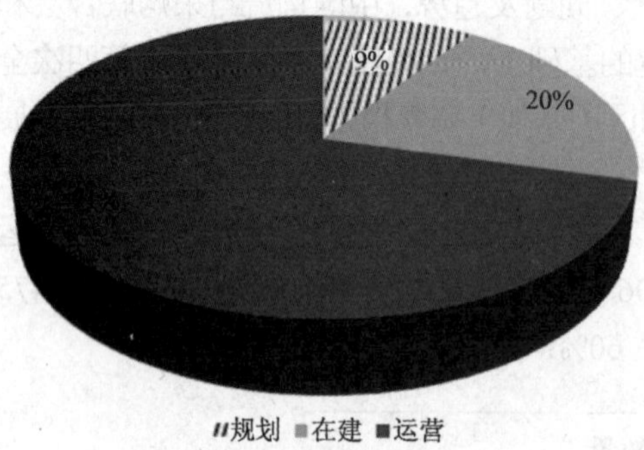

图 7-10　物流园区建设状态占比

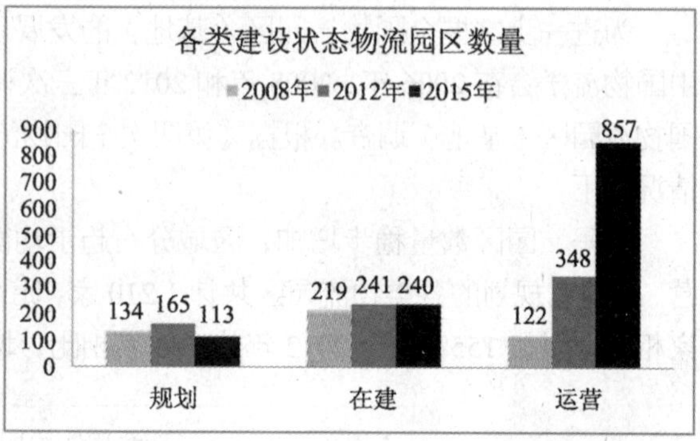

图 7-11　各类建设状态物流园区数量

从各经济区域的实际状态看，北部沿海经济区的物流园区数量在八大经济区中居于首位；黄河中游经济区的物流园区数量在近三年中迅速增加，排名第三；而长江中游经济区与黄河中游经济区的规划、在建园区数量分别位居前两位，如表 7-6 所示。丝绸之路经济带和长江经济带国家战略的提出对两个经济区域的物流园区规划和建设起到了促进作用。

表 7-6　　2015 年八大经济区物流园区建设状态分类统计

区　域	规　划	在　建	运　营	合　计
北部沿海经济区	5	30	181	216
长江中游经济区	35	50	126	211
黄河中游经济区	21	40	114	175
东部沿海经济区	9	14	133	156
南部沿海经济区	10	18	107	135
西南经济区	16	38	78	132
东北经济区	11	32	68	111
西北经济区	6	18	50	74
合计	113	240	857	1 210

第三，节点城市数量占比高，交通区位条件影响大。根据《全国物流园区发展规划（2013-2020 年）》，对所确定的物流园区布局节点城市进行分析。调查显示，近三年来国家规划的节点城市物流园区数量增长较快，其中一级物流园区节点城市的园区数量由 2012 年的 279 家增长到 2015 年的 445 家；二级物流园区节点城市的园区数量从 2012 年的 165 家增长到 2015 年的 366 家，如图 7-12 所示。

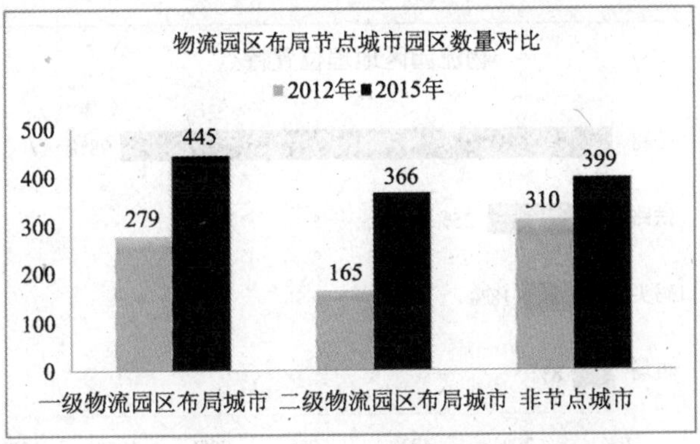

图 7-12　物流园区布局节点城市园区数量对比

调查显示，国家布局节点城市的物流园区数量占全国物流园区总数的 65%，如图 7-13 所示。

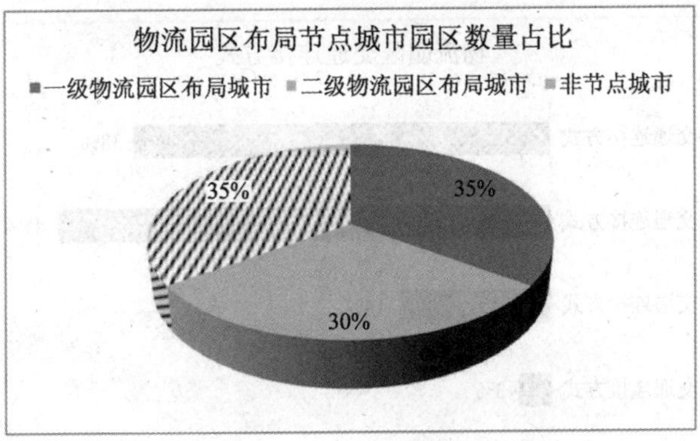

图 7-13　物流园区布局节点城市园区数量占比

调查结果显示，交通便捷仍然是物流园区吸引企业入驻的首要条件，配套设施齐全、服务质量高、园区品牌好分别排在第二、三、四位，如图 7-14 所示。

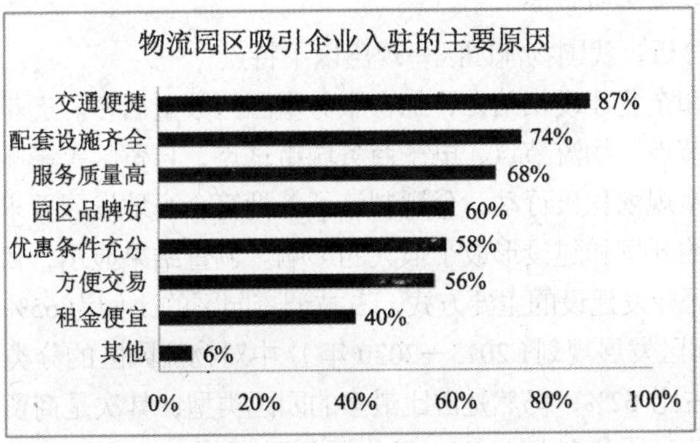

图 7-14　物流园区吸引企业入驻的主要原因[①]

[①] 图中百分比是勾选选项的被调查园区占有效调查样本总量的比例，反映被调查园区对该选项的认可程度。

调查发现，随着电子商务快速发展，电子商务企业纷纷涉足投资物流园区。在选址时会充分考虑交通转运的便捷性，特别是货运高铁的开发运营。交通条件成为电子商务物流园区考虑选址的重要因素之一。问卷显示，物流园区周边具备公路、铁路、港口码头和机场运输条件的占比分别为98%、25%、18%和8%，其中62%以上的园区具备两种以上的交通连接方式，如图7-15和图7-16所示。

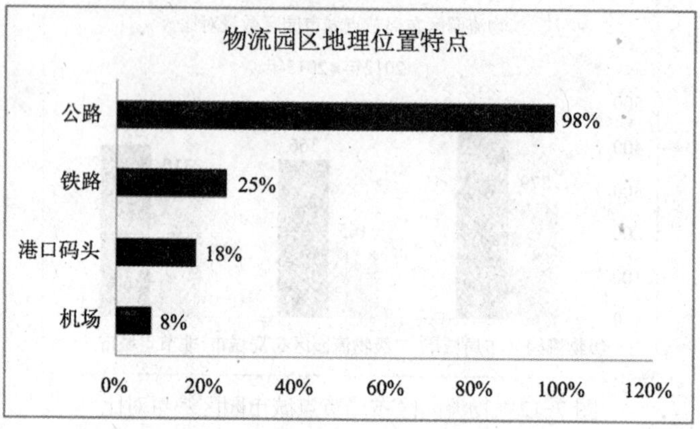

图7-15 物流园区地理位置特点[①]

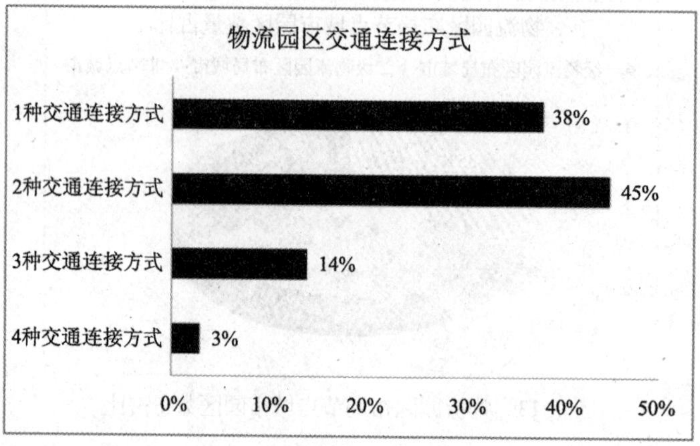

图7-16 物流园区交通连接方式

2. 我国物流园区建设的特点

根据调研报告的分析，我国物流园区呈现出以下特点。

第一，政府规划和企业建设相结合，综合服务型园区数量居多。近年来，国家有关部门出台了一系列关于交通节点、物流节点、电子商务城市试点、自贸区等影响城市发展的规划，而各级地方政府根据国家规划积极行动，分别制订了一批符合当地发展要求的实施计划。这些规划和政策对物流园区的开发和建设形成了很大的影响。调查结果显示，目前政府规划、企业主导仍然是我国物流园区开发建设的主要方式，占被调查园区的比例为65%，如图7-17所示。

按照《全国物流园区发展规划（2013—2020年）》中对物流园区的分类，问卷调查结果显示，综合服务型物流园区占比62%，仍然是占比最多的园区类型；其次是商贸服务型占比15%，货运枢纽型占比12%，生产服务型占比6%，口岸服务型占比5%，如图7-18所示。

[①]图中百分比是勾选选项的被调查园区占有效调查样本总量的比例，反映被调查园区对该选项的认可程度。

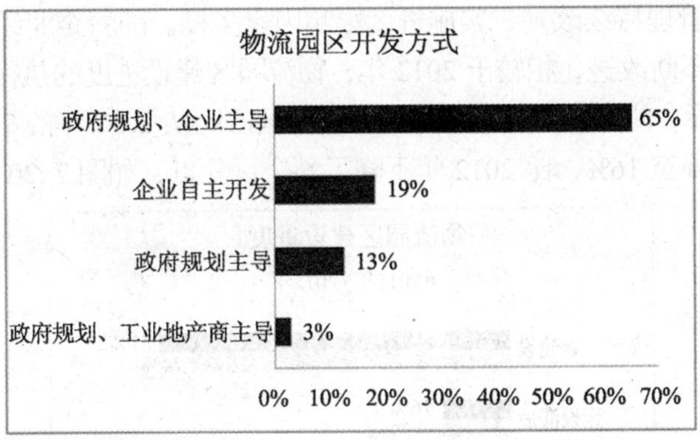

图 7-17　物流园区开发方式

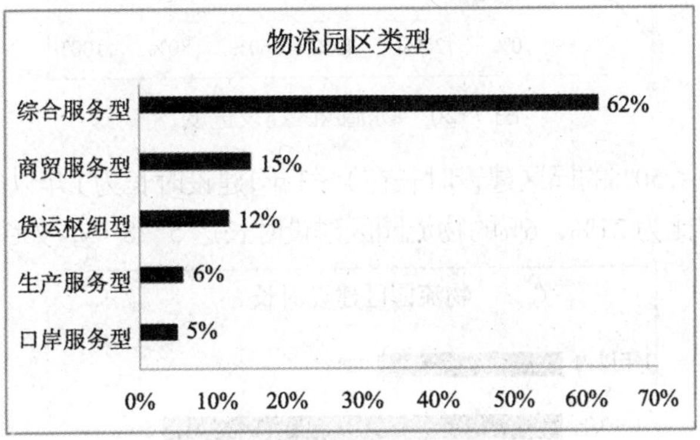

图 7-18　物流园区类型

第二，投资主体多元介入，政府支持力度不断加大。随着我国物流业的快速发展，物流地产已成为地产业中的重要组成部分，特别是传统房地产领域政策不断调整，越来越多的投资商将投资方向转向物流地产。除了物流企业、传统房地产企业持续加大投资外，境外投资基金和国外地产商如普洛斯、嘉民集团等，乃至阿里巴巴、苏宁、京东等电子商务龙头企业也纷纷注资物流园区市场，物流园区投资主体多元化的趋势进一步显现。

问卷调查数据分析显示，物流园区建设资金来源仍然以自筹资金为主，但国内贷款和国家预算内投资比重有较大幅度的提升，表明政府有关部门对物流园区建设的支持力度在加大，如图 7-19 所示。

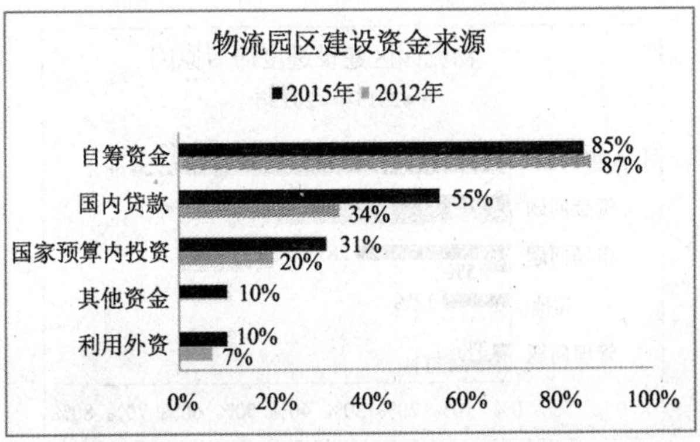

图 7-19　物流园区建设资金来源[①]

[①]图中百分比是勾选选项的被调查园区占有效调查样本总量的比例，反映被调查园区对该选项的认可程度。

第三，园区建设管理持续改善，实施进度影响因素多样。随着企业经营管理能力的不断提升和政府服务工作的不断改进，相较于2012年，物流园区建设进度的执行情况总体上有明显改善。问卷调查结果显示，能够按照计划建设的物流园区占比从2012年的74%提升到81%，而建设滞后的园区占比下降至16%，比2012年下降了6个百分点，如图7-20所示。

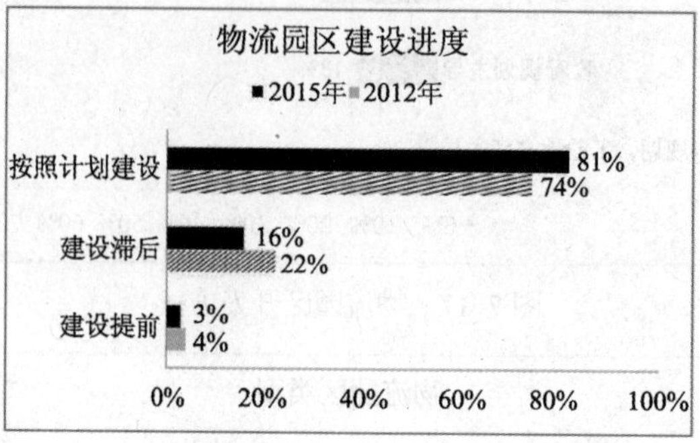

图7-20　物流园区建设进度

问卷调查结果显示，50%的园区建设时长在1～3年，建设时长为1年以内的园区占比为23%，时长3～5年的园区占比为21%，6%的物流园区建设时长达5～8年，如图7-21所示。

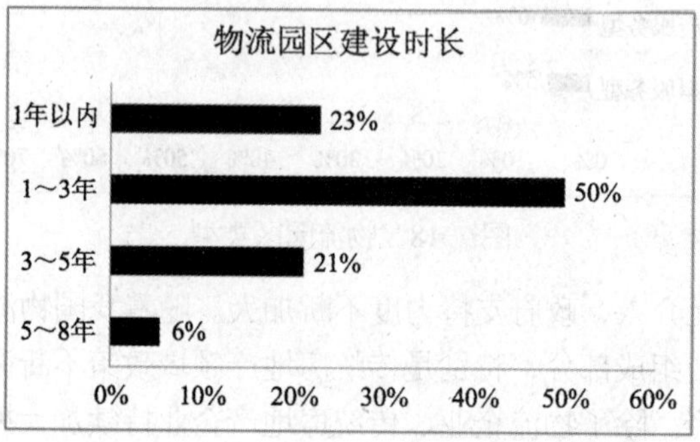

图7-21　物流园区建设时长

通过对园区建设进度滞后的原因进行分析，土地审批进程仍然是制约物流园区建设进度的主要原因。但是，与2012年相比，政府的政策调整和服务转型起到了一定作用，物流园区在行政审批方面受到的阻力呈下降趋势。与此同时，资金约束和市场问题却成为物流园区建设进度滞后的重要影响因素，如图7-22所示。

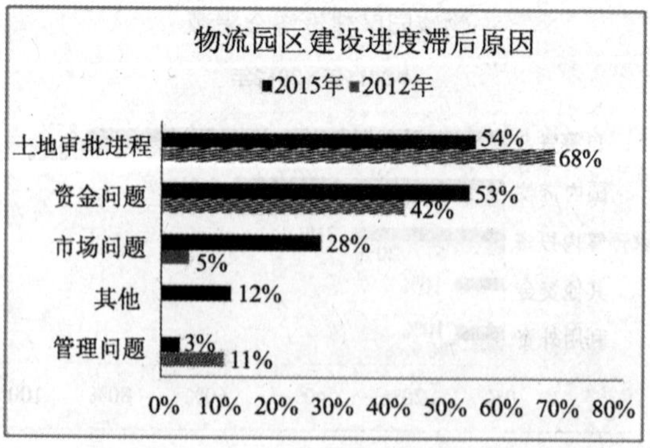

图7-22　物流园区建设进度滞后原因[①]

①图中百分比是勾选选项的被调查园区占有效调查样本总量的比例，反映被调查园区对该选项的认可程度。

3. 我国物流园区的运营情况

（1）自主经营方式居多，合作共赢受到重视。调查结果显示，物流园区经营管理方式仍然以企业自主经营为主，其占比为 65%，比 2012 年有所上升；由政府管委会管理的物流园区占比为 32%；而委托第三方管理的物流园区占比较少，仅为 2%。调查发现，由于土地资源的难以获取和园区的专业化要求提升，物流地产商加大了跨界合作力度，推进转型升级。以普洛斯为例，其与中粮集团达成战略合作协议，在中国逐步打造现代食品物流网络体系，共同发挥双方在地产开发和运营管理上的优势；另据报道，普洛斯已开始转型，从物流地产商转为物流运营商，开始在运营管理上发力。

（2）园区业务功能日趋全面，增值服务收益稳步上升。在激烈的市场竞争环境下，物流园区的服务功能进一步整合和提升。作为物流基础设施的集聚载体，物流园区通过对物流、信息流、资金流的全面整合，不断创新商业模式和服务流程，对提高资源使用效率起到了至关重要的作用。从园区主要业务功能来看，虽然仓储、运输、配送等传统业务功能仍然占主导地位，但能够提供流通加工、金融物流等业务的园区占比明显上升。尤其是提供金融物流服务功能的园区占比从 2012 年的 16% 上升到 2015 年的 36%，如图 7-23 所示。

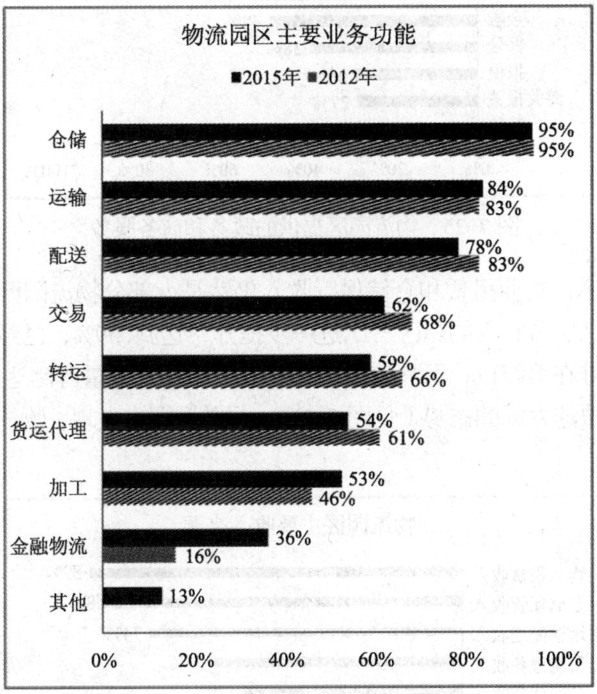

图 7-23　物流园区主要业务功能[①]

调查结果显示，在实现了主要的业务功能后，物流园区在基础配套服务方面有了很大改善。有 93% 的物流园区提供了停车服务，有 70% 以上的物流园区还分别提供了餐饮、住宿、物业、安保等基础服务，如图7-24所示。

除以上主要业务功能和基础配套服务外，物流园区近年来所提供的商务和政务服务也逐步增多。问卷调查数据显示，有 80% 以上的园区都能够提供信息服务，有 55% 以上的园区都能够提供工商服务，如图7-25所示。

[①]图中百分比是勾选选项的被调查园区占有效调查样本总量的比例，反映被调查园区对该选项的认可程度。

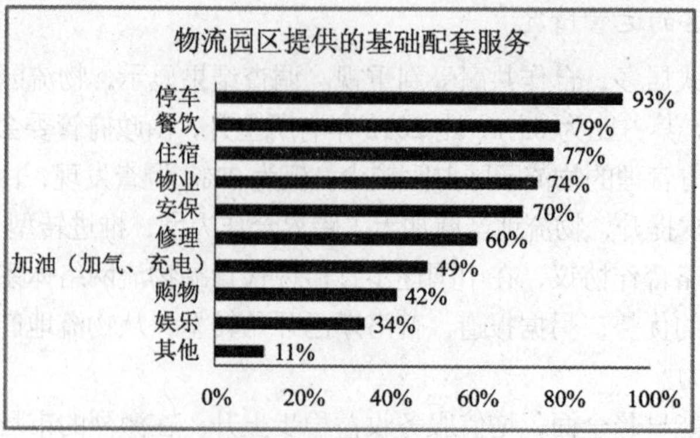

图 7-24 物流园区提供的基础配套服务[①]

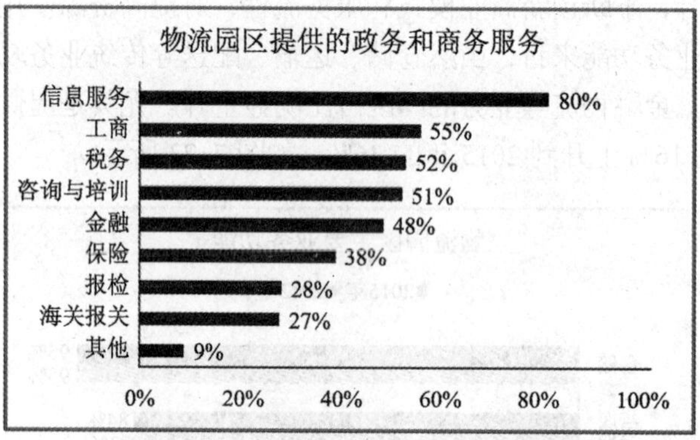

图 7-25 物流园区提供的政务和商务服务[②]

问卷调查结果显示，物业租赁和仓储保管收入仍然是大部分物流园区的主要收入来源。但也可以看出，具有信息服务收入的园区占比进一步提升，达到 59%，已经仅次于物业租赁、仓储保管和运输配送，排在第四位；而具有金融物流收入的园区数量占比达到了 29%，说明物流园区增值服务呈现出快速发展的态势（见图 7-26）。另外，调查发现，物流园区在土地出让等方面的收入上升明显。

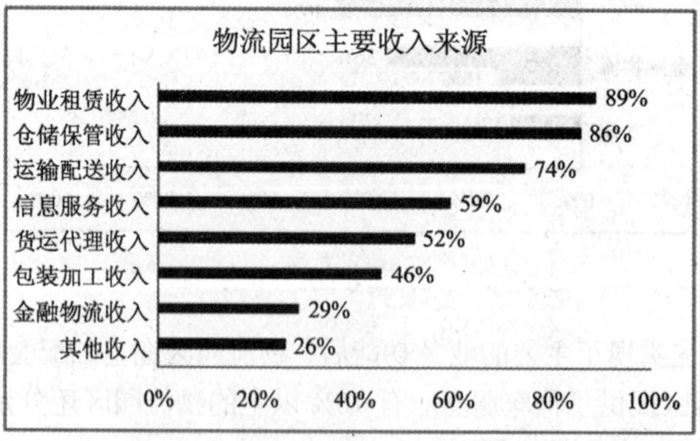

图 7-26 物流园区主要收入来源[③]

[①]图中百分比是勾选选项的被调查园区占有效调查样本总量的比例，反映被调查园区对该选项的认可程度。
[②]同上。
[③]同上。

（3）信息化建设深受重视，线上/线下平台加速融合。随着互联网、物联网和电子商务的快速发展，信息系统已成为物流园区完成业务服务的重要手段，信息化投入也成为物流园区的重点投资方向。问卷调查结果显示，信息化投资超过 100 万元的园区占比达到 66%。其中，信息化投入金额超过 1 亿元的物流园区占到了 5%，如图 7-27 所示。然而，调查也显示，我国物流园区信息化水平相对落后，“信息孤岛”现象依然存在。可见，物流园区在信息化建设方面还有很大的提升空间。

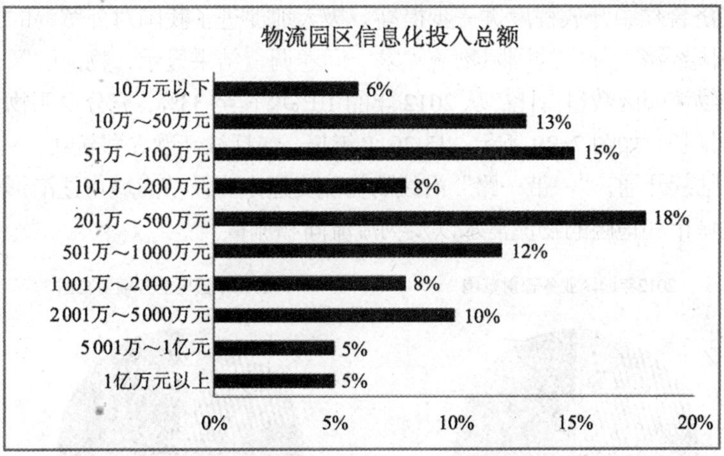

图 7-27　物流园区信息化投入总额

调查数据显示，物流园区信息系统的开发方式仍然以委托定制开发为主，占调查数量的 53%，与 2012 年相比有所下降；但是，物流园区自行开发信息系统的占比有所上升，同时外购成熟产品的比例明显下降。这些都表明，物流园区能够根据自身业务模式和特点开发适合自己的信息系统，如图 7-28 所示。

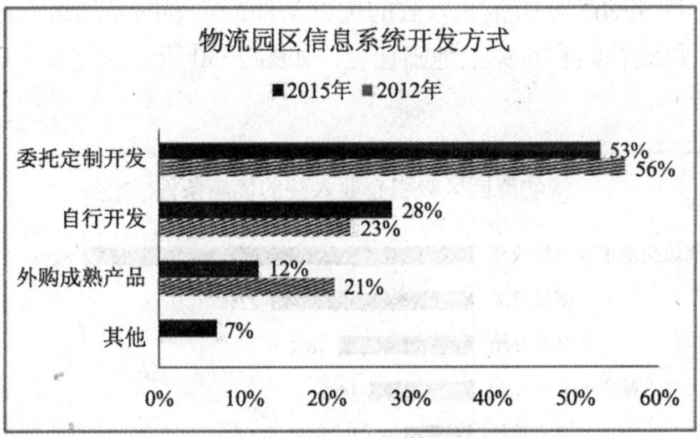

图 7-28　物流园区信息系统开发方式

随着移动互联网的迅速发展，物流园区信息化发展呈现新的特点。以“卡行天下”为代表的虚拟平台发展迅速。这类平台融入第四方物流的概念，通过服务模式创新，将信息流、货物流、资金流在同一平台上实现整合，提升了物流资源的使用效率。随着其运作的不断深入，这类虚拟平台迅速落地，与物流园区实体平台的合作正在逐步展开，不仅提升了物流园区平台的信息服务能力，也进一步促进了物流园区的网络化发展。

4. 我国物流园区的发展趋势

在我国经济进入“新常态”的形势下，物流园区的发展既面临重大挑战，也将迎来新的历史机遇。

（1）经济发展改变需求格局，园区呈现区域竞争态势。2015年3月，国务院授权国家发改委、外交部和商务部联合发布《推动共建丝绸之路经济带和21世纪海上丝绸之路的愿景与行动》，“一带一路”国家战略正式出台。该战略的实施对于提升我国的国际地位，强化国际交流，转变经济发展方式，都具有重要的历史意义。同时，电子商务特别是跨境电子商务的广泛开展，使我国在国际经济合作中开放程度进一步提高，极大地促进了我国对外贸易的开展，也在很大程度上增强了我国经济发展中的国际物流需求。问卷调查结果显示，物流园区业务辐射范围扩大到国际范围的物流园区数量占比，从2012年的10%增长至33%，充分说明物流园区的国际物流业务量在不断增长，如图7-29所示。自2011年起，包括渝新欧、郑新欧、义新欧等在内的8条“中欧班列”陆续开通，“一带一路”沿线的物流交通走廊及节点城市逐渐形成。这在很大程度上会改变相关城市和地区的物流需求以及物流流向和流量。

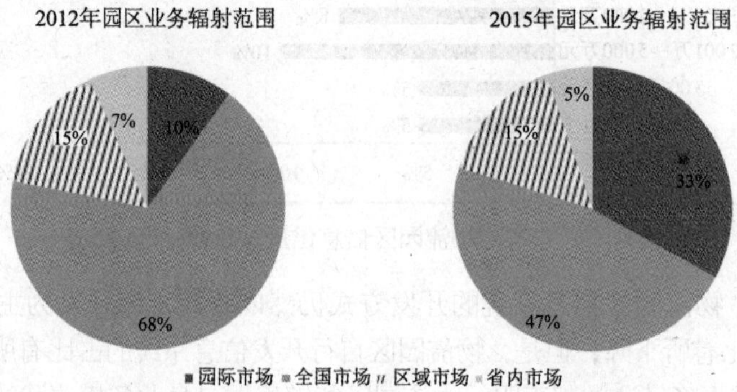

图7-29　物流园区业务辐射范围

调查结果显示，物流园区吸引企业入驻的优惠条件最主要的是周边交通市政设施改造，其次依次是便捷通关、财政补贴和减免土地出让金，如图7-30所示。这表明政府政策措施对物流园区发展的影响增大。

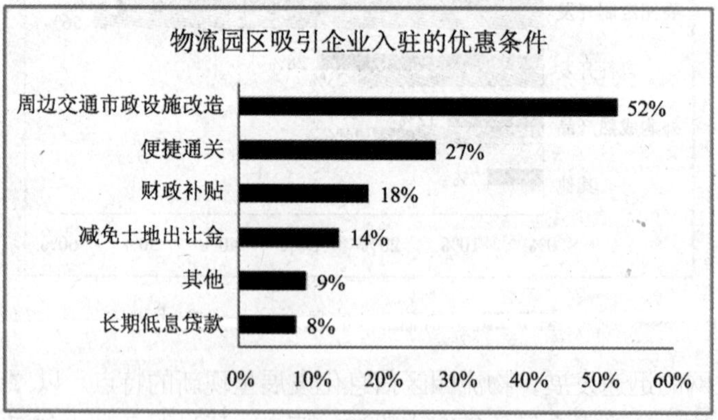

图7-30　物流园区吸引企业入驻的优惠条件[①]

在国家“一带一路”战略发展的新形势下，各地政府抓住机遇，主动出击，采取多种政策措施，围绕大通道在重要节点积极布局。在交通基础设施条件好、口岸通关服务便利、地方政府政策支持力度大的地区，物流需求和大量的企业形成集聚，极大地推动了该局部区域物流园

[①]图中百分比是勾选选项的被调查园区占有效调查样本总量的比例，反映被调查园区对该选项的认可程度。

区的发展和提升，而周边地区的物流园区竞争力则受到极大地削弱，虹吸效应明显。在这种大形势下，物流园区的竞争已经变化成为区域之间的竞争，而非单个园区之间的竞争。

（2）流通结构引发物流变化，电商促进园区转型升级。随着我国经济发展方式的转变，钢铁、煤炭、化工等生产资料领域的增速进一步放缓，而第三产业产值增速逐步增加，加之电子商务快速发展，物流需求出现了“黑冷白热”“网涨店缩”的现象。问卷调查数据显示，物流园区流转商品中，建材、日用品、食品等生活资料占主要地位。只有不足 50% 的物流园区流转商品中含有钢材、纺织品，而流转商品中含有色金属和化工品的物流园区仅占到 28%，含有煤炭的物流园区仅占到 6%，这与 2012 年调查时相比均有大幅度下降，如图 7-31 所示。

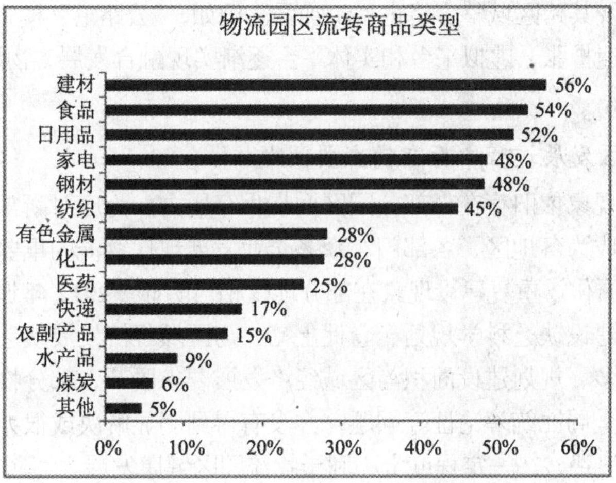

图 7-31 物流园区流转商品类型

另外，调查结果显示，虽然物流公司和运输企业仍然是物流园区入驻最多的企业。但随着电子商务的快速发展，超过 50%的物流园区有电子商务企业和快递企业入驻，如图 7-32 所示。

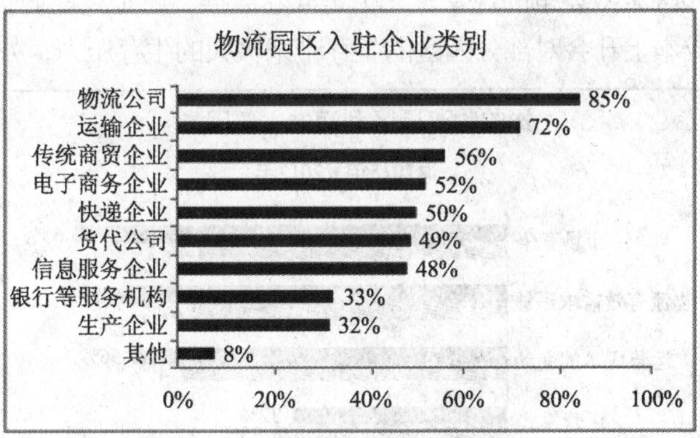

图 7-32 物流园区入驻企业类别[①]

种种趋势表明，产业结构的调整，第三产业特别是电子商务包括跨境电商的快速发展，对物流园区的服务能力提出了新的挑战和发展机遇，物流园区的服务应随之转型和升级。例如，在电子商务服务中，最显著的变化就是多品种、小批量、单件化的作业要求大幅度增加，用户对规定时间内单件化货物的服务要求更高。这就从基础设施建设、设施设备配备、作业流程管理、服务方式创新等方面对物流园区提出了更高的要求，必将进一步推动物流园区的转型升级

[①]图中百分比是勾选选项的被调查园区占有效调查样本总量的比例，反映被调查园区对该选项的认可程度。

和设施设备改造。

（3）市场竞争日趋激烈，兼并重组与网络化发展提速。近年来物流园区投资增势快速上升，各类生产流通企业、物流企业、地产企业、电子商务企业、境外投资商等纷纷加入投资建设行列。物流园区的数量高速增长，市场竞争已经趋于白热化。激烈的市场竞争催生着物流园区运营模式不断创新，优势互补的各方跨界合作、不同地区功能相近的园区跨区域联合运营等迅速展开，物流园区的兼并、重组和整合将更为常见。

另外，云计算、大数据、物联网等技术和“互联网+物流”的应用正在对物流园区的发展产生深刻影响。加快园区传统作业和服务模式的创新和改变，物流园区实体平台与“互联网+物流”的网络化平台的结合及其跨区域整合将进一步加强。例如，“公路港”模式、车货配载虚拟平台模式通过连锁复制迅速扩张，虚拟平台和实体平台逐渐实现融合发展，物流园区正向着多元化、网络化的方向发展。

5. 我国物流园区发展过程中存在的主要问题

（1）园区同质化现象依旧存在，部分园区面临生存压力。为应对新常态下经济发展的宏观要求，物流园区建设成为各地区、各部门、众多企业发展现代物流的重要抓手。通过调查不难发现，物流园区的同质化、重复建设现象在部分地区相当明显。2012 年调查报告反映的一些问题，例如，部分园区建设缺乏科学规划、仓促上马、与区域经济发展缺乏有效衔接，部分中小城市物流园区数量过多、规划建设面积与区域经济发展要求脱节，部分物流园区在一定程度上存在盲目建设、缺乏全局性统筹论证等问题，并没有得到明显解决或很大改善。这些问题极易造成重复建设和资源浪费，在一定程度上不利于物流园区健康发展。

同时，同质化现象会极大地加剧区域内物流园区之间的恶性竞争，使部分园区面临着生存挑战。问卷调查结果显示，与 2012 年非常相似，目前影响物流园区利润的主要因素仍旧为市场竞争、物流有效需求不足和运营成本的变动三项。65% 的物流园区认为市场竞争是影响利润的主要因素，这进一步反映了物流园区激烈竞争的现象。无论是问卷数据，还是实地调研结果都反映出，物流有效需求不足和运营成本上升会对部分园区的生存带来极大的生存压力，如图 7-33 所示。

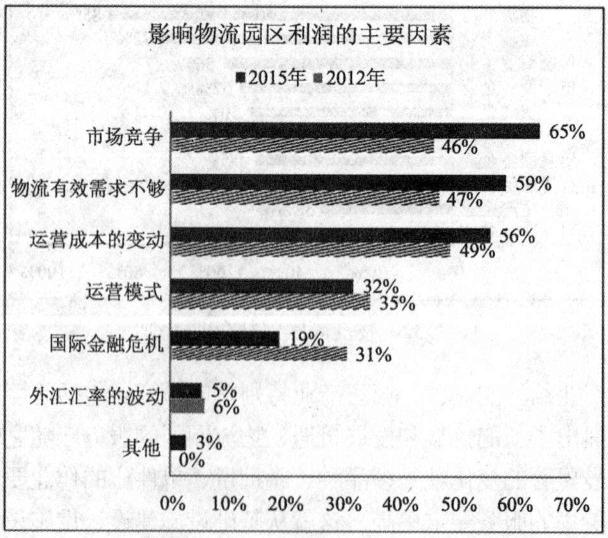

图 7-33 影响物流园区利润的主要因素[①]

[①]图中百分比是勾选选项的被调查园区占有效调查样本总量的比例，反映被调查园区对该选项的认可程度。

（2）土地资源及税收政策影响明显，继续成为园区发展瓶颈。园区调查过程中发现，征地困难仍然是制约物流园区发展的主要因素，特别是城镇化程度高的地区，物流需求和土地资源紧缺的矛盾随着城市发展进一步加剧。问卷调查结果显示，41% 的物流园区表示征地困难仍然是园区发展过程中遇到的最大阻力和困难，其次依次是配套设施没有及时跟上、地方经济发展速度制约、资金不能及时到位和没有优惠政策等，如图 7-34 所示。以北京市为例，由于城市扩建造成无限度外迁，物流用地极度短缺且难以获得，仓储租金急剧升高，这在很大程度上会对区域物流运行成本和城市配送效率产生重要影响。

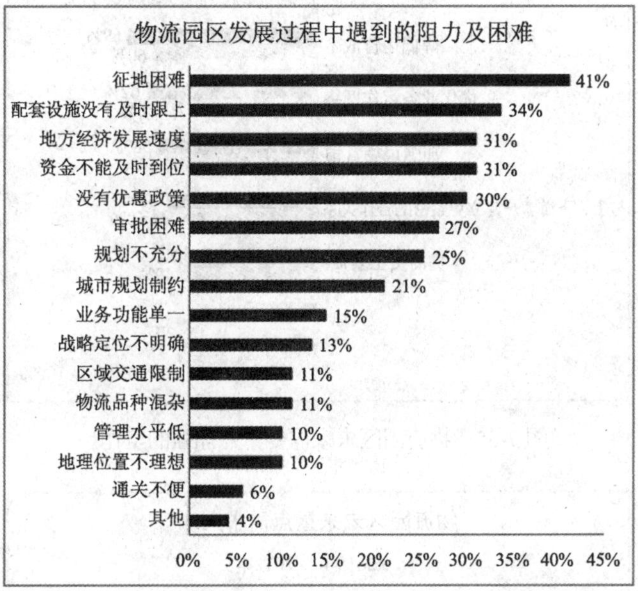

图 7-34　物流园区发展过程中遇到的阻力及困难[①]

在园区深访调查过程中，许多园区提出了税收政策对园区规划建设的影响。2012 年，国家曾出台三年期的大宗商品仓储设施用地土地使用税减半征收政策。之后，一些地方通过提高土地等级和单位面积税率等手段，抵减了部分减税效果。现在，该项政策到期难以延续，而已经提上去的土地等级和税率又不可能降低，这就造成物流企业土地使用税负担成倍增加。此项政策不仅影响物流园区当期收益，而且极大地压制了新增投资的积极性。如山东某地，原来每平方米缴纳土地使用税 3 元，现在由于减半政策取消，再加上原有土地等级及税率的提高，三重因素叠加提高到了 14 元。一位钢铁物流园区的管理者表示，由于钢铁行业不景气，园区在获得政府批复后两年多内仍然处于规划和初建阶段，但是每年的土地使用税达近千万元，企业负担非常大，转型也十分困难。

（3）专业服务能力有待提升，综合型人才需求仍然旺盛。随着现代物流的不断发展，物流服务的细分需求不断提高。面对生产资料和生活资料的不同物流需求，物流园区的专业化服务能力、标准化服务能力、信息化服务能力、多元化服务能力将是未来一段时间内发展的重点。

问卷调查结果显示，提高信息化水平、强化服务，拓展业务领域、增加服务项目，优化网络、降低运营成本，加强市场营销、重视客户服务，仍然是物流园区未来需要重点加强的工作，如图 7-35 所示。而在人才方面，提高员工素质也是物流园区未来需要重点加强的工作之一。在物流园区建设和运营方面，综合型物流管理与工程人才仍旧是最紧缺的，而需要物流信息管理

[①] 图中百分比是勾选选项的被调查园区占有效调查样本总量的比例，反映被调查园区对该选项的认可程度。

人才的园区比例则从59%提升至76%，反映出相当多的物流园区对于提升其信息服务水平的渴望非常强烈，如图7-36所示。

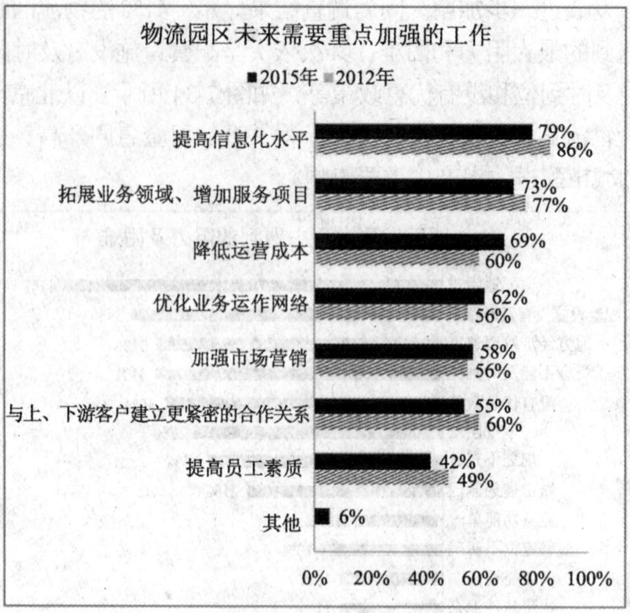

图7-35 物流园区未来需要重点加强的工作[①]

图7-36 物流园区未来重点需求人才[②]

[①]图中百分比是勾选选项的被调查园区占有效调查样本总量的比例，反映被调查园区对该选项的认可程度。

[②]同上。

6. 促进我国物流园区健康发展的若干建议

（1）面向政府部门的建议。

第一，加强区域统筹协调，立法保护园区发展。建议继续加强对物流园区的统筹规划，通过全国性示范园区、标准化建设等工作，切实推进《全国物流园区发展规划（2013—2020 年）》的实施。各级地方政府有义务从区域发展的角度考虑物流园区发展，充分理解物流园区的基础性、战略性与公益性特点，正确处理物流园区和区域经济发展的关系，科学规划物流园区的区域总体布局与战略定位。建议各地方政府组织相关部门形成联动工作机制，围绕其区域总体规划目标，进一步细化物流园区规划、审批、建设、运营等各环节的具体管理办法，促进本地区物流园区的协调发展。

建议研究和加强物流用地的立法保护。物流业是基础支撑性产业，合理规划物流用地是保障经济社会发展的基础条件。基于目前物流用地紧张的情况，一方面应重点治理改变土地用途、囤积土地、闲置土地、低买高卖等行为；另一方面要保证物流用地的供地期限，按成本价提供物流用地，保障物流园区规划的长期可用。

第二，加快物流标准化建设，夯实园区发展基础。建议充分发挥行业协会作用，全面推进物流园区标准化工作。加强对物流园区基础设施、管理流程、服务质量等方面的标准建设和实施，提高物流园区的组织化和社会化程度，为物流园区的互联互通和协调发展创造条件。

在现已开展的物流园区监测和评价工作的基础上，建议开展物流园区对城市或地区降低物流成本、提高物流效率的监测和评价工作。围绕各地区的龙头物流园区、物流基地，通过对项目连续运营数据的采集监测，对比相关城市或地区的物流行业数据、经济发展数据等，评估分析各重点园区对地区物流资源整合、促进产业发展、提升对外经济发展等方面的效果，全面展示重点园区的示范带动作用。

第三，鼓励园区互联互通，深化诚信体系建设。在新的历史时期，物流园区发展有必要打破原有的孤岛形式。通过平台整合、连锁复制、结盟联合等多种形式，不断创新服务模式，提升服务质量和水平。建议鼓励物流园区走集约化发展道路，在管理、业务、资源等方面与其他园区实现多元化合作，对网络化、连锁化经营的物流园区给予一定的政策支持，通过示范效应进一步提高物流资源的利用效率，促进物流业健康快速发展。

建议开展物流园区诚信体系的建设工作。通过入驻企业评价、信用监测、服务质量监督等环节，不断提升物流园区的品牌效应，促进和形成良好的市场环境。

（2）面向园区建设和运营者的建议。

第一，明确市场需求，不断优化调整发展战略。物流园区作为基础设施，具有初始投资大、回报周期长的特点，特别是在经济形势和市场环境不断变化的条件下，物流园区的竞争将更加激烈，因此园区的战略定位就显得尤为重要。建议物流园区的所有者和管理者围绕全国及全球的经济发展新趋势，加强实地调查，注重科学分析市场形势，深入研究区域产业发展，充分了解周边区域乃至全国物流园区的竞争态势以及物流园区布局的变化，围绕客户需求持续改进和提升园区服务功能，培养其自身核心竞争力。

第二，树立创新意识，逐步构建物流产业生态圈。在经济进入新常态、园区竞争日趋激烈的形势下，物流园区运营者应加强转型升级意识，不断创新商业运作模式，推行开放理念、广泛开展多元化的合作。通过合作，不断丰富物流园区的服务内容，实现多业联动，确保土地所有者、园区经营者和园区入驻企业的和谐发展，持续推动区域内和区域间物流园区的合作与资源共享，围绕园区运行构建物流产业生态圈，实现区域物流资源的集聚，不断提高区域物流运行效率和降低物流成本。

第三，强化管理服务，持续推动人才培养和技术创新。我国很多物流园区在建设初期发展迅速，很快形成一定规模，之后就进入发展的瓶颈期。分析其经营难以突破的原因，很大程度上是由于经营管理团队的管理水平不足所造成的。因此，物流园区应加强产学研结合，鼓励人才培养、加强人员的继续教育，加大人才引进力度，不断锻造一支具有国际视野的、综合管理能力强的高水平团队，为园区长远发展提供智力人才保障。同时，应紧跟时代发展步伐，在物流作业与管理中加强物联网、云计算、大数据、移动互联等先进信息技术的应用，形成物流大数据管理体系，不断提升园区竞争实力。

7.3.4 日本物流园区的规划与运营

1. 政府对物流园区的定位

日本政府认为物流园区是物流体系的基础设施，是一项社会属性较强的公共设施。早在1964年就开始对物流发展进行调控，1969年形成了全国范围物流体系的宏观规划，同年又颁布了《综合物流施策大纲》。依据《综合物流施策大纲》实施的状况和形成的成果，以及日本国内外各种情况和形势的变化，日本政府决定《综合物流施策大纲》每5年制定一次，每年加以修正与完善[①]。

依据1969年形成的“日本全国范围物流体系宏观规划”和1969年制定的《流通业务市街的整顿法》，日本将其1道1都2府43县，按经济特性分为8大物流区域，在各区域建设和整合物流设施，形成物流园区和区域物流网络，然后将区域间通过干线运输（高速铁路、高速公路和近海运输）形成跨地区的物流系统，最后形成全国范围的物流体系，并不断地进行完善。

据此，日本将物流园区定位为：有效综合物流资源，实行物流现代化作业，减少重复运输，实现设施共享，建立一体化、标准化的中心节点。通过物流园区的高效作业，达到四方面的整合效果：①通过综合物流园区的整合，实现运输设备的大型化和运输的规模化，提高运送、装载效率；②推进装卸机械化，降低装卸费用；③实行共同运输，减少重复、交错运输，减少社会道路占用面积等；④建立一体化的输送体系，设置标准化集装箱和托盘的流转基地，把各地运输公司导入整体运输体系。

2. 政府对物流体系建设的规划和园区规模控制、空间布局

日本政府对土地利用非常重视，针对物流园区的建设和规划，日本政府在考虑物流园区作为社会公共基础设施的基础上，又充分地发挥了物流园区的市场化运作，并制定了相应的政策和法规。

（1）物流系统分类。根据日本的实际情况，日本政府将其整个物流系统的布局分为区域内物流、区域间物流和国际物流三个部分。

① 域内物流。区域内物流是物流系统的端点，与企业的供应物流、销售物流密切关联。区域内物流的主要内容是将企业物流合理化推进到区域物流合理化，形成战略管理。其中，配送成为完善区域内物流的主要手段，相应的配送中心、物流中心成为区域内物流的基础节点。区域内物流网络体系布局的主要依据有企业、配送中心（或物流中心）、物流园区之间干线道路、物流设施、城市的交通密度与时段以及集成化理论等；基本要求是设施集约化，活动效率化，

[①] 刘伟文. 日本物流园区的规划与运营［J］. 中国物流与采购，2005（24）：60-62.

提高物流信息和综合控制能力；目的是削减企业库存量，加快周转，提高企业销售能力，减少物流总费用。各区域内物流分布是不均等的，预估的物流量以产值和商品销售总值为参考。

② 域间物流。区域间物流是物流系统的骨干。物流的进步需要通过改善地域之间的物流来推动。从企业的角度看，首先是选择运输公司，然后是保持生产场地到市场之间物流中心的平衡以及输送商品量的调整和形式的平衡。区域间的物流改善，目的是进行生产场地与市场及物流中心的平衡化，输送商品量调整与形式的平衡化。必须具备的条件是：信息系统的完善。提倡的输送方式是：集装箱化和集装箱托盘化，使运输量成单位货载、大型化，以达到物流效率化。区域间物流网络体系布局的主要依据是：实现高速公路、高等级公路、铁路新干线、近海定期航班等的有效连接以及与物流园区设施相互配合。物流园区设施由较多不同的配送中心、物流中心、公共仓储、信息中心和金融服务组成，设计、运营要实现功能合理分配、运行机制相互兼容，以能够协同运作。要求是设施集约化、标准化，活动效率化，提高物流信息和综合控制能力。目的是提高干线运输效率，减少物流总费用，改善区域间物流的突破口是信息化、标准化、规模化。由于是地域之间的物流，构筑物流网络系统的指挥系统需要运用大量通信、计算机网络、车辆跟踪定位等技术，需要建立与公共经济信息网和 EDI 的交互系统，目标是实现物流信息共享和信息流、商流、物流、资金流集成化。

③ 国际物流。国际物流包括国际之间交易、储存、海洋运输、铁路运输、航空运输、邮政运输、联合运输、加工与通关等流程。由于涉及跨国界或跨政治实体（如 ECC）的贸易行为，因此需要必要的现代物流能力来应付不同法规、法律、传统、文化和应对不同的客户群，形成以各类港口、国际物流园区设施相互配合的区域布局。

（2）进行宏观规划。根据对物流的分类，进行宏观上的物流规划。早在 1964 年，日本就着手规划物流体系，在 8 大区域按经济总量的规划、建设和整合物流设施，形成以物流园区为据点的区域物流网络，由这些网络构成全国的地面物流体系，配合虚拟的信息网络建设，形成日本的立体物流体系。如在《流通业务市街地的整顿法律》中，确定东京、大阪、名古屋、广岛、福冈、仙台等共计 30 个城市为都市物流。按人口（150 万～300 万人口）、经济总量、运输总量、区域交通条件确定分布物流园区的数量。例如，东京为 5 个，大阪 3 个，名古屋、广岛、福冈、仙台等中等城市各 1 个，全国共计 86 个。而在物流园区选址方面，规定以都市外围的高速道路网和铁路网的交叉口为中心的 10 千米半径范围内为园区选址地点，确立了物流园区的交通优势，以及与都市内配送的衔接优势。

（3）合理实施。在建设过程中，由政府规划、出让低价土地或由政府加以补助，物流团体组织投资，物流企业按专业共同使用。

（4）有效控制。由于对规模经营有总量的控制（涉及覆盖面和人口，并且如果超过经济规模，效益反而下降），建筑用地也相应作了限制，一般物流园区的用地为 20 万～50 万平方米，超过 35 万平方米（约 500 亩），即要求向高层发展。

3. 日本物流园区的开发和经营

日本政府对物流的定位十分清晰，在物流体系建设前，首先着手完成物流体制的建设。

（1）宏观管理。日本政府通过“透过相关省厅的合作”建立“综合物流施策”推动会议制度。由局长级人员组成；下设干事会，由相关单位的课长组成。会议针对相关部门的合作，提出具体课题。例如，首次会议提出的具体课题就是：推动物流标准化以提高物流系统的效率化；推动市街地的共同集配以促进都市物流的效率化；实施进出口机场、港口的行政手续无纸化及一站式服务。年内每次会议逐次检讨，检查实施进度，并按实施能力适当增加具体课题。

（2）中观管理。中观管理是指地方政府为贯彻中央综合物流施策推动会议的决定，设置相应的综合物流施策推动会议，其组成单位为：地方政府职能部门、院校研究所、地方公共团体、都道府县警察、商工会议所、企业界团体等。贯彻实施物流推进政策和物流基础设施建设，并加以定期检讨。对于检讨结果，每月汇报一次，年度结束前必须向中央的推动会议作一次回顾报告。同时，在地方上必须将推动进度加以公布周知。而中央则实行后续追踪，在综合物流施策推动会议制度实行后的几年，为达到目标，不仅应重视政府相关部门的合作，而且与民间团体也应加强合作。

（3）微观管理。在运营管理方面，日本政府则采用“官民协力”的方式，宏观上统筹调控，微观上自由放开，物流园区用地由政府收购，以低价转让给物流协会或类似的中间团体，组成管理委员会进行经营管理、改造更新。对于涉及国民生活的食品类团体，则由农林省委派专人或地方政府长官担任管理机构董事长。例如，东京都筑地物流配送中心就是由政府委派官员担任市场董事长，指导、监督经营，供应端由10家大批发商负责，中间环节由中间批发商组织实施，运用电子拍卖等技术，在短时间内实现当天对城市日常用品的配送。微观管理既保证了商品供需的有效利用，又保证了居民日常生活用品的价格和供应稳定，同时减少了大量流动资金的占用。

时至今日，日本全国已形成了一个巨大的、系统的物流体系。高速公路遍布日本本州、九州、北海道、四国的各个地区，新干线纵横本州、南下九州，延伸到北海道，各大岛屿之间全部由跨海大桥和海底隧道相联，无数近海定期航班穿梭往来。信息化网络覆盖日本全国各个角落，以86～88个（最近由于经济总量的上升，新增2个）物流园区为核心，各种配送中心、物流中心为节点，循环配送线路所组成的物流体系奠定了基础，加上先进的电子商务配套，使得日本的物流效率迅速得到了提高。

本章小结

物流中心是专门从事物流活动的中心场所，从历史角度来看，它们大都是在仓库的基础上发展起来的。现代物流中心是运用科学的运作模式，采用现代先进技术与管理方法的物流中心。技术、理论与市场构成了现代物流中心发展的三大基础。与传统物流中心相比较，现代物流中心不仅是实物运动的中心，也是信息交互的中心、商流运动的中心和资金运动的中心。物流中心功能一般包括基础功能、基本功能与增值服务功能等。按功能来划分，物流中心有集货中心、配送中心和集配中心；按社会化程度划分，物流中心有社会物流中心和企业物流中心；按综合程度划分，物流中心可划分为综合物流中心和专业物流中心；按地理区域划分，物流中心有区域物流中心和城市物流中心。物流中心主要由物流设施与设备系统、管理系统、网络信息系统、辅助系统等构成。在设置与布局物流中心时，既要考虑外部因素，又要考虑内部因素；要坚持规模适当、位置合理、功能满足需要、硬件与软件相互配套的原则。物流中心位置的选择一般包括单一物流中心位置的选择和多个相关物流中心位置的选择。建立物流中心的途径主要有自建型、联建型、改建型、代理型四种。

物流园区也称物流基地，是多种物流设施和不同类型物流企业在空间上集中布局的场所，是具有一定规模和综合服务功能的特定区域。除具有物流中心的功能外，物流园区还具备物流组织与管理以及经济开发功能。在社会经济发展过程中，物流园区的发展具有推动社会分工与专业化，促进产业结构优化，带动经济运行机制创新，优化经济发展和创造良好的投资环境的作用。目前，我国物流园区正处于一个快速发展的时期，但也存在一些问题，需要采取切实可行的措施予以解决。日本作为物流园区最早发展的国家之一，有很多经验值得我们借鉴与参考。

复习与思考题

（1）简述现代物流中心的发展基础与特点。
（2）分析物流中心与物流园区的关系。
（3）分析设计物流中心的业务流程。
（4）设置物流中心应坚持哪些原则？具体考虑的因素有哪些？
（5）物流中心的种类有哪些？其特点各是什么？
（6）分析批发型、仓储型与零售型物流中心的异同。
（7）日本物流园区发展的经验是什么？对我们有什么启示？
（8）分析我国物流园区的发展特点与所存在的问题。

案例分析：沃尔玛物流配送中心

沃尔玛是美国零售商业的巨头之一，目前在美国，沃尔玛有商场 1 800 多家。在世界各地也有自己的商场，比如在阿根廷、巴西、加拿大、中国、德国、韩国、墨西哥、波多黎各和英国，分别有 13 家、14 家、166 家、146 家、95 家、5 家、462 家、15 家和 232 家商场。

除此之外，沃尔玛还有一类沃尔玛超级中心 721 个，这是在过去 8 年中才开发出来的。这些超级中心是由规模较大的商场及附近一些小的副食店加在一起而形成的，它出售一些比较常规的日常用品，同时也卖一些食品。沃尔玛共有员工大约 110 万人，其中在美国约有 88.5 万人，在世界其他地方约有 25.5 万人。

1. 沃尔玛对物流配送中心的认识

由于在美国沃尔玛有数以千计的商场，产品的需求量非常大，因此沃尔玛仅一个星期要处理的产品是 120 万箱。同时，沃尔玛公司的商店众多，且每个商店的需求各不相同。

为有效地满足商店及商场所需的商品，沃尔玛认识到了物流配送中心在沃尔玛物流配送中的重要性。1999 年沃尔玛在物流方面的投资是 1 600 亿美元，现在物流方面的投资仍要继续增长，沃尔玛为此实施的措施是从现有的销售额中提取 250 亿美元，非常集中地用于物流配送中心建设。因为物流配送中心可以有效地降低沃尔玛经营的运作成本。

2. 沃尔玛物流配送中心的运作模式

沃尔玛的物流中心的运作模式主要可划分为两类：一是为自己公司经营提供配送服务；二是为其他企业组织提供物流服务。

沃尔玛的物流配送中心进行全天候 24 小时的运作。物流中心必须要确保这些产品不断地流向沃尔玛的商店，而没有任何停止的过程。

3. 沃尔玛的物流配送中心的发展

沃尔玛的最早创始人山姆·沃尔顿在1962年开设了第一家沃尔玛商场，而配送中心一直到1970年才成立，现在沃尔玛的配送中心已经有了超过40年的历史，第一个物流配送中心供货给4个州32个商场。目前在美国，沃尔玛有30家物流配送中心。这些物流配送中心分别服务于18个州的2 500家商店。

4. 沃尔玛的物流配送中心的规模、构成与运作

沃尔玛的每一个物流配送中心都非常大，平均面积约有11万平方米。在这些物流配送中心，每个月的产品价值超过两亿美元。

沃尔玛的物流配送中心都集中在一层。之所以为一层而不是好几层，是因为沃尔玛希望产品能够流动自如，即产品能够由一个门进入后立即从另一个门出。因此，沃尔玛所有的物流配送中心都是一个非常巨大的一层中心。沃尔玛使用一些传送带，让这些产品能够非常有效地进行流动，对它们进行的处理不需要重复进行。比如说，在某货品卸下来以后，沃尔玛要对这些产品进行一些处理。如果处理好几次，成本就会提高，而如果沃尔玛采用这种传送带，运用无缝的形式，就可以尽可能减少成本。

沃尔玛有各种不同类型的配送中心，例如时装的配送中心、需要特别处理的一些产品的配送中心，以及一些副食品如蔬菜、水果配送中心等。沃尔玛的配送中心各自处理不同的物品，例如处理退回的商品、损坏的商品、印刷品、邮品等。此外，沃尔玛还有一些非常大的区域配送中心，一个星期可能要处理100万箱商品。

这些非常大的配送中心进行产品的集中以及转运配送。例如，这个门进那个门出，沃尔玛把这个过程叫转运，就是在一天当中进出，在一天当中完成。另外对服装进行销售，需要加订标签，这是需要手工的过程，要比较小心，因为不能损害产品，这是一个单独的过程。

沃尔玛每种产品都会有一定的库存，如软饮料、尿布等，也就是在这些商场当中需要有一个稳定的库存。这些配送中心可以做到这一点，它们根据这种稳定的库存量的增减而进行自动补送，每一天或每一周根据以前确定的量来为商场提供商品。配送中心可以保持8 000种产品的转运配送，另外就是通过射频技术等的应用自动提取货物，大约可以处理6 000个品种的商品。

沃尔玛所有的系统都是基于名为UNIX的一个配送系统，并采用传送带和非常大的开放式的平台，还采用产品代码以及自动补货系统和激光识别系统，所有的这些加在一起为沃尔玛节省了相当多的成本。

5. 自动补货系统

沃尔玛每一个商店都有一个补货系统。它使得沃尔玛在任何一个时间点都可以知道，现在这个商店当中有多少货品，有多少货品正在运输过程当中，有多少货品是在配送中心，等等。同时它也使沃尔玛可以了解，某种货品上周卖了多少，去年卖了多少，而且可以预测沃尔玛将来可以销售多少这种产品。沃尔玛之所以能够了解这么细，就是因为沃尔玛有UPC统一的货品代码。沃尔玛商场当中所有的货品都有一个统一的产品代码叫UPC代码，这是非常重要的，在中国叫EAN数码，可以对它进行扫描和阅读。在沃尔玛的所有商场当中，都不需要用纸张来处理订单。沃尔玛这个自动补货系统，可以自动向商场经理订货，这样就可以非常及时地对商场进行帮助。一种商品，经过扫描就知道现在商场当中有多少存货，有多少订货，而且知道有多少这种产品正在运输到商店的过程当中，会在什么时间到，所有关于这种商品的信息都可以通过扫描这种产品代码得到，而不需要其他人再进行任何复杂的汇报。在美国，这个系统每天提

供的这种信息，都会被下载到沃尔玛世界各地的办公室当中，世界各地的这些信息又都可以传送到沃尔玛的总部当中。只要有一个人进行订货，沃尔玛就通过这种电子方式来和供货商进行联系。

沃尔玛还有一个非常好的系统，可以使得供货商们直接进入到沃尔玛的系统，叫做零售链接。任何一个供货商都可以进入这个系统中来了解他们的产品卖得怎么样，可以知道这种商品卖了多少，而且在 24 小时之内就进行更新。供货商们可以在沃尔玛公司每一个店当中及时了解到有关情况。通过零售链接，供货商们就可以了解销售的情况，对未来的销售进行预测，以决定生产的状况，这样他们产品的成本也可以降低，从而使整个过程成为一个无缝的过程。

6. 沃尔玛现代化、全方位的运输梯队

沃尔玛有时采用空运，有时采用海运，有时采用公路运输。

在沃尔玛整个物流过程中，最大的费用就是运输费用，运输省下的成本越多，那么整个供应链当中所节省的钱就越多，让利给消费者的部分也就越多。

沃尔玛的车辆都是自有的，而且这些司机也是沃尔玛的员工。沃尔玛用一种尽可能大的卡车，大约可能有 16 米加长的货柜，比集装箱运输卡车要更长或更高。而且车中的每立方米都填得满满的，所有的产品从卡车的底部一直装到最高，这样非常有助于节省成本。这些卡车是沃尔玛整个供应链当中的一部分。

沃尔玛采用全球定位系统对车辆进行定位。因此，在任何时候，调度中心都可以知道这些车辆在什么地方，离商店还有多远，同时可以了解到某个产品运输到了什么地方，还有多长时间才能运到商店，可以精确到小时。沃尔玛运输车队的口号是“安全第一，礼貌第一”。沃尔玛认为，卡车不出事故，就是节省费用、节约成本。

沃尔玛物流部门 24 小时地在进行工作。对于一些只在白天开门的商场，如果货物晚上送到商店，这些商店就可以把它们整个卸下来，而不用打扰白天的运营。在配送中心，沃尔玛也根据和供货商、商店之间定好的时间表来进行运作。沃尔玛认为，对时间进行很好的管理，可以节省时间，提高效率。

由于沃尔玛的运输成本比供货商自己进行运输要低，因而沃尔玛也为供货商提供运输服务。

请分析沃尔玛物流配送中心运作的经验与借鉴意义。

第 8 章

企业物流模式

本章概要

本章主要介绍企业物流模式的含义与种类，阐述不同物流模式的优点、不足与适应条件，分析企业物流模式的选择方法，探讨企业企业物流模式的经济性问题。

8.1 企业物流模式的含义与种类

8.1.1 企业物流模式的含义

企业物流模式是指企业对物流所采取的基本战略和方法。根据国内外的发展经验及我国物流理论与实践，企业物流模式主要有自营物流模式、联盟物流模式、互用物流模式、第三方物流模式以及第四方物流模式等。

合理科学的物流模式对企业提高物流效率、降低物流费用、提高客户服务水平、增强核心竞争力有着重要的意义与作用。

8.1.2 自营物流模式

1. 自营物流模式的含义

自营物流模式是指企业对自身物流活动直接进行组织与管理的模式。一般来说，采用该种模式的企业，大都具备一定的物流设施与设备，并具有相应的物流管理人才。

2. 自营物流模式的优缺点

（1）自营物流模式的优点。这种模式有利于企业供应、生产、销售的一体化作业，系统化程度相对较高，既可满足企业内部原材料、半成品及成品的物流服务需要，又可满足企业对外进行市场拓展的需要。具体来说，自营物流模式具有以下几个方面的优点。

第一，控制力强。自营物流模式可使企业对供应、生产以及销售中的物流进行较为全面的控制，便于准时采购，调整库存，减少资金占用。

第二，服务性强。采取自营物流模式可使物流系统有效地为企业的生产经营活动提供物流服务支持，保证生产经营活动对物流的需要。

第三，协调性强。采取自营物流模式的物流系统大都是根据企业生产经营活动的需要而建立起来的，因而其可以根据生产经营活动的需要，合理地规划物流的作业流程，提高物流的作业效率，保证了物流运作与其他生产经营活动的一致性与协调性。

第四，专业性强。自营物流模式的着眼点主要是为企业自身的经营活动提供物流服务，因而企业自身所建立的物流系统也主要针对的是企业自身产品与服务的需要，具有较强的专业性。

（2）自营物流模式的缺点。采取自营物流模式会使企业为建立物流体系的投资规模大大增加，在企业物流规模较小时，物流的成本和费用也相对较高。其缺点具体表现在以下几个方面。

第一，增加了企业投资负担，削弱了企业抵御市场风险的能力。企业为了实现对物流的直接组织与管理，就需要投入较大的资金用于物流设施的建设，配备相应的物流人员，这必然会减少企业对其核心业务的投入，削弱企业的市场竞争力。对于一些规模较小的企业，甚至会出现对物流投资过大而导致企业无法正常运转的情况。

第二，规模化程度较低。由于自营物流模式是根据企业自身的需要来建立物流系统的，系统的规模相对较小。因而在实际的运作过程中，难以形成较大规模的物流运作和规模效应。

第三，效率较低，成本较高。对于物流规模较小的企业来说，如果采取自营的物流模式，就难以实现规模效益，随之会带来物流效率较低、成本较高的不足。

第四，不利于核心竞争力的提高。对于非物流企业来说，尽管在有的条件下，物流对自身的活动有着重要的影响，但物流并非企业自身的核心业务，也非自身最为擅长的业务。如果采取自营物流模式，一方面，对物流系统的投入会相对减少对核心业务的投入；另一方面，企业管理人员往往需要花费过多的时间、精力和资源去从事辅助性的物流工作，影响对核心业务的管理，这将会削弱企业的核心竞争力。

3. 自营物流模式应用范围

一般而言，采取自营性物流模式的企业大都是规模较大的集团公司。有代表性的是连锁企业的物流，其基本上都是通过组建自己的物流系统，来完成企业的物流业务，包括对内部各场、店的物流和对外部客户的物流。

8.1.3 联盟物流模式

1. 联盟物流模式的含义

联盟物流模式是指企业之间为提高物流效率，实现物流合理化所建立的一种功能互补的物流联合体。联盟物流的核心在于充实和强化物流的功能，弥补企业功能的不足，实现物流资源的有效配置，以便更好地满足客户的需要，提升物流能力。

2. 联盟物流模式的组建原则

联盟物流的核心在于充实和强化物流的功能，提升物流能力。因此，作为开展联盟物流的联合体成员，首先要有共同的目标、理念和利益，以凝聚联合体物流能力，提升竞争力，确保共同目标和利益的实现。

在开展联盟物流、组建物流联合体的过程中，要坚持功能互补、平等自愿、互惠互利与协调一致的原则，避免行政的干预，谨防“拉郎配”的做法。

3. 联盟物流模式可行性论证

联盟物流模式可行性论证的内容主要包括以下几个方面。

第一，环境分析。主要包括宏观环境和微观环境分析。宏观环境主要包括经济环境、法律环境和自然环境等，重点应以经济环境为主，内容包括交通、通信、仓储等；微观环境主要包括对合作对象的分析，在共同物流的目标范围内，是否有可供选择的合作对象，其功能、理念等是否与企业一致。

第二，目标市场论证。主要从组建物流联合体，开展联盟物流所提供的服务、形成的物流网络和竞争优势等进行分析，确定自己的目标市场及所能达到的目标。

第三，组织论证。主要分析开展联盟物流的组织管理模式、方法以及组织保证等。

第四，技术论证。主要包括与联盟化有关的技术及企业间资源、设备和管理技术的论证，还包括相关的安全技术、支付技术及网络技术的论证。

4. 联盟物流模式的实施步骤

联盟物流模式的实施步骤主要包括以下几个方面：

第一，选择联合对象；

第二，组建谈判小组，做好谈判准备；

第三，签订合作意向书及合同；

第四，组建领导班子与管理模式；

第五，正式运作。

5. 联盟物流模式运作方式与类型

（1）联盟物流模式的运作方式。在实际运作过程中，虽然由于物流联合体的合作形式，会受到所处环境、条件以及客户要求的服务等因素的影响而互不相同，但其运作过程却大体一致，一般如图8-1所示。

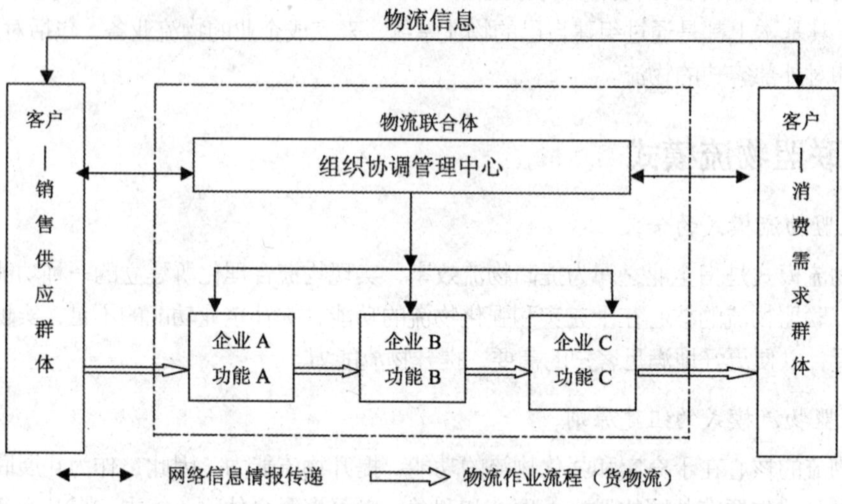

图8-1 联盟物流的一般运作过程

（2）联盟物流模式的类型。联盟物流的类型有很多，既有紧密型、半紧密型和松散型，也有资源型、功能型和管理型，还有集货型、送货型和集送型等。

8.1.4 互用物流模式

1. 互用物流模式的含义

互用物流模式是指企业为了自身利益，以契约的方式达成某种协议，互用对方物流系统而组织物流活动的模式。其优点在于，企业不需要投入较大的资金和人力，就可以扩大自身的物流规模、范围和功能，但需要企业有较高的管理水平以及与相关企业的组织协调能力。

2. 互用物流模式的形式

一般来说，互用物流模式的基本形式如图 8-2 所示。

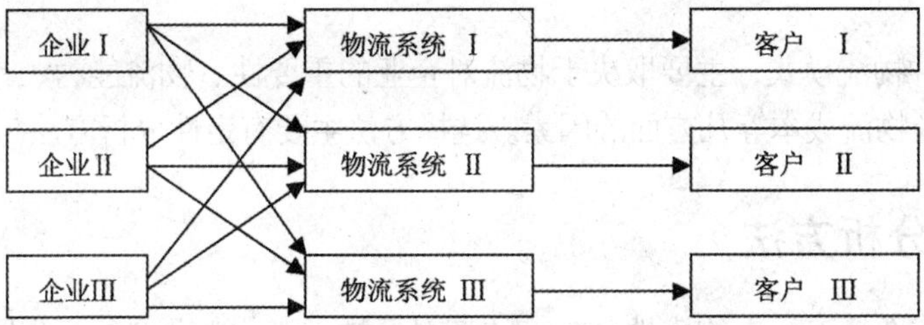

图 8-2　互用物流模式的基本形式

3. 互用物流模式的特点

与联盟物流模式相比较，互用物流模式的特点主要有以下几个。

第一，在功能上，联盟物流模式的功能旨在建立物流联合体，以强化物流功能为核心，为社会服务；同时，互用物流模式的功能也旨在提高自己的物流功能，为企业提供服务。

第二，在作用上，联盟物流模式主要是强调联合体的共同作用，而互用物流模式主要是强调企业自身的作用。

第三，在稳定性上，联盟物流模式强于互用物流模式。

第四，在合作对象上，联盟物流模式的合作对象更多是物流企业，而互用物流模式的合作对象既可以是物流企业，也可以不是物流企业。

8.1.5　第三方物流模式

第三方物流是指为交易双方提供部分或全部物流服务的一方，第三方物流模式就是指交易双方把自己需要完成的物流业务委托给第三方来完成的一种物流运作模式。随着物流产业的不断发展以及第三方物流体系的不断完善，第三方物流应成为工商企业、电子商务网站进行货物物流的一个首选模式和方向。第三方物流的运作方式与过程如图 8-3 所示。

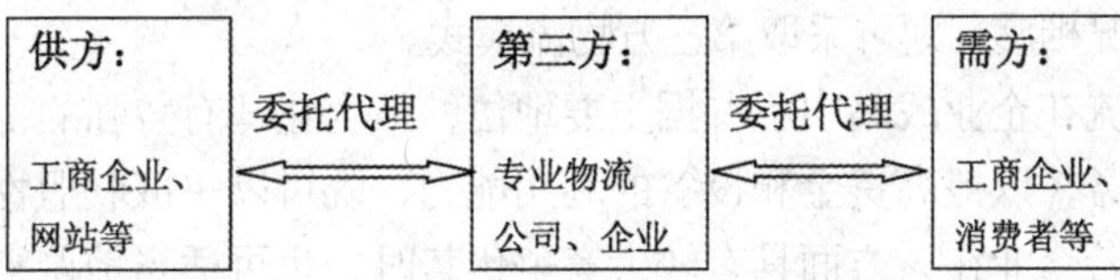

图 8-3　第三方物流模式运作方式与过程

8.1.6　第四方物流模式

第四方物流模式是指集成商们利用分包商来控制与管理客户公司的“点到点”式供应链运作的模式，第四方物流模式由安德森咨询公司提出。

到目前为止，很少有制造商有这种信任程度将其对物流的控制权交由他人（物流服务商），即使是与他们有伙伴关系的服务商也不例外，但并不代表没有。鹿特丹的 KPMG 公司运输物流经理彼理 · 马吉尔说：“我们看到了未来第四方物流的发展曙光。”有人认为，第四方物流模式的发展可以使快捷、高质量、低成本的产品运送服务得以实现。

8.2 企业物流模式选择方法

企业选择何种物流模式，主要取决于物流对企业的重要性、物流能力、市场规模与地理范围、保证的服务及物流成本等几方面的因素。选择方法主要有定性分析方法与定量分析方法。

8.2.1 定性分析方法

企业物流模式选择方法中的定性分析方法有很多种，在此主要介绍矩阵图决策法。矩阵图决策法是物流定性决策方法的一种，主要是通过两个不同因素的组合，利用矩阵图来选择物流模式的一种决策方法。基本思路是先选择两个对物流活动有重要影响的因素，依此来初步确定企业的物流模式；在此基础上，再考虑其他因素，最终来确定企业的物流模式。这里主要以物流对企业的重要性和企业的物流能力两个因素来展开分析，如图8-4所示。

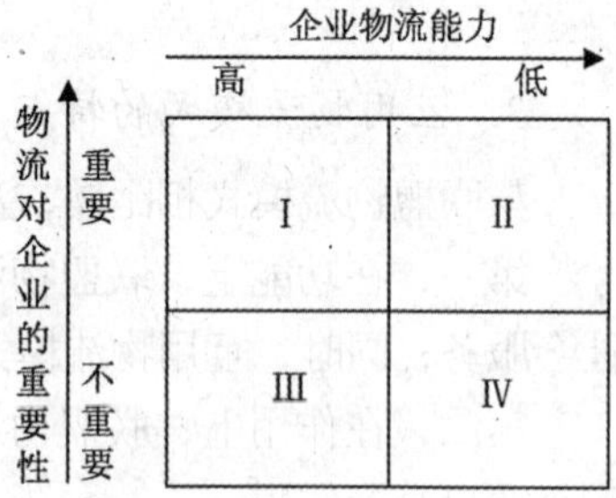

图8-4 矩阵图决策法

在实际经营过程中，企业根据自身的物流能力和物流对企业的重要性组成了上述区域，一般来说，企业可按下列思路来进行选择和决策。

在状态Ⅰ下，物流对企业有较大的重要性，企业也有较强的物流能力，在物流成本较低和地理区域较小但市场相对集中的情况下，可采取自营物流模式，以提高顾客的满意度和物流效率，与营销保持一致。

在状态Ⅱ下，物流虽对企业有较大的重要性，但企业的物流能力较低，此时，企业可采取的策略是寻求物流伙伴来弥补自身在物流能力上的不足。可供选择的模式有三种：第一种是加大投入，完善物流系统，提高物流能力，采用自营物流模式；第二种是进行一些投入，强化物流能力，采用联盟物流模式；第三种是采取第三方物流模式，将物流业务完全委托专业性的物流企业来进行。一般来说，在市场规模较大，且相对集中及投资量较小的情况下，企业可采取自营物流模式；若情况相反，则可采取第三方物流模式。

在状态Ⅲ下，物流在企业战略中不占据主要地位，但企业却有较强的物流能力，此时，企业可向外拓展物流业务，以提高资金和设备的利用能力，既可以采取联盟物流的模式，也可以采取互用物流模式。若企业在该方面具有较大竞争优势时，也可适当地调整业务方向，向社会化的方向发展，成为专业的第三方物流服务企业。

在状态Ⅳ下，企业的物流能力较弱，且不存在较大的物流需求，此时，企业宜采取第三方物流模式，将企业的物流业务完全或部分委托给专业的物流企业去完成，而将主要精力放在企业最为擅长的生产经营方面，精益求精，获得更大的收益。

通过矩阵图，企业确定了可能选取的物流模式之后，可以根据自己的实际情况增加其他的决策因素，如市场规模范围、投资能力、客户需要的服务水平等，来最终选择适合自身的物流模式。需要注意的是，在实际过程中，企业采取的物流模式不完全是单一的，有可能采取多种模式。

8.2.2　定量分析方法

定量分析是指通过对数据资料的量化分析来确定物流模式的方法。物流模式定量分析方法有很多种类，在此主要介绍比较选择方法，并针对确定型、不确定型以及风险型情况进行分析。

比较选择方法主要是企业通过对物流成本、收益等进行比较而选择物流模式的一种方法，一般包括确定型决策、不确定型决策和风险型决策等。

1. 确定型决策

确定型决策是指一个物流模式只有一种确定的结果，只要比较各个方案的结果，即可选择物流模式的决策。例如，某一企业为扩大生产销售，现有三种物流模式可供选择，各物流模式所需的物流成本与可能取得的销售额如表 8-1 所示。

表 8-1　确定型条件下物流模式的决策（单一目标）　单位：万元

物 流 模 式	成 本 费 用	销 售 额
自营物流模式	10	220
联盟物流模式	8	180
第三方物流模式	5	140

这类问题一般为单目标决策，此时企业可以运用价值分析来进行选择，直接利用公式 $V=F/C$ 来计算各种物流模式的价值系数，式中 V 为价值系数，F 为功能（此例为销售额预计数），C 为成本费用。根据计算结果，若某一种物流模式的价值系数越大，则说明该种模式的物流价值就越大，是企业最佳的物流模式或满意模式。此例中，自营、联盟、第三方物流模式的价值系数分别为 22、22.5、28，企业应采取第三方物流的模式。

在实际经营过程中，企业对物流模式的选择往往需要考虑许多方面的因素，这就需要进行多目标决策。此时，评价物流模式的标准是不同模式的综合价值，一般可用综合价值系数来进行。若某一模式的综合价值系数越大，则说明该模式的综合价值就越大，就是企业所要选择的物流模式。综合价值系数可用公式 $V=\sum M_iF_i$ 来计算，式中 V 为综合价值系数，M_i 为分值，F_i 为权数。例如，某企业在选择物流模式时主要考虑了四个方面的指标，如表 8-2 所示。

表 8-2　确定型条件下物流模式的决策（多目标）　单位：万元

项目	重要性 \ 物流模式	自营物流模式	联盟物流模式	第三方物流模式
投资总额	0.1	70	60	10
销售额	0.3	220	180	140
利润总额	0.4	25	17	15
客户满意度（%）	0.2	98	97	99

根据以上资料计算，各模式的综合价值系数分别为：

V 自营=10/70 × 0.1+220/220 × 0.3+25/25 × 0.4+98/99 × 0.2=0.910；

V 联盟=10/60 × 0.1+180/220 × 0.3+17/25 × 0.4+97/99 × 0.2=0.715；

V 第三方=10/10 × 0.1+140/220 × 0.3+15/25 × 0.4+99/99 × 0.2=0.731。

可以看出，自营物流模式的综合价值系数最大，是企业所要选择的物流模式。

需要注意的是，在利用确定型决策选择物流模式时，要明确以下几方面的问题：一是决策目标要明确；二是至少要有两个可供选择的物流模式；三是未来有一个确定的自然状态或一组确定的约束条件；四是各备选方案的自然状态或约束条件的效益值可以确定。

2. 不确定型决策

不确定型决策是指一种物流模式可能出现几种结果，而又无法知其概率时所进行的决策。其条件是：决策者期望的目标明确，存在着不以决策者意志为转移的两种以上状态，具有两个或两个以上可供选择的物流模式，不同模式在不同状态下可以获得相应的损益值。不确定型决策作为一种决策方法，虽带有较大的主观随意性，但也有一些公认的决策准则可供企业在选择模式时参考。下面将通过实例来说明不确定型决策的不同决策准则以及企业对物流模式的选择方法。

例：某企业计划通过提高物流效率，满足客户对物流的要求，来扩大经营规模。现可供选择的物流模式有 3 种，由于在未来两年内，企业对用户要求物流服务水平的程度无法做出准确的预测，只能大体估计为 3 种情况，且估算出 3 种模式在未来两年内 3 种自然状态下的成本费用（见表 8-3），且未知道这 3 种情况的发生概率，问哪种模式最优？

表 8-3 不确定型条件下物流模式的决策 单位：万元

自然状态	物流模式		
	自营	联盟	第三方
物流要求程度高	90	70	65
物流要求程度一般	50	35	45
物流要求程度低	10	13	30

第一种方法：按乐观准则来决策。首先从每种模式中选择一个最小成本，将其看作必然发生的自然状态。然后在这些最小成本的模式中，选择一个最小成本的模式作为满意方案。此例中，3 种模式的最小成本分别为：10 万元、13 万元、30 万元。其中，自营物流模式的成本最低，应可作为企业满意的模式。这种决策方法，一般适用于把握较大和风险较小的情况。

第二种方法：按悲观准则来决策。首先从每种方案中选择一个最大成本作为评价模式的基础，其实际上是对每个局部模式持悲观态度，从不利的角度出发，把最大成本作为必然发生的自然状态，将不确定型问题变为确定型决策问题来处理。然后，再从这些最大的成本之中选择成本最小的模式。此例中，3 种模式的最大成本分别为 90 万元、70 万元、65 万元。其中，第三方物流模式的成本最小，可作为企业满意的模式。在现实经济生活中，这种决策方法一般适合于把握性小和风险较大的情况。

第三种方法：按折衷准则或赫维斯准则来决策。赫维斯准则认为决策者不应极端行事，而应在两种极端情况中求得平衡。具体的方法是根据决策者的估计，确定一个乐观系数 a，a 的取值范围为 $0<a<1$。给最好的结果和最坏的结果分别赋以相应的权数 a 和（$1-a$），中间结果不予考虑。本例是计算折衷成本值，公式为：

$$折中成本值=a\times 最小成本值+(1-a)\times 最大成本值$$

在决策中，决策者根据分析，估计客户对物流程度要求高的大概占 40%，客户对物流要求程度低占 60%，即乐观系数为 0.4。此时三种模式的折中成本值就分别为 42 万元、35.2 万元、44 万元。根据计算结果可以看出，联盟物流模式的成本最低，可作为企业选择的模式。

第四种方法：按等概率准则或拉普拉斯准则来决策。拉普拉斯准则认为，在不确定型决策中，各种自然状态发生的概率是未知的，若按最好或最坏的结果进行决策，都缺乏依据。解决的办法是给每种可能出现的结果都赋以相同的权数，若有几种自然状态，则每种自然状态发生的概率都相等，其和为 1。然后计算出各个方案（物流模式）在各种自然状态下的加权平均值，并根据决策（指标）的性质来进行决策。在本例中，不同自然状态发生的概率为 1/3，各种模式的成本加权值分别为 50 万元、39.3 万元和 46.7 万元。可以看出，联盟物流模式的加权成本值最小（39.3 万元），可作为企业选择的模式。

第五种方法：按最小后悔值准则（也称沙万奈准则）来决策。这种决策方法是以每个模式在不同自然状态下的最小成本值作为理想目标。如果在该状态下，没有采取理想模式，而采取了其他模式，从而会使成本增加，决策者就会感到“后悔”，这样每个自然状态下的其他模式成本值和它与理想值之差所形成的损失值，就称为“后悔值”。然后按模式选出最大的后悔值，在最大的后悔值中再选出后悔值最小的成本值，其对应的模式就是企业所要选择的模式，这种决策方法是较为保险的一种决策。

根据此例所给的资料，计算出各种状态下各模式的后悔值，如表 8-4 所示。

表 8-4　　不确定型条件下物流模式的决策　（沙万奈准则）　　单位：万元

自然状态	物流模式		
	自　营	联　盟	第三方
物流要求程度高	90（90−65=25）	70（70−65=5）	65（65−65=0）
物流要求程度一般	50（50−35=15）	35（35−35=0）	45（45−35=10）
物流要求程度低	10（10−10=0）	13（13−10=3）	30（30−10=20）

根据表 8-4 的计算结果可以看出，3 种模式的最大后悔值分别为 25 万元、5 万元和 20 万元。其中联盟物流模式是最小值，为 5 万元，此时企业可选择该模式为满意的模式。

从上面介绍的五种准则可以看出，同一问题按不同的准则来决策，决策的结果也存在着差异。因此，企业在应用不确定型决策方法来选择物流模式时，还应该考虑其他方面的因素。

3. 风险型决策

风险型决策是指在目标明确的情况下，依据预测得到不同自然状态下的结果及出现的概率所进行的决策。由于自然状态并非决策所能控制，因此，决策结果在客观上具有一定的风险，故称为风险型决策。风险型决策通常采用期望值准则。一般是先根据预测的结果及出现的概率计算期望值，然后根据指标的性质及计算的期望值结果进行决策。产出类性质的指标，一般选择期望值大的方案；投入类性质的指标，一般选择期望值小的方案。例如，某企业计划通过强化物流效率提高客户满意度，以扩大产品的销售量，现有 3 种物流模式可供企业选择，各种资料如表 8-5 所示，问企业应选择哪种物流模式。

表 8-5　　风险型条件下物流模式的决策　　单位：万元

市场需求规模	概率	销售量		
		自　营	联　盟	第三方
大	0.5	1000	1200	1500
一般	0.3	800	700	1000
小	0.2	500	400	300

根据上述资料，计算出 3 种物流模式的期望销售量分别为：840 万元、890 万元和 1 110 万元。第三方物流模式的期望值最大为 1 110 万元，故该模式可作为企业比较满意的模式。

8.3 企业物流模式经济分析

从经济角度做进一步考察，企业物流模式的选择需要考虑物流资产的专用性、成本（包括交易成本与物流管理运作成本）、服务水平以及人力资源等因素。

8.3.1 物流资产专用性

1. 物流资产专用性的含义

专用性资产（Asset Specificity）是指为支持某项特殊交易而进行的耐久性投资。资产专用性作为衡量专用性的程度，是指一项资产在不牺牲生产价值的条件下，可调配用于其他用途的程度，与沉没成本有关。威廉姆森认为，资产专用性至少可以分为 5 类：①地点专用性，将衔接的岗位以相互关系密切的方式来安排场所，以节约库存和运输费用；②有形资产专用性，如用于专门生产某一特定型号零件的机器；③人力资本专用性，如在工作中，以边干边学方式形成的知识和技能，通常对人力资源所在企业具有最重要价值；④定制的服务，如按客户要求专门设计的冷链运输；⑤品牌专用性，如企业的商标、产品质量等。

在物流中，资产有着较强的专用性，按照威廉姆森对资产专用性的五个类别来看，第一，在地点方面，物流据点、仓库、码头等都具有较强的专用性；第二，在有形资产方面，为进行物流作业所需要的物流作业设备，如装卸搬运设备、包装设备、运输设备、分拣设备等也具有较强的专用性；第三，物流专业人才；第四，为专门行业、某一类企业或某一类产品提供专门服务而设置的物流系统等，在个性化服务的今天，此类投资更具有明显的专用性，比如为一些鲜活商品或货物所提供的仓储与运输服务所需要的设备等；第五，物流企业的商标与服务质量。

2. 物流资产专用性对物流模式的影响

物流资产的专用性，对企业物流模式有着极为重要的影响，企业在考虑自身物流模式时，首先要考虑的一个重要问题是物流资产的专用性问题。对于生产企业和商业企业等非物流企业来说，由于其主要业务活动不是物流活动，核心竞争力也非物流（尽管物流对企业的生产经营活动可能有着重要的作用与影响），因此其对物流方面的投资——特别是专用性很强的物流资产方面的投资，必须要考虑其可能带来的价值与损失。对于物流企业来说，由于其投资主要是为需求主体（主要是生产企业和流通企业）服务的，在有资产专用性投资的情况下，其必须要考虑需求主体需求的稳定性、规模性，需求主体的可信任程度以及长期关系等方面因素。第一，从稳定性来看，如果需求不稳定，会给物流企业的经营带来不稳定性。在需求规模较大时，专用性投资可能会过度使用；而在需求不足时，又会使资产闲置。第二，从规模性来看，如果需求主体的需求规模较小或市场需求的规模较小，进行该项专用性资产的投资，就不可能获得预期的收益。第三，从信任性角度来看，如果缺乏应有的信任度，物流企业会减少其在专用性程度很高资产方面的投资，因为如果协议中断，则这种投资将失去其大部分的价值；反之，物流企业可适当加大对该方面的投资。当然物流企业为了提高双方的信任度，就有必要加强与需求方的沟通与交流，保证合作的顺利进行。实际上，物流企业为增强合作，在信任方面所进行的投资也构成了专用性投资。第四，长期关系对资产的专用性投资有着重要的影响，对于物流企业（物流服务提供者）来说，如果能够与物流服务的需求者保持一种长期的合作关系，那么它就会增加物流资产上的投资，尽管这项投资具有较强的专用性。因而在该方面，物流企业更加重视长期关系，而不是短期关系。

3. 物流资产专用性决策分析

就一项决策而言，企业进行该项物流资产的投资时，从收益的角度考虑，在不考虑风险的情况下，投资决策的基本原则可用式（8-1）表示。

$$NPV=\sum_{1}^{n}\left[\frac{C_t}{(1+r)^t}+\frac{S_n}{(1+r)^n}\right]-I\geqslant 0 \tag{8-1}$$

当考虑投资风险时，其投资决策原则可用式（8-2）表示。

$$NPV=\sum_{1}^{n}\left[\frac{C_t}{(1+r+\theta)^t}+\frac{S_n}{(1+r+\theta)^n}\right]-I\geqslant 0 \tag{8-2}$$

式中：NPV——投资收益或净现值；

n——投资使用年限；

r——利率；

θ——风险补偿率；

C_t——t 期的收益；

S_n——投资设备残值；

I——投资成本。

当存在多个投资选择，且投资大小不一时，其投资决策可用投资收益率或净现值率来进行衡量，具体决策原则可用式（8-3）表示。

$$NPV=\frac{NPV'}{I} \tag{8-3}$$

式中：NPV'为投资收益率或净现值率。

决策基本原则是选取投资收益率或净现值率最大的投资。

4. 物流资产专用性在我国的现实情况

物流资产专用性对物流设施投资有较大的影响，特别是对于专用性较强的物流设施投资。就仓储设施情况来看，图 8-5 所示的资料反映了我国拥有各类仓储设施的比例[①]。从图 8-5 可以看出，资产专用性较强的立体仓库、保温仓库、高层货架库、冷藏仓库、气调仓库、危险品仓库、冷冻仓库所占比例较低，而资产专用性较弱的普通平房库、普通楼房库、简易仓库所占的比例则较大。

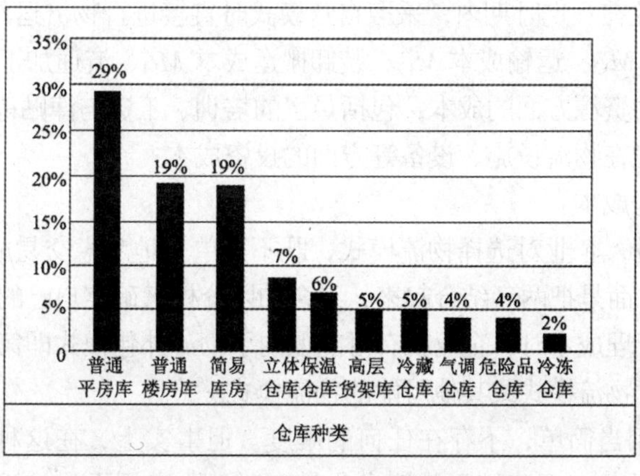

图 8-5　我国拥有各类仓储设施的比例

①沈绍基. 中国物流市场供求状况分析报告［J］. 物流科技，2000（2）：3-14.

8.3.2 交易成本与物流管理运作成本

企业选择物流模式另一个要考虑的因素是成本问题，主要包括交易成本、物流管理成本以及两者之间的关系。

1. 交易成本

交易成本（或交易费用）是指在交易过程中，为寻找交易对象、签订交易合同、实施和履行合同、监督与保障合同顺利进行所需要的费用或所付出的代价。交易费用对企业物流模式的影响主要表现在：当交易费用较大时，企业就有可能采取自营的物流模式或其他方式的物流模式；当交易费用较小时，企业就可能采取物流外包（第三方物流模式）。

一般来说，企业在选取外包模式情况下，其交易总成本 $C_{外包}$ 可通过式（8-4）获得。

$$C_{外包}=C_1+C_2+C_3+C_4 \tag{8-4}$$

式中：C_1——交易前成本，包括寻找交易对象、签订交易合同等交易前的成本；

C_2——实施和履行合同成本，主要包括向第三方物流服务提供商支付的服务费用等；

C_3——监督与保障合同顺利进行所付出的成本，包括企业自身所发生的物流管理成本与费用、对第三方进行监督与保障合同顺利进行所发生的成本与费用；

C_4——其他成本。

2. 物流管理运作成本

物流管理运作成本是指当企业采取自营物流模式时所支付的成本。它主要包括：①进行物流运作的成本；②物流人员方面的投资与成本；③用于构建物流系统所进行的投资，主要包括设施与设备方面的投资与成本等；④其他成本。物流管理运作成本的高低除受以上因素的影响外，还受到企业管理水平、物流规模大小、所提供的物流服务水平、资源占有程度大小等其他因素的影响。

一般来说，企业在选取自营物流模式情况下，其在一定时期物流管理运作的总成本 $M_{自营}$ 可通过式（8-5）获得。

$$M_{自营}=M_1+M_2+M_3+M_4 \tag{8-5}$$

$$M_1=\sum_{j}^{5} M_{1j}$$

式中：M_1——企业在一定时期内，采取自营模式时直接进行物流运作的成本，主要包括包装成本 M_{11}、仓储成本 M_{12}、运输成本 M_{13}、装卸搬运成本 M_{14}、流通加工 M_{15} 等成本；

M_2——人力资源方面的成本，包括员工的培训、工资与津贴等；

M_3——企业在物流设施、设备等方面的投资成本；

M_4——其他成本。

在考虑成本因素时，企业对选择物流模式，既不是单一地考虑交易成本，也不是单一地考虑物流管理运作成本，而是把两者结合起来，综合加以分析来确定自己的物流模式。一般来说，当交易成本小于物流管理成本时，企业就有可能偏向于物流外包模式即第三方物流模式；反之，企业就有可能选择自营物流模式或其他可能的物流模式。

这种决策看起来相当简单，不存在任何的难度。但事实上，在这种决策过程中还存在着风险，即当企业的产品或市场营销区域等发生转变时，原来用于物流设施与设备方面的专用性资产投资就可能面临较大的损失。这样来看，自营型物流模式的成本应转变为下列情况，即为式（8-6）。

$$M_{自营}=M_1+M_2+M_3+M_4+M_5 \tag{8-6}$$

式中：M_1、M_2、M_3、M_4——含义与前相同；

M_5——用于专用性资产投资可能产生的风险成本。

由于物流设施与设备具有较强的专用性，一般来说，当企业要建立一个适应自身生产经营活动需要的物流系统时，将需要较大的投资，也就是说将形成较大的沉没成本。如果经营发生变化，该方面可能面临较大的损失。因为对于非物流企业来说，其在该方面所进行的投资，更多是为了满足企业自身生产经营活动需要而进行的，资产的专用性较强。

另外的一个现实问题是，对于专用性资产投资可能产生的风险成本如何正确地予以估算，目前存在着较大的难度。

还有一个问题是，很多企业已经认识到了这种问题的存在，但却没有给予充分的重视，特别是对于产权关系不明晰的企业来说，这种现象尤为突出。

8.3.3 服务水平与物流能力

1. 服务水平

服务水平构成了企业选择物流模式的又一重要因素，一般来说，在其他条件相同的情况下，企业大都选择服务水平较高的物流模式。构成物流服务水平的因素有很多，其主要包括物流效率、服务质量、沟通、信任以及方便等。

（1）物流效率。物流效率是衡量物流服务水平高低的一个重要因素。从外部来衡量，物流效率主要反映了物流能否及时地响应客户的需求，能否及时地满足用户的需求。物流效率可用物流周期来加以衡量。物流周期是指从用户提出需求到用户需求得到满足所经过的时间，其主要包括订单处理时间和物流实体作业时间两大部分。订单处理的时间主要包括订单传送、订单处理、订单准备、订单挑选以及订单发送等时间；实体作业时间主要包括包装、装卸搬运、储存、流通加工以及运输（送货与交货）等时间。

（2）服务质量。质量即可靠性，是指物流服务的提供者能否按照用户的需要来提供可靠性的物流服务，也就是说是否能够以最小的总费用，按用户的要求，将物质资料从供给地向需要地进行转移，或能否“在恰当的时间、地点和恰当的条件下，将恰当的产品以恰当的成本和方式提供给恰当的消费者”。一般来说，衡量物流服务水平可以从订单（主要包括订单处理的及时率、完整性、准确率等）、时间保证（能否按照用户的需求准时交货）、货物数量（是否准确）、安全交货等几个方面来考虑。

（3）沟通。和用户进行沟通是相当重要的，有效及时地与用户进行沟通，不仅是提供高水平物流服务的一条重要途径，也是解决问题与矛盾的重要手段。和用户进行沟通不仅要考虑沟通的方式，也要考虑与用户沟通的内容。

（4）信任。信任对企业物流模式的选择有着较大的影响，这里的信任主要是指物流服务提供者与物流服务需求者之间的信任。信任度的提高可以使物流服务需求者增加物流外包的数量与范围，也可以使物流服务提供者增加物流方面的投资，特别是程度较高的专用性物流资产的投资。一般来说，企业之间的信任主要包括契约性信任、能力信任和信誉信任。契约性信任是指相信对方遵守诺言，并履行协议；能力信任是指对对方有能力完成承诺的信任；信誉信任是指对对方品行、品质的一种信任。在上述三种形式的信任中，信誉信任的级别是最高的，该种信任包含了契约性信任和能力信任。

在现实过程中，由于不同的用户对服务水平有着不同的理解，而且存在着不同的要求，这也使服务水平的衡量标准存在着较大的差异。

（5）方便。这里的方便主要是指对用户的方便，一个高质量的物流服务水平，不仅要考虑物流的效率问题，还要考虑是否能够为用户提供方便。

2. 物流能力

物流服务水平是以物流能力为基础的。没有强大的物流能力，就难以实现高质量的物流服务。企业在选择物流模式时，不仅要考虑自身的物流能力，也要考虑外部的物流能力，通过两者的相互比较，选择适合自身的物流模式。

关于物流能力，学者从许多方面进行了研究。Michigan 全球物流研究队从 32 种方法中识别通用的物流能力，并将这些活动归为四类能力：定位（Positioning）、整合（Integration）、敏捷性（Agility）和测量（Measurement）方法。定位功能主要包括战略（建立财务、渠道和客户目标及其实现方法）、供应链（通过渠道结盟，建立物流联盟）、网络（构建并开发实物资源）、组织（构建并开发人力资源）；整合功能主要包括供应链一致性（分销渠道的相关关系）、信息技术（促进生产和交换的软、硬件和网络的投资与设计）、信息共享（关键技术、财务、运作和战略数据交换远景）、联接性（及时的、反应性的、有用形式的数据交换能力）、标准化（建立有利于物流运作的公共政策和工作）、简单化（设计用于提高效率和效用的事务和程序）、原则（保持公共运作原则和流程）；敏捷性功能主要包括与客户关联（保持关注变化的客户需求的能力）、适应性（对客户特殊要求的反应能力）、柔性（对不可预见环境的适应能力）；测量功能主要包括功能评估（综合功能绩效的评估能力扩展）、流程评估（对内部和外部物流过程的绩效评估系统）和定基（与最好的实践绩效进行标准和流程比较）。在现实中，由于企业可能面临不同的经济与竞争状况，其重点也会有所不同，但大都在这 17 种能力之中[①]。

Fawcett 和 Clinton 的研究发现，在德国、日本和美国的制造企业中，库存管理、客户服务柔性以及物流战略是企业最关键的物流能力[②]。其中库存管理主要包括库存水平（Inventory Level）、位置（Location）和周转率（Turnover）等。

Tomas 的研究表明，有 5 个领域与物流服务质量存在着重要关系，并被认为是最关键的物流能力[③]。按重要性的程度先后排列，分别是及时性（及时的收取和发送、可靠的计划和运输时间、设备的可得性）、服务的价值（竞争等级、与服务水平相当的定价、简化的定价方法）、信息技术（全程跟踪、EDI、网络或电子商务能力）、客户服务（快速的提货安排、跟踪和加快发货的能力、问题解决能力、礼貌待客）以及设备和运作（设备的可得性、设备的状态、安全生产记录、发生丢失和破坏的次数）。

Ellinger 的研究认为，对重要客户的反应能力、客户服务、交货期的一致性、按要求数量提供货物的一致性、对延期和缺货的提前通知构成了物流能力的 5 个维度[④]。根据 MSU 的研究，

---

① Michigan University 全球物流研究组，1995.

② Fawcett，Clinton.Enhancing Logistics to Improve the Competitiveness of manufacturing Organizations：A Triad Perspective.Transportation Journal，Fall，1997.04.

③ Tomas.The Quest Continues.Logistics Management & Distribution Report，1998.08.

④ Ellinger A E.Improving Marketing/Logistics Cross-functional Collaboration in the Supply Chain.Industrial Marketing Managent，2000，29（1）.[2] Ellinger A E，Daudherty P J，Reller S B.The Relationship Between Marketing/Logistics Interdepartmental Integration and Performance in U.S.Manufacturing Fims：An Empirical Study.Journal of Business Logistics，2000，21（1）.

Morash、Droge 和 Vickery（1996）确定了交货的可靠性、售后服务、对目标市场的反应能力、送货速度、售前客户服务、广泛的配送覆盖面、选择性分布和低成本配送 8 种物流能力[①]。

电子商务要求用新的物流理念来看待物流能力。研究表明，在电子商务市场中，新的物流网络需要有处理频繁的订单能力[②]、以将正确的订单在正确的时间发送到位的能力、与客户交流载运信息的能力[③]、利用网络处理和填写订单的能力、与配送中心的其他成员共享信息的能力[④]。

8.3.4　人力资源的因素

是否具有专门的物流人才也是企业选择物流模式的一个主要依据。就一般情况而言，当企业拥有较多的物流人才时，企业可能偏向于采用自营物流模式；而当企业物流人才较少时，企业可能偏向于采用物流外包模式（第三方物流模式）。

本章小结

企业物流模式是指企业对物流所采取的基本战略和方法。根据国外的发展经验及我国物流理论与实践，物流模式主要有自营物流模式、联盟物流模式、互用物流模式、第三方物流模式以及第四方物流模式等。自营物流模式是指企业对自身物流活动直接进行组织与管理的模式；联盟物流模式是企业之间为提高物流效率，实现物流合理化所建立的一种功能互补的物流联合体，其核心在于充实和强化物流的功能，提升物流能力；互用物流模式是企业为了各自利益，以契约的方式达到某种协议，互用对方物流系统而进行物流活动的模式；第三方物流就是指交易双方把自己需要完成的物流业务委托给第三方来完成的一种物流运作模式；第四方物流是指集成商们利用分包商来控制与管理客户公司的点到点式供应链运作。

企业选择何种物流模式，主要取决于物流对企业的重要性、企业的物流能力、市场规模与地理范围、保证的服务及物流成本等几方面的因素。从经济角度进行分析，其也与物流资产的专用性、交易成本与物流管理运作成本、所提供的服务水平以及人力资源等因素相关。企业选择物流模式的方法主要包括定性分析方法与定量分析方法。

复习与思考题

（1）简述宏观物流模式的含义与种类。

（2）简述微观物流模式的种类与特点。

（3）简述企业选择物流模式的影响因素与方法。

（4）简述企业物流能力的构成。

[①] Morash，Droge，Vickery.Production Competence and Business Strategy：Do They Affect Business Performance?. Decision Science，1996，26（2）.

[②] Huppertz.Market Changes Require New Supply Chain Thinking.Transportation and Distribution，1999-03.[2]Copacino. Electronic Commerce：How it Will Affect Logistics.Logistics Management，1997.03.

[③] Karpinski.The Logistic of E-business：Web Commerce Demands New Approach to Inventory，Shipping.Internetweek，1999.05.

[④] Davidson.Today's Challenge：Combining E-commerce and Value-added Services.Electronic Buyers News，2000-02.

（5）我国发展物流产业应该采取何种模式？原因是什么？

（6）物流资产专用性主要表现在哪些方面？其对企业物流模式会产生什么样的影响？

案例分析：日立物流的 TPL 战略

1. 公司基本简介

日立物流是 1950 年在日立集团运输部门的基础上发展起来的。并以家电为中心的“销售物流”为起点，重点发展配送技术、仓库运营管理、物流技术及物流信息系统等。

1980 年后，日立物流开始向集团以外的客户提供物流服务，并逐渐形成了保管、配送、信息三位一体的“系统物流”，成为目前第三方物流的基础。目前公司在日本国内有 200 个据点，在海外 17 个国家有 100 个据点。

2. 第三方物流服务的 4 个支柱

日立物流认为，支撑第三方物流服务的 4 个支柱分别为以下几个方面。

第一，物流系统的设计与改善能力。

第二，物流情报系统。

第三，控制物流业务的能力。

第四，企业的投资能力。

3. 日立物流的服务内容

日立物流的服务内容主要包括物品流通、生产物流、销售物流、国际物流、竞争物品流通系统、协同物流、中国物品流通服务、行业站台服务、信息/通信机器物品流通服务等。

日立公司所提供的物品流通服务主要适合于以下几种情况：因交货次数减少、交货时间严格，而使流通成本增加；因库存零部件、材料种类较多，而使库存管理工作量增加；因交货处理的复杂性增加，而使企业不能专注于经营等。客户通过使用日立公司提供的物品流通服务，能够降低成本，确保在规定的时间内交货；满足突发、临时需要；准确掌握库存，专注于核心经营等。

日立公司为客户提供的生产物流服务主要包括材料管理、包装设计、包装作业、货品管理、发送管理；通过构筑信息、保管、发送三位一体的销售物流系统，为客户提供低成本、高效率的销售物流服务；通过其在 17 个国家的 100 个物流服务场点为客户提供国际物流服务。

请谈谈日立物流的 TPL 战略。

第9章

电子商务物流服务链

本章概要

本章主要介绍电子商务物流服务链的含义、构成与种类，分析电子商务物流服务链的特征与优势，阐述电子商务物流服务链的设计原则与流程，探讨电子商务物流服务链的模式与管理。

9.1 电子商务物流服务链概述

9.1.1 电子商务物流服务链的含义和构成

1. 电子商务物流服务链的含义

电子商务物流服务链是指在现代电子商务环境下，以信息技术、电子商务技术、系统工程等现代科学技术为基础，在物流服务中，以最大限度满足消费者需求为出发点，以为消费者提供多层次、一体化的特色服务和提升物流企业整体竞争力为目标而建立的，以物流企业为核心的，由产品生产企业、公共服务机构、废品回收公司等组成的服务网络。

2. 电子商务物流服务内容

物流服务是企业为了满足客户的物流需求而开展的一系列物流活动的具体体现，它分为基本服务、网络服务和增值服务三大类型。

（1）基本服务。基本服务是指向所有客户提供的传统意义上的物流服务，包括运输、配送、仓储、装卸搬运、包装和流通加工服务，以及与它们相关的物流信息服务。电子商务物流服务链作为一个面向客户的综合型服务网络，其所提供的服务已不限于这些基本的、功能性的物流服务，而往往会将上述的基本服务进行整合，提供综合性的一体化物流服务。

（2）网络服务。网络服务是基于互联网提供的物流服务，是电子商务物流的核心服务。网络服务主要包括信息服务、认证服务、委托服务以及相关的网络服务等。电子商务物流网络服务可以实现物流信息在更大范围的共享与交流，解决目前在社会范围所存在的“物流信息孤岛”问题；而且可以有效减少企业搜寻信息成本、沟通洽谈成本及委托成本，降低物流实体的作业成本，大幅度提高物流的效率；同时可以催生新的物流服务方式与服务主体等。

（3）增值服务。一般认为，增值服务是指根据客户需求，为客户提供超出常规服务范围的服务，或者采用超出常规的方法提供的服务，是一种增加客户便利性和支持性的服务。创新、超出常规和满足客户需求是增值性服务的本质特征。从物流增值服务的起源来看，增值服务一般是指在物流基本服务的基础上延伸出来的相关服务。例如，仓储的延伸服务包括原料质检、库存查询、库存补充及各种形式的流通加工服务等；运输的延伸服务包括选择国际、国内运输方式、运输路线，安排货运计划，确定配载方法，货物运输过程中的监控、跟踪、门到门的综合运输、报关、运费谈判、贷款回收与结算等；配送服务的延伸包括集货、分拣包装、条码生成、贴标签、自动补货等。

此外，物流增值服务还可以进一步深化。向上可以延伸到市场调查与预测、采购及订单处理等；向下可以延伸到物流咨询、物流方案选择与规划、库存控制决策建议、教育与培训、物流系统设计与规划方案的制作等。

3. 电子商务物流服务链构成

（1）活动链构成。电子商务物流活动链由物流价值链上节点企业的一系列物流活动构成，这些活动有机结合，形成了具有经济性、价值性、可比性的电子商务物流活动链。如B2C交易中第三方物流企业到卖主公司领取消费者购买的货物，将货物按照消费者的要求送达消费者手中或指定地点的过程中存在着一系列物流活动，把这些物流活动进行有机整合，就形成了电子商务物流活动链，可以描述为：取货—运输—配送—信息反馈。不同的电子商务模式有不同的物流活动链，其实质是基本物流加增值性服务，组合方式有：功能物流+增值服务、综合一体化物流+增值服务，如卡车运输+增值服务—铁路运输+增值服务—卡车运输+增值服务，仓储+增值服务—流通加工+增值服务—配送+增值服务等。总之，电子商务物流服务活动的有机构成要达到的目的是提供“门到门”的“一站式”服务。

显然，物流活动链中的关键是增值服务活动，而不同物流环节的增值服务不一样，一般来说有仓储型增值服务活动、配送型增值服务活动、国际货运代理型增值服务活动、发展融通仓增值物流服务活动、承运人型增值服务活动、信息型增值服务活动等类型。

仓储型增值活动包括：货物检验、安装、简单加工；配合客户营销计划进行产品的重新包装和产品组合；提供便利活动（如为商品打价格标签或条形码）和商品追踪活动；满足特殊的储存需求；为顾客提供存货查询功能；以客户为引导，按区位排列顺序列出各种规格型号货物的详细信息，确认有效库存能否满足顾客；建立缓冲仓库的活动，等等。

配送型增值活动包括：结算功能、需求预测、物流系统设计、物流教育与培训功能、协同配送、组建客户活动响应中心等活动。

国际货运代理型增值活动包括：订舱（租船、包机、包舱）、托运、仓储、包装；货物的监装、装卸、集装箱拼装拆箱、分拨、中转及相关的短途运输；报关、报验、报检、保险；内向运输与外向运输的组合；多式联运、集运（含集装箱拼箱）；物流过程中的维护、维修；货运代理设计；货运代理咨询；为货运委托人提供情报信息（产品流通信息和市场信息反馈，订货量、库存量动态等）；在线追踪采购订单、集装箱；为客户提供电子商务平台（提供网上电子合同、打印提单、网上订舱、网上支付运费、网上库存管理、网上供应链管理等）等活动。

发展融通仓增值物流活动包括：仓单质押、货物质押、信用担保融资等活动。

承运人型增值活动包括：提供全程追踪、电话预约、车辆租赁等活动。

信息型增值活动包括：以信息技术为优势的物流活动商把技术融入物流作业安排当中，向供应商下订单，并提供相关财务报告；接受客户的订单，并提供相关财务报告；运用网络技术向客户提供在线的数据查询和在线帮助活动。

（2）价值链构成。电子商务物流服务的价值链以物流活动链为基础。关于价值链的思想，

Port 的价值链观认为：一定水平的价值链是一个特定产业内的各种活动的组合，反映了企业历史、战略、战术以及这些活动本身的根本经济效益。美国作业成本科技公司（ABC Technologies）及美国供应链局（The Value Chain Authority）曾联合界定价值链：价值链是一种高层次的物流模式，内容由原材料作为投入资产开始，直至为原料通过不同过程售予顾客为止，当中做出所有的增值活动都可包括在价值链中的组成部分。由此可以认为，供应链下的物流服务，是对实体资源的优化整合，并纳入一体化的管理之中；而在价值链下的物流服务，是面向价值策略进行总体运筹，并从物流价值这一层面用统揽全局的思想使物流效率达到最优。因此，有物流参与其中的价值链上的各个环节就构成了一条物流价值链。

埃森哲的研究表明：加强对整个物流价值链的管理，可以大大降低企业的库存和运输成本，提高企业的长期竞争力。在竞争日益激烈的今天，越来越多的企业把更多的精力放在提升企业核心竞争力上，并把非核心作业外包，第三方物流应运而生。在价值链架构下的第三方物流，为满足客户需要建立起一系列有序作业的集合体，提升不同利益主体组织的价值、调度各种信息化资源和硬件资源，建立起始于供应商、经过企业内部、最后为顾客提供产品的电子商务物流服务链。服务链的整体运作效果由内外各种因素相互作用决定，最终从链中不同利益主体所产生总体效益的价值体现。

（3）主体构成。电子商务物流服务链是向消费者提供各种物流服务的由各种企业和机构组成的综合性服务网络。其参与主体包括产品生产企业、物流服务企业、信息服务机构、电子商务企业、政府部门、银行、保险公司、事务代理机构、服务转让机构、维修服务公司、废物回收公司等。其中，物流服务企业是该服务链的组成核心，也是物流服务的主要提供者；信息服务机构、电子商务企业和服务转让机构沟通供求信息，促进交易的达成；政府部门、银行和保险公司等可为物流服务提供政策支持和资金流的安全保障；维修服务公司和废物回收公司可提供相关的物流增值服务。

从参与主体的活动内容上讲，电子商务物流服务链的构成包括服务链的设计、服务链的组建、服务链的运行与管理三个方面。与供应链以产品为中心的设计策略不同，电子商务物流服务链的设计需以用户为中心，优化服务链的结构，向用户提供快速优质服务。物流服务链的组建包括合作伙伴的选择、物流系统的建设、信息和组织以及价值流和相应的服务体系建设。物流服务链运行与管理则指为用户提供具体物流服务，以及对实物在时间和空间转移过程的管理、对信息流和资金流的管理。由于物流服务过程中需要客户的积极参与，物流管理特别强调对客户关系的管理。

9.1.2　电子商务物流服务链的特征

1. 数字性

数字性是指通过在现代物流活动各环节应用信息技术和物流技术，使信息流同实体物流同步，产生优化的流程及协同作业，从而实现对实体物流综合管理的数字化、智能化、标准化和一体化。电子商务是信息化、网络化的产物。在电子商务环境下的现代物流服务活动的开展离不开信息技术、网络技术等现代科技的支持。信息咨询服务已成为现代物流服务的一项基本内容，它要求物流服务商依靠网络的货主系统、电子订货系统、运价咨询系统等与物流网络整合，进行信息采集与运输业务管理、客户查询及业务跟踪，有效地减少物流中心运作环节和费用，大幅度提高客户服务水平。而电子商务物流所重视的物流增值服务活动更离不开信息技术支持。

电子商务物流服务链组建于现代信息技术的基础上，实现了物流信息存储的代码化和数据库化、物流信息处理的电子化和计算机化、物流信息传递的标准化和实时化、物流信息存储的数字化和多媒体化。简化物流过程、加快物流速度、降低物流成本和提高物流管理水平的信息化管理是电子商务物流服务的基本特征，也是电子商务物流服务链中货物流动、链中成员信息交流和互动的前提保证。

2. 客户性

电子商务物流服务链以最大限度满足消费者需求为出发点，以为客户提供高质量的物流服务为目标。以客户为中心，提供特色服务是现代物流发展的要求，也是电子商务物流服务链的一个特点。这一特点，首先，表现在为客户服务的主动性上。即物流企业根据市场的变化和对消费者需求的分析不断调整自身的服务策略，事先准备好各种服务，然后由客户根据自己的需要选择服务内容。其次，表现在客户参与性上。电子商务物流服务注重与客户的交流与合作，客户实际上是该服务链的一个组成部分。在为客户提供服务的过程中，物流企业可以通过信息平台方便快捷地与客户沟通，并让客户参与到服务活动中来，以充分保障服务质量，提供有针对性的服务。最后，表现在客户服务的集成性上。尽管电子商务物流服务链重视对客户需求的预测，但是现代物流服务需求具有多样性和难预测性，具体表现在服务需求的时间和具体内容难以控制，不同客户的需求差异较大。这使得电子商务物流服务链运作不稳定，给快捷物流服务带来困难。因此，要求电子商务物流企业针对特定客户的服务需求，在强调整体链条服务标准一致性和服务过程协调性基础上，集成电子商务物流服务链上的物流企业全部的相关资源，通过服务链的紧密联结和协同运作来提高物流客户服务质量。

3. 增值性

电子商务物流服务链是条价值增值链。电子商务物流服务链可以看作为满足客户需要而建立的一系列有序作业的集合体。而这些作业又伴随着价值的产生和成本的消耗，从而形成了一个价值链。现在大多数企业仍将企业的竞争重点放在企业的外部，如价格、营销、产品等。但价格竞争的结果使得企业的利润不断减少，营销费用不断增加，所以随着企业竞争的加剧和不断变革的顾客价值，企业竞争的重点将从外部的价格竞争和服务竞争转向对内部成本的控制。根据埃森哲的研究表明，加强对整个物流价值链的管理可以大大降低企业的库存和运输成本，提高企业的长期竞争力。电子商务物流服务链可以通过专业性服务，各方面减低运输、配送及物料的成本促进“内部生产”程度降低，同时增加顾客服务的满意度为顾客增加利润。同时，电子商务物流服务链由链上节点企业的一系列电子商务物流活动构成，这些活动包括基本物流活动和一系列物流增值活动，这些活动具有经济性、价值性、可比较性。电子商务物流服务链的运作过程，同时也是一个创造价值的价值增值过程。

4. 动态性

电子商务物流服务链会根据服务对象的变化而呈现动态变化。电子商务物流服务链中的物流企业群通常以某大规模综合性物流企业作为核心，由多个不同的单一功能型物流企业共同组成。但是在一般情况下，由于受到服务链内外物流企业的竞争和服务链整体战略调整的影响，电子商务物流服务链中的单一功能型物流企业的组建存在着较大的变动性。电子商务物流服务链的核心组织企业，每次组织服务的时候，会根据不同客户及不同客户要求，在服务的各个环节，选择最适合当前服务链的节点企业。在电子商务物流服务链中，各节点企业的核心竞争力不同，有的擅长仓储管理，有的拥有发达的运输网络，有的则可以提供报关业务等。根据方案最优原则，在节点企业选择上，电子商务物流服务链的核心组织企业会对同质企业进行优胜劣汰，并根据服务内容的改变，剔除链中当前不需要的服务，补充适合的服务。因此整个服务链是不断变化的，呈现动态性。

5. 柔性

电子商务物流服务链是由客户订单引起的，具有完全响应客户个性化需求的柔性。从网链的驱动力类型上看，电子商务物流服务链是一个典型的客户需求驱动式供应链。电子商务物流服务的不可存储和转移的特征决定了不可能有提前生产并储存的服务“库存”，因此，没有客户的需求，各个环节的服务就没有了对象，也就不能发生服务链上的一系列运作。从网链的运作模式上看，电子商务物流服务链具有完全的反应型供应链的基本特征。一般来说，电子商务物流服务需求具有不可预测性和多样性，具体表现在：服务需求的时间和具体内容难以预测，不同客户的服务需求差异化程度较大等，因此，多变的客户需求要求电子商务物流服务链中的节点企业具有创新性和完全的客户需求响应性。客户下单后，订单生成企业围绕新订单进行生产、采购等活动。订单的改变引起上下游企业的变化，企业所处的供应链也发生变化。这些变化，要求电子商务物流服务链的核心组织企业，根据物流服务规模的改变、客户的个性化需求，重新设计服务方案，调整服务链的功能，组织合适的节点企业，组成新的物流服务链，对客户需求进行快速响应，为客户提供性价比最高的服务。

6. 系统性

电子商务物流服务链是由众多参与要素，在电子商务环境下，基于信息平台建立起来的服务网络。其系统性主要体现在以下几个方面：首先，构成该服务链的各个参与成员，包括物流企业、生产企业、银行、信息服务机构等，为了实现共同目标被有机组合起来，构成了一个具有特定功能的系统。电子商务物流服务链这一服务系统的顺利运行，有赖于各成员要素的相互合作，以及各运行环节的相互配合。各组织资源的集中与互补是一个服务链竞争力的基础。其次，电子商务物流服务链致力于以“满足客户需求为目的”的“计划、执行和控制”的客户服务管理。服务链中的物流企业与客户企业间的关系更加密切，服务链的服务范围不再局限于简单的执行客户的仓储和运输指令，而是更加注重客户物流体系的整体动作效果与效益。从各个层面上帮助客户完成从物流战略策划、资源整合、管理体系建立、流程优化、人员培训和计划管理等一体化物流功能。最后，按照物流服务过程来划分，可将物流服务分为交易前的前期服务、交易中的中期服务和交易后的后期服务三个阶段，电子商务物流服务链注重服务过程的整体性和系统性。前期服务包括预测客户要求，寻找客户并根据客户需求组织拟定物流服务计划等；中期服务即核心物流服务的实施，包括运输存储、配送包装等环节。要确保按用户要求将货物准时、保质保量地送达目的地，并向客户提供全程信息咨询服务；后期服务包括服务产品的维护、产品的跟踪、客户要求的受理等。电子商务物流服务链以客户为中心，提供全程交易服务，重视后期服务，以实现物流服务的系统性。

9.1.3　电子商务物流服务链的优势

电子商务的发展给我国物流企业带来了机遇和挑战。一方面，先进的信息平台和智能化的信息管理系统及各类电子商务与物流技术，促进了物流业的飞速发展，提升了物流业在国民经济中的地位；另一方面，国际化的统一市场将我国物流企业置于竞争激烈的国际化环境中，电子商务的发展对现代物流企业提出了更高的要求，电子商务物流服务链的形成是电子商务大环境下市场发展的一种产物，与传统物流相比，它具有以下优势。

1. 提升信息透明度

与传统物流服务相比，电子商务物流服务链实现了物流服务的有效集成和资源的合理配置，充分利用供应链节点企业的电子商务系统和网络技术，将条形码技术、POS 系统、订单自动处理系统等集成起来，使服务链结构扁平化。链中信息具有透明性和及时性，链中企业可以根据这些信息进行采购、生产、库存等活动的调整。链中企业不再是被动地执行订单，而是更有效地计划、更快捷地反映市场变化和消费者的需求，主动地为订单生成企业补货或提出建议性的订单，降低了补货成本，提高了供货速度和准确性，降低了库存水平。从而保证了链上相邻的两个节点企业间的库存管理者对需求的预测保持一致，消除了由于信息不对称造成的短缺博弈、库存失衡、需求信息在传递过程中的放大和扭曲，大大降低了“牛鞭效应”的影响。

2. 提高服务水平

与传统物流服务相比，电子商务物流服务链拥有先进的科学技术和管理思想，再加上发达的物流基础设施和先进的物流设备，可为客户提供更多种类、更多层次的高质量物流服务。传统物流企业的服务能力有限，仅能提供仓储、运输等基础性服务，服务质量得不到保障。电子商务物流服务链重视服务意识，以满足客户需求为出发点，不仅可以提供包括运输、配送、保管、装卸、搬动、流通加工等服务以及与之相关的信息服务，在此基础上，还可以根据客户需要提供增加便利性和支持性的增值服务。例如，存货管理、订货处理、开票和回收商品处理、建立方便的订货动态系统，甚至提供全套的物流服务等。电子商务物流服务链不仅可以提供多样化服务，还可以与客户企业进行合作，提供多层面的综合性服务。另外，在各类信息技术和信息管理系统的支持下，电子商务物流服务链可以优化资源配置，大幅提升物流服务质量，包括保持最优库存量、控制缺货频率、快速反应、缩短服务总周期、灵敏应对突发事件等。该服务链追求优质服务，最大限度地满足客户要求。

3. 降低物流成本

电子商务物流服务链能够帮助企业降低物流总成本，这包括降低物流企业的物流成本和降低客户企业的物流成本。过去，各地纷纷建立“大而全”的物流中心，重复投资建设已经导致现在有很多闲置的“物流中心”。这种低效率的运营模式不仅阻碍了物流服务的实现和升级，而且注定了居高不下的物流成本。而电子商务物流服务链可以解决这些矛盾，物流资源的整合不仅符合物流政策的要求和物流业者的切身利益，更重要的是可以实现高质量、高效率的服务。通过对物流企业各种资源的整合，对物流服务活动的合理组织，可以降低物流企业的投资成本和运营成本，有利于增强物流企业竞争力。另外，对物流客户企业而言，电子商务物流服务链这一综合性服务网络可以承接供应链上各节点企业的物流业务，将原来的供应链上各物流合作伙伴间的交易过程转变为服务链内部运营过程。这样一来，在信息沟通、物流资源的合理配置上就有很大的提升空间，大幅降低客户企业的物流成本。而且电子商务物流服务链的介入使得销售渠道越过中间商而进一步贴近消费者，减少了中间交易环节，缩短了物流活动周期，降低了物流成本。

4. 优化资源配置

企业希望通过与其他企业的物流战略联盟使自己的资源配置最优。在现今竞争日趋激烈的市场环境下，很多企业无法单从内部的物流资源配置来满足其对一系列物流活动的综合需求。一种解决方法是两个或多个企业通过实施物流战略联盟，联盟中的企业可以通过对它们的现有资源进行重新整合，提高联盟企业整体资源利用率，优化现有资源配置。而电子商务物流服务链则可以更好地优化资源配置。第一，通过联结多个物流客户企业，将物流客户企业内部资源与服务链内节点物流企业的资源综合在一起进行资源的统一整合，优化配置，这样可以使电子商务物流服务链中的各物流企业、物流客户企业共享资源，提高资源利用率，降低物流成本。第二，通过电子商务物流服务链所拥有的先进物流管理技术和装备，整合物流过程，实现信息流、资金流、物流的高效、快捷和最佳成本服务比，实现商品在流通过程中的增值及利益最大化。第三，以完善区域物流体系，整合物流资源为先导，变传统物流为现代物流，协调物流发展。第四，通过物流企业间的联盟形式，进行规模扩张，实现规模经济，达到规模经济效益，实现物流渠道作业的一体化。

5. 增强竞争优势

电子商务物流服务链是增强企业竞争力优势的重要手段。首先，该服务网络与客户企业进行物流合作，使客户企业生产组织和资源配置方式发生重大变化，使它们可以致力于塑造自己的核心竞争力并和其他企业建立战略合作关系。这使得每一个企业都能集中精力去巩固和发展自己的核心竞争力和核心业务，利用自己的资源优势，通过技术程序的重新设计和业务流程的快速重组，做好本企业擅长的关键业务，提升企业的竞争优势。其次，电子商务物流服务链的建立促成同业间物流资源的联合，实现了强强联合、优优联合，从而增强物流联盟的竞争力。单个的物流企业无法满足当前物流客户的全方位市场需求，而行业间的物流资源的优势互补，可以实现全方位的客户服务。最后，在电子商务物流服务链建立之初，政府还为其资源的整合、兼并加以必要的引导和扶持，从而形成成本优势，以增强竞争力。

9.1.4　电子商务物流服务链的类型

系统是由相互联系、相互作用的组成部分结合而成的具有特定功能的有机整体。电子商务物流服务链也是一个由众多参与主体组成的提供物流服务的系统，其类型划分具有多元性。

1. 按电子商务模式划分

按照交易主体之间的关系，通常把电子商务的模式分成 B2B、B2C、C2C 等几种主要类型。相应地，电子商务物流服务链也存在着这几种主要类型，即 B2B 物流服务链、B2C 物流服务链、C2C 物流服务链。

（1）B2B 物流服务链。B2B 模式是企业与企业之间进行的电子商务模式，从业务上看，它包括产、供、销或购、销、调、存，是电子商务中业务量最大的一种类型。B2B 物流服务链就是为各企业间提供物流服务的服务系统。此种模式下，物流服务链可以延伸到生产企业内部，为其提供多种类型的增值服务，可以很好地充当第三方物流的角色。物流服务链也可以为供应链上的节点企业提供综合一体化服务，从而实现物流服务链与供应链的集成。在 B2B 物流服务链中，还可以根据物流服务性质的不同，进一步分为生产物流服务链、销售物流服务链。

（2）B2C 物流服务链。B2C 是以互联网为主要手段，通过网站实现的商家或企业与消费者之间就商品和服务实行交易的一种电子商务模式。相应地，B2C 物流服务链就是在这一商务模式下为企业与消费者提供物流服务的服务系统。为了给消费者提供更好的服务，要求物流服务链系统与企业或商家密切合作，在物流服务策略、服务内容上相互协作。物流服务质量的好坏不仅是物流企业单方的责任，也应成为企业或商家的战略考虑，企业或商家应将物流服务链所持有的服务理念贯彻到企业的生产经营活动中，优化企业业务流程。

（3）C2C 物流服务链。C2C 模式是消费者与消费者之间的网上交易模式。从交易内容上看，它与传统市场中的"旧货市场""二手市场"类似。作为个人消费者的买卖双方在电子交易平台上可以方便地完成订单交易，但整个交易的完成依然依赖于物流的完成。在 C2C 物流服务链模式下，物流服务成为该商务过程中的核心，往往会成为制约 C2C 电子商务发展的瓶颈。信息技术、电子商务技术在该模式中起着至关重要的作用，无论是电子交易平台的建立还是数字物流的运用，都依赖于技术的支持。物流服务链还需要与作为中介者的电子交易平台提供商建立良好的协作关系，共同保障物流、资金流和信息流的运行。

2. 按物流组织形式划分

按照物流组织的形式，把电子商务物流服务链分成实体物流服务链和虚拟物流服务链两种类型。

（1）实体物流服务链。实体物流服务链由某一核心物流企业作为主导，同若干个具有特色物流服务功能的物流企业及其他的服务机构组成，它们之间关系密切而稳定，能够长期合作，有着共同的战略目标。它们之间通过承接物流任务，对物流任务进行合理分解与分配，来合作完成物流任务。

（2）虚拟物流服务链。面对快速多变的市场环境和用户的个性化需求，物流服务链必须是任务订单为中心灵活快速地组织服务链内外的相关的物流企业和资源，利用现代信息技术与网络资源将其进行连接与合作而形成的动态网络组织。该组织建立在信息技术基础上，通过网络信息平台将相关企业和资源整合而成虚拟性的服务链。这种虚拟物流服务链具有临时性和不稳定性，但通过信息平台的连接和良好运作管理，可以实现快速反应，应对用户的个性化服务需求。由于这种服务链在组织上没有明显的边界，合作成员具有不确定性，因此加强建设可靠而值得信赖的关系网络和成员企业核心能力的密切合作成为虚拟物流服务链所要解决的问题。

3. 按服务链系统性质划分

电子商务物流服务链是一个系统，它既可以是小系统的集合，也可以是大系统的子系统。从社会物流系统的角度划分，它可以是供应链系统、行业物流系统、社会物流系统的子系统。

（1）供应链物流服务链。物流服务链可同供应链集成，为供应链提供全面的物流服务。供应链管理中涉及采购、库存、运输等物流管理，而物流质量直接关系到供应链的市场竞争力。作为物流服务的专业网络，物流服务链同供应链进行集成成为一种必然。供应链物流服务链专门为某一条供应链提供物流服务，不仅可以为供应链节点企业提供企业内部的物流服务，更可以提供各节点企业间的外部物流服务。通过与供应链的集成，服务链可以发挥集成优势，为供应链提供多层次一体化服务，有利于资源利用和增强供应链及物流服务链的核心竞争力。

（2）行业物流服务链。行业是指按生产同类产品或具有相同工艺过程或提供同类劳动服务划分的经济类别，几个性质相同或生产工艺相同或产品相关的企业或生产部门，达到一定规模后可以构成一个行业。同行业企业之间基本演变成为一种竞合关系，行业物流是同一行业内企业之间物流活动的全过程。在同一行业中，物流服务的内容比较固定，所需的物流资源、物流技术和服务标准比较统一，因此，行业物流服务链可以集中精力做好专业领域的服务，有利于提高服务质量。同时，行业物流服务链可以协调企业之间采用联合、合作的方式，合理利用物流设备，利用同一条物流供应线和贸易渠道，大大节约物流成本。

（3）社会物流服务链。社会物流一般指流通领域发生的物流，是全社会物流的整体，也称宏观物流，即国民经济各部门之间以及地区之间的各种物流过程。随着社会专业化程度越来越高，社会分工越来越细，一种产品的生产往往涉及多个企业，这使得国民经济各部门、各企业之间关系密切，商品交换频繁。社会物流在商品的品种和数量上、在时间和方式上都有严格的要求，发展社会物流难度高但意义重大。社会物流服务链需要整合政府、物流企业和银行等公共机构的众多社会资源，由政府引导和宏观控制，加大对物流基础设施的建设和各宏观政策的调控。社会物流服务链能够有效地促进社会物流的发展，是现代物流发展的趋势，也是电子商务物流服务链未来发展的方向。

9.2　电子商务物流服务链设计

为更好地发挥电子商务物流服务链的整体实施效能，必须对其进行精心设计。设计时要遵循一定的原则，采取科学合理的设计流程，并对设计的服务链进行评价。

9.2.1　电子商务物流服务链设计的原则

电子商务物流服务链的设计是一项复杂而艰巨的任务，为了设计出一个有效合理的电子商务物流服务链，应该遵循以下基本原则。

1. 战略性原则

电子商务物流服务链就是通过整合各方面的物流服务资源，为了共同的利益和服务目标而形成的战略联盟。对企业来说，战略可以定义为企业长期目标的决定，是基于动态环境的企业未来发展方向和竞争策略的谋划。因此，在设计电子商务物流服务链时，首先必须遵循战略性原则，着眼于整个电子商务物流领域，从全局的角度来规划和设计服务链，使得服务链中的各个环节都围绕着同一目标运转。

2. 客户中心原则

新经济时代，经济全球化与竞争国际化日益加剧，“以产品为中心”的竞争模式逐渐被“以客户为中心”的新型竞争模式所取代，企业要在竞争激烈的市场经济中处于优势，必须树立以客户为中心的经营理念和服务观念。在进行电子商务物流服务链设计时，也要遵循以客户为中心的理念，要在分析客户需求的基础上，评判核心物流企业的服务能力，进而选择其他物流服务商并整合成物流服务链，该服务链必须能够提供运输、仓储、包装、装卸搬运、流通加工、物流信息以及其他增值服务的全套服务内容，以满足客户全方位的要求。

3. 系统性原则

物流是一个系统，对于电子商务物流服务链而言更是一个系统，因为它本身就是一个由一系列企业（包括提供物流服务的企业和被服务的企业）在共同利益的基础上结成的网络系统，网络系统里的各个企业及其相关部门之间是一种相互作用、相互影响、相互制约的关系。电子商务物流服务链的设计，必须从系统性的角度出发，统筹考虑物流活动之间的、物流服务企业与被服务企业之间的关系。例如，运输服务商往往会采取大批量、集中运输的方式以提高运输效率和降低运费，而仓储服务商总喜欢保持较低的库存水平以节省库存成本，但大量运输必然带来较大的库存，显然运输服务商和仓储服务商在追求各自利益目标时是相互冲突的，为了协调这种冲突，必须从系统角度出发，先设计出整条链的统一目标，然后围绕统一目标来设计各个环节的目标。

4. 柔性原则

当今的市场，正日益呈现出多样化、个性化的特征，与以往相比，市场需求的不确定性大大增加。为了应对不确定性，必须本着柔性原则来设计电子商务物流服务链，使其成为一个能够对客户需求及时做出响应的柔性链。通过利用电子化手段，尤其是利用互联网技术来完成物流全过程的协调、控制和管理，加强链上各个环节的信息共享和沟通，而且要使它们始终保持动态的联系与沟通。另外，要减少信息传递过程中的不必要环节，以避免信息的延迟与失真，提高信息预测的精度和时效性。

5. 简洁性原则

简洁性原则是针对电子商务物流服务链的构成而言的。坚持该原则有两个重要原因：第一是为了保证电子商务物流服务链具有灵活快速响应市场的能力；第二是为了节省电子商务服务链的运营成本。在设计电子商务物流服务链时，要尽可能减少无效服务以及客户不需要的服务，尽可能采用好的技术手段，在服务商和被服务商的选择上尽可能少而精。

6. 创新性原则

电子商务物流服务链设计好后并不是一成不变的，它总会随着市场环境的变化以及客户需求的变化做出适当的调整，比如链上成员的调整、服务内容的调整、某环节成员自身内部组织及功能的调整等。以上这些调整都需要设计者运用创新性思维对服务链进行再设计，再设计时要敢于打破各种陈旧的思维框框，用新的角度、新的视野审视原有的管理模式和体系，进而设计出符合新要求的、发展了的电子商务物流服务链。

7. 核心企业为主原则

电子商务物流服务链是由多个物流企业构成的，其中必定有一个核心的物流企业。核心物流企业可能是物流功能服务能力最强的企业，也可能是物流信息服务能力最强的企业，或者是参与到电子商务服务链中的最初的物流企业。在进行电子商务物流服务链的设计时，要以核心企业的物流服务功能为主，按照客户需求整合其他参与企业的物流服务功能而形成一个整体。

9.2.2 电子商务物流服务链设计的流程

依据上述设计原则，提出图9-1所示的设计流程。

1. 分析市场竞争环境

影响电子商务物流服务链设计的因素很多，概括起来大致分为两类，即外部因素与内部因素。分析市场竞争环境就是对外部因素进行分析与考察，而构成外部因素的主体主要有两类：竞争对手与客户。

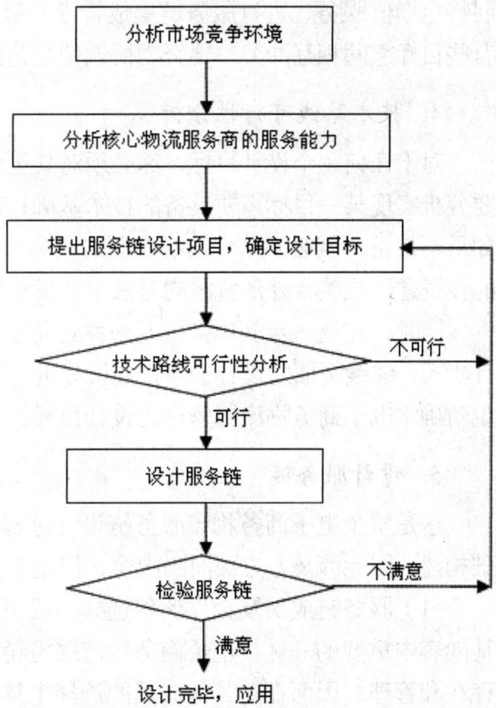

图 9-1　电子商务物流服务链设计流程

（1）竞争对手分析。竞争对手主要指非链内的其他物流服务商，对于这类主体可以采取专项调查的方式来了解它们的发展战略、经营规模、设计布局、市场控制、服务内容以及特色服务等，同时还需了解它们的合作伙伴的信任度以及它们的客户的满意度，并对以上调查结果进行分析总结以便做出竞争对手实力排列、物流服务重要性排列、伙伴选择优先级排列等。对竞争对手进行分析并不是为了通过了解和掌握竞争对手的信息、资料而达到对其控制或打压的目的，而是为了充分利用市场资源，提倡共赢，尽可能将竞争对手变成合作伙伴。

（2）客户需求分析。进行客户分析涉及以下内容：第一，根据客户的性质进行类型划分，按照客户规模的不同，把客户分为企业型、个体型，按照客户在社会再生产过程中所处的环节，把企业型客户进一步划分为生产型、服务型，把个体型客户进一步划分为最终型、中间型；第二，明确各类性质客户对物流服务的具体要求，包括整体服务的要求和各单项物流服务的要求；第三，分析不同性质客户的不同需求以及相同性质客户在不同季节、不同环境下的不同要求；第四，总结出客户的特别需求服务内容，比如紧急配送、订单处理等。客户需求分析的意义在于，通过了解和掌握客户的需求信息达到找准客户群、挖掘潜在市场的目的。

市场竞争环境分析除了对以上两类市场主体进行重点分析以外，还要考虑行业管理和发展的前景以及诸如宏观政策、市场大环境可能产生的作用和影响等。

2. 分析核心物流服务商的服务能力

电子商务物流服务链的核心企业在功能、技术、运营以及管理各方面的状况决定了服务链的设计方向或者说设计定位，同时，它又是影响电子商务物流服务链设计的内部因素中最为重要的主体，因此，对其现状进行分析是服务链设计中必不可少的一环。需要分析的内容具体包括：能提供哪些物流服务尤其是增值性服务？服务的效率和质量怎么样？核心服务能力是什么？服务群体有哪些？服务辐射范围广不广？是否采取现代化的技术手段和管理方法，等等，还包括物流基础设施情况、信息化建设程度、运作成本状况以及响应客户能力等。最好能将上述分析内容具体化甚至是量化，并且一一分类罗列出来。

3. 提出服务链设计项目、确定设计目标

根据市场竞争环境和核心企业服务能力的分析结果，提出电子商务物流服务链设计项目，在此基础上确定服务链的设计目标，设计目标在一定时期内具有相对稳定性。基于客户需求的电子商务物流服务链设计的核心目标是：最大限度地满足客户需求，向客户提供快捷、安全、高质、低价、全方位的物流服务。围绕这一核心目标，可以把具体目标分解为：拓展市场服务范围、开发物流前端服务、加强客户管理、改善售后服务、降低服务成本、提高服务效率、发

展特色增值服务、进行服务链集成管理、最大限度地发挥服务链整理效能等。在这些目标中，有些目标之间相互冲突，要努力协调使之达到平衡，并且要分清主要目标和次要目标。

4. 技术路线可行性分析

对于任何一个设计目标，都必须对其进行可行性分析，关键是技术上的可行性分析。首先，要分析实现某一目标需要具备的技术基础；其次，要考察核心企业关于该技术基础的具备情况，如果不具备，就必须结合核心企业的实际情况以及对物流服务的发展战略要求，考虑通过自身的投资建设或整合外部资源的方法来开发获取相应的技术、方法和工具。

同时，在这一步骤中需要对方案进行选择。如果分析认为技术路线可行，就进入下一个设计步骤，继续下面的设计工作；如果分析认为技术路线不可行，就必须返回到上一个设计步骤，重新确定电子商务物流服务链的设计目标。

5. 设计服务链

这是整个电子商务物流服务链设计过程中最为复杂的一步，这一步相当于对整个链进行基础构建，因此涉及方方面面的内容，但主要解决以下关键性问题。

（1）服务链成员及合作伙伴选择。成员选择是电子商务物流服务链设计的基础，是整个设计内容中重要的一环。电子商务物流服务链的主体企业尤其是核心企业，主导着整个服务链的存在和管理，因而在对其他成员的选择上具有一定的主动性和决定性。构建服务链的初衷是实现资源共享和利润共赢，因此在服务链成员的选择上需要遵循一种"战略合作"思想。另外，选择合作伙伴时要采取合适的方法，如直观判断法、招标法、协商选择法、ABC 分类法、层次分析法等，并且要研究出一套科学合理的步骤。

（2）物流企业业务流程改造。从企业运营管理的角度来看，电子商务物流服务链的设计是对一个物流企业（尤其是作为核心企业的核心物流服务商）的业务和管理流程设计改造的工程，因为处在链上的物流企业不再是传统的功能性物流企业，而是扩展型物流企业，它们往往具备一些诸如信息沟通、集成服务等新型功能。对物流企业的业务流程进行设计和改造并不是要推翻物流企业现有的各类流程和模式，而是要从现在物流企业管理思想应用的角度，从物流企业适用市场变化的角度来武装物流企业，如采取精细化服务理念、建立动态虚拟联盟等。

（3）物流系统设计。物流系统是指电子商务物流服务链的物流通道，因此物流系统设计也称作通道设计，是电子商务物流服务链设计中最主要的工作之一，其含义是指目标物到达—装卸上车—干线运输—进入临时仓库—通过配送中心配送—到达用户手中等一系列物流过程的设计。设计合理的物流通道对核心企业降低库存、减少成本、实施准时交货以及提高服务链的整体运作效率是非常重要的。

（4）信息技术支撑体系设计。信息是电子商务物流服务链的各成员以及各部门间密切配合、协同工作的"黏合剂"。服务链作为一种"扩展"了的虚拟企业联盟，其信息流动和获取方式不同于单个企业，链上各企业的信息系统与传统的企业信息系统也有较大区别。为此，需要建立面向服务链管理的新的服务链信息系统平台，这是实现服务链及其管理的前提与保证。

（5）组织与管理机制设计。服务链的组织与管理机制是保证服务链有效运行的关键。为了实现电子商务物流服务链的无缝衔接，各成员企业必须从服务链整体出发来设计相关组织机制与管理程序。

6. 检验服务链

电子商务物流服务链设计完毕以后，需要对其进行检测。通过模拟一定的服务链运行环境，借助一定的方法和技术对电子商务物流服务链进行测试、检验或运行。如果模拟测试结果不理想，就返回到第 3 步重新进行设计；如果没什么问题，则可以用于实践。

9.2.3 电子商务物流服务链的评价

对于已设计好的电子商务物流服务链，需要对它的运行效果进行度量和评价，以此来判断它的绩效及其存在意义，同时达到衡量设计工作的好坏的目的。进行评价时先得设计出一套全面、科学的评价指标体系，然后依据这套体系采取合适的评价方法及步骤进行评价，最后还要对评价结论进行适当的总结和分析。

1. 评价指标体系

根据电子商务物流服务链的基本特征和设计目标，评价指标首先应该从客户的角度出发对客户的满意程度进行考量，其次能够恰当地反映出各节点之间信息沟通情况以及协同发展状况，在整体运营方面和运作成本方面也应该有所体现。据此，提出一套关于电子商务物流服务链评价的指标体系，如表 9-1 所示。本指标体系是一个定性指标和定量指标相结合的指标体系，定性指标的定量化是一个难题。

表 9-1　电子商务物流服务链评价指标体系

一级指标与代码	二级指标与代码	指标说明
客户满意度 U_1	时间效率 U_{11}	主要体现在业务速度方面，如订单处理速度、送货速度、退货处理速度、客户投诉处理速度、个性化服务响应速度等
	服务质量 U_{12}	以服务完成的好坏来衡量，如顾客抱怨率、满意率等
	服务价格 U_{13}	表现在性价比以及同比平均价格优势上
	可靠性 U_{14}	主要体现在安全性和准确性方面，如运输安全性、存货准确率、物品发错率、货物完好率、订单履行准确性等
信息沟通 U_2	信息传输失真率 U_{21}	传输失真信息量与传输的全部信息量之比
	信息透明度 U_{22}	指信息在各节点企业之间的公开化程度
	信息共享程度 U_{23}	指信息在各节点企业之间相互利用的程度
	信息反馈周期 U_{24}	指信息由某节点企业传出后依次经历其他节点企业最后返回到该节点企业的全部响应时间
协同发展 U_3	合作信任度 U_{31}	各节点企业彼此信任、彼此进行业务合作的程度和频率
	发展潜力 U_{32}	在为了共同目标而发展的一致性要求和能力
	竞争意识 U_{33}	主要指链内各企业之间相互竞争已达到共同提高的意识
整体运营 U_4	设备管理 U_{41}	信息设备或物流设施的调配、维修和保养等方面的状况
	财务收益 U_{42}	企业资产的运作效益情况，包括总资产报酬率以及净资产收益率
	人力资源 U_{43}	在开发和管理人力劳动、发挥员工积极性、进行员工培训等方面的状况
运作成本 U_5	信息成本 U_{51}	包括信息基础设施建设所耗费的成本，信息沟通与信息系统维护过程中的成本等
	人力成本 U_{52}	日常运作过程中全部人力劳动成本，包括管理人员工资、作业人员工资以及出差开销等

续表

一级指标与代码	二级指标与代码	指 标 说 明
运作成本 U_5	功能物流成本和设备折旧费用 U_{53}	进行功能性物流服务时所产生的各项基本费用（包括运输装卸、仓储、包装与流通加工等费用）以及设备折旧费用
	服务成本 U_{54}	在为客户提供增值性、辅助性服务时产生的额外费用，如咨询服务费用、订单处理费用、退货处理费用等

说明：本指标体系主要根据论文《物流服务供应链模式特性及其绩效评价研究》（作者：闫秀霞，孙林岩，王侃昌）以及其他相关文献资料归纳形成。

2. 评价方法及过程

从电子商务物流服务链的评价指标设置不难看出，其评价过程是一个多目标决策的问题，因而需要有一种简单、合理并易于反映全系统各因素之间关系的方法来处理这样的问题。目前应用较为广泛的 AHP 方法在处理因素多、规模大的问题时容易出现判断矩阵难以满足一致性要求等问题。针对这种情况，可以考虑采用模糊综合评判方法对电子商务物流服务链进行评价。

下面结合具体实例来阐述模糊综合评价的过程。

（1）建立因素集。由表 9-1 得出：

一级因素集 $U=(U_1, U_2, U_3, U_4, U_5)$={顾客满意度，信息沟通，协同发展，整体运营，运作成本}；

二级因素集 $U_1=(U_{11}, U_{12}, U_{13}, U_{14})$={时间效率，服务质量，服务价格，可靠性}；

$U_2=(U_{21}, U_{22}, U_{23}, U_{24})$={信息传输失真率，信息透明度，信息共享程度，信息反馈周期}；

$U_3=(U_{31}, U_{32}, U_{33})$={合作信任度，发展潜力，竞争意识}；

$U_4=(U_{41}, U_{42}, U_{43})$={设备管理，财务收益，人力资源}；

$U_5=(U_{51}, U_{52}, U_{53}, U_{54})$={信息成本，人力成本，功能物流成本和设备折旧费用，服务成本}。

（2）建立评判集。对于上述各因素的评判，可建立 5 个等级，即很好、较好、一般、较差、很差，并对每个等级赋予一定的分值，依次为 90、80、70、60、50。

因此，评判集 $V=(V_1, V_2, V_3, V_4, V_5)$={很好，较好，一般，较差，很差}=（90，80，70，60，50）。

（3）确定各因素的权重。权重是指各因素在评价过程中所占的重要程度，可通过对若干电子商务物流服务专家和实际工作者的意见调查，并采用加权统计的方法得到关于电子商务物流服务链评价因素的权值情况，如表 9-2 所示。为了方便说明，记一级因素集 $U=(U_1, U_2, U_3, U_4, U_5)$ 对应的权重为 $W=(W_1, W_2, W_3, W_4, W_5)$；二级因素集 $U_i=(U_{i1}, U_{i2}, U_{i3}, U_{i4}, \cdots, U_{im})$ 对一级因素集 U 的权重为 $W_i=(W_{i1}, W_{i2}, W_{i3}, W_{i4}, \cdots, W_{im})$。

（4）建立模糊评价矩阵。因素集中的各因素到评判集都会有一个模糊映射，可记为：

$$f: U \to V;\ f(u_i)=(r_{i1}, r_{i2}, r_{i3}, r_{i4}, r_{i5}) \qquad \forall i \tag{9-1}$$

其中：$f(u_i)$ 是因素 u_i 的模糊评价向量；r_{ij} 表示关于因素 u_i 具有评语 V_j 的程度。

一个因素集中各因素对应的全部模糊评价向量可以组成一个模糊评价矩阵。设某个因素集中因素的个数为 m，则该因素集的模糊评价矩阵可表示为：

$$R=(r_{ij})_{m\times 5}=\begin{bmatrix} r_{11} & r_{12} & r_{13} & r_{14} & r_{15} \\ r_{21} & r_{22} & r_{23} & r_{24} & r_{25} \\ \vdots & \vdots & \vdots & \vdots & \vdots \\ \vdots & \vdots & \vdots & \vdots & \vdots \\ r_{m1} & r_{m2} & r_{m3} & r_{m4} & r_{m5} \end{bmatrix} \tag{9-2}$$

$i=1, 2, \cdots, m$；$j=1, 2, 3, 4, 5$；式中 r_{ij} 表示某因素集中第 i 个因素具有评语 V_j 的程度。

一般而言，最后一级因素集的模糊评价矩阵是通过对专家、客户及内部管理人员抽样调查统计得到的。某一实例的调查数据如表 9-2 所示，根据最后一级因素集的模糊评价矩阵，运用综合评价的公式从后往前运算，可依次得到其他级别的模糊评价矩阵。

表 9-2　　电子商务物流服务链调查评价表

一级因素	权重	二级因素	权重	调查结果（%）				
				很好	较好	一般	较差	很差
客户满意度	25%	时间效率	15	10	20	35	15	20
		服务质量	20	21	20	30	18	11
		服务价格	35	30	35	20	10	5
		可靠性	30	30	35	20	12	3
信息沟通	18%	信息传输失真率	20	23	22	25	25	5
		信息透明度	25	10	25	30	25	10
		信息共享程度	30	25	18	22	30	5
		信息反馈周期	25	20	31	19	18	12
协同发展	15%	合作信任度	40	27	29	24	9	11
		发展潜力	30	20	25	35	18	2
		竞争意识	30	37	23	20	20	0
整体运营	20%	设备管理	35	30	35	18	15	2
		财务收益	35	40	30	15	9	6
		人力资源	30	27	22	21	23	7
运作成本	22%	信息成本	17	10	20	35	20	15
		人力成本	23	30	35	20	12	3
		功能物流成本和设备折旧费用	40	19	25	28	20	8
		服务成本	20	30	25	15	19	11

（5）综合评价。由表 9-2 中数据可知，二级因素集 $U_1=(U_{11}, U_{12}, U_{13}, U_{14})$ 的 4 个二级因素的权重为 $W_1=(W_{i1}, W_{i2}, W_{i3}, W_{i4})=(0.15, 0.20, 0.35, 0.30)$，模糊评价矩阵为：

$$R_1=\begin{bmatrix} 0.10 & 0.20 & 0.35 & 0.15 & 0.20 \\ 0.21 & 0.20 & 0.30 & 0.18 & 0.11 \\ 0.40 & 0.35 & 0.20 & 0.10 & 0.05 \\ 0.30 & 0.35 & 0.20 & 0.12 & 0.03 \end{bmatrix}$$

U_1的综合评价为：

$$B_1=W_1\circ R_1=(0.15,\ 0.20,\ 0.35,\ 0.30)\begin{bmatrix}0.10 & 0.20 & 0.35 & 0.15 & 0.20\\0.21 & 0.20 & 0.30 & 0.18 & 0.11\\0.40 & 0.35 & 0.20 & 0.10 & 0.05\\0.30 & 0.35 & 0.20 & 0.12 & 0.03\end{bmatrix}$$

$$=(0.25,\ 0.30,\ 0.24,\ 0.13,\ 0.07)$$

注：式中各计算结果保留两位小数，同理可得 U_2、U_3、U_4、U_5的综合评价分别如下：

$$B_2=W_2\circ R_2=(0.20,\ 0.24,\ 0.24,\ 0.25,\ 0.08)$$

$$B_3=W_3\circ R_3=(0.28,\ 0.26,\ 0.26,\ 0.15,\ 0.05)$$

$$B_4=W_4\circ R_4=(0.33,\ 0.29,\ 0.18,\ 0.15,\ 0.05)$$

$$B_5=W_5\circ R_5=(0.22,\ 0.26,\ 0.25,\ 0.18,\ 0.09)$$

于是得到一级因素集U的模糊评价矩阵：

$$R=\begin{bmatrix}B_1\\B_2\\B_3\\B_4\\B_5\end{bmatrix}=\begin{bmatrix}0.30 & 0.30 & 0.24 & 0.13 & 0.07\\0.20 & 0.24 & 0.24 & 0.25 & 0.08\\0.28 & 0.26 & 0.26 & 0.15 & 0.05\\0.33 & 0.29 & 0.18 & 0.15 & 0.05\\0.22 & 0.26 & 0.25 & 0.18 & 0.09\end{bmatrix}$$

由表 9-2 可知一级因素集 $U=(U_1,\ U_2,\ U_3,\ U_4,\ U_5)$ 的 5 个一级因素的权重为：

$$W=(W_1,\ W_2,\ W_3,\ W_4,\ W_5)=(0.25,\ 0.18,\ 0.15,\ 0.20,\ 0.22)$$

故 U 的综合评价为：

$$B=W\circ R=(0.25,\ 0.18,\ 0.15,\ 0.20,\ 0.22)\begin{bmatrix}0.30 & 0.30 & 0.24 & 0.13 & 0.07\\0.20 & 0.24 & 0.24 & 0.25 & 0.08\\0.28 & 0.26 & 0.26 & 0.15 & 0.05\\0.33 & 0.29 & 0.18 & 0.15 & 0.05\\0.22 & 0.26 & 0.25 & 0.18 & 0.09\end{bmatrix}$$

$$=(0.26,\ 0.27,\ 0.23,\ 0.17,\ 0.06)$$

归一化处理可得：

$$B'=(0.26,\ 0.27,\ 0.23,\ 0.17,\ 0.06)$$

根据评判集赋值 $V=(90,\ 80,\ 70,\ 60,\ 50)$ 得到最后的总评分为：

$$B'\circ V^T=(0.26,\ 0.27,\ 0.23,\ 0.17,\ 0.06)\begin{pmatrix}90\\80\\70\\60\\50\end{pmatrix}=74.3$$

由于 74.3 接近 70，因而最终得到的评价结论是：该电子商务物流服务链处于一般水平。

3. 结论分析

在对电子商务物流服务链作出评价结论后，应该对结论进行一定的分析，分析内容包括对结论进行合理性分析、分析导致该结论的原因以及提出改进措施等。针对上述实例及其评价结论做如下分析。

（1）结论的合理性分析。结论的合理性往往体现在评价方法及过程的合理性上，合理的评价方法及过程导致合理的评价结论，反之亦然。在上述实例中，可采用的是模糊综合评判方法，该方法在处理多目标决策问题以及将定性问题定量化时有很大优越性，但也有一定的缺陷，如带有主观性、对于多层次指标体系评价显得繁琐复杂等；另外，在评价过程中，关于各级指标权重的确定以及在得到最后一级因素的模糊评价矩阵中采取的是加权统计、专家调查的方法，而这些方法都具有很强的局限性和主观性。因此，针对不同的评价实例，要采取不同的评价方法，如可采用层次分析法、欧式范数法、模糊集法等，也可采用多种方法相结合的方式，如 AHP 法与熵技术相结合的方法是一种客观与主观相兼顾的评价方法。

（2）分析导致该结论的原因。在上述实例中，得到的只是“一般”的评价结果，而在设计或解决任何问题时，总希望是得到最优解或者说满意解，因此，应当对这样一个“不满意”的结果进行原因分析。从一级因素 U 的模糊评价矩阵来看，信息沟通 U_2 和运作成本 U_5 是相对薄弱的两环，通过表 9-2 中的调查数据进一步可以知道，在信息沟通方面，信息透明度和信息反馈周期两项指标相对差劲；在运作成本方面，信息成本指标不够理想。于是，将原因归结于信息透明度、信息反馈周期和信息成本这三个方面。

（3）提出改进措施。信息透明度、信息反馈周期和信息成本这三个方面均与信息相关，这说明电子商务物流服务链在信息建设方面存在问题。为了解决上述问题，应该对设计好的电子商务物流服务链进行优化，尤其是对信息技术支撑体系的优化。其具体措施包括升级硬件设备，引入高效、集成化的信息软件，设计简短的信息通道，加强企业成员的信息技能培训等。

9.3　电子商务物流服务链模式与管理

科学合理的电子商务物流服务链管理模式，对电子商务物流服务链的运行效率、运行成本以及服务水平有着重要的影响。本节将主要探讨电子商务物流服务链的基本管理模式、库存管理模式及运输管理模式。

9.3.1　电子商务物流服务链模式与管理

电子商务物流服务链模式是指电子商务物流服务链对物流所采取的基本战略与方法。对于电子商务物流服务链来说，其管理模式主要包括完全集中管理模式、部分集中管理模式和分散管理模式等。

1. 完全集中管理模式

（1）完全集中管理模式的内涵。完全集中模式是指电子商务物流服务链对于物流活动采取完全统一的管理模式，即对电子商务物流服务链中的物流实行统一的计划、组织、指挥、协调、控制及监督。

完全集中管理的主要优点表现在三个方面：一是可以在较大范围内实现电子商务物流服务链资源的配置，有利于提高电子商务物流服务链资源的利用效率；二是可以在较大范围内实现电子商务物流服务链一体性与协调性，有利于解决物流活动所存在的悖反现象，达到电子商务物流服务链整体效益最佳的目标；三是可以实现成本的降低，如分散管理的库存量之和一般是大于集中管理库存量的。

完全集中管理模式实现的最大难度在于电子商务物流服务链成员的思想、意识与观念以及收益分配机制的合理性。此外，如何组织与使用电子商务物流服务链成员企业的物流资源也是一个需要解决的问题。比如实行集中管理，对于多余的物流资源，如何来进行使用，是用A成员企业的物流资源，还是用B成员企业的物流资源，等等。同时，如何进行供应链资源使用的收益分配也是需要解决的一个问题。

（2）完全集中管理情况下物流模式的选择。在完全集中管理的情况下，物流模式也有三种方式：第一种模式是实行完全外包的模式，即将电子商务物流服务链的物流业务全部实行外包；第二种模式是部分外包的模式，即一部分外包，而另一部分由供应链自身来进行运作与管理；第三种模式是自营模式，即由供应链自己来进行运作与管理的物流模式。

在实际过程中，究竟采取哪种模式，既要考虑供应链的业务类型与特点等内部因素，也要考虑用户的需求，同时还要考虑社会第三方物流服务商的服务水平与费用等因素。

2. 部分集中管理模式

部分集中模式是指电子商务物流服务链对于物流活动中的一部分采取集中管理，而对于其他部分采取分散管理的模式。在该种模式下，采取集中管理的物流业务主要是对整个电子商务物流服务链运行有较大影响的物流活动，大多数情况下是对运输和储存的管理。

部分集中管理的优点是抓住了物流活动的重点，既有利于在较大范围内实现物流资源的配置，也有利于实现物流活动的一致性与协调性。

同完全集中管理模式相同，对于要实行集中管理的物流业务，其资源如何配置、收益如何分配、成员是否能够保持一致性是需要解决的关键问题。

3. 分散管理模式

分散管理模式是指电子商务物流服务链对于物流业务采取由各个成员企业自行处理与管理的一种模式。

在该种管理模式下，虽然各个成员企业在物流活动方面具有很大的自主权，企业也可以根据自身的实际情况选择自身的物流模式与管理方法，但在实际运作过程中，可能出现的问题是：第一，物流在局部可能实现了合理化，而未能在全局实现合理化；第二，从整个电子商务物流服务链角度来考虑，加大了实现物流活动一致性与协调性的难度。

9.3.2 电子商务物流服务链库存管理

电子商务物流服务链库存控制与管理是电子商务物流服务链管理的一项主要任务，确定科学合理的库存管理方法，保持合理的库存量，对于保证供应、防止缺货发生以及降低电子商务物流服务链的成本、提高电子商务物流服务链的效率有着重要的作用。

一般来说，电子商务物流服务链库存管理方法主要包括供应商管理用户的库存（Vendor Managed Inventory，VMI）方法、联合库存管理（Jointly Managed Inventory，JMI）方法和多级库存优化管理方法等。在此主要介绍前两种方法。

1. VMI

（1）VMI的含义。VMI是用户和供应商之间建立一种合作关系，在一个相互统一的目标框架下由供应商管理用户库存。

作为近年来出现的一种新的电子商务物流服务链库存管理方法，VMI体现了一种合作与集成的思想，其更多的是应用于原材料紧缺、价格变动比较大的制造行业，以及大量的供应商为主导的零售商业当中。VMI 要求供应商参与管理用户的库存，是库存的拥有者和管理者，下游企业只需要帮助供应商制订计划。VMI 有利于用户实现零库存，对于供应商来说，其不仅可以大幅度降低库存，而且有利于扩大市场份额，为用户提供更好的服务。

（2）VMI 的优缺点。在电子商务物流服务链中，VMI 库存管理具有以下优点。

第一，降低库存。VMI 库存管理避免了“牛鞭效应”所产生的需求扭曲现象以及在分散管理情况下信息不对称的弊端，使供应商可准确地掌握用户的需求，保持合理的库存量。

第二，合理配置仓储资源。VMI 库存管理避免了电子商务物流服务链不同组织根据各自的需要独立运作，重复建立仓储设施的不足，有利于仓储资源的合理配置。

尽管 VMI 具有以上的优点，但也存在一些不足。据美国学者 2000 年的调查，在 VMI 的实施过程当中，成功率并不高，只有 30%～40% 取得成功，还有 30%～40% 有点成效，剩下的 10%～20% 没有取得任何效果。主要原因在于 VMI 系统里面有两个主要的缺点：①VMI 把太多的责任放在生产商身上，销售商制定规则，生产商只能服从，并且生产商对库存的差额负全部的责任；②VMI 并没有考虑和承运商的协作。承运商的能力限制会导致配送运输时间的延迟，从而破坏供应链的效率，特别是在全球供应和多式联运的背景下，VMI 将会造成更多的延迟。

（3）VMI 的实施方法与措施。要有效地实施 VMI，需采取以下相应的方法与措施。

第一，建立合作双方的信任机制，提高双方的信任程度。一般来说，信任程度越高，VMI 实施的作用效果才越大。

第二，坚持互惠互利原则，保持合作的长期性与稳定性。

第三，建立信息沟通机制与系统，实现信息的高度共享与交流。

第四，持续改进，不断对合作方式与系统进行优化。

上述措施的实施，要与供应链管理的思想与方法结合起来。在实施供应链管理的过程中，供应链节点企业之间的协作关系、彼此信任是最关键的问题。如何建立供应链伙伴之间的良好协作与相互信任的机制，还需要深入探讨。

2. JMI

（1）JMI 的含义与特点。联合库存管理，是指在销售过程中，分销中心将各个零售商（或分销商）的库存实行集中统一管理的方法。也就是说，零售商（或销售商）将一部分库存交由分销中心来进行管理的方法。

与 VMI 相比较，联合库存管理不仅体现了集成管理的思想，而且建立了一种库存风险共同承担机制，解决了供应商管理库存所存在的不足。

（2）联合库存管理的作用与不足。联合库存管理的作用主要有以下几点。

第一，有利于降低库存。一般情况下，集中的库存量小于分散库存量之和。即有：

$$M < M_1+M_2+\cdots+M_N$$

式中：M——集中起来的库存量；

M_1，M_2，…，M_N——分别为分散的库存量。

第二，有利于仓储资源的合理配置与利用。

第三，所建立的库存风险共同承担机制，有利于调动各方降低库存与实现仓储资源合理利用的积极性。

联合库存是基于分销中心的一种库存策略，其建立、运作与优化也是以分销中心为核心的。在实际运作过程中，其可能会未充分地考虑整个供应链的需求，从而影响供应链的运行与效益。

（3）有效实施联合库存管理的关键。实施联合库存管理除要坚持互惠互利原则、建立信息沟通机制与系统并不断对系统进行优化与改进等措施外，关键的一点是合作各方要建立科学合理的利益共享机制与风险共担机制，明确各方所承担的责任与所享有的利益。

9.3.3 电子商务物流服务链运输管理

同电子商务物流服务链的库存管理一样，运输管理也是电子商务物流服务链管理中的一个重要方面。合理的运输管理对提高电子商务物流服务链快速响应能力、降低电子商务物流服务链成本等有着重要的作用。在此，主要介绍电子商务物流服务链的一种运输管理方法——协同运输管理。

1. 协同运输管理的内涵

根据VICS（Vollntary Inter-indlstry Commerce Standards Association）在白皮书里的定义：协同运输管理（CTM）是一种在协同计划预测补货CPFR（Collaborative Planning，Forecasting and Replenishment）的基础上发展而来的新的模型，在原有“供应商—销售商”的合作关系上，扩展至“供应商—发货人—第三方物流—收货商”的战略联盟，通过信息共享和供应链协作，建立计划、预测、运输、库存等商品服务全过程的共同决策。CTM不仅包括CPFR里原有的协同计划、预测与补货，还延伸至运输和配送的领域。

CTM最原始的雏形是货运合并，保持货车的满载移动，以更好地利用资源，改变空载浪费。这种方法在北美相当流行，目前已有超过1 600家合作伙伴（包括供货商、运输商、零售商）形成了合作关系，他们建成了一个统一的信息平台，通过多站式的装卸货，保持着货车的最低空载率。对于最终消费者而言，可以以较低的成本（为15%～25%）在较短的时间内得到所需要的服务。

协同运输管理（CTM）是在VMI和CPFR的基础上发展过来的。VMI是供应商管理库存；CPFR是一种面向供应链的新型合作伙伴的策略和管理模式，它应用一系列技术模型和处理手段，协同过程跨越了企业和整个供应链，不仅合作企业实行共同预测和补货，同时将原来属于各企业内部事务的计划工作（如生产计划、库存计划、配送计划、销售规划等）也由供应链各企业共同参与。CTM是在原有发货人和收货人的合作关系上，扩展到承运人或第三方物流服务商。

2. 协同运输管理的作用

2000年，全球最大零售商沃尔玛（Wal-Mart）向供应商宝洁（P&G）、货运巨头亨特（J.B.Hlnt）提出了一个新型的合作方案，要在三者间实现更透明的信息交换，共同进行决策，这就是协同运输管理（CTM）的开始。达成合作关系以后，沃尔玛（Wal-Mart）大大减少了物品处理过程的步骤，而亨特（J.B.Hlnt）减小了16%的装卸货等待时间，空载率下降3%，宝洁（P&G）也实现了库存的下降。

从以上的案例中可以看出，CTM有以下几个方面的作用：

第一，减少了运输商装货卸货的等待时间；

第二，使得运输资源配置和利用率达到最优化；

第三，可以更好地安排运输次序和路线，减少空载率；

第四，降低了运输疏忽造成的物品流失；

第五，减少了账单错误和不准确的沟通。

3. 协同运输管理的实施

第一，树立合作的思想与意识，建立信任机制。

第二，建立有效地信息系统，实现信息的共享与交流。

第三，完善 VMI 与 CPFR 系统，CTM 是在 VMI 和 CPFR 的基础上发展过来的，没有完善的 VMI 与 CPFR 系统的支持，CTM 是难以有效发挥作用的。

本章小结

电子商务物流服务链依托于电子商务所构建的物流服务链，有利于提升信息透明度，提高服务水平，降低物流成本，优化资源配置和增强竞争优势。电子商务物流服务链具有数字性、客户性、增值性、动态性、柔性、系统性等特征，服务的基本内容主要包括基本服务、网络服务和增值服务。按照电子商务模式划分，电子商务物流服务链可划分为 B2B 物流服务链、B2C 物流服务链和 C2C 物流服务链；按物流组织形式划分，电子商务物流服务链可划分为实体物流服务链和虚拟物流服务链；按服务链系统的性质划分，电子商务物流服务链可划分为供应链物流服务链、行业物流服务链和社会物流服务链。

电子商务物流服务链的设计原则主要有战略性原则、客户中心原则、系统性原则、柔性原则、简洁性原则、创新性原则和核心企业为主原则；电子商务物流服务链的设计流程主要包括分析市场竞争环境，分析核心物流服务商的服务能力，提出服务链设计项目，确定设计目标，技术路线可行性分析，设计服务链和检验服务链等阶段。电子商务物流服务链的评价主要包括设计评价指标体系、选择评价方法、确定评价流程、进行评价以及结论分析等。

电子商务物流服务链管理模式主要包括完全集中管理模式、部分集中管理模式和分散管理模式等。一般来说，电子商务物流服务链库存管理方法主要包括 VMI 方法、JMI 方法和多级库存优化管理方法等。VMI 即供应商管理用户库存，优点在于可以降低库存，合理配置仓储资源；不足之处主要表现在把太多的责任放在生产商身上，而且没有考虑和承运商的协作。要有效地实施 VMI，一是建立合作双方的信任机制，二是要坚持互惠互利原则，三是要建立信息沟通机制与系统，四是要持续优化合作。JMI 是指在销售过程中，分销中心将各个零售商（或分销商）的库存实行集中统一管理的方法。与 VMI 相比较，联合库存管理不仅体现了集成管理的思想，而且建立了一种库存风险共同承担机制，解决了供应商管理库存所存在的不足。CTM 是一种在协同计划预测补货 CPFR 的基础上发展而来的新的模型，在原有“供应商—销售商”的合作关系上，扩展至“供应商—发货人—第三方物流—收货商”的战略联盟，通过信息共享和供应链协作，建立计划、预测、运输、库存等商品服务全过程的共同决策。CTM 不仅包括 CPFR 里原有的协同计划、预测与补货，还延伸至运输和配送的领域。

复习与思考题

（1）简述电子商务物流价值链的含义。

（2）电子商务物流服务具有哪些增值服务功能？

（3）电子商务物流服务链的特点与优势有哪些？
（4）简述电子商务物流服务链的类型。
（5）电子商务物流服务链的设计应该遵循哪些原则？
（6）简述电子商务物流服务链的设计流程。
（7）如何评价电子商务物流服务链？
（8）电子商务物流服务链有哪些运作模式？试述其优缺点。
（9）电子商务物流服务链的库存控制方法有哪些？

案例分析：戴尔与供应商结成战略联盟

戴尔公司于1984年由迈克尔·戴尔创立，总部位于美国。迈克尔·戴尔是目前计算机行业内任期最长的首席执行官。他的理念非常简单：按照客户要求制造计算机，并向客户直接发货，使戴尔公司能够最有效和明确地了解客户需求，继而迅速做出回应。这个直接的商业模式消除了中间商，从而减少了不必要的成本和时间，让戴尔公司更好地理解客户的需要。这种直接模式允许戴尔公司能以富有竞争性的价位，为每一位消费者定制并提供具有丰富配置的强大系统。

戴尔公司将供应商视作公司体系中的一环，以维系紧密的供应关系。戴尔采取严格的资格评审，要求供应商不仅在效率上保持先进，在产品质量管理上也要采取量化评估方式，从而确保供应商生产的零部件可以直接进入公司的生产线而无需进行来料抽样检验。通过互联网，戴尔公司与供应商间建立了紧密的虚拟整合关系，从而保证能够按照戴尔本身的标准衡量零部件的品质，迅速有效地管理订货流通和紧急补货所需的存货。同时，戴尔也将最新需求信息和预测信息等实时地传递给供应商，开放地在供应链上共享计划和资源，帮助他们权衡市场，把库存量降到最低。带动供应商共同发展直销模式，实现公司与供应商双赢的合作关系。

请分析戴尔与供应商结成战略联盟的特点。

第 10 章

城市物流与国际物流

本章概要

本章主要介绍城市物流与国际物流的含义与特点，阐述城市物流系统与国际物流系统的构成以及国际物流代理的作用，探讨我国城市物流发展的重要性、问题与对策。

10.1 城市物流

10.1.1 城市物流的含义

城市物流是指城市的物流活动。从狭义的角度来看，城市物流主要是指城市内部的物流；从广义的角度来看，城市物流不仅包括狭义的城市物流，也包括城市之间的物流。在此，主要分析狭义物流，即城市内部的物流。

城市物流是在微观物流和企业物流基础上发展起来的更高层次的物流范畴，又不完全属于宏观物流或社会物流范畴，而是介于二者之间，可以将其称为中观物流。它与区域物流极其相似，但侧重点不同，区域物流主要研究一个区域内的物流关系，而城市物流是解决一个城市内的物流优化问题。城市物流要研究的问题很多，例如，在一个城市的发展规划中，不但要直接规划物流设施及物流项目，如建公路、桥梁、物流基地和仓库等；而且需要以物流为约束条件来规划整个市区，如工厂、住宅、车站和机场等。物流已成了世界上各大城市规划和城市建设要研究的一项重点。在城市形成之后，整个城市的经济活动、政治活动、人们的生活活动等也是以物流为依托的，所以城市物流还要研究城市生产、生活所需商品如何流入和流出，如何以更有效的形式供应给每个工厂、机关、学校和家庭，对于城市巨大的耗费所形成的废物又如何组织物流等。

10.1.2 城市物流的特点

城市作为社会经济文化活动的中心，相对于农村物流来说，城市物流具有如下的特点。

1. 物流量大

（1）物流总量。物流量增加，就可以大规模地实现城市内直达货车的开通，就可以实现班车式的直达专列，这样城市物流量随装运规模的增长，使单位重量的运输成本降低。例如，整车（TL）的每单位成本低于零担运输（LTL）。

（2）物流周转量。城市内的物流大多数是末端运输，因而其批量小，那么在同样物流量的条件下，城市物流的周转量比城市之间的周转量要大得多。

2. 物流节点多、分布广

由于城市既是社会生产的中心，也是社会消费的中心，故有多少终端用户就可能有多少物流末端节点，在第三方物流模式下，末端物流配送系统的广泛建立，城市物流数量的增加只解决了干线运输问题。如果没有有效的方式来代替分布在城市各个方位的小货站、专用线和顾客的问题，而出现较大的货运量分流，就无法保证城市物流中心之间的大规模的货运。因此，物流节点多、分布广是城市物流的重要特点之一。解决末端物流的问题便成为城市物流中心非常重要的支撑要素。由于配送在城市中的广泛采用，城市物流中心与若干配送中心相衔接，或者小城镇及卫星城镇的物流中心本身就具备城市配送系统的配送中心作用，就能够解决利用汽车运输覆盖整个城市的问题。而且，由于汽车具有“门到门”的优势，这就从更高的水平上超越了小货站、专用线的运输方案，使区域物流中心之间的干线运输与在城市区域内的配送有效地组合成新型的现代物流系统，从而完善了整个物流。

3. 主要为公路运输

城市物流中的运输主要是指公路运输，部分涉及管道和内河运输，基本不涉及航空、铁路和远洋运输。其运输方式以支线、零担、联合及中转运输为主。这是由城市物流的小批量、多品种、高频率、近距离和“门到门”的特点决定的。

4. 物流共同化

共同化（又称为一体化）就是把城市内不同行业部门、再生产的不同环节、不同的销售渠道、不同的小区域物流供求，进行共同信息处理、调度、运输、配送、组织和管理，以实现城市物流的整体最优。共同化类似现行城市的邮政系统，常见的形式有以下7种。

（1）向地方总括集货的方式。从城市内的各个货主向附近县城或地方发货的小批量货物，主要由线路卡车运输。过去是委托线路业者进行运输，但随着城市内交通情况的恶化，线路卡车的集配效率较低以及集配费用增加，使城市物流需要通过共同集货的方式来改善这种混乱状况。如在城市的某一批发街，把向发货地发出的货物（如衣服、日用百货），由有代表性的运送业者总括集货，在城市物流中心进行分流以后，采取交由货主指定的卡车业主进行发送。

（2）百货店、超级市场的共同交货方式。供货给百货点和超级市场的商品，过去由批发商或制造商单独交货到各个点，城市物流采取把供货商品总括集货、运送到物流中心，再通过分连交货的方法为每一个百货点、超级市场的店铺供货。交货时的商品检验，由委托交货的运输业主在物流中心或百货店、超级市场进行。

（3）向城市内及近郊的小卖店共同配送。小卖部的商品配送量大、频率高、时间相对集中，过去小卖部的采购大多使用自家用车或人工运输，容易造成繁华地区和附近地区交通拥挤，耗费时间长，运送成本高。城市共同配送后，自家用车不需要了，发达地区和附近地区交通缓解了，小卖店的服务水平提高了。

（4）百货店的共同宅配。在百货店方面，由于共同利用仓库的配送设施，可以取得降低设备投资配送费用的效果。对运输业者来说，提高了车辆的运输效率；对家庭来说，可以取得配送服务准时化、准确化的服务效果。

（5）同一地域、同一业种中小企业物流分工合作化。

（6）批发商业集中地区的共同配送。

（7）中小运输业者共同运输。

5. 物流短路化

企业物流的流通线路一般是：制造厂→一级批发商→储运商→二级批发商→零售商→零售店→消费者（另一制造商）。企业为了寻求运输费用和产品销售成本的最小化，提出了原料指向、市场指向、能源指向等厂商布局和选址理论并付诸实施。城市物流的研究重点是物流整体最优，把重复运输、迂回运输、单程运输和空驶等降到最低，实现城市物流短路化。图 10-1 所示为城市与企业物流在重复运输上的比较，显然，城市物流的运输线路短得多。但是，从单条运输线路看，城市物流又是长距离的，长距离使单位距离的运输成本随距离的增加而减少，如 80 千米的一次装运成本要低于 40 千米的二次装运。这就是城市物流的距离经济。距离经济递减原理和短路化是城市物流整体最优和均衡的经济学原理。

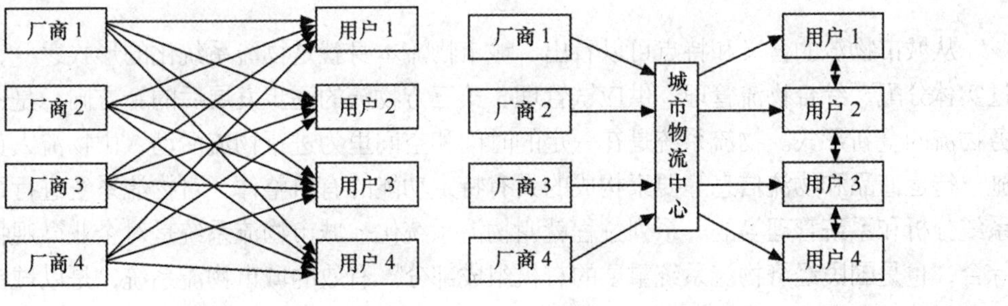

（a）企业物流运输线路　（b）城市物流运输线路

图 10-1　城市物流与企业物流运输线路比较

6. 城市物流需要政府支持

（1）城市物流的整体最优与单个企业物流最优目标之间矛盾的有效解决，需要当地政府从政策上鼓励、引导企业物流迈向城市物流。例如，我国在 1996 年制定的《中华人民共和国国民经济和社会发展“九五”计划和 2010 年远景目标》中，对如何进一步加速物流发展已经提出了具体规划和要求，主要是：继续建设一批全局性、关键性的物流基础设施，改造和筹建一批具有现代化水平的仓库和配送中心，加强物流管理水平，尽快改变物流落后的状况，以适应经济持续快速发展的需要。

（2）在规划布局上，需要政府把物流作为城市功能的有机组成部分进行统筹规划，避免出现对单个企业物流来说是合理的，对社会物流来说是重复建设的、浪费资源的问题，或因不合理选址造成交通运输出现“瓶颈”现象。这类似于投资项目的财务评价和国民经济评价，需要政府从整体和社会利益的角度最后把关。

（3）此外，支持城市物流发展的 EDI、GIS、GPS 等硬件技术需要政府投资。城市物流业的投入大、收益慢，但社会效益显著，对社会发展影响深远。作为企业，就要考虑经济效益，对投入巨大、回收缓慢的项目不会太多考虑。特别是创建物流基地，其基础设施及配套设施的投资更大，因此，要提高物流综合效益，政府必须重视物流基础设施的建设。例如，日本东京物流组团作为社会化物流中心的成功典范，在 20 世纪 50 年代始建时，政府就充分考虑到物流业的特殊性，采取了“政府+企业”集资建设仓储、公共设施和向物流企业出租、分红的发展模式，经过近 40 年的发展，形成了目前日本最著名的物流中心，但在最初近 30 年内该基地未能分红，可见其投入的巨大和回报期的漫长（这种投资只有政府才能做到）。

（4）城市物流中心的建设和物流网络的布局不仅需要城市规划的支撑，而且政府还需将其纳入交通运输进行管制。

（5）电子商务及物流的前提——准化需要政府的支持。物流标准化工作的开展仅有企业是远远不够的，也是不可能的。在选择或制定标准时必须贯彻以下原则：有国家标准、行业标准的，应执行国家标准、行业标准；无国家标准、行业标准的，应积极鼓励各方采用国际通行的标准；既无国家标准、行业标准，又无国际通行标准的，由各地技术监督局组织制定地方标准。同时，鼓励企业制定企业标准，以弥补国家标准、行业标准和地方标准制定周期过长的缺陷。

另外，支持电子商务的城市物流还呈现出订单客户分散、订单金额量小、商品数量繁多、城市交通拥挤、存储空间狭小和送货时间要求较高等特点。

10.1.3 城市物流系统

从城市物流的含义和特点可以看出，城市物流本身就是物流系统化的形式之一，是物流经过实体分配、综合物流管理、供应链管理、第三方物流的逐步发展后的新方向，是适应电子商务物流的全新形式。物流系统是在一定的时间和空间里为进行物流活动，由物流人员、物流设施、待运商品和物流信息等要素构成的具有特定功能的有机整体。对物流系统进行系统综合、系统分析和系统管理等的一系列过程就叫物流系统化。城市物流系统是对企业微观物流系统的综合，也是国民经济物流系统重要的有机组成部分。有效的城市物流系统，是以城市内国民经济各部门、各企业，横向或纵向联合形成的企业集团为主体，综合运输、储存、装卸、包装、配送、流通加工和物流信息等物流活动功能所组成的有机整体。

城市物流系统的主要构成要素有以下几点。

第一，物流基础设施。它主要包括运输线路、物流基地和物流节点等。

第二，物流装备。它主要包括车辆、船舶、搬运和装卸装备等。

第三，物流网络。它主要包括各种运输线路的配置、物流基地的配置、物流节点的配置和物流节点线路之间的配置及联系等。

第四，物流管理。它主要包括物流的计划、指挥、运行、协调、组织和控制等。

由此可见，城市物流系统的复杂程度和广泛程度远远高于通常所说的运输系统，尤其是在现代化的大都市，物流系统的复杂性就更大、广泛程度也更高。如果不从系统角度出发，认识和解决物流问题，城市就很难得到发展。

城市物流系统化有两种途径：一是把城市内的“已经存在的”物流子系统改造为“优化的”分物流系统，即把企业物流网络通过互联网、GPS 等实现连网，构造城市物流总系统；二是根据电子商务对物流的要求，以物流系统信息化和现代化为目标，依托城市原有公路、货场及仓库等硬件设施，设计全新的城市物流系统信息网络。

10.1.4 城市物流布局

1. 城市物流布局影响因素

一般而言，物流的布局主要受以下几方面因素的影响。

（1）生产的影响。物流是为生产提供支持与服务，因而物流的布局应该满足生产对物流的需求。在物流的布局中，既要考虑现有的生产布局状况，也要考虑到生产布局有可能发生的变化。例如，在以生产为主的城市中，应合理布局物流集聚中心与输送体系。

（2）消费的影响。物流不仅要为生产服务，也要为消费服务，因而在物流布局中，应该充分考虑不同区域的消费规模、结构与要求的服务。同时，既要考虑现有的消费状况，也要考虑未来可能出现的变化。

（3）区位状况。城市经济区位是指城市与其他具有经济意义的地点之间的联系，城市所处的区位不同，物流规模、结构也会不同，因而在城市物流布局中，要充分重视区位对物流活动产生的影响。

（4）自然因素的影响。物流的布局也受到自然因素的影响，这主要表现在：一方面物流活动需要相应的条件支持，若不能得到相应条件的支持，物流活动就难以进行，或者其完成的难度、成本会增加；另一方面，自然因素对物流的劳动生产率、物流成本等都有着重要的影响。就物流本身的状况来看，其一般要布局在自然条件相对优越的区域。

（5）环境的保护。环境与物流活动之间有着重要的关系，一方面环境是进行物流活动所必须具备的基本条件之一；另一方面，物流活动又对环境有着重要的影响。物流的布局一方面要考虑到环境对物流活动所生产的影响，另一方面也要考虑到物流活动对环境所生产的影响。合理的物流布局，既可以有效地利用环境的因素，也能够减少物流活动对环境所带来的不利影响，同时能够降低其他经济社会活动对环境带来的不利影响。例如，对于有害污染物的回收等。

2. 城市物流布局目标与类型

基本而言，物流布局的总目标就是在满足社会物流服务需要的条件下，应以社会物流费用（或成本）最小化为目标，同时保持社会生态环境的优化。

在城市里，如果仅仅考虑物流费用，可以将其分为点对点、一点对多点以及综合的布局。其布局的基本类型如下。

（1）点对点。在存在单一产地与单一市场消费地时，就构成了点对点状态，其物流区位布局模型为：

$$\mathrm{Min}Y=y\times(W_iK_i+W_jK_j)+Y_m$$

式中：Y_i——单位产品的物流总费用；

y_i——运费率；

W_{ii}——单位产品消耗的原材料的重量；

K_{ii}——原材料的运距；

W_{ji}——单位产品的重量；

K_{ji}——产品运距；

Ym_i——其他物流费用（包括产品与原材料、燃料以及产品等的包装、装卸搬运等费用）。

如果把物流费用划分为原材料与产品两个方面，并考虑运费率的差异，则上述模型也可以用下式来表示。

$$\begin{aligned}\mathrm{Min}Y&=Y_{\text{原材料物流费用}}+Y_{\text{产品物流费用}}\\&=(y_{\text{原材运费率}}\times W_iK_i+Y_{\text{原材料其他物流费用}})+(y_{\text{产品运费率}}\times W_jK_j+Y_{\text{产品其他物流费用}})\end{aligned}$$

上述模型只是考虑了一次活动的物流总费用，现实的情况不是一次，而是很多次的。在此情况下，其布局模型应该为：

$$\mathrm{Min}Y=\sum_{1}^{n}(Y_{\text{原材料物流费用}}+Y_{\text{产品物流费用}})$$

（2）一点对多点。点对点的布局模型是以一种产品和单一原材料为假设的。在现实经济生活中，常见的情况是一点对多点和多点对多点的状况。

一点对多点的状况如图 10-2 所示。

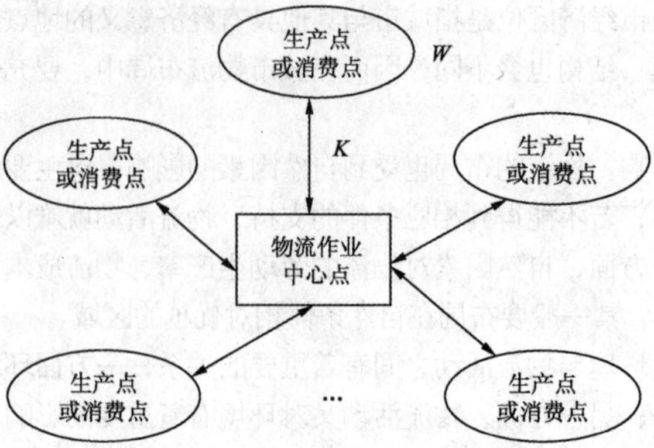

图 10-2　一点对多点的物流布局

在此情况下，物流成本区位（物流作业中心点）应该为：

$$\mathrm{Min}C = y_i\sum_1^n W_i K_i + y_j\sum_1^m W_j K_j + y_{原材料的其他物流费用} + y_{产品的其他物流费用}$$

式中：y_i——原材料的运费率；

y_j——产品的运费率。

（3）多点对多点——综合情况下的物流成本区位布局。现实的情况中，不仅存在着多种原材料及产品的物流，而且存在着多个原材料产地与多个市场。在此，主要从产品—市场的角度来进行分析，原材料的布局也与其大体相同。

第一，从产品—市场的角度来看，在不存在中转地，即直接从生产地的物流成本区位到消费地的物流成本区位时，一种情况是从单一生产地到多个消费地，其基本状况如图 10-3 所示。

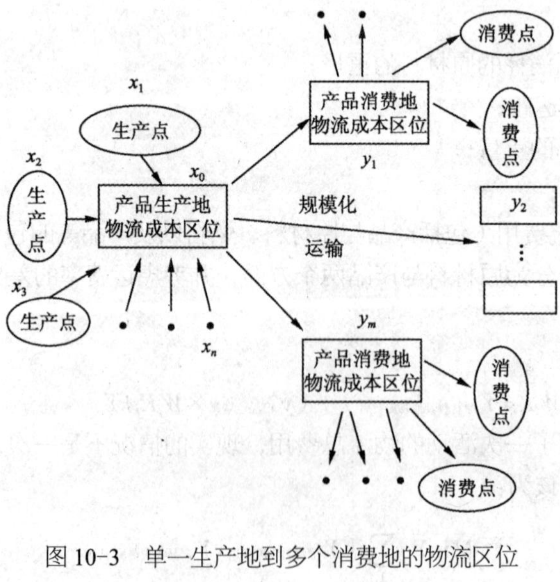

图 10-3　单一生产地到多个消费地的物流区位

根据物流成本最小原则，其布局模型为：

$$\text{Min}C=\sum_{1}^{n}C_{xi}+\sum_{1}^{m}C_{xyj}+\sum_{1}^{m}C_{yj}=\sum_{1}^{n}(C_iW_{xi}L_{xi}+C_{ix}W_{xi})+\sum_{1}^{m}C_{xyj}W_{xyj}L_{xyj}+\sum_{1}^{m}C_{yj}$$

式中：C_{xi}——在生产地 i 产品的物流费用；

C_{xyj}——从生产地 x 到消费地 yj 的运输费用；

C_{yj}——总产品在消费地 yj 区的物流总费用；

C_i——在生产地 i 产品的运费率；

C_{ix}——i 产品在生产地的其他物流费率；

C_{xyj}——综合运费率；

W_{xi}——在生产地 i 产品的重量；

L_{xi}——在生产地 i 产品的运距；

W_{xyj}——从生产地 x 到消费地 yj 的综合运输量；

L_{xyj}——从生产地 x 到消费地 yj 的运距。

另一种情况是从多个生产地到多个消费地，其基本状况如图 10-4 所示。

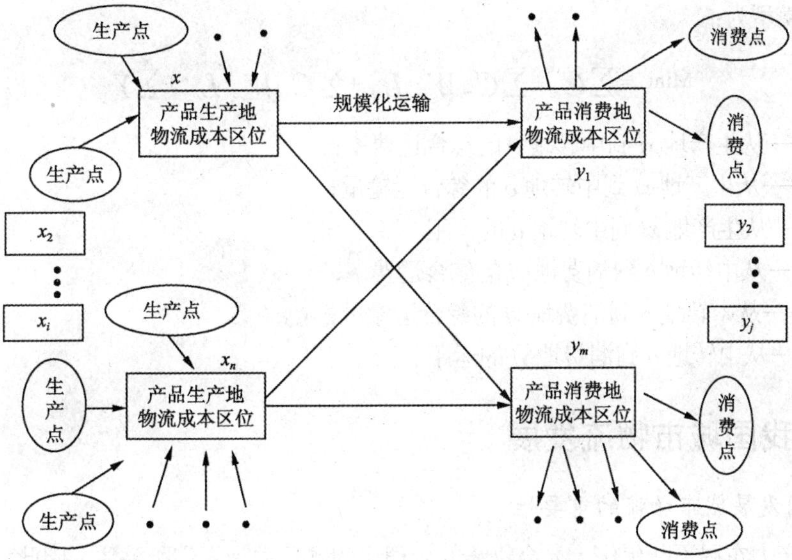

图 10-4　多个生产地到多个消费地的物流区位

其布局模型为：

$$\text{Min}C=\sum_{1}^{n}C_{xi}+\sum_{i=1}^{n}\sum_{j=1}^{m}C_{xiyj}W_{xiyj}L_{xiyj}+\sum_{1}^{m}Y_{yj}$$

式中：C_{xiyj}——从生产地 xi 到消费地 yj 的综合运费率；

W_{xiyj}——从生产地 xi 到消费地 yj 的综合运输量；

L_{xiyj}——从生产地 xi 到消费地 yj 的运距。

在现实的物流运作过程中，受到一些因素的影响，可能需要中转地对货物进行中转，在此情况下，中转地（o）的最佳区位为如图 10-5 所示。

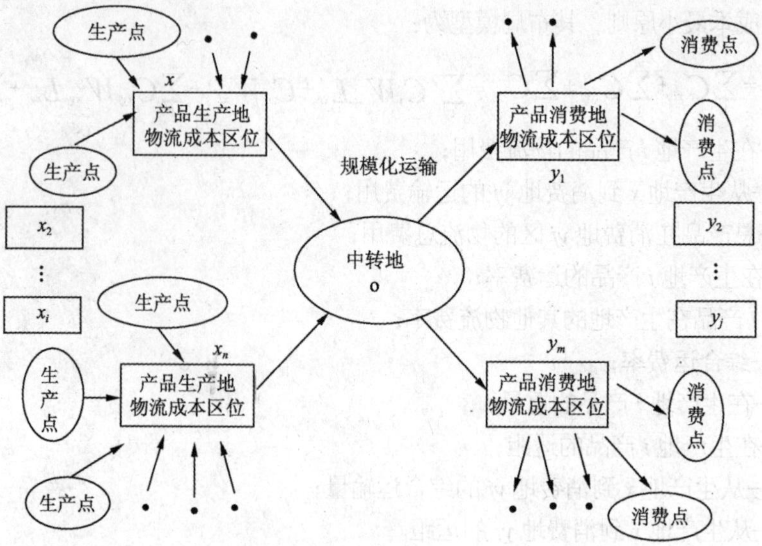

图 10-5 存在中转地时多个生产地到多个消费地的物流区位

其布局模型为：

$$\text{Min}C=\sum_{1}^{n}C_{xi}+\sum_{1}^{n}C_{xio}W_{xio}L_{xio}+\sum_{1}^{m}C_{oyj}W_{oyj}L_{oyj}+\sum_{1}^{m}Y_{yj}$$

式中：C_{xio}——从生产地 xi 到中转地 o 的综合运费率；

W_{xio}——从生产地 xi 到中转地 o 的综合运输量；

L_{xio}——从生产地 xi 到中转地 o 的运距。

C_{oyj}——从中转地 o 到消费地 yj 的综合运费率；

W_{oyj}——从中转地 o 到消费地 yj 的综合运输量；

L_{oyj}——从中转地 o 到消费地 yj 的运距。

10.1.5 我国城市物流发展

1. 我国发展城市物流的重要性

随着生产力布局不断优化，社会物流的合理化问题日益为人们所关注。因此，从宏观经济管理的实际需要出发，对大城市经济发展中的物流问题进行研究具有十分重要的理论意义和实践意义。

（1）大力发展城市物流业是社会化大生产发展的必然结果。社会化大生产强调分工、协作以及提高专业化程度，物流业正是适应了社会化大生产的要求，强调相互分工、衔接、协调一致、优化组合、改善管理、提高技术、降低成本消耗以及讲究整体效率。随着社会主义市场经济体制的建立，商品经济规模的扩大和竞争秩序的逐步改善，竞争的焦点由产品质量延伸到产品价格、服务质量等领域，这就促使工商企业与运输、仓储业在拓展市场、谋求发展的过程中联手共进，走优势互补的道路。于是，工商企业将原来由自己承担的供、销保障环节作为外部业务委托给专门从事后勤保障服务的企业，物流业便应运而生。由此可见，物流业是社会化大生产发展到一定阶段的必然产物。社会经济的发展促进了物流业的形成，而物流业的发展又促进了经济发展和社会进步。物流业发展水平已成为当今衡量社会经济发展水平的重要标志。物流业的形成、发展为生产流通过程中物流的自我实现方式向社会实现方式转变提供了可能，成为社会进步和城市经济发展的表现。

（2）大力发展城市物流业是电子商务的客观要求。城市不仅是社会生产活动的中心、消费的中心、流通的中心、物流的中心，也是电子商务发展的中心。要实现电子商务的大力发展，首先就需要大力发展城市物流业，以建立较为发达的城市物流服务体系，为电子商务提供有效的支撑，进而促进城市社会经济的发展。

（3）大力发展城市物流业是社会主义市场经济发展的必然要求。社会主义市场经济就其基本特征来说，是公有制基础上的市场经济。我国经济体制从计划经济转向市场经济是改革开放的必然结果。建立社会主义市场经济体制就要求一切经济活动都要建立在市场基础上，以市场调节为中心推动生产要素合理流动和促进资源优化配置。当今，国际上流行一种主题，就是各行各业向物流要效益。在饭店，专送面包、饮料、水果的车辆会准时而来，送来订单上提供的食品；在花店，清晨运花的车辆会按时送来各种绚丽的鲜花；在汽车装配厂，运送各种部件、零配件的车辆会准时停在装配流水线旁，保证流水线正常运转；在社区，为居民服务的物流公司会随时提供搬家、回收废物、包裹快运等便民服务。社会经济生活的各个方面都得益于物流服务，社会和公众的需要又为物流业的发展提供了广阔的市场空间，“第三利润源”显示出极大的开发潜力。改变传统的运输经济模式，是市场经济发展的必然要求。

（4）有利于形成新的经济增长点。有资料显示，目前我国一般工业从产品出厂经过装卸、储存、运输等各个物流环节到消费者手中的流通费用占商品价格的 50% 左右。而新鲜水果、易变质食品和某些化工产品的流通费用有时高达商品售价的 70%。我国汽车生产中 90% 以上的时间是原材料、零配件的储存、装卸和搬运时间。这些费用和时间的消耗，很大一部分原因是由于我国尚未形成高效率、规模化的物流产业。随着我国市场经济的发展，社会信息化程度的提高，交通基础设施的日趋完善，商业连锁化经营的蓬勃发展，物流产业作为连接生产与流通、生产与消费的重要桥梁，必将得到大的发展。城市作为我国经济较为发达的地区，无论从城市功能的发挥、经济的增长，还是区域性中心城市经济增长点的拓展，都必须把物流产业作为重要的新经济增长点加以培育和发展。通过中心城市的培育和发展，然后由点到线，由线到面，最终形成覆盖全国、延伸至全世界的现代物流网络。

（5）有利于城市基础设施的进一步发展和完善。港口、铁路、高速公路等城市基础设施是物流产业发展的基础，而物流产业的发展又将推动这些基础设施的建设和功能的发挥。近年来，我国不少中心城市通过实施“交通先行”发展战略，城市交通运输建设步伐不断加快，海港、空港、高速公路、铁路等交通网络建设日益完善，为物流产业的发展提供了有利条件。中小城市应抓住有利时机，大力发展物流产业，通过物流产业的发展，提高城市基础设施的使用效率。同时，通过对物流产业的规划，进一步完善城市交通网络建设，提高城市物流管理水平，缓解城市交通拥挤，减少环境污染。

（6）大力发展城市物流业是城市公路货物运输业发展的必然趋势。传统的公路货运企业都是单一形式的“车轮公司”，沿用“你托我运”的经营方式，物流管理理论和技术则以物代货、以流代运的方法运作，引发了对传统公路货运业经营思想、经营方式的改革。物流管理强调系统化、信息化、总成本控制、多功能服务和战略伙伴关系。随着社会经济的发展、科学技术的进步，人们不仅要求货畅其流，而且从系统的角度出发，要求物流快速、低耗和高效。这就要求货运业在原有基础上拓宽经营渠道，形成运输、仓储、搬运装卸、配送、包装以及流通加工为一体的物流服务体系。物流管理理论为国有交通运输企业开拓了一种新的系统思维方式。国有专业运输企业在货源组织、网络化经营、规模经济和经营管理等方面形成了自身优势，面对激烈的市场竞争，更应深化改革，解放思想，积极参与物流经营，抢占市场制高点，在城市物流业中继续发挥主导作用。

为实现城市经济和社会发展目标，应建立起高效、快捷、经济、合理的物流服务体系。交通运输作为第三产业的重要组成部分，是城市未来经济发展中新的经济增长点，而大力发展城市物流业正是实现新的经济增长的重要突破口和切入点，合理的物流服务体系还将为城市物流业跨世纪发展提供条件和机遇。

2. 我国城市物流存在的问题

（1）城市物流未能与城市规划发展有机结合。城市物流未能与城市规划发展有机结合是我国城市物流存在的战略性问题。我国城市数量不断增加，城市区域范围不断扩大。资料表明，自20世纪80年代末以来，我国大城市平面规划面积扩张了一倍多，小城镇遍地兴起——从1978年到现在，全国增加了 4 万多个。这种面积的扩张虽然拓展了市民的生活空间，却增加了物流的困难；有的城市带状化及卫星化发展，由于没有和物流系统结合，出现了交通拥挤；有的城市只重视规划生产和生活区域，不重视物流系统中物流基地及物流线路的规划和建设，造成了物流费用的提高和物流效率的下降。

（2）城市物流基础设施数量不足、水平不高。这主要表现在以下几方面。

第一，道路数量不足。据统计，即使是我国道路面积占城市面积比例较高的北京，也只及东京、巴黎等国际大都会城市的2/3，而人均道路面积仅能够达到发达国家国际化大都市的三分之一。

第二，保证物流系统高效运转的现代物流设施水平不高。如公路、场站、运输装备虽在不断改善，但从总体能力上看，仍难以很好地满足城市物流发展的需要。物流中心及信息处理系统等矛盾更突出。

第三，城市物流的主要工具公路的快速化和网络化建设仍有较大差距。公路建设与站场建设不配套、不衔接，限制了高等级公路通行效率和辐射能力的提高；专用车辆比重偏低，且未形成一定经济规模，公用型货运场站建设严重滞后，成为影响城市物流发展的“瓶颈”。

第四，基础设施水平低下。路面等级低、路口立体交叉少，造成车辆通行能力差。我国城市道路平面交叉路口占很大比重，除了北京等大城市外，平面层次道路几乎是城市道路的全部，这就使得本来数量就不够的道路又不能充分发挥其作用。另一方面是基础设施过于单一，又加剧了基础设施的不足。

（3）城市物流建设条块分割、区域封锁。条块分割和区域封锁是我国城市物流建设最严重的问题。在城市物流发展战略上，尚未打破地区、系统和部门的局限，较大程度上处于自我封闭状态，且政出多门、各自为政，缺乏总体规划布局。这种战略决策上的失误极易造成新一轮的重复投资和重复建设。一方面现有资源得不到充分利用；另一方面大量投资新建的项目运用效率不高。

城市物流中心赖以生存和发展的基础环境是专业化分工和协作，条块分割和地区间区域市场的封锁，严重地制约着城市物流中心的建设和发展。地区市场封锁造成了产业结构的不合理，这种不合理性降低了地区间的比较优势，减小了商品流通的相对规模，使物流中心的生存空间受到相当挤压。同时也在一定程度和时间内保护了本地区企业占用的资源和市场份额，增加了物流中心开展业务的难度，削弱了物流中心可能带来的比较利益。而且现阶段我国物流产业规模功能不完善，无法缓解和调节各个经济主体的利益矛盾，影响和调整生产消费结构的作用也不能充分体现。

（4）信息交流不畅、货源信息的自我封闭。信息交流不畅、货源信息的自我封闭已是目前制约我国现代化城市物流技术应用的要害问题。在建立大市场体系过程中，人们还不习惯将城市物流领域作为一个市场去认识和规划，仍将它作为流通领域的附属品，或者将它与流通环节对立或割裂。

（5）经营观念保守、管理手段落后、技术含量低。经营观念保守、管理手段落后、技术含量低是造成我国城市物流组织化程度低下、车辆空驶率高、货物在库及在途时间长、资金占用数量大以及影响城市物流综合经济效益提高的一个重要因素，使城市物流经营处于低水平、高消耗的状态。

3. 大力发展我国城市物流对策

为了在城市建立起适应市场经济和电子商务的高效、优质的物流服务系统，针对我国城市物流的现状和存在的问题，在城市物流设计、规划和建设中，需要采取以下对策。

（1）提高发展城市物流业的认识。关键是要把城市物流业发展水平作为衡量经济和社会发展水平以及城市综合服务功能的重要指标之一。在认识上，一是要树立物流系统化思想，从战略上研究企业在生产经营中遇到的各种问题，把按传统划分而相互分割的生产领域和流通领域联系在一起，统筹考虑，追求全过程的最小成本和最大效益。二是要树立大物流的社会化分工思想，突破部门所有、分散化经营的产业组织形式，转变为具有经济规模、专业化协作的公用型、社会化产业组织形式。三是要从城市地位、功能的特点出发，把物流设施建设、物流产业布局列入城市发展总体规划，促进城市物流综合服务水平的提高。

（2）加强宏观调控和政策引导。要促进城市物流从自我实现方式向社会实现方式转化，从根本上改变大而全、低效率重复建设的局面。从我国城市物流目前的发展水平看，一方面，工商企业物流需求多以自我实现方式为主，投资大，占用土地、设备资源多，而运营效率不高；另一方面，社会化物流设施又严重滞后，在数量、功能和服务范围上都难以适应社会物流的需要。由于这种强烈反差，近年来新兴起的物流运营方式（如连锁经营中的配送系统）因受到地域、部门的局限而出现连而不锁或盲目投资建设物流设施的现象，很容易将现代化的物流运营方式重新导入大而全、低效率重复建设的误区。因此，必须采取相应的政策措施，支持和鼓励社会化物流设施建设，对自备型物流设施采取压缩、限制发展政策，充分发挥公用型物流设施的效率。与此同时，应重视物流管理体制的研究，借鉴发达国家物流管理的先进经验，逐步将城市物流管理纳入大物流的管理体制之中。

（3）多渠道筹集发展资金，因地制宜发展城市物流设施。社会物流要进行“综合运输网”“大规模物流基地”“复合终端”的建设；企业物流则要进行“机械化托盘货架仓库”“计算机联机网络”和“系统设备”的建设；国家需统一规划、统一布局综合运输网络和配送中心、物流中心及流通中心。物流基础设施建设需要较多的资金投入，而且回报期相对较长，因此，应采取多渠道筹集发展资金的措施，除国家投资外，还应鼓励社会投资、融资和引进外资，以促进物流设施建设的更快发展。我国是发展中国家，在发展城市物流时，还要注意充分利用现有的基础设施和其他物质条件，即便暂时简陋，也可以视条件让其在一段时间内发挥作用，做到新旧兼容。

（4）大力开发物流信息服务，促进物流信息产业化。要推广数据交换技术，积极开展市场预测。要高起点积极开发与服务贸易相适应的物流信息服务，提高物流经营和管理的科技含量。

物流组织管理要采取计算机化，大力推广电子数据交换技术、卫星定位技术和红外条码技术，千方百计地满足用户方便、快捷、门到门直达运输的需要。

（5）提高物流设施建设的水平。要逐步建设高层自动货架仓库，以节约用地，提高仓库周转率。目前上海、常州等地的厂家已开发研制出国产化高层自动货架仓库，最大库容达900吨，而且实现了全部自动化堆存和检索。与此同时，还要提高流通加工的质量和水平。

（6）加强城市物流客观规律的研究。随着市场经济不断完善，物流作为一个新兴的产业正在悄然兴起，传统的交通运输正在向物流业发展。物流企业对一个城市或地区经济的发展活动逐渐为至关重要的因素。物流业提供的综合性服务确保了工商企业、贸易企业能够顺利开展高价值产品的生产经营活动。交通运输企业通过物流经营，可以提高基础设施利用率，减少低效率的营运车次，降低交通流量，减少交通对环境的各种污染，有利于环境保护，改善和提高城市环境质量和居民生活质量。由此看来，研究城市物流的客观规律，加强物流科学研究是十分必要的。

城市物流是维护城市正常运行和提高效率的动脉网络系统。城市物流的任务是：为处在城市范围内的工商、贸易企业和家庭以城市可以承受的方式，经济、高效地进行物资供应和废物清理，这是国际化大城市物流系统建设的主题。一个城市，特别是大城市，如果没有规划合理、目标明确和运行有效的物流系统，是没有生命力的。城市物流需要系统构思，体现城市功能与物流系统的紧密关联，体现高效率、低成本的优质服务。

（7）加强物流业法制建设，努力实现市场化和规范化。物流业是一个市场，是社会主义市场体系的一个组成部分，应该得到大力的发展。在认识上，应从根本上改变不利于物流业的发展观念。在法律上，应制定物流业管理法规，明确物流市场的规划、物流市场的准入条件、经营资格和经营范围，努力实现物流市场的规范化发展。

（8）创建新型的城市物流运营体系。物流运营最核心的要素是系统总成本观点。系统总成本包括企业经营成本、客户经营成本和社会物流总成本。降低物流成本，是市场竞争的重要诱导因素。大力发展物流经营，创建新型的物流运营体系，将使生产经销企业将原来自己运作的物流方式转变为社会实现方式，进而在企业经营结构、资源分配结构、劳动力安置结构以及资金结构方面发生一系列显著的变化。物流经营体系的发展将会实现社会总成本的降低，将会吸引更多更好的商品进入市场，为众多企业带来机会，也给公众带来实惠。物流经营是一种社会化的系统工程，资金投入量大，技术含量高，要充分利用各方面的资金，广开投资渠道，吸引大企业参与物流体系建设。物流体系建设涉及生产流通环节的各个方面，要发挥物流体系的中介环节作用和基础先导作用，需要根据现代企业制度，组建跨地区、跨部门、跨行业的物流经营公司或集团，发挥规模效益，形成规模优势。

（9）大力培养物流管理和物流技术人才。物流体系建设是我国流通领域中的一场新的技术革命。它不仅需要政府主管部门的重视，政策措施的引导，企业经营观念和机制的转变，而且需要培养和造就一大批热心于物流事业的管理人才、经营人才和技术人才，从这个意义上讲，这又是一场人才的竞争。目前，要通过多种途径，培养一大批物流管理和技术人才，吸收、消化国际上先进的物流管理思想和物流实用技术。

城市物流业将成为城市跨世纪发展中一个新的经济增长点。在目前，虽然人们对物流的认识还存在着一些不足，物流的设施和功能水准也还不尽如人意，但是，只要坚持改革开放的基本方针，抓住机遇，稳步推进，城市物流业必将以一个崭新的产业形象出现在世人面前，为城市经济发展注入新的活力。

10.2 国际物流

10.2.1 国际物流的内涵与特点

1. 国际物流的内涵

国际物流就是货物在国际间的合理流动，也就是发生在不同国家之间的物流。国际物流的实质是按国际分工协作的原则，依照国际惯例，利用国际化的物流网络、物流设施和物流技术，实现货物在国际间的流动与交换，以促进区域经济的发展和世界资源优化配置。

国际物流的总目标是为国际贸易和跨国经营服务的，即通过选择最佳的方式与路径，以最低的费用和最小的风险，保质保量、适时地将货物从某国（供方）运送到另一国（需方）。国际物流使各国物流系统相互“接轨”，因而与国内物流系统相比，具有国际性、复杂性和风险性等特征。

国际性是指国际物流系统涉及多个国家，系统地理范围大，该特点又称为国际物流系统的地理特征。国际物流跨越不同地区和国家，跨越海洋和大陆，运输距离长，运输方式多，这就需要合理选择运输路线和运输方式，尽量缩短运输距离和货物的在途时间，加速货物的周转并降低物流成本。

在国际间的经济活动中，生产、流通和消费三个环节之间存在着密切的联系。由于各国社会制度、自然环境、经营管理方法以及生产习惯不同，一些因素变动较大，因而在国际间组织货物从生产到消费的流动是一项复杂的工作。国际物流的复杂性主要包括国际物流通信系统设置的复杂性、法规环境的差异性和商业现状的差异性等。

国际物流的风险性主要包括政治风险、经济风险和自然风险。政治风险主要指由于所经过国家的政局动荡造成货物可能受到损害或灭失；经济风险又可分为汇率风险和利率风险，主要指从事国际物流必然要发生的资金流动，因而产生汇率风险和利率风险；自然风险则指物流过程中，可能因自然因素（如台风、暴雨等）而引起的风险。

2. 国际物流发展

国际物流的概念虽然最近才提出并得到人们的重视，但国际物流活动是随着国际贸易和跨国经营的发展而发展的。国际物流活动的发展经历了以下几个阶段。

第一阶段：20 世纪 50 年代至 80 年代初。这一阶段，物流设施和物流技术得到了极大的发展，建立了配送中心，广泛运用电子计算机进行管理，出现了立体无人仓库，一些国家建立了本国的物流标准化体系，等等。物流系统促进了国际贸易的发展，使物流活动超出了一国范围，但物流国际化的趋势还没有得到人们的重视。

第二阶段：20 世纪 80 年代初至 90 年代初，随着经济技术的发展和国际经济往来的日益扩大，物流国际化趋势开始成为世界性的共同问题。美国密歇根州立大学教授波索克斯认为，进入 20 世纪 80 年代，美国经济已经失去了兴旺发展的势头，陷入长期倒退的危机之中。因此，必须强调改善国际性物流管理，降低产品成本，并且要改善服务和扩大销售，在激烈的国际竞争中获得胜利。与此同时，日本正处在成熟的经济发展期，以贸易立国，要实现与其对外贸易相适应的物流国际化，并采取了建立物流信息网络和加强物流全面质量管理等一系列措施，以提高物流国际化的效率。这一阶段物流国际化的趋势局限在美、日和欧洲一些发达国家。

第三阶段：20 世纪 90 年代初至今。这一阶段国际物流的概念和重要性已为各国政府和外贸部门所普遍接受。贸易伙伴遍布全球，必然要求物流设施国际化、物流技术国际化、物流服务国际化、货物运输国际化以及包装国际化和流通加工国际化等。世界各国广泛开展国际物流方面的理论和实践方面的大胆探索。人们已经形成共识，只有广泛开展国际物流合作，才能促进世界经济繁荣，物流无国界。

3. 国际物流的特点

与一国物流相比，国际物流有以下几方面的特点。

（1）物流环境存在差异。国际物流的一个非常重要的特点是，各国物流环境的差异，尤其是物流软环境的差异。不同国家的不同物流适用法律使国际物流的复杂性远高于一国的国内物流，甚至会阻断国际物流；不同国家的不同经济和科技发展水平会造成国际物流处于不同科技条件的支撑下，甚至有些地区根本无法应用某些技术而迫使国际物流全系统水平下降；不同国家的不同标准也造成国际间“接轨”的困难，因而使国际物流系统难以建立；不同国家的风俗文化也使国际物流受到很大局限。

（2）物流系统范围广。由于物流本身的功能要素、系统与外界的沟通已很复杂，国际物流再在复杂系统上增加不同国家的要素，这不仅是地域的广阔和空间的广阔，而且所涉及的内外因素更多，所需的时间更长，广阔范围带来的直接后果使难度和复杂性增加，风险增大。企业物流是将企业作为一个系统，研究原材料从进厂到通过加工，将产品输送到市场上的物流过程；城市物流研究的对象是城市系统，它是一个庞大的社会系统。而国际物流研究的领域大大地超过了企业物流和城市物流，其研究对象是国际贸易中的物流现象及其规律。

（3）国际物流必须有国际化信息系统的支持。国际化信息系统是国际物流，尤其是国际联运非常重要的支持手段。国际化信息系统建立的难度：一是管理困难，二是投资巨大，再由于世界上有些地区物流信息水平较高，有些地区较低，因而会出现信息水平不均衡，使信息系统的建立更为困难。

建立国际物流信息系统一个较好的办法就是和各国海关的公共信息系统联网，以及时掌握有关各个港口、机场和联运线路、站场的实际状况，为供应或销售物流决策提供支持。国际物流是最早发展EDI的领域，以EDI为基础的国际物流将会对物流的国际化产生重大影响。

在电子商务环境下，以网络为主体的商务活动已经极大地解决了同种物流信息系统中信息传递的问题。要求在电子商务中以网络信息为特征开展的商务活动和结算方式，需要同时与物流活动相适的综合信息和物流经济体系。创造一个与电子商务活动相适应的国际物流中心会更好地解决商务与物流配送的问题。

（4）国际物流的标准化要求较高。要使国际间物流畅通起来，统一标准是非常重要的，可以说，如果没有统一的标准，国际物流水平是不能提高的。目前，美国、欧洲基本实现了物流工具和设施的统一标准，如托盘采用1 000mm×1 200mm、集装箱的几种统一规格及条码技术等，这样一来，大大降低了物流费用和转运难度。而不向这一标准靠拢的国家，必然在转运、换车等许多方面耗费更多时间和费用，从而降低其国际竞争能力。在物流信息传递技术方面，欧洲各国不仅实现企业内部的标准化，而且实现了企业之间及欧洲统一市场的标准化，这就使得欧洲各国之间的系统比亚、非洲等国家交流更简单，更有效。

（5）国际物流的流量结构正在发生重大的调整和转移。国际物流的流量结构是与国际产业结构调整相联系的。世界产业结构演变的共同趋势是：劳动密集型→资本密集型→技术知识密集型。产业结构的这种演变规律使得各国进出口商品的结构不断调整，因此，国际物流的流量结构也必须随之进行调整与转移。

（6）国际物流的输送形式主要以海运为主。国内物流，无论是企业物流，还是城市物流，其输送方式主要以公路运输、铁路运输及内河运输为主。国际间的物品流动，由于其距离远、运量大，考虑到输送成本，则主要以海上大货轮运输为主。

（7）国际物流客观上要求缩短物流中转过程。由于国际物流是两个不同国家的物流公司（或企业）相互提供的不同服务，因此客观上要求缩短物流的中转过程，于是直达运输便成为货物运输的一种有效途径。

10.2.2　国际贸易与国际物流

国际贸易是指国与国之间的商品交换，由世界各国的对外贸易组成。它的基本职能是通过出口，在国际市场上卖出本国生产的产品，实现商品的价值，即转让商品的使用价值；通过进口，在国际市场上买进本国所需要的生产资料和生活资料。要顺利地实现上述活动，必须通过商品的交换活动，因为“交换是双方都得到好处的交易”。这种交换，使卖和买分离，打破了产品交换在时间和空间上的限制，从而也打破了产品交换的地域限制，使商品交换走向世界。而实现上述活动，必须借助国际物流这个有力的工具。

国际物流一般是指在国际贸易中发生的物流过程，即在国际贸易活动中，实现货物从一国向另一国空间转移的物理流动过程。它是出口物资离开国境后，到进入进口国国境这样一个长距离的物流过程。国际物流这一概念，是在经济的发展越来越变成一种国际性活动，国民经济的发展越来越依赖于国际经济环境，各国为了尽快地发展本国经济，都在努力寻找国外市场的情况下提出来的。由于物流这块“黑暗大陆”蕴藏着极大的利润潜力，所以，企业家的眼睛都投向了这块过去无人问津的“黑暗大陆”，物流成为国际市场上进行有效竞争的重要手段之一。

国际物流的发展有赖于国际贸易的发展，国际贸易是国际物流的前提，国际贸易的发展速度和规模决定着国际物流的发展速度和规模；同时，国际物流合理化，又为国际贸易的进一步发展打下坚实的基础。因此，国际贸易与国际物流二者之间存在着相互依存和相互制约的关系。在我国，要坚定不移地贯彻执行全面对外实行开放的方针，不仅要重视国内物流，也要重视国际物流。

现代国际贸易的发展，对国际物流提出了以下几个方面的新要求。

第一，物流必须根据进出口商品的结构，针对不同型号、规格、品种的商品，采用不同的包装和运输方式，以保证货物安全、及时、准确的流动。

第二，物流基础设施必须与进出口商品的数量相适应。随着国际贸易的进一步发展，进出口商品的数量将会越来越大，物流基础设施必须能够适应这种情况，以增强物流系统的应变能力。

第三，物流必须重视进出口商品的地区结构，针对不同国家和地区，采用不同的运输工具和运输方式，保证物流渠道畅通无阻。

第四，在国际市场竞争日益激烈的形势下，必须实现国际物流的最大化及合理化，以增强本国商品的竞争能力。这也正是发达国家高度重视物流研究的内在驱动力。

10.2.3　国际物流的业务流程

一般而言，国际物流的基本业务流程如图 10-6 所示。

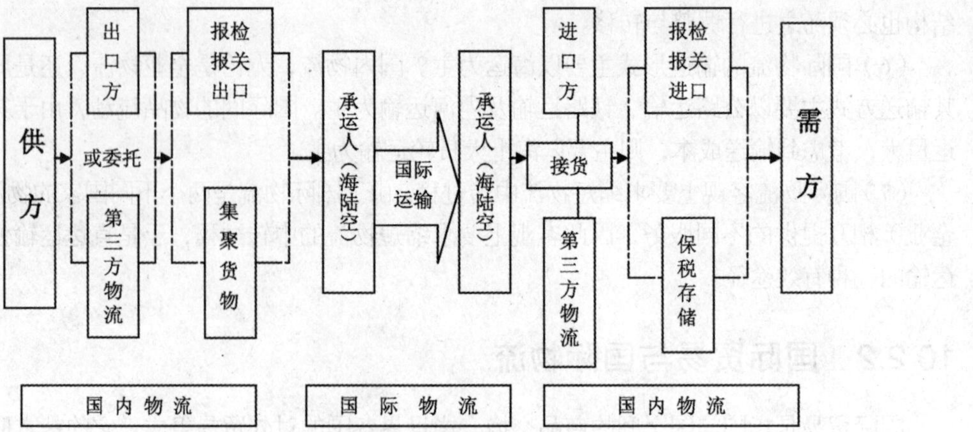

图 10-6 国际物流运作流程

一般来说，国际物流的具体业务流程主要由信息、包装、储存、运输、检验、加工以及配送等构成，其过程如图 10-7 所示。

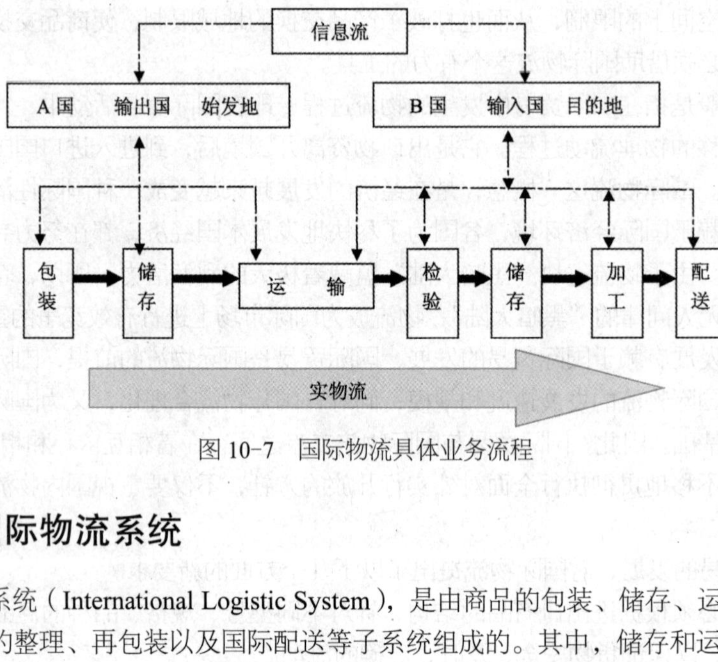

图 10-7 国际物流具体业务流程

10.2.4 国际物流系统

国际物流系统（International Logistic System），是由商品的包装、储存、运输、检验、流通加工和其前后的整理、再包装以及国际配送等子系统组成的。其中，储存和运输子系统是物流的两大支柱。

1. 运输子系统

国际货物运输是国际物流系统的核心。商品通过国际货物运输作业由卖方转移给买方。国际货物运输具有路线长、环节多、涉及面广、手续繁杂、风险性大、时间性强等特点。运输费用在国际贸易商品价格中占有很大比重。国际运输主要包括运输方式的选择、运输单据的处理以及投保等方面。

2. 仓储子系统

仓储子系统是国际物流系统的重要构成之一，它主要是在各国的保税区、保税仓库及保税物流园区进行的。国际仓储子系统与各国保税制度和保税仓库建设有着极其重要的关系。保税制度是指对特定的进口货物，在其进境后，尚未确定内销或复出的最终去向前，暂缓缴纳进口税，并由海关监管的一种制度，这是各国政府为了促进对外加工贸易和转口贸易而采取的一项关税措施。保税仓库是经海关批准专门用于存放保税货物的仓库。它必须具备专门储存、堆放货物的安全设施，健全的仓库管理制度和详细的仓库账册，配备经海关培训认可的专职管理人员。

保税仓库的出现，为国际物流的海关仓储提供了既经济又便利的条件。有时会出现对货物不知最后作何处理的情况，这时买主（或卖主）将货物在保税仓库暂存一段时间。若货物最终复出口，则无须缴纳关税或其他税费；若货物将内销，可将纳税时间推迟到实际内销时为止。从物流角度看，应尽量减少储存时间、储存数量，加速货物和资金周转，实现国际物流的高效率运转。

3. 商品检验子系统

由于国际贸易和跨国经营具有投资大、风险高、周期长等特点，使得商品检验成为国际物流系统中重要的子系统。通过商品检验，确定交货品质、数量和包装条件是否符合合同规定。如发现问题，可分清责任，向有关方面索赔。在买卖合同中，一般都订有商品检验条款，其主要内容有检验时间与地点、检验机构与检验证明、检验标准与检验方法等。

根据国际贸易惯例，对于商品检验时间与地点的规定可概括为 3 种做法。

一是在出口国检验。它可分为两种情况：一种是在工厂检验，卖方只承担货物离厂前的责任，运输中品质、数量变化的风险概不负责；另一种是在装船前或装船时检验，其品质和数量以当时的检验结果由准。买方对到货的品质与数量原则上一般不得提出异议。

二是在进口国检验。它包括卸货后在约定时间内检验和在买方营业处所或最后用户所在地查验两种情况。其检验结果可作为货物品质和数量的最后依据。在此条件下，卖方应承担运输过程中品质、重量变化的风险。

三是在出口国检验，在进口国复验。货物在装船前进行检验，以装运港双方约定的商检机构出具的证明作为议付货款的凭证，但货到目的港后，买方有复验权。如复验结果与合同规定不符，买方有权向卖方提出索赔，但必须出具卖方同意的公证机构出具的检验证明。

在国际贸易中，从事商品检验的机构很多，包括卖方或制造厂商和买方或使用方的检验单位，有国家设立的商品检验机构以及民间设立的公证机构和行业协会附设的检验机构。在我国，统一管理和监督商品检验工作的是国家进出口商品检验局及其分支机构。究竟选定由哪个机构实施和提出检验证明，在买卖合同条款中，必须明确加以规定。商品检验证明即进出口商品经检验、鉴定后，应由检验机构出具具有法律效力的证明文件。如经买卖双方同意，也可采用由出口商品的生产单位和进口商品的使用部门出具证明的办法。检验证书是证明卖方所交货物在品质、重量、包装、卫生条件等方面是否与合同规定相符的依据。如与合同规定不符，买卖双方可据此作为拒收、索赔和理赔的依据。

此外，商品检验证也是议付货款的单据之一。商品检验可按生产国的标准进行检验，或按买卖双方协商同意的标准进行检验，或者按国际标准或国际习惯进行检验。商品检验方法概括起来可分为感官鉴定法和理化鉴定法两种。理化鉴定法对进出口商品检验更具重要作用。理化鉴定法一般是采用各种化学试剂、仪器器械鉴定商品品质的方法，如化学鉴定法、光学仪器鉴定法、热学分析鉴定法、机械性能鉴定法。

4. 商品包装子系统

商品的商标和包装是企业的面孔，反映了一个国家的综合科技文化水平。我国出口商品存在的主要问题是：出口商品包装材料主要靠进口；包装产品加工技术水平低，质量上不去；外贸企业经营者对出口商品包装缺乏现代意识，表现在缺乏现代包装观念、市场观念、竞争观念和包装的信息观念。仍存在着“重商品、轻包装”“重商品出口、轻包装改进”等思想。

为提高商品包装系统的功能和效率，应提高广大外贸职工对出口商品包装工作重要性的认识，树立现代包装意识和包装观念；尽快建立起一批出口商品包装工业基地，以适应外贸发展的需要，满足国际市场、国际物流系统对出口商品包装的各种特殊要求；认真组织好各种包装物料和包装容器的供应工作。这些包装物料、容器应具有品种多、规格齐全、批量小、变化快、交货时间急、质量要求高等特点，以便扩大外贸出口和创汇能力。

5. 装卸与搬运子系统

装卸与搬运是对国际货物运输、储存、包装以及流通加工等涡流活动进行衔接的活动，是各种物流作业活动的纽带与桥梁。装卸与搬运子系统的合理化对国际物流的效率、成本以及服务水平有着很大的影响。

6. 国际物流信息子系统

国际物流信息子系统主要功能是采集、处理和传递国际物流和商流的信息情报。没有功能完善的信息系统，国际贸易和跨国经营将寸步难行。国际物流信息的主要内容包括进出口单证的作业过程、支付方式信息、客户资料信息、市场行情信息和供求信息等。国际物流信息系统的特点是信息量大，交换频繁；传递量大，时间性强；环节多，点多，线长。所以要建立技术先进的国际物流信息系统，国际贸易中 EDI 的发展是一个重要趋势。我国应该在国际物流中加强推广 EDI 的应用，建设国际贸易和跨国经营的信息高速公路。

10.2.5 国际物流网络

国际贸易和经营的竞争要求国际物流系统的物流费用要低，顾客服务水平要高。为实现这一目标，建立完善的国际物流网络十分重要。

1. 国际物流网络的概念

国际物流网络是指由多个收发货的“节点”和它们之间的“连线”所构成的物流抽象网络，以及与之相伴随的信息流网络的有机整体。

整个国际物流过程是由多次的运动—停顿—运动—停顿组成的。与这种运动相对应的国际物流网络，就是由执行运动使命的线路和执行停顿使命的节点这两种基本元素组成的。线路与节点相互关联组成了不同的国际物流网络。国际物流网络水平的高低、功能的强弱则取决于网络中这两个基本元素的配置。

2. 国际物流的节点及功能

节点是指进、出口国内外的各层仓库，如制造厂仓库、中间商仓库、口岸仓库、国内外中转点仓库以及流通加工配送中心和保税区仓库。国际贸易商品就是通过这些仓库的收入和发出，并在中间存放保管，实现国际物流系统的时间效益，克服生产时间和消费时间上的分离，促进国际贸易系统的顺利运行。国际物流节点主要具有以下 3 项功能。

（1）衔接功能。国际物流节点将各个物流线路联结成一个系统，使各个线路通过节点变得更为贯通而不是互不相干，这种作用称为衔接作用。在物流未成系统化之前，不同线路的衔接有很大困难。例如轮船的大量输送线和短途汽车的小量输送线，两者的输送形态、输送装备都不相同，再加上运量的巨大差异，往往在两者之间有长时间的间隔，然后才能逐渐实现转换，这就使两者不能贯通。物流节点利用各种技术的、管理的方法，可以有效地起到衔接作用，将中断转化为通畅。

（2）信息功能。国际物流节点是整个物流系统或与节点相接的物流信息的传递、收集、处理和发送的集中地。这种信息作用在国际物流系统中起着非常重要的作用，也是使复杂的国际物流能联结成有机整体的重要保证。在国际物流系统中，每一个节点都是物流信息的一个点，若干个这种信息点和国际物流系统中的信息中心结合起来，便形成了指挥、管理、调度整个系统的信息网络，这是一个国际物流系统建立的前提条件。

（3）管理功能。国际物流系统的管理设施和指挥机构大都设置于物流节点之处。实际上，物流节点大都是集管理、指挥、调度、信息、衔接及货物处理为一体的物流综合设施。整个物流系统的运转有序化、正常化和整个物流系统的效率高低都取决于物流节点的管理水平。

3. 国际物流连线

连线是指连接上述国内外众多收发货物流节点间的运输，如各种海运航线、铁路线、飞机航线以及海、陆、空联合运航线。这些网络连线是库存货物的移动（运输）轨迹的物化形式；每一对节点有许多连线以表示不同的运输路线、不同产品的各种运输服务；各节点表示存货流动暂时停滞，其目的是为了更有效地移动（收或发）；信息流动网的连线通常包括国内外的邮件，或某些电子媒介（如电话、电传、电报、EDI 等），其信息网络的节点则是各种物流信息汇集及处理之点，如员工处理国际订货单据、编制大量出口单证、准备提单或计算机对最新库存量的记录；物流网与信息网并非独立，它们之间是密切相联的。

4. 建立和完善国际物流网络应注意的问题

国际物流网络研究的中心问题是确定进出口货源点（或货源基地）和消费者的位置、各层级仓库及中间商批发点（零售点）的位置、规模和数量，从而决定了国际物流网络的合理布局和合理化问题。在合理布局国际物流网络的前提下，国际商品由卖方向买方实体流动的方向、规模、数量就确定下来了。即国际贸易的贸易量、贸易过程（流程）的重大战略问题，进出口货物的卖出和买进的流程、流向、物流费用、国际贸易经营效益等，都一一确定出来了。完善和优化国际物流网络，有利于扩大我国国际贸易，提高我国跨国公司的竞争能力和成本优势。我国的国际物流网络已经具有一定的规模，为了促使我国国际物流网络更加合理，应该注意以下问题。

（1）合理选择和布局国内外物流网点。扩大国际贸易的范围、规模，以达到费用省、服务好、信誉高、效益高、创汇好的物流总体目标；在规划网络内建库数目、地点及规模时，都要紧密围绕着商品交易计划，乃至一个国家宏观国际贸易总体规划；国际物流网点规划要考虑现代物流技术的发展，留有余地，以备将来的扩建。

（2）采用先进的运输方式、运输工具和运输设施。改进运输路线，减少相向、迂回运输；加速进出口货物的流转，充分利用海运、多式联运方式，不断扩大集装箱运输和大陆桥运输的规模，增加物流量，扩大进出口贸易量和贸易额。

（3）缩短进出口商品的在途积压，包括进货在途（如进货、到货的待验和待进等）、销售在途（如销售待运、进出口口岸待运）、结算在途（如托收承付中的拖延等），以便节省时间，加速商品和资金的周转。

（4）明确各级仓库的供应范围、分层关系及供应或收购数量，注意各层仓库间的有机衔接。

诸如生产厂家仓库与各中间商仓库、港（站、机场）区仓库以及出口装运能力的配合和协同，以保证国内外物流畅通，少出现或不出现在某一层仓库储存过多、过长的不均衡状态。

（5）改进包装和港口装卸作业。增大技术装载量，多装载货物，减少损耗；改进港口装卸作业，有条件时要扩建港口设施，合理利用泊位与船舶的停靠时间，尽力减少港口杂费，吸引更多的买卖双方入港；改进海运配载，避免空仓或船货不相适应的状况。

（6）综合考虑国内物流运输。在出口时，有条件要尽量采用就地就近收购、就地加工、就地包装、就地检验、直接出口的物流策略。

发展外向型经济，扩大国际贸易，增强商品在国际市场上的竞争力，建立健全高效、通畅的国际物流体系，实现国际物流合理化和国际贸易扩大化。

10.2.6 国际多式联合运输

1. 国际多式联合运输的定义

在1980年5月联合国国际多式联运公约第二期会议一致通过的《联合国国际多式联运公约》中，对国际多式联运（International Multimodal Transport）曾做出如下定义："国际多式联运是指按照国际多式联运合同，以至少两种不同的运输方式，由多式联运经营人（Combined Transport Operator，C.T.O.）将货物从一国境内接管货物的地点运至另一国境内指定交货地点。为履行单一方式货物合同所规定的货物接送业务，则不应视为国际多式联运。"

2. 国际多式联合运输的特征

这种运输必须使用全程提单（Combined Transport Bill of Lading）；联运经营人对货主承担全程的运输责任；联运经营人以单一费率向货主收取全程运费；必须是国际间的货物运输。这种运输必须是采用两种以上不同运输方式衔接组成一个连贯的运输以完成国际间的货物运输。

3. 多式联运经营人的性质和责任范围

《联合国国际多式联运公约》对多式联运经营人所下的定义是："多式联运经营人，是指其本人或通过其代表订立多式联运合同的任何人，他是货主，而不是发货人的代理或代表或参加多式联运的承运人的代理人或代表，并且负有履行合同的责任。"其责任期间是从接收货物之时起到交付货物之时止，在此期间对货主负全程运输责任，根据多式联运责任制的范围和索赔限额目前国际上一般有3种类型和做法：一是统一责任制（Uniform Liability System）；二是分段责任制又称网状责任制（Net Work Liability System）；三是修正统一责任制。

10.2.7 国际货运代理

1. 国际货运代理的概念和性质

国际货运代理协会（FIATA）给国际货运代理（The Freight Forwarder）所下的定义是：国际货运代理是根据客户的指示，并为客户的利益而揽取货物运输的人，其本身并不是承运人。国际货运代理也可以依据这些条件，从事与运输合同有关的活动，如储货（也含寄存）、报关、验收、收款等。《中华人民共和国国际货物运输代理业管理规定》给国际货运代理所下的定义是：接受进出口货物收货人、发货人的委托，以委托人的名义或者以自己的名义，为委托人办理国际货物运输及相关业务并收取服务费用的行业。

从国际货运代理的基本性质看，它主要是接受委托人的委托，就有关货物运输、仓储、保险，以及与货物运输有关的各种业务提供服务的一个机构。国际货运代理是一种中间人性质的运输业者，它既代表货方，保护货方的利益，又协调承运进行承运工作，其本质就是“货物中间人”，在以发货人或收货人为一方，承运人为另一方的两者之间行事。国际货运代理的这种中间人性质在过去尤为突出。

然而，随着国际物流和多种运输形式的发展，国际货运代理的服务范围不断扩大，其在国际贸易和国际运输中的地位也越来越重要。在实践中，国际货运代理人所从事的业务，正在越来越高的程度上承担着承运人的责任，这说明国际货运代理的角色已发生了很大的变化。许多国际货运代理企业都拥有自己的运输工具，用来从事国际货运代理业务，包括签发多式联运提单，有的甚至还开展了物流业务，这实际上具有了承运人的特点。将来会有越来越多的国际货运代理通过建立自己的运输组织并以承运人身份承担责任的方式来谋求更广阔的业务发展。国际货运代理的双重身份，即代理人与当事人并存的局面仍会继续存在下去。虽然国际货物运输代理人有时也以独立经营人身份从事货物的仓储、短途运输，甚至以缔约承运人身份出具运单、提单，但这只不过是为了适应市场竞争的需要，满足某些客户自特殊需求而拓展了服务范围的结果，并不影响其作为运输代理人的本质特征。

2. 国际货运代理的作用

国际货运代理企业通晓国际贸易环节，精通各种运输业务，熟悉有关法律、法规，业务关系广泛，信息来源准确、及时，与各种承运人、仓储经营人、保险人、港口、机场、车站、堆场、银行等相关行业，以及海关、商检、卫检、动植物检、进出口管制等有关政府部门有着密切的业务关系，不论对于进出口货物的收、发货人，还是对于承运人和港口、机场、车站、仓库经营人都有重要的桥梁和纽带作用，不仅能适应国际贸易和国际运输事业发展，而且可以为国家创造外汇来源，对于本国国民经济发展和世界经济的全球化都有重要的推动作用。其主要表现在以下几方面。

（1）组织协调作用。国际货运代理使用最现代化的通信设备（包括资料处理），来推动国际贸易程序的简化。国际货运代理是“运输的设计师”，是“门到门”运输的组织者和协调者。凭借其拥有的运输知识和其他相关知识，组织运输活动，设计运输路线，选择运输方式和承运人（或货主），协调货主、承运人及其仓储保管人、保险人、银行、港口机场、车站、堆场经营人和海关、商检、卫检、动植物检、进出口管制等有关当局间的关系，可以省却委托人的时间，减少诸多不必要环节和麻烦，专心致力于主营业务。

（2）专业服务作用。国际货物代理人的本职工作是利用自身专业知识和经验，为委托人提供货物的承揽、交运、拼装、寄运、装卸、交付服务，接受委托人的委托，办理货物的保险、海关、商检、卫检、动植物检、进出口管制等手续，甚至有时要代理委托人支付、收取运费，垫付税金和政府规费。国际货运代理人通过向委托人提供各种专业服务，可使委托人不必在自己不够熟悉的业务领域花费更多的心思和精力，使不便或难以依靠自己力量办理的事宜得到恰当、有效的处理，有助于提高委托人的工作效率。

（3）咨询顾问作用。国际货运代理人通晓国际贸易环节，精通各种运输业务，熟悉有关法律、法规，了解世界各地有关情况，信息来源准确、及时，可以就货物的包装、储存、装卸和保管，货物的运输方式、运输路线和运输费用，货物的保险、进出口单证和价款的结算，领事、海关、商检、卫检、动植物检、进出口管制等有关当局的要求，向委托人提出准确、具体的咨询意见，协助委托人设计、选择适当的处理方法，避免、减少不必要风险、周折和浪费。

（4）降低成本作用。国际货运代理人掌握货物的运输、仓储、装卸保险市场行情，与货物的运输关系人、仓储保管人、港口、车站、堆场经营人和保险人有着长期密切、友好的合作关系，拥有丰富的专业知识和业务经验、有利的谈判地位、娴熟的谈判技巧。通过国际货运代理人的努力，可以选择货物的最佳运输路线、运输方式、最佳仓储保管人、装卸作业人和保险人，争取公平、合理的费率，甚至可通过集运效应使所有相关各方受益，从而降低货物运输关系人的业务成本，提高预期效益。

（5）沟通控制作用。国际货运代理人拥有广泛的业务关系、发达的服务网络、先进的信息技术手段，可随时保持货物运输关系人之间、货物运输关系人和其他企业、部门的有效沟通，对货物运输的全过程进行准确跟踪和控制，保证货物安全、及时地运抵目的地，顺利办理相关手续，准确送达收货人，并应委托人的要求提供全过程的信息服务及其他相关服务。

（6）资金融通作用。国际货运代理人与货物的运输关系人、仓储保管人、装卸作业人及银行、海关当局等相互了解，关系密切，长期合作，彼此信任。国际货运代理人可以提到收货人、发货人支付的有关费用，凭借自己的实力和信誉向承运人、仓储保管人、装卸作业人及银行、海关当局提供费用、税金担保或风险担保，可帮助委托人融通资金，减少资金占压，提高资金利用效率。

总之，国际货运代理是整个国际货物运输的组织者和设计师，特别是在国际贸易竞争激烈、社会分工越来越细的情况下，其地位越来越重要，作用越来越大。

10.2.8 国际物流合理化

1. 国际物流合理化的含义

国际物流合理化是指降低国际物流成本、提高国际物流效率与服务水平的方式与方法的总称。对于一个国家来说，国际物流的合理化不仅有利于提高本国物流的发展水平，也有利于促进本国国际贸易与国民经济的发展。

2. 国际物流合理化的对策

我国的国际物流系统网络已经具有一定的规模，为了促使我国国际物流系统网络更加合理，应该采取以下主要措施。

第一，合理选取和布局国内、外物流网点，扩大国际贸易的范围和规模，以达到费用省、服务好、信誉高、效益高和创汇好的物流总体目标。

第二，采用先进的运输方式、运输工具和运输设施，加速进出口货物的流转。充分利用海运、多式联运方式，不断扩大集装箱运输和大陆桥运输的规模，增加物流量，扩大进出口贸易量和贸易额。

第三，缩短进出口商品的在途积压，包括进货在途（如进货、到货的待验和待进等）、销售在途（如销售待运、进出口待运）和结算在途（如托取承付中的拖延等），以便节省时间，加速商品和资金的周转。

第四，改进运输路线，减少相向和迂回运输等不合理的运输现象发生。

第五，改进包装，增大技术装载量，减少损耗。

第六，改进港口装卸作业，有条件的要扩建港口设施，合理利用泊位与船舶的停靠时间，尽力减少港口杂费，吸引更多的买卖双方入港。

第七，改进海运配载，避免空仓或船货不相适应的状况。

第八，综合考虑国内物流运输，在出口时，有条件的要尽量采用就近收购、就地加工、就地包装、就地检验、直接出口的物流策略。

3. 国际物流合理化的几个具体作业途径

（1）成品出口渠道系统。物流机制的正常运转必须借助合理的出口渠道系统。只有建立多层次的出口渠道系统，并运用现代化的管理技术以及现代化的信息系统，物流才能顺畅流转。在成品出口中，增加机械类和机电类产品已经成为一种发展趋势。为了寻找出口商品的物流合理化的途径，以海上集装箱为媒介的国际联运已居于主导地位。

根据物流组织者和委托者不同，以日本的成品出口渠道为例，说明成品出口渠道的几种具体形式，如表 10-1 所示。

表 10-1　日本成品出口渠道的几种具体形式

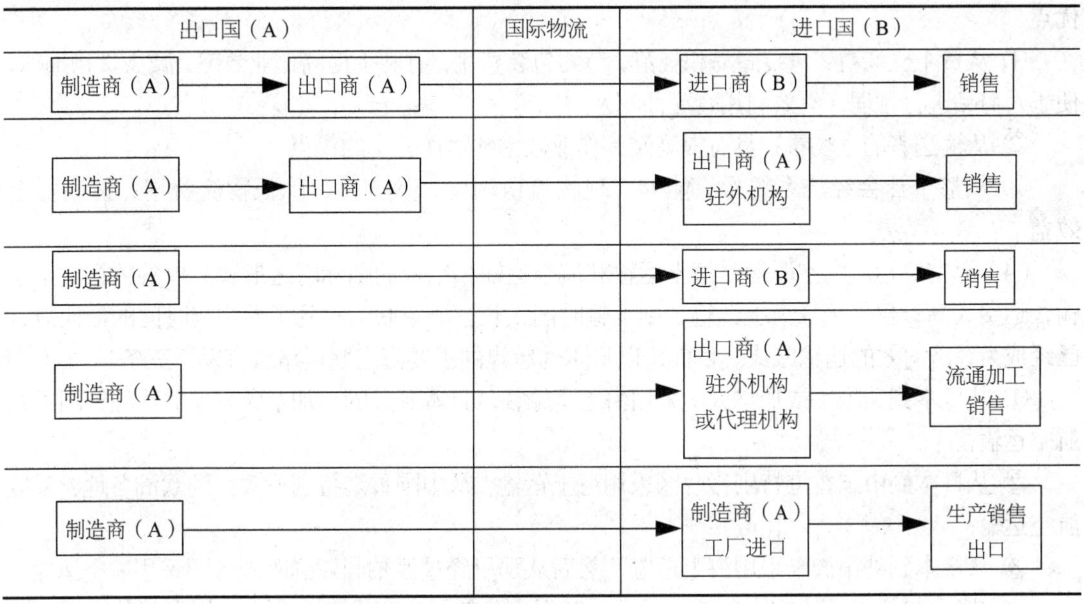

从上表可以看出，日本成品出口渠道共有 5 条。

① 制造商通过出口机构向对方的进口机构出售产品，这是一种间接性的国际物流形式；

② 大公司的出口机构在进口国设置分公司及其驻外机构，寻求物流合理化所形成的国际物流，有利于扩大产品推销；

③ 工厂、企业与进口机构直接交换而形成的国际物流，目标在于寻求最佳的物流流向，即没有中间商的直接交易；

④ 工厂、企业在进口国（B）设立驻外办事机构或代理店，以成组零件方式出口产品，在进口国进行装配等流通加工活动而形成的国际物流，其目标在于占领市场；

⑤ 为了更好地实现物流的合理化，制造商在进口国（B）建立工厂，进行生产和销售，变国际物流为企业物流或国内物流，减少物流环节，促进物流合理化。

（2）单位成组装载系统。所谓单位成组装载系统（Unit Load System），不是将货物单个地、一件一件地进行输送，而是把众多的货物分类排列，组成一个单位（Unit）进行输送的一种方法。它是一种通过包装、装卸革新达到运输合理化的方式。用这种方式输送商品，一般具有以下特点。

① 商品的重量、体积、包装、货形不一致。

② 是多品种、少交易的商品。

③ 流通机构复杂。

单位成组装载的具体形式有两种。一种是使用大型金属集装箱化的方法。由于这种方式采取了从装货到卸货的连贯作业，因而一般都有较高的效率。另一种是使用托盘的托盘化方法。它的主要优点有：装卸率高，能够有效地防止货物损失；包装简单，费用低；增加装载高度等。但是，这种方式也存在着不足之处，主要是：对按数量单位装载的器具管理有困难；使用数量单位装载成本较高；需要与之配套的机械设备；装载效率较低；需要宽敞的作业场地，等等。

（3）连贯输送托盘化。托盘（Pallet）也称货盘，它是一种把货物集合成一定的数量单位，便于装卸操作的搬运器具。具体方法是把各种各样的货物放在托盘上，然后使用万能叉车送到货车、汽车、船舶、飞机上的一系列装卸活动，称为托盘化（Palletization）。这种方法具有以下优点。

① 从货主立场看：包装简易和规范，节约包装费用；有利于提高作业效率，减少货物损伤；便于对商品进行管理，有效利用仓库面积及空间等。

② 从输送者的立场看：具有提高装卸作业效率和输送效率的优点。

③ 从整个社会经济系统看：能够实现物流协调化、效率化，降低物流费用，提高社会效益。

（4）海空联运。海空联运是海上运输和航空运输相结合的国际联运形式。单独依靠航空运输，运费太高；仅仅依靠海上运输，则运输时间太长。海空联运找到了费用与时间的最佳点，已经成为经济有效的运输方式。目前，以日本为起点的主要海空联运路线有以下三条。

① 从日本到美国（或加拿大）采用海上运输，从日本到美国、加拿大东岸、欧洲等国采用航空运输；

② 从日本到中国香港特别行政区采用海上运输，从中国香港特别行政区到欧洲各地，采取航空运输；

③ 从日本到纳霍德卡采用海上运输，然后从那里经过西伯利亚到欧洲各国采用航空运输。

海空联运与海上运输相比，缩短了运输时间，降低了库存投资、仓库费用和包装费用，同时，增强了销售的竞争能力。

（5）大陆桥运输。所谓大陆桥运输（Laud-Bridge），是以大陆为桥进行运输的意思。理论上连接两段海运的陆运位称为大陆桥。它是国际性联运中必然形成的一种复合输送形式。通过两种或两种以上的输送手段，把货物从发货单位送到用户手中，途中无任何消损的连贯运输，称为复合连贯运输（或联运）。通过不同国家之间的联运，称为国际复合连贯输送。它是使国际物流顺畅进行的主要手段，有利于实现物流输送的合理化。大陆桥运输的主要路线如下。

① 西伯利亚大陆桥运输。从远东到纳霍德卡采取海上运输，经过西伯利亚大陆到欧洲采取陆上运输。

② 美洲大陆桥运输。从远东到美国西海岸采用海上集装箱船运输，经美洲大陆向西欧的运输为陆地运输。

③ 小陆桥运输。从远东到美国西海岸采用海上运输，从西岸到东岸采取铁路运输。

课间案例

林德特巧克力的全球配送

创立于 1845 年，总部位于瑞士苏黎世的林德特巧克力公司（Swiss Lindt Chocolate Company）属于国际控股集团公司（The Holding Company of The International Group），主要生产经营巧克力。其巧克力加工制造厂除了瑞士本土外，还遍布法国、德国、英国、意大利、奥地利和美国等国，是世界上生产巧克力最负盛名的企业。而林德特公司巧克力加工厂规模最大、产量最高的是在瑞士本土，年产量达到 5 584 吨。目前林德特巧克力公司欧洲公司年产品销售总额为 12 亿 3 千万美元。

林德特巧克力公司以“林德特”（Lindt Chocolate）命名的绝大部分巧克力产品从欧洲出口到美洲、大洋洲、亚洲和中东海湾地区，通常使用远洋班轮冷藏集装箱（20 英尺集装箱和 40 英尺集装箱）运输，空运巧克力不超过出口巧克力集装箱运量的 1%，这是公司为了不给价格本来就不菲的巧克力再增加运输成本，以便世界各地更多的平民百姓能够品尝到瑞士林德特牌的巧克力。

为了适应市场发展与竞争的需要，更好地满足消费者的需求，林德特认识到了物流对保证巧克力质量的重要性。目前，其巧克力物流配送中心分别设置在英国、奥地利、加拿大、西班牙、波兰等地；在美国和中东地区的阿联酋迪拜设立巧克力销售办事处，在全球范围内各国和地区经营的林德特牌巧克力营销和配送等业务全部由独立分销商网络负责操作，这样做虽使物流成本有些偏高，可是避免了假冒伪劣产品混入，确保了林德特牌巧克力产品的质量。现在，世界各地的消费者只要在专卖店和独立分销商处买到林德特牌巧克力，都会放心地确信这是真正地道的瑞士林德特牌巧克力，就像在专卖店和分销商那里购买瑞士生产的品牌钟表一样。

在瑞士苏黎世湖附近的阿尔腾道夫镇（Allenfor）的林德特巧克力公司物流中心，不仅仓储实力强大，仅仅托盘，即用来装载巧克力产品或巧克力制作原料或包装材料等货物用的平板式货台就有 11 500 套，此外还拥有 32 家配送物流专业队。林德特巧克力公司的物流中心的主要职责除了负责从荷兰鹿特丹港进口原料运送到瑞士阿尔腾道夫加工厂之外，还把巧克力产品从阿尔腾道夫的工厂源源不断地输送到欧洲其他国家和世界各地。因此对所有的配送物流公司实施严格的质量管理，其中包括运输车辆的卫生检疫、车辆驾驶员和物流服务操作人员的健康证明、冷藏集装箱温度控制机械系列的技术保障、交通运输安全和食品法规考核等。

物流中心不乏食品专家、卫生检疫专家和报关经纪人，凡是有可能影响到林德特牌巧克力质量和信誉的海陆空物流服务项目都被纳入该物流中心管辖范围内，尤其是卡车的集装箱运输是质量管理的重点。

在运输方面，无论是在瑞士本土阿尔腾道夫还是在欧洲其他国家工厂生产的林德特牌巧克力，凡是出口到欧洲其他国家，通常都是用冷藏集装箱卡车从巧克力加工制造厂运送到靠近荷兰鹿特丹港的奥德贝杰仑德（OudBeijerland）物流中心。因为在陆地上集装箱卡车运输成本尽管比铁路运输昂贵，但是容易管理，而且机动灵活。运到鹿特丹港附近的奥德贝杰仑德物流中心以后，该中心根据与客户的合同规定，负责安排集装箱班轮的适当冷藏箱舱位（即所谓订舱）、支付运费、办理集装箱的装船手续。

从瑞士和其他欧洲国家出口到全球各个角落的林德特牌巧克力基本上由铁行渣华航运（P&0 Neelloy）旗下的集装箱班轮承运。而负责装船的荷兰鹿特丹港的奥德贝杰仑德（OudBeijerland）物流中心和负责从工厂发货的瑞士苏黎世湖附近的阿尔腾道夫镇林德特巧克力公司物流中心之间的关系非常密切，这种关系一直发展和延伸到远洋承运人的集装箱班轮、卸货港和收货人。以保证质量为重中之重，在高度发达的信息技术的支持下，林德特牌巧克力集装箱物流供应链上的每一个环节都相互支持，配合默契，多少年来一直没有发生过林德特牌巧克力质量的责任性事故。

资料来源：www.jctrans.com，锦程物流网。

本章小结

城市物流是指在城市范围内进行的物流活动，是介于宏观物流与微观物流之间的一种中观物流。城市物流具有量大、节点多、分布广、距离短、共同化程度高、可持续发展性强等特点，其主要为公路运输，更多表现为协同配送。城市物流系统主要由物流基础设施、物流装备、物流网络、物流管理等要素构成。城市物流的布局主要受生产、消费、区位等多种因素的影响。城市物流布局的总目标就是在满足社会物流服务需要的条件下，应以社会物流费用（或成本）最小化为目标，同时保持社会生态环境的优化。城市物流布局可以分为点对点、一点对多点以及综合的布局等多种类型。

目前我国城市物流在发展过程中，存在着基础设施薄弱、配套性不强、未能与城市规划发展有机结合，条块分割、区域封锁、组织化程度较低，物流中心档次低、规模小、布局不合理、信息孤岛现象严重、共享与交流不畅，企业经营观念保守、管理手段落后、技术含量低等不足。要实现城市物流的有效发展，不仅要提高发展城市物流认识，加强宏观调控和政策引导，积极发展城市物流设施建设；还要大力发展城市物流的信息化，加强城市物流客观规律的研究，强化物流法制建设，实现城市物流的市场化和规范化；同时，还要创建新型的城市物流经营体系，大力培养物流管理和物流技术人才。

国际物流，就是货物在国际间的合理流动。国际物流的实质是按国际分工协作的原则，依照国际惯例，利用国际化的物流网络、物流设施和物流技术，实现货物在国际间的流动与交换，以促进区域经济的发展和世界资源优化配置。国际物流的发展有赖于国际贸易的发展。国际物流的总目标是为国际贸易和跨国经营服务的，即通过选择最佳的方式与路径，以最低的费用和最小的风险，保质保量、适时地将货物从一国运送到另一国。国际物流使各国物流系统相互“接轨”，因而与国内物流系统相比，具有国际性、复杂性和风险性等特征。国际物流的发展主要经历了3个阶段。

国际物流与国内物流相比，环境差异大、系统范围广、标准化与信息化程度高，并且以海运为主。国际物流系统主要由商品的包装、储存、运输、检验、流通加工和其前后的整理、再包装以及国际配送等子系统组成。国际物流网络是指由多个收发货的“节点”和它们之间的“连线”所构成的物流抽象网络，以及与之相伴随的信息流网络的有机整体。国际物流节点是指进、出口国内外的各层仓库，如制造厂仓库、中间商仓库、口岸仓库、国内外中转点仓库以及流通加工配送中心和保税区仓库等，具有衔接、信息以及管理等功能。国际物流连线是指连接上述国内外众多收发货物流节点间的运输，如各种海运航线、铁路线、飞机航线以及海、陆、空联合运航线。

国际货运代理是根据客户的指示，并为客户的利益而揽取货物运输的人，其本身并不是承运人。国际货运代理具有组织协调、专业服务、咨询顾问、沟通控制、资金融通以及降低成本的作用。要有效地发挥国际物流的作用，就需要实现国际物流的合理化。

复习与思考题

（1）简述城市物流的特点与作用。

（2）分析城市物流系统的构成。

（3）简述国际货运代理的内涵与作用。
（4）简述国际物流的主要风险。
（5）简述国际物流系统的构成。
（6）简述国际物流业务流程。
（7）剖析我国城市物流发展存在的问题及其解决的对策。
（8）分析我国国际物流存在的问题、成因与发展对策。

案例分析：地区联盟创造了横贯大陆的运输

需要更短时间和更好服务的托运人，在地区承运人和国家承运人之间创建了新的竞争层次。地区承运人对这种新竞争所作出的反应是形成战略联盟、在服务地区架起地区桥梁使横贯大陆的运输成为可能。

哥伦比亚东南货运公司（South eastern Freight Lines）、南卡罗来纳公司（South Caron lina）是组织地区承运人联盟的开拓者之一。他的盟友是得克萨斯州韦科（Waco）的中央货运公司（Central Freight Lines）和加利福尼亚州圣何塞（San Jose）的海盗货运系统（Viking Freight System）。

在这种安排下，东南公司在其所在地区接受货运，然后将其运输到位于亚特兰大的整合中心。根据顾客地点位置，由海盗公司接过货运递送到洛杉矶，或者由中心雇佣的承运人递送到达拉斯。中央货运公司雇佣诸如 J. B. Hunt 公司或 Schneider National 公司之类的国家级远程承运人，从亚特兰大运输材料到达拉斯。一旦抵达达拉斯，中央货运公司就负责搬运，将货物递送到最终的顾客手里。

当货物到达中央货运公司位于达拉斯的码头或海盗货运系统位于洛杉矶的码头时，整合货载就被分解成较小的地区和当地交付的货载。这些地区和当地的速送货物按需要由中央货运和海盗货运公司负责搬运。该联盟已经允许地区承运人按一体化方式进行作业，比横贯大陆的承运人还要快一二天。递送速度之所以更快，是因为横贯大陆的承运人往往坚持要将该货物组成整合货载，并且通过在主要的中心地点重新整合来搬运产品。

在这种联盟下，还要实现出色的服务。在最后交付之前，东南公司通过全部保留运输中的材料所有权承担责任和风险。此外、东南公司通过其信息系统来跟踪所有的装运。另一个好处是顾客仅收到一份提单，而不管实际有多少承运人搬运过这单货。然后，东南公司负责向每一个承运人付费。

请分析该案例的优点。

第 11 章

电子商务物流费用

本章概要

本章主要介绍电子商务物流费用的含义、分布与种类，阐述电子商务物流费用管理的作用、目标、原则、内容和方法，分析影响电子商务物流费用管理的因素，探讨降低电子商务物流费用的对策与措施。

11.1 电子商务物流费用的含义与分布

11.1.1 电子商务物流费用的含义

长期以来，我国对物流费用的核算与管理重视不够，企业历来不进行物流费用的专门统计与核算，掩盖了物流方面的费用，造成了物流费用的浪费。电子商务的发展把物流提高到了一个非常重要的地位，也使人们充分认识到了降低物流费用的重要性。因此，在电子商务物流过程中，加强电子商务物流费用的管理，建立电子商务物流管理会计制度，降低电子商务物流费用，不仅是我国物流经济管理亟待解决的重要问题，而且是企业进行电子商务活动、开展物流配送所必须解决的一个重要问题。

电子商务物流费用是指在进行电子商务物流活动过程中所发生的人、财、物耗费的货币表现。它是衡量电子商务物流经济效益高低的一个重要指标。

11.1.2 电子商务物流费用的分布

对物流过程要进行有效的管理和控制，客观要求加强对物流费用的核算和管理，要做到这一点，就必须充分掌握和熟悉物流费用的分布。社会再生产过程是生产、分配、交换和消费这四个环节的统一。物流作为货物实体在空间上的运动，在每一环节上都可能发生位移。因此，从宏观上讲，物流活动存在于社会再生产过程的各个阶段和环节，而且每个阶段都要发生人、财、物的耗费。从该方面来讲，对物流费用进行的核算和管理，是一个涉及范围广而又十分复杂的问题。电子商务物流是依靠电子商务技术所进行的物流活动，同样它也存在于社会再生产过程的各个阶段和环节，也是一个涉及范围广而又十分复杂的问题。

在社会经济的运行过程中，物流费用与生产费用相比较，具有混合性、整体性、不明确性以及难以计算和控制等特点。因而，对于任何一个物流企业或生产企业来说，要确切地掌握和了解物流费用也是十分困难的。就生产企业来说，人们往往重视产品成本，着重于生产过程的成本费用控制，而对于由于材料、半成品、燃料等生产性要素在空间转移所发生的物流费用仅仅局限于通过有关账户进行汇集，而不在生产费用和生产成本中单列物流费用和物流成本。至于产品销售所形成的物流费用，由于产品空间位移主要是购买者的事，生产企业更不重视。对于物流企业，虽然在物流费用管理上比生产企业有所重视，但是，详细地分类记录、核算、控制物流费用的工作也尚未开展。总之，由于我国没有建立物流会计制度，因此给确切了解物流费用的发生、对物流费用进行有效控制和管理造成了极大的困难。在这种情况下，要揭示物流费用的分布情况，只能对物流费用按照一定的会计项目进行分类和计算。

在生产性企业中，财务会计大体上将费用分为生产成本、销售费用、管理费用与营业外费用四个部分。其中，生产成本包含了材料等物资在进入企业的过程中所发生的各种物流费用；销售费用中的管理费用也是按各种支付形态进行分类，并统一用货币作为计量尺度进行记录。因此，一翻开利润表，就能区分开销售费用和管理费用，就能发现支付运输和保管费的开支项目和金额，通常就是把这两项总计起来作为物流费用的。而对于企业在采购过程中所发生的各种物流费用，如运输、装卸、搬运费用等，由于按照生产过程最终都加入到产品成本中，因而往往并不单纯表示物流费用。这样，物流费用在整个销售额中只占极小的比重。因此，在生产性企业中，物流的重要性没有被认识到，这也是物流费用被称为“黑暗的大陆”“第三利润的源泉”以及“未开垦的处女地”的主要原因。

如果从宏观方面来看，流通企业是专门从事商品买卖的企业，其本身所汇集与计算的费用大都是物流费用。目前流通企业的物流费用按其主要形态和用途分为进货费用、仓储费用、管理费用和利息支出四个大项目。流通企业的费用报表在年度、季度与月度终了，都有详细记载与分类。

因此，加强流通企业的费用管理，对于从宏观上认识和管理物流费用有着重要的作用。即使如此，不论生产性企业还是流通企业，特别是生产性企业，从其财务报表中所表现出来的物流费用，也只是其中一小部分，物流费用的大部分是没有反映的，这一点应当引起重视。如果把企业财务报表中记录、汇集的费用误认为是企业的全部物流费用而忽视物流管理，经营不善的企业就会面临更大的困难。如果对物流成本进行统计和计算，就能够解释清楚混入有关费用中的物流部分。

如前所述，生产性企业重视的主要是产品生产成本与工厂成本。因此，产品从工厂运送到商业门市部的物流费是计算在成本之中的，购买原材料所支付的物流费用是计算在原材料之中的，自用运输和自用保管分别计入销售和管理费用的有关费用之中。另外，与物流有关的利息和其他利息一起计入营业费用之中。如果把这些来自生产成本、原材料费用、销售费以及管理费、营业外费用的有关物流费用总计起来，就会对物流的全部费用开始有所了解，就会为意外的巨大金额而感到惊讶，从而也就真正了解目前物流费用管理的水平，深刻理解了目前计算的物流费用仅仅是其中的一部分。

11.2 电子商务物流费用的种类

从不同的方面来划分，电子商务物流费用的种类有很多。按其范围来分，有广义与狭义之分；按企业性质划分，有物流企业物流费用、商业企业物流费用、生产企业物流费用以及网站物流费用等；按与流转额的关系来分，物流费用可分为可变费用和相对不变费用；按供应链划分，物流费用可分为供应物流费用、生产物流费用、销售物流费用和退货物流费用、废弃物流费用等。

11.2.1 按范围划分

物流费用按其范围来分，有广义与狭义之别。

从狭义上讲，物流费用是指从事物流活动所消耗的活劳动和物化劳动的货币表现。它具体包括实体的场所（或位置）位移而引起的有关运输、包装、装卸等费用，提供网络服务以及增值服务所产生的费用。

从广义上讲，物流费用是指包括生产、流通、消费全过程的物品实体与价值变换而发生的各种费用。它具体包括了从生产企业内部原材料协作件的采购、供应开始，经过生产制造过程中的半成品存放、分类、储存、保管、配送、运输，最后到消费者手中的全部过程所发生的所有费用。因此，进行物流费用管理，明确物流费用计算的范围和对象，就成为必须解决的问题。物流费用从计算的范围来看，有广义和狭义之别；从所处的领域来看，又有流通领域企业物流费用与生产领域企业物流费用之别。这些便成为计算和管理物流费用的对象。

11.2.2 按企业性质划分

物流费用按企业性质划分有物流企业物流费用、商业企业物流费用、生产企业物流费用以及网站物流费用等。

1. 物流企业物流费用

物流企业的物流费用是指物流企业在组织物流活动过程中所耗费的人力、物力和财力的货币表现。随着社会生产力和分工的专业化发展，物流将会成为社会经济生活中的一个独立产业而存在，并将发挥越来越重要的作用。一般来说，物流企业的物流费用主要包括以下几个方面。

（1）物流企业的职工工资及福利费。

（2）企业在经营过程中的物质消耗，如固定资产折旧等。

（3）企业在物流作业过程中所发生的包装费用、运输费用、装卸费用、保管费用、配送费用和加工费用以及退货费用等。

（4）企业在经营过程中所发生的物品损耗。

（5）企业在经营过程中所发生的网络服务费用。

（6）企业在经营过程中所发生的各项管理费用，如办公费、差旅费等。

（7）企业在经营过程中支付给银行的贷款利息。

2. 商业企业物流费用

在我国，商品的经营主要是由物资企业和商业企业承担的。物流费用是指在组织物品的购进、运输、保管、销售等一系列活动中所耗费的人力、物力和财力的货币表现，其基本内容如下。

（1）企业职工工资及福利费。

（2）支付给有关部门的服务费，如运输费、邮电费、网络服务费等。

（3）经营过程中的物质消耗，如固定资产折旧等。

（4）经营过程中发生的物品损耗。

（5）支付给银行的贷款利息。

（6）经营中的各项管理费用，如办公费、差旅费等。

3. 生产企业物流费用

生产企业是生产一定产品、满足社会某种需要的企业。为了进行生产经营活动，必须进行有关生产要素（如原材料、设备等）的购进和产品的销售。同时，为了保证产品质量，为消费者服务，还要进行产品的返修和废物的回收。因而，生产性企业的物流费用是指企业在进行供应、生产、销售、回收等过程中所发生的运输、包装、保管、输送、回收方面的费用。与物流企业相比，生产企业的物流费用最终都体现在所生产的产品成本中，具有与产品成本的不可分割性。

生产企业的物流费用一般包括：

（1）供应、销售人员的工资及福利费用；

（2）生产要素的采购费用，包括运输费用、邮电费用、网络服务费用和采购人员的差旅费等；

（3）产品的推销费用，如广告费用、宣传费用等；

（4）企业内部仓库保管费、维护费、搬运费等；

（5）有关设备、仓库的折旧费等；

（6）物流信息费，如邮电费、簿记费等；

（7）银行贷款的利息；

（8）回收废弃物发生的物流费用。

4. 网站的物流费用

随着电子商务的发展以及网上有形商品交易活动的开展，网站也存在着物流费用。在网站实际经营过程中，网站采取的物流经营不同，其物流费用的构成也不同。若网站采取自营型的物流经营模式，其物流费用的构成与商业企业物流费用的构成基本相同；若网站采取第三方的物流经营模式，其物流费用包括自身从事物流活动人员的费用以及支付给第三方（物流企业）的物流费用；若网站采取互用型的物流经营模式，则网站物流费用的构成比较复杂，需要根据具体情况进行进一步的分析和研究。

11.2.3 按与流转额关系划分

按与流转额的关系，物流费用可分为可变费用和相对不变费用。

1. 可变费用

可变费用（也称直接费用）是指物流费用随着货物流转额变动而变动的那一部分费用。这种费用开支的多少与货物流转额变化有直接关系。即流转额增加，物流费用的支出额也随之增加；反之，则减少。它随着货物流转额的增加而增加，具有可变的性质；它是随着货物运动而直接发生的费用，又有直接的性质，如搬运费、保管维护费、利息等。

2. 不变费用

不变费用（也称间接费用或固定费用）是指物流费用中不随货物流转额的变动而变动的那一部分费用，这种费用与货物流转额是间接的关系。在一般情况下，货物流转额变动，它不一定发生变动，即使变动，也不随着货物流转额成比例地变动。它受货物流转额增减变动的影响较小，绝对金额也是比较固定的。例如，职工工资、福利费、折旧费以及修理费等。

企业在进行物流活动的过程中，要降低物流的总费用，应积极扩大市场份额，增加物流规模，相对地降低物流的不变费用和单位货物的物流费用水平。

11.2.4 按经济性质划分

按经济性质，物流费用可划分为生产性的流通费用和纯粹流通费用。

1. 生产性的流通费用

生产性的流通费用（或称追加费用）是企业在进行物流活动的过程中，从事货物运输、装卸、包装、储存所产生的费用。这些费用是生产在流通领域的继续，是为了实现货物的最终完成过程、便于消费而发生的费用，因而，它们要转移到物品的价值中去。货物的价值也会随着运输、保管、包装等所耗费的劳动量的增大而加大，是必要劳动的追加费用。

2. 纯粹流通费用

纯粹流通费用（或称销售费用）是企业在经营管理中，因组织货物交换而发生的费用。它是指为使货物变成货币、货币变成货物，实现货物交换行为所发生的开支和货币管理方面的开支，再加上职工工资、差旅费和银行借款利息等。它们同商品交换行为有关，属于销售费用。经营管理所耗费的劳动虽不创造新的价值，但也是一种必要的劳动。

11.2.5 按发生流转环节划分

按费用发生的流转环节，物流费用可划分为进货费用、商品储存费用和销售费用。

1. 进货费用

进货费用是指商品由供货单位到需用企业仓库所发生的运输费、装卸费、损耗费、包装费、入库验收和中转单位收取的费用。

2. 储存费用

储存费用是指企业在商品保管过程中所开支的转库搬运、检验、挑选整理、维护保养、管理、包装等方面的费用以及商品的损耗费等。

3. 销售费用

销售费用是指企业从货物出库到销售过程中所发生的包装费用、手续费用、展览费用以及广告费用等。

11.2.6 按供应链划分

按供应链划分，物流费用可分为供应物流费用、生产物流费用、销售物流费用和退货物流费用、废弃物流费用。

1. 供应物流费用

供应物流费用是指企业为生产产品购买各种原材料、燃料、外购件等所发生的运输、装卸、搬运等的费用。

2. 生产物流费用

生产物流费用是指企业在生产产品时由于材料、半成品、成品的位置转移而发生的搬运、配送、发料、收料等的费用。

3. 销售物流费用

销售物流费用是指企业为了实现商品价值，在商品销售过程中发生的有关运输、包装、推销等的费用。

4. 退货物流费用

退货物流费用是指企业产品由于质量、规格、型号不符以及不按合同发货，造成购买者所发生的有关运输、包装等的费用。

5. 废弃物流费用

废弃物流费用是指企业某些资产和产品因自然灾害、物理性能、质量事故而毁损后进行处理、拆卸、输送、整理所发生的费用。

需要注意的是，从企业的性质来分析，不同企业的物流供应链是不相同的。一般来说，物流企业的物流供应链主要有供应物流费用、销售物流费用、退货物流费用，有的物流企业还包括废弃物物流费用；生产企业的物流供应链主要有供应物流费用、生产物流费用、销售物流费用、退货物流费用，有的生产企业还包括废弃物流费用；商业企业的物流供应链主要有供应物流费用、销售物流费用、退货物流费用；网站物流费用的构成因其采取的物流模式不同而存在着差异。

11.2.7 按支付方式划分

按支付的方式划分，物流费用可分为本企业支付的物流费用和其他企业支付的物流费用。

1. 本企业支付的物流费用

本企业支付的物流费用是指企业在供应、销售、退货等阶段，因运输、包装、搬运、整理等发生的由企业自己支付的物流费用。它又可以进一步分为自己支付和委托支付的物流费用。自己支付的物流费用又可分为材料费、人事费、业务费、维修费、一般经费和特殊经费。

2. 其他企业支付的物流费用

其他企业支付的物流费用是指由于企业采购材料、销售产品等业务而发生的有关供应者和购买者支付的各种包装、发运、运输、验收等的物流费用。

11.2.8 按物流机能划分

按物流机能划分，物流费用可分为货物流通费用、信息流通费用、物流管理费用等。

1. 货物流通费用

货物流通费用是指货物实体因空间位置转移而发生的费用。它包括包装费用、运输费用、保管费用、装卸费用及流通加工费用等。

2. 物流信息费用

物流信息费用是指为了实现物资价值变换、处理各种物流信息而发生的费用。它包括与库存管理、订货处理、顾客服务等有关的费用。

3. 物流管理费用

物流管理费用是为了组织、计划、控制、调配物流活动而发生的费用，如物流工作人员奖金、办公费、差旅费等。

4. 其他物流管理费用

为了有效地制订物流计划，开展物流管理，也可以按其他不同项目对物流费用进行分类。如按组织、部门进行分类，按交通、销售地域、顾客等进行分类。在物流会计中，还可以按物流费用有关业务量、供应量、生产量、销售量之间的变化依存关系，分为固定物流费用和变动物流费用，以便研究物流费用变化规律，有效控制物流费用水平。也可以按物流费用与货物本身的关系，将其分为直接物流费用与间接物流费用等。同时，还可以根据物流管理人员对物流费用发生额的影响程度，将物流费用划分为可能性物流费用与不可能性物流费用，以便认识物流费用特性，确定物流工作的重点和应采取的措施。

11.3 电子商务物流费用管理

11.3.1 电子商务物流费用管理的含义和作用

1. 物流费用管理的含义

物流费用是指产品在空间位移（含静止）过程中所耗费的各种劳动和物化劳动的货币表现。具体地说，它是产品在实物运动过程中，如包装、装卸、运输、储存、流通加工等各个活动中所支出的人力、财力和物力的总和。物流费用管理就是对物流费用所进行的计划、组织、指挥、协调、控制和决策，以降低物流费用，提高物流效率和经济效益。

电子商务物流费用管理就是以现代通信特别是互联网为基础，应用现代信息技术对物流费用所进行的计划、组织、指挥、协调、控制和决策。

2. 电子商务物流费用管理的作用

互联网以及现代信息技术的发展为人们进行电子商务物流费用管理创造了一个非常有利的环境和基础，通过对电子商务物流费用的管理，不仅可以有效地对物流费用进行实时监控，而且可以有效地对物流费用进行模拟，从而达到降低物流费用，提高物流效率和经济效益的目的。

电子商务物流费用管理的作用主要表现在以下几个方面。

（1）可以有效地对物流费用进行实时监控。在电子商务物流情况下，可以通过电子商务系统、信息技术等对物流过程进行实时监控，及时掌握和了解物流过程的运作情况，从而及时掌握和了解物流费用的实际情况，并根据物流费用的管理目标以及物流的作业目标，通过管理系统及时做出科学合理的决策，降低物流费用，提高物流效率。

（2）可以有效地对物流费用进行模拟。在物流的实际运作过程中，物流费用之间存在背反规律。在物流的运输、仓储保管、装卸搬运、包装、配送、加工、物流信息等基本过程和功能之间，一种功能费用的削减会使另一种功能的费用增多，因为各种费用是互相关联的。在传统的物流运作过程中，一方面，由于物流的功能被分割，分别隶属于不同的管理部门，缺乏统一的管理；另一方面，由于企业物流信息系统的不健全，难以有效地实现物流整体费用的降低。而在电子商务物流的情况下，通过虚拟方式对物流过程进行模拟，并依据最合理的方法调整物流作业过程和作业方式，促进物流各作业环节的衔接和协调，就能有效地实现物流的合理化运作，降低物流费用，提高效率。

（3）可以有效地协调各方面物流费用的关系。在电子商务情况下，不管是物流企业、商业企业、生产企业及网站，还是消费者，都可以通过互联网这一开放性的网络形式有效地沟通和交流，协调各方面物流费用的关系，共同实现物流（特别是在配送方面）费用的降低，达到多赢的目标。

此外，进行电子商务物流费用的管理，首先可以掌握和了解电子商务物流费用的大小及其具体分布情况，从而提高企业内部对物流重要性的认识，并且从电子商务物流费用的分布发现物流活动中存在的问题。其次，可以根据电子商务物流费用的计算结果，制订物流计划，调整物流活动并评价物流活动效果。最后，还可以根据物流费用的计算结果，明确责任，加强物流费用的监督和管理，提高物流的管理效率。

11.3.2　影响电子商务物流费用管理的因素

影响电子商务物流费用管理的因素主要有以下几个。

1. 企业的管理水平

（1）管理思想。费用管理思想是管理者对费用管理对象、管理过程和管理目标以及管理性质的基本看法。先进的费用管理思想是实现管理现代化的灵魂，是制定费用管理方针、原则、方法和手段的基本依据。没有先进的费用管理思想，就不会采用先进的管理方法和手段，就不可能建立起科学合理的、高效率的费用管理组织和先进的管理制度。要实现先进的管理思想，一是要树立以提高经济效益为中心的指导思想，二是要具有系统管理思想，三是要树立竞争、时间、人才的观念，四是要建立和健全物流费用的信息管理子系统等。

（2）管理方法和方式。在物流活动以及物流费用的管理过程中，管理方法是否科学，管理方式是否合理，对物流活动以及物流费用都有着重要的影响。因而，在物流费用的管理过程中，要做到物流费用准确化、最优化、规范化和系统化的管理，一定要采取先进的管理方法和手段，按照物流活动的规律来进行管理。

（3）管理手段。现代信息技术和计算机技术，特别是互联网的飞速发展，为人们进行物流费用的现代化管理提供了坚实的基础和十分有利的条件。在物流活动中通过各种先进的检测手段，显示、监控装置以及通信设施和办公自动化等的广泛应用，都可以有效地降低物流费用。

此外，企业物流管理组织的设置和管理制度等都对物流费用的大小有着重要的影响。

2. 企业物流作业水平

物流作业水平的高低直接决定和影响着货物运输、装卸、保管、加工、包装以及物流配送费用水平的高低，也决定和影响着这些环节的衔接和物流的整体费用。物流作业水平对物流费用的影响主要包括以下几个方面。

（1）进货。进货的物流作业主要包括运输、装卸等，其费用也由这几个部分组成。决定和影响的主要因素是进货方向，因为，进货方向决定了货物运输距离的远近，在某种程度上也决定了运输费用的大小。因此，合理的进货（采购）方向是决定物流费用水平的一个重要因素。

（2）运输工具、线路。在物流费用的构成中，运输费用一般都占有较大的比重。因而，有效地降低运输费用是降低物流费用的一个重要因素。在实际的物流作业过程中，一是要合理地选择运输工具，二是要合理地选择运输线路，三是要合理地装载运输货物。对于运输工具的选择，一方面要考虑所运货物的体积、重量及价值大小，另一方面要考虑企业对某种货物需要的程度及工艺要求。选择合理的运输工具的目的有两个：既要保证生产与销售的需要，又要有较低的物流费用。

（3）存货。存货的多少直接决定和影响着储存费用的大小，也是决定和影响物流费用大小的一个主要因素。因此，不论是生产企业物流还是流通企业物流，都需对存货进行有效控制，严格把握进货数量、次数和品种，以减少资金的占用、贷款利息的支出以及库存的保管维护等费用。在该方面，建立良好的物品保管、维护、发放制度，努力减少物品损耗、霉烂、丢失事故，对降低物流费用是十分重要的。

3. 企业职工的素质水平

物流活动是由人来进行的，物流费用是由人来进行管理的，一支具有高素质水平的职工队伍是保证物流活动顺利进行和降低物流费用的基础和前提。因此，要实现物流费用的降低，提高职工的素质水平不仅是十分必要的，而且是十分关键的。在该方面，一是要提高物流业务人员的素质水平，二是要提高物流费用管理人员的素质水平。

此外，企业物流作业设备的装备水平、社会物流基础设施的水平、资金的使用情况、废弃物的利用状况和水平、包装物的选择以及物流技术的发展和应用状况都对物流费用有着重要的影响。

11.3.3 电子商务物流费用管理的目标和原则

1. 电子商务物流费用的管理目标

电子商务物流费用管理的目标包括基本目标和具体目标。基本目标是企业进行电子商务物流活动时的整体的、长期的、导向性的目标；具体目标是企业进行电子商务物流活动时的局部的、短期的和操作性的目标。在此，主要探讨电子商务物流费用管理的基本目标，至于电子商务物流费用管理的具体目标，则由企业根据物流费用管理基本目标的要求，按照一定时期企业经营的具体情况和存在的具体问题加以制定和实施。

企业电子商务物流费用管理的基本目标主要受企业财务管理目标和物流经营活动目标的制约，一方面，物流费用管理是企业财务管理的一个组成部分；另一方面，物流费用的大小与物流的经营规模密切相关。

一般来说，企业电子商务物流费用管理的基本目标可以概括为：在保证企业经营活动需要的前提下，以最小的物流费用完成物流活动的运作。

2. 电子商务物流费用的管理原则

电子商务物流费用管理的原则是指企业在物流费用管理过程中各环节、各方面所遵循的基本行为准则。从日常表现形式来看，就是处理物流费用关系的基本行为准则。企业物流费用的管理原则以企业生产经营及财务活动的一般原则为基础和前提，同时物流费用管理又具有自身的特点。具体来说，企业物流费用管理的原则主要有费用最小原则、保证需要原则、利益兼顾原则以及责任明确原则等。

（1）费用最小原则。是指在物流费用的管理过程中，企业应采取各种对策和措施，积极地降低物流费用，在尽可能的情况下，使费用降低到最小。

（2）保证需要原则。是指在物流费用的管理过程中，物流费用的控制应在保证需要的前提下来进行，不能为了费用而费用，不能为了实现费用的最小而放弃顾客的需要，降低信誉度，丧失市场。

（3）利益兼顾原则。是指在物流费用的管理过程中，企业充分考虑各部门的利益，特别是物流部门之间的利益。在物流费用的具体控制过程中，应根据各物流环节的重要程度、工作量规模的大小以及市场状况来进行。

（4）责任明确原则。是指在物流费用管理过程中，要明确各部门的任务、目标与职责，完善物流费用管理制度，加强责任考核，有效地降低物流费用。

11.3.4 电子商务物流费用管理的内容和方法

物流费用的管理是由物流费用预算（或费用计划）制订、物流费用预算执行和物流费用预算总结 3 个阶段有机结合在一起的，可以称为物流费用预算的三步曲。物流费用预算（或费用计划）的制订又由物流费用预测、物流费用决策和物流费用预算 3 个环节组成；物流费用预算执行又由物流费用控制、物流费用核算和物流费用调节 3 个环节组成；物流费用预算总结又由物流费用分析、物流费用检查和物流费用考核 3 个环节组成。在企业物流费用的管理过程中，这 3 个阶段 9 个环节是一个不断循环往复的运动过程，也是企业物流费用管理内容和管理方法不断提高的过程。从一般意义上来说，电子商务物流费用的管理内容和方法与传统物流费用管理的内容和方法基本相同。

在实际过程中，要实施有效的管理，还必须做好物流费用管理的基础工作。第一，完善物流费用的原始记录，这是进行各项物流费用核算和活动的原始依据，也是现阶段我国物流费用管理中的一个重要方面；第二，实行定额管理，这是企业落实物流费用任务和明确责任的依据，是衡量工作成果的尺度，也是制定物流费用核算的基本数据；第三，加强计量工作；第四，建立和健全财务制度和物流费用制度；第五，要建立物流的信息系统，以及时地统计收集有关物流费用方面的数据和资料，提供给决策部门，使其及时掌握和了解情况，进行决策，加强费用控制，保证规定目标的实现。

电子商务物流费用的管理内容和方法与传统物流费用管理的内容和方法基本相同，其主要有以下几个方面。

1. 物流费用预测

物流费用预测是根据企业物流费用的历史和现状以及企业物流的发展趋势，对未来物流费用所做出的预计和测算。通过物流费用的预测，可以寻求降低物流费用的有关技术经济措施，指导电子商务物流费用计划的制订。物流费用预测是在前一轮循环的基础上，也是新一轮循环的起点和物流费用预算的第一步，它为物流费用决策提供了依据，是制订物流费用预算的前提。物流费用预测的内容包括物流活动的各个环节和层次，其程序和方法是：

第一步，确定预测对象和目的；

第二步，收集和整理资料；

第三步，选择预测方法；

第四步，编写物流费用预测报告，即就物流费用预测的对象、目的、依据、方法以及预测的结果，写出详细的文字和数据报告，以供物流费用决策时使用。

2. 物流费用决策

物流费用决策就是在多个物流费用方案中选出一个最优方案的过程。物流费用决策是编制物流费用预算的基本依据，是物流费用预算制定阶段的主要环节。物流费用决策按期间长短划分，有长期决策和短期决策；按物流的功能划分，有运输费用、库存费用、配送费用等方面的决策。

物流费用决策的程序是：

第一步，确定物流费用决策对象；

第二步，确定物流费用的备选方案；

第三步，选择最优的物流费用方案；

第四步，选定最优物流费用方案。

3. 物流费用预算

物流费用预算是关于一定时期内物流费用分布以及运用、支出的计划。物流费用预算是对物流费用决策所选定最优物流费用方案的具体化和系统化，使物流费用决策所选定的物流费用方案更接近于现实情况，具有更强的操作性。在编制物流费用预算时，应充分考虑物流的业务现实和未来的发展趋势，谨防脱离业务现实和市场发展的现象。物流费用预算是物流费用活动的方案，它是根据物流的规模和物流模式等来进行分析的，因而物流费用预算应从不同方面、不同环节、不同层次来确定物流费用的额度、使用进度等，并依次把它作为费用控制的主要依据。

在物流费用核算过程中，对产生的物流费用按权责发生制和配比原则进行汇总、划拨、核算，尤其是对电子商务物流各个环节的费用要用适当方法进行计算。其中关键的问题是物流费用计算范围的确定，确定物流费用的计算范围应注意以下几个方面的问题。

（1）起止范围。物流活动贯穿企业活动全过程，包括供应物流、生产物流、销售物流、配送物流和用户的物流等。在实际计算时，企业应科学合理地确定一项物流活动的起点和终点，使统计计算出的物流费用能够准确地反映该项物流活动的实际情况。

（2）活动环节。物流活动包括运输、保管、装卸、包装、流通加工和配送等许多环节，统计计算的环节不同，其结果也会不同。正确的方法是，对于一项物流活动应根据其实际发生的环节来进行统计和计算。

（3）费用种类。对于支付的各种物流费用，企业应根据企业自身的性质、物流作业方式以及物流的运作模式等来确定。

目前，若企业根据现在的财务数据统计和计算物流费用，需要注意物流费用的客观性和准确性。因为，目前企业根据财务数据统计和计算的物流费用只反映了物流费用的一部分，如在生产车间从事搬运、包装作业的人员和设备所需要的费用等很多项目，在财务报表中不一订单独列项，所以有相当数量的物流费用是不可见的。这种现象被一些学者称为“物流冰山一角”，即计算出的物流费用只是物流费用冰山的一角，而大量的物流费用是在企业内部消耗的。

4. 物流费用控制

物流费用控制是以物流费用预算以及其他有关定额为依据，对物流费用进行的监督和控制。

物流费用控制是物流费用预算执行阶段的主要环节，是保证物流费用预算实现的基本手段。如果控制有力、有效，物流费用就会沿着预算目标的方向、要求和轨道有序地运行，物流费用预算就能得到切实的执行。对日常的物流费用支出，采取各种方法进行严格的控制和管理，可以达到物流计划目标，并根据物流费用的变化进行调整，使物流费用减到最低限度，以达到预期的物流费用目标。

物流费用控制的内容主要有以下几个方面。

（1）落实目标任务。即将物流费用预算所确定的各项目标按照企业内部的管理体制加以分解、分配，逐一落实到各个部门和各个层次，并将分解、落实的目标和任务作为物流费用控制的基本依据和具体要求。

（2）实施限制监督。即以分配的各项物流费用目标和各种定额为标准，运用各种控制工具，如费用控制卡等，监控一切费用开支，凡符合目标和定额的予以支付，不符合目标和定额的予以制止和纠正。

（3）调整消除差异。即根据预计完成情况与原定目标的差异及形成原因，采取切实有力的对策和措施，调整原有的物流费用目标，消除原定目标和现实的差异。

5. 物流费用核算

物流费用核算是对物流费用预算执行情况进行的记录、计算以及处理和反映。它既是物流费用预算执行情况的真实写照，也是进行物流费用控制、物流费用调节的重要手段，还是实施物流费用分析、检查和考核的基本依据。

6. 物流费用调节

物流费用调节是指在物流费用预算执行过程中，根据企业生产经营和物流活动情况的变化，对企业物流费用运用所进行的调节。物流费用调节是企业保证物流费用预算切合实际、顺利执行和实现的必要步骤，是企业衡量使用物流费用，提高物流效率的重要环节。企业之所以进行物流费用的调节，主要是由于市场不断变化引起了企业生产经营和物流活动的变化。

物流费用调节的主要内容包括物流费用的总量调节和物流费用的结构调节等。结构调节包括时间结构、地区结构、商品结构以及物流功能等。

7. 物流费用分析

物流费用分析是根据企业物流费用的实际支出与取得的经济收益所进行的综合评价。分析的目的在于剖析物流费用的形成因素和根源，寻找物流费用管理中存在的矛盾，并采取有力的措施加以改进和提高。物流费用分析可以采取全面分析，也可以采取专题分析。全面分析是对物流活动进行的综合性、系统性的分析，一般是在期终定期进行的；专题分析是指对物流活动某一阶段、某一方面或者是对某一重大问题和措施所进行的单一的、纵深的分析，一般是根据实际需要进行不定期的分析。

物流费用的分析方法主要有以下 4 种。

（1）平均法。这是计算同类物流费用平均值的方法。它可以表明某一企业物流活动在某一时期或某一环节和项目所达到的一般水平，用以评价企业物流水平的高低。常用的具体方法主要有算术平均法、加权平均法等。

（2）对比法。这是对同类物流费用加以比较、寻找差异的方法。其常用的方法主要有 3 种：一是将实际完成情况与预算（计划）相比较，观察预算（计划）指标的完成情况；二是将现在和过去相比较，以观察物流费用的发展变化情况，并通过若干时期的连续对比，观察物流费用的发展趋势，进行预测；三是将本企业与先进企业或行业的平均水平相比较，以寻找差距，提高管理水平，降低物流费用。

（3）比率法。这是将企业物流活动中的相关变量进行相互比较，计算其比率，进而进行分析的一种方法。运用该种方法，可以表明企业物流活动中相关变量之间的内在联系，用以评价企业的物流效率和物流费用水平的高低。在具体分析时，常用的比率方法主要有以下几种：一是对不同环节、不同层次的物流费用进行比较，分析其之间的内在联系；二是将物流费用与物流量（额）进行比较，分析其之间的关系；三是将物流费用与客户要求的服务水平进行比较，分析其之间的关系；四是将物流费用与收益相比较，分析物流费用与收益之间的关系等。

（4）构成法。这是计算不同环节、不同层次物流费用在物流费用总量中所占比重的一种分析方法。它可以表明企业物流费用的构成情况，用以评价和分析物流费用结构的合理程度。

对计算出的电子商务物流费用结果进行分析，可以检查和考核电子商务物流费用的计划完成情况，找出影响物流费用升降的主客观因素、每种因素在物流总费用中所占比例的大小、对总费用的贡献率和影响程度，以总结经验、发现问题、解决问题，提高物流效率，降低物流费用。

8. 物流费用检查

物流费用检查是对企业物流费用的合法性、合理性以及有效性所进行的检查和评价。它是促使企业物流费用开支行为规范化的重要保证。物流费用检查是在物流费用分析的基础上进行的，物流费用的检查，有利于监督企业认真贯彻执行党和国家的方针政策、法规制度和财经纪律，揭露和打击违法行为，维护社会主义法制；有利于保证国家财政收入；有利于暴露企业物流费用管理中的薄弱环节；有利于降低物流费用，提高物流效率与收入等。

物流费用检查的主要内容是检查企业各种物流费用的开支是否合理合法。物流费用检查方法主要有内部检查和外部检查等。

9. 物流费用考核

物流费用考核是对物流活动、物流费用执行结果以及物流费用管理工作的考核。物流费用考核的主要内容：一是对物流费用预算的执行情况进行考核；二是在对预算考核的基础上，总结物流费用管理工作的经验教训，探索物流费用管理和物流活动的规律，提高物流费用和物流活动的管理水平，建立和健全财务管理制度，降低物流费用，提高物流效率；三是考核物流管理人员，特别是物流费用管理人员和物流业务人员的工作业绩，提高管理人员和物流业务人员的素质。

11.3.5 降低电子商务物流费用的对策措施

当前，电子商务物流由于多批次、小批量配送和适时配送占有较大的比重，也由于收货单位过多和过高的服务要求，使物流服务水平越来越高，加之道路拥挤使运输效率下降，导致运输费用上升；商品品种增多、经济寿命的缩短，出现库存增加，或时多时少，导致库存费用上升；由于劳动力效率的低下，导致了人工费用的增多；地价的上涨导致了物流中心投资费用增加等，都在影响着物流费用，使物流费用存在着上升趋势。在这种情况下，企业降低物流费用已经成为当务之急，电子商务的发展已为物流费用的降低提供了有利的基础和条件。电子商务降低物流费用的对策和措施主要包括以下几个方面。

1. 创建物流供应链应用系统，共同降低物流费用

作为供应链的参与企业和厂商在组建物流供应链的过程中，要积极合作、相互协调，以实现整体物流费用的降低，这既是电子商务物流的特征，也是挖掘物流潜力、创造“第三利润源泉”的关键。

2. 建立和健全企业物流组织和机构，实现物流的一体化管理

一是在企业内部要设立物流机构，二是企业内部各部门要相互配合、共同采取措施来降低物流费用。因为物流费用存在于企业的每一个环节，降低物流费用的问题仅靠物流部门去解决是不可能的，也是徒劳的。

3. 坚持物流服务与降低物流费用相结合的原则

不考虑物流服务水平，一味地强调降低物流费用是毫无意义的。应在维持物流服务水平的前提下，根据物流服务的规模来考虑物流费用的降低。

4. 推行物流活动系统化、机械化和合理化

物流所要解决的主要问题是物资实体的位移。因此，建立物流活动的系统化、机械化，从而使其流向合理化和包装运输科学化，也必然能降低物流费用。

5. 合理确定物流费用的管理对象

如前所述，物流费用比起物资本身的生产费用，具有连续性、不确定性、难以分解的特点。因此，正像生产企业进行产品费用控制，必须首先确定产品费用计算对象一样，进行物流费用管理必须首先确定费用管理对象。生产企业因生产类型的不同产生了产品费用计算的品种法、分步法和分批法，而物流费用计算也须针对不同性质的企业采用不同的对象作为计算物流费用的依据。

（1）以物流过程作为对象。这包括供应物流费用、生产物流费用、销售物流费用、废弃物物流费用及退货物流费用。

（2）以货物实体作为对象。可以计算每一种货物流通（包括运输、验收、保管、维护、修理、废弃）所产生的费用。

（3）以物流功能作为对象。物流功能费用是指运输、保管、包装、装卸、情报等诸种物流功能所产生的物流费用。显然，总体为管理对象和个体为管理对象具有不同的管理重点和方法。因此，企业有必要以一种物流功能作为物流费用管理对象。

（4）以物流费用项目作为对象。物流费用项目大体上有运输费、保管费、人工费、折旧费、修理费、材料费、燃料费及管理费。因此，以何种项目作为管理的对象，对于从总额与项目上控制物流费用实有必要。

确定物流费用对象，按企业性质和管理需要来定，每一个企业都可以以任意项目为管理对象进行费用管理。

6. 合理制定费用标准，实行科学的预算管理

虽然物流费用项目繁多，难以分离，但是，只要大体上确定了费用对象，就可以实行预算管理，而预算管理的条件首先是要制定合理的费用标准。

（1）合理地制定费用标准。费用标准的制定主要有以下几种类型。

① 按费用项目制定标准。企业内部每一个物流费用项目，按其与业务量的关系可分为相对

固定费用与相对变动费用两项。对于固定费用项目（如折旧费、办公费），可以以历史先进水平或其他企业水平为依据，结合本企业现在的状况与条件，确定合理的费用标准。而相对变动项目，则着重于考虑长期及长远条件和环境变化（如运输能力、仓容能力、运输条件及国家的政策法规）制定出标准。

② 按物流功能制定标准。不论是运输、保管还是包装、装卸费用，其水平高低均主要取决于物流技术条件、设施与水平。因此，应结合企业生产任务与流转数量考虑其他因素进行标准的制定。

③ 按物流过程制定标准。按物流过程制定标准是一种综合性技术。它既要以历史费用水平为依据，又要充分考虑企业内外部因素的变化。如退货物流，主要取决于企业产品的质量、信誉及其售后服务水平，而供应物流则主要取决于货物场所的变更及运输方式的改变。因此，要制定出这种标准，实属一种“艰难艺术”。

（2）实行科学的预算管理。费用管理确定以后，企业应充分考虑其财力状况，制定出每一种费用的资金预算，以确保物流活动的正常进行。同时，按照费用标准，进行定期与不定期检查、评价与对比，以求控制物流活动和费用水平，找出问题所在。例如，一个期间结束后，如果发现退货物流费用升高，必然意味着产品销路受阻，信誉下降，质量降低，甚至产品过时等。这时，物流部门应迅速反馈到有关部门（生产、销售），以帮助改变此种状况，降低费用水平。

7. 实行责任制度，明确权责关系

物流费用遍布企业的每一个环节和过程，要想管好物流费用，除了制定物流费用标准，还需要在物流部门、生产部门、销售和管理部门实行责任制，实行全过程、全人员的费用管理，明确责任，赋予权力。

（1）分解落实物流费用指标。不同物流部门负担着不同的物流费用。按费用发生的地点将费用分解到一定部门，落实其降低物流费用的责任，并按费用的可控性检查该部门物流费用降低情况，以作为评价其成绩的依据。

（2）编制记录、计算和积累有关费用执行情况的报告。每一物流部门都应将其负担的物流费用进行记录、计算和积累，并定期编制出业绩报告，以形成企业内部完善的物流费用系统，对一些共同性的物流费用则另行计算，最终由企业最高管理机构计入费用总额。

（3）建立费用反馈与评价系统。一定期间结束后，将每一部门发生的物流费用实际执行结果与预算（标准）进行对比，评价该部门在费用方面的成绩与不足，以确定奖励还是惩罚。

（4）实行费用控制，降低费用总水平。费用控制包括事前控制、事中控制，依据是费用标准。主要方法有“比较反馈法”“事中修改法”。通过开展价值工程进行事前控制，要遵循全面控制原则、责权利相结合原则、节约原则、例外管理原则及目标管理原则。

（5）经济技术相结合，降低费用水平。先进的运输、包装、装卸技术一般能降低物流费用，但是，先进技术方法的运用也必然具有较高的费用。因此，以经济技术相结合来选择运输工具、包装材料和装卸工具，也是降低物流总费用的一个重要方面。

本章小结

电子商务物流费用是指进行电子商务物流活动所发生的人、财、物耗费的货币表现，它是衡量电子商务物流经济效益高低的一个重要指标。在社会经济的运行过程中，物流费用与生产费用相比较，具有混合性、整体性、不明确性以及难以计算和控制等特点。

从不同的方面来划分，电子商务物流费用的种类有很多。按范围划分，有广义物流费用与狭义物流费用；按企业性质划分，有物流企业物流费用、生产企业物流费用、商业企业物流费用以及网站物流费用等；按与流转额的关系划分，有可变费用和不变费用；按流转环节划分，有进货费用、储存费用和销售费用等；按供应链划分，有供应物流费用、生产物流费用、销售物流费用和退货物流费用、废弃物流费用等；按机能划分，有货物流通费用、信息流通费用、物流管理费用等。

电子商务物流费用管理就是以现代通信为基础，特别是以互联网为基础，应用现代信息技术与管理方法等对物流费用所进行的计划、组织、指挥、协调、控制和决策。其目标包括基本目标和具体目标，基本目标具有整体性、长期性、导向性的特点，具体目标相对来说具有局部性、短期性和可操作性的特点。在费用管理过程中要坚持费用最小原则、保证需要原则、利益兼顾原则以及责任明确原则等。

电子商务物流费用管理的内容主要包括物流费用预测、物流费用决策、物流费用预算、物流费用控制、物流费用核算、物流费用调节、物流费用分析、物流费用检查、物流费用考核等。物流费用分析的方法，主要有平均法、对比法、比率法和构成法等。

复习与思考题

（1）简述电子商务物流费用的含义、分布与种类。

（2）分析电子商务物流费用管理的目标与原则。

（3）简述电子商务物流费用管理的内容与方法。

（4）以生产企业或流通企业为例，分析其物流费用的构成。

（5）以物流中心为例，设计其物流费用的评价与考核指标体系。

案例分析：申通快递价格

表 11-1 所示是申通快递国内门到站网络及报价，请根据资料分析申通快递国内门到站快递价格的定价特点。

表 11-1　申通快递国内门到站网络及报价　单位：元

区域	目的地	首重 0.5kg	续重 0.5kg	10kg 以上	50kg 以上	100kg 以上	300kg 以上	到达时间 工作日
山东	济南、青岛、淄博、烟台、潍坊、威海	15	5	10	8	7.5	6	次日
山东	胶州、临沂、龙口、文登、海阳、莱阳、枣庄、安丘、德州、东营、日照、胶南、滨州、诸城、莱州、招远、高密、即墨、济宁、秦安、聊城、滕州、临朐、吕乐、寿光、桓台、文登、牟平、禹城、荷泽、新泰、曲阜	15	5	10	8	7.5	6	1~2 天
天津	天津（和平、河西、河东、南开、红桥、北辰、津南、西青、塘沽）、宝坻、大港、武清	15	5	10	8	7.5	6	1~2 天

续表

区域	目的地	首重0.5kg	续重0.5kg	10kg以上	50kg以上	100kg以上	300kg以上	到达时间工作日
上海	杨浦、浦东、松江、徐汇、青浦、闵行、奉贤、嘉定、南江、金山、普陀、宝山、崇明、浦东机场、中部、梅陇、吴淞、陈行、罗泾、南翔	20	10	12	10	9	8	1～2天
浙江	杭州（康桥、余杭、下沙、留下、彭埠）、萧山、桐庐、富阳、建德、临安、临平、湖州、德清、安吉、长兴、嘉兴、淳安	20	10	12	10	9	8	1～2天
浙江	桐乡、平湖、海宁、海盐、嘉善、宁波、镇海、余姚、慈溪、象山、奉化、邱隘、宁海、舟山、绍兴、钱清、柯桥、上于、新吕、诸暨、嵊州、台州、椒江、玉环、温岭、临海、黄岩、仙居、路桥、天台、三门、温州、瑞安、乐清、苍南、永嘉、平阳、义乌、兰溪、浦江、东阳、永康、武义、丽水、衢州、龙游、江山、龙泉	20	10	12	10	9	8	1～2天
江苏	南京（浦口、六合、高淳、栖霞、江宁）、无锡、苏州、吴江、南遇、杨州、常州	20	10	12	10	9	8	1～2天

注：（10kg以上货物予以优惠，免首重。）

第 12 章

电子商务物流管理

本章概要

本章主要介绍电子商务物流管理的含义、特点、内容、原则和职能，阐述电子商务物流管理的内容。

12.1 电子商务物流管理概述

12.1.1 电子商务物流管理的含义

物流管理是对物流活动形成系统的管理，因为物流系统是由物流活动的各个环节组成的统一有机联系的整体，物流管理的目的是使总体效益最佳。所以，电子商务物流管理不仅涉及在系统中不断转移的物质实体，也涉及使物质实体发生运动（包括储存）的手段（如包装、运输、储存和装卸搬运等）与所使用的资材、设施、设备的规划、设计、选择、使用以及与此有关的经济、技术和劳务等方面的问题，还涉及电子商务与物质实体流通的技术、经济、信息和网络关系。物流管理和传统计划经济时代的物资管理不同，在深度和广度上都有差别。

电子商务物流管理是指在社会再生产过程中，根据物质资料实体流动的规律，应用管理的基本原理和科学方法，对电子商务物流活动进行计划、组织、指挥、协调、控制和决策，使各项物流活动实现最佳协调与配合，以降低物流成本，提高物流效率和经济效益。简言之，电子商务物流管理就是研究并应用电子商务物流活动规律对物流全过程、各环节和各方面进行的管理。

12.1.2 电子商务物流管理是物流管理学的新发展

1. 物流管理学的诞生

物流管理学是近一二十年以来在国外兴起的一门新学科，它是系统管理科学新的重要分支。第二次世界大战以后，西方工业化国家进入经济高速发展阶段，其生产企业为了追求利润，千方百计降低生产成本，提高产品产量和质量，企业间的竞争主要发生在生产领域。随着生产技术和管理水平的提高，这种竞争日趋激烈，人们逐渐看到，企业在降低生产成本方面的竞争似乎已经走到了头，产品质量的好坏也仅仅是一个企业能否进入市场参加竞争的敲门砖。这时，竞争的焦点开始从生产领域转向非生产领域，转向过去那些分散、孤立的，被视为辅助环节而不被重视的物流活动领域，诸如运输、存储、包装、装卸和流通加工等。人们开始研究如何在这些领域里降低物流成本，提高服务质量，创造“第三利润源泉”。物流管理便从企业传统的生产和销售活动中分离出来，成为独立的研究领域和学科范围。

物流管理学的诞生使得原来在经济活动中“处于潜隐状态的物流系统显现出来”，它揭示了物流活动各个环节的内在联系，它的发展和日臻完善是现代企业尤其是电子商务行业在市场竞争中制胜的法宝。

2. 现代物流管理的发展

现代物流管理的发展大体上可以分为以下几个阶段。

首先产生的是PD的概念，实物分销（Physical Distribution，PD）是指从生产厂家到用户的“货物配送”。20世纪60年代，当西方管理科学的重心开始从生产领域转到非生产领域，PD的概念开始形成，并受到重视，当时被美国企业界称为提高经济效益的“神童”。

到20世纪70~80年代，人们进一步认识到，对现代工业发达国家来说，经济发展到一定程度后，其经济水平的提高主要取决于社会物资供应系统的效率，而不是生产过程本身。而且，对于一个生产企业来说，提高经济效益，增加竞争能力，不仅应包括产品制成后从生产者到用户的货物配送的管理（即 PD），还应包括产品生产前从供应商到生产制造商原材料和零部件的采购、运输、仓储和库存等材料的管理（Material Management，也把这部分称为“采购管理”），以及在生产过程中对材料、零部件等的运输和库存的管理（Internal Inventory Transfer），由此形成了一体化的物流管理（Logistical Management）。

20 世纪 90 年代，一体化的物流发生了进一步的变革，产生了供应链管理（Supply Chain Management，SCM）的概念。供应链管理使物流管理从一个公司延伸至供应链上的全部公司，同时也从内部提供材料、产品和服务扩展到外部供应商。供应链管理的思想表明，当今市场的真正竞争不在单个的企业间，而是供应链之间的竞争。企业要通过对整个供应链的管理和控制，力求在尽可能低的总成本条件下，或者说，在低于行业平均水平的条件下，提供优良的客户服务，并以此来获取竞争优势。

总结物流管理的产生和发展，归根结底，是由于市场竞争的激烈。因为通过在生产过程中降低成本获得竞争优势的空间已经非常有限了，所以企业开始把寻求成本优势和服务差别化优势的目光转向向生产前后延伸的物流领域，并开始在这一领域里实行全过程质量管理。电子商务物流出现时，物流管理必然朝此方向发展。

3. 电子商务物流管理是物流管理的新发展

进入20世纪90年代以来，电子商务的出现和发展使得物流企业的外界市场环境发生了很大的变化，物流活动在技术、经济、信息和政策等方面也随之变革，主要有如下的表现。

首先，是产品的多品种、小批量以及多样性决定了配送的复杂化。

其次，是制造业和营销业中准时制（Just-In-Time，JIT）、快速反应战略（Quick-Response，QR）、连续补充战略（Continuous Replenishment，CR）等技术的采用，引进了以时间为基本条件的物流服务，要求人们做到在库存、运输和生产、销售之间进行严格控制与协调，以使存货量能够降低到最低限度，改变了传统上依赖于安全库存的物流战略。

最后，是计算机技术和信息技术的发展，有力地推动了现代物流的发展。物流管理高度依赖对大量数据、信息的分析、处理。计算机技术和网络技术的发展和商用化，为物流系统提供了一个分析问题、处理事务、进行评估和决策的支持处理功能。传真技术、条形码技术、EDI以及卫星通信技术等信息技术在物流作业中的广泛采用，大大提高了物流服务的水平和物流过程的透明度。

此外，客户服务激增以及经济的全球化趋势，迫使企业越来越重视物流管理，并采用崭新的物流管理模式，电子商务物流管理就应运而生。可以说，从世界范围看，在当今工商企业面临的诸多战略问题中，最具挑战性的领域之一就是物流管理。

12.1.3　电子商务物流管理的特点

1. 综合性特点

从其覆盖的领域上看，它涉及商务、物流、信息和技术等领域的管理；从管理的范围看，它不仅涉及电子商务物流企业，而且包括物流供应链上的各个环节；从管理的方式方法看，它兼容传统的管理方法和通过网络进行的过程管理和虚拟管理。

2. 新颖性特点

电子商务物流体现了新经济的特征，它以物流信息为其管理的出发点和立足点。电子商务活动本身就是信息高度发达的产物，对信息活动的管理是一项全新的内容，也是对传统管理的挑战和更新，例如，我国对互联网的相关管理手段、制度和方法均处于完善阶段。另外，如何进行在线管理，需要物流业的共同努力。

3. 智能性特点

电子商务物流的实物位移自动化、半自动化程度高，物流供应链过程处于实时监控之中，而物流系统中的传统管理内容，如人事、财务、计划和物流控制等全部都是智能化。故电子商务物流管理的重点是这些自动化、智能化的设计创造过程，一个智能化的电子商务物流管理系统可以模拟现实、发出指令、实施决策，根据物流过程的特点采用对应管理手段，真正实现电子商务物流管理柔性化和智能化。

12.1.4　电子商务物流管理的内容

电子商务物流管理的主要内容有以下几点。

1. 物流战略管理

物流战略管理是为了达到某个目标，物流企业或职能部门在特定的时期和特定的市场范围内，根据企业的组织结构，利用某种方式，向某个方向发展的全过程管理。物流战略管理具有全局性、整体性和战略性、系统性的特点。

2. 物流业务管理

物流业务管理主要包括物流的运输、仓储保管、装卸搬运、包装、协同配送、流通加工以及物流信息等基本过程。

3. 物流企业管理

物流企业管理主要有合同管理、设备管理、风险管理、人力资源管理和质量管理等。

4. 物流经济管理

物流经济管理主要涉及物流成本费用管理、物流投资融资管理、物流财务分析以及物流经济活动分析。

5. 物流信息管理

物流信息管理主要有物流 MIS、物流 MIS 与电子商务系统的关系，以及物流 MIS 的开发与推广。

6. 物流管理现代化

物流管理现代化主要是物流管理思想和管理理论的更新、先进物流技术的发明和采用。

12.1.5 电子商务物流管理的原则

物流向一体化、供应链管理方向发展就是电子商务物流管理的基本指导思想。依据一体化的思想和我国的实际情况，物流管理应遵循下述原则。

1. 系统效益原则

系统效益原则也称整体效益原则，这是管理原理的基本思想。物流管理也不例外，它不仅要求物流活动本身效益最大化，而且要求与物流相关的系统整体效益最大化，包括当前与长远效益、财务与经济效益、经济与社会效益以及经济与生态效益等。因此，物流管理人员和部门要确立可持续发展的观念，处理好物流与社会需求、物流耗费与有限资源、当前与长远发展的关系，走集约经营和绿色物流的发展道路。

2. 标准化原则

电子商务物流按其重复性可分为两大类：一类为重复发生的常规性活动，如物料的领用和发出、配送的路线和搬运装卸等；另一类为一次性或非常规性的活动，如用户需求的随时变化以及运输时间的不确定性等。物流管理的标准化要求常规活动按标准化原则实施管理，实现自动化和智能化，以提高效率，降低成本。随着物流技术的不断更新（如人工智能模拟、MRP），电子商务物流信息技术的广泛应用（如 GIS、GPS、EDI 等），对随机性活动也可逐步标准化。

3. 服务原则

服务原则是指在物流管理的全过程中，努力促使各级各类员工牢固树立服务观念，切实恪守职业道德，严格执行服务标准；通过文明、高效、优质的服务，加强分工体系的协同效应，塑造物流企业的整体形象，确保企业经济效益和社会效益的同步提高。

12.1.6 电子商务物流管理的职能

电子商务物流管理和任何管理活动一样，其职能包括组织、计划、协调、指挥、激励、控制和决策。

1. 组织职能

组织职能的主要工作内容有：确定物流系统的机构设置、劳动分工和定额定员；配合有关部门进行物流空间组织和时间组织的设计；对电子商务中的各项职能进行合理分工，对各个环节的职能进行专业化协调。

2. 计划职能

计划职能的主要内容有：编制和执行年度物流的供给和需求计划、月度供应作业计划、物流各环节的具体作业计划如运输、仓储等，以及物流营运相关的经济财务计划等。

3. 协调职能

协调职能对电子商务物流尤其重要，除物流业务运作本身的协调功能外，更需要进行物流与商流、资金流、信息流之间的协调，才能保证电子商务用户 5R 的服务要求。

4. 指挥职能

物流过程是物资从原材料供应者到最终消费者的一体化过程，指挥就是物流供应管理的基本保证，它涉及物流管理部门直接指挥下属机构和直接控制的物流对象，如产成品、在制品、待售和售后产品、待运和在运货物等。

5. 控制职能

由于电子商务涉及面广，其物流活动参与人员众多、波动大，因而物流管理的标准化、标准的执行与督查，以及偏差的发现与矫正等控制职能应具有广泛性和随机性。

6. 激励职能

激励职能的主要内容有物流系统内职员的挑选与培训、绩效的考核与评估、工作报酬与福利、激励与约束机制的设计。

7. 决策职能

物流管理的决策更多与物流技术挂钩，如库存合理定额的决策、采购量和采购时间的决策等。

12.2 电子商务物流管理内容

12.2.1 电子商务物流组织管理

科学合理地设计构建物流系统的组织机构是物流系统正常运行及物流实施系统管理的前提和基础，因此，电子商务物流的组织管理是其首要环节。我国目前的现状是：不论是大公司的电子商务平台，还是电子商务专业公司，尽管其物流的功能强大，但在公司中却没有设置物流主管部门，只是把物流部门看作生产或销售的一个从属机构。个别设置物流部门的公司，其物流机构与生产、销售部门却处于不平等地位。造成这种现状的原因是我国电子商务处于起步阶段，对物流组织是单独成立职能部门，还是分散在其他职能部门中，或者是二者的结合尚处于讨论阶段。

1. 物流管理组织的基本模式

合理设置物流管理组织机构是完成物流系统管理目标任务的组织保证。而一定管理的组织机构的形式及其设计，又与一定的组织结构和物流管理方式相联系。在构建电子商务物流管理的组织模式时，要遵循分工协作、集权与分权结合的原则，要充分考虑物流系统的内外环境条件，合理确定管理宽度和管理的层次。一般物流管理模式有以下几种。

（1）集权型的集中管理组织模式，指电子商务物流的全部商品和流程集中由第三方物流公司或供应链协同组织（即“供应链头”）实施统一计划、统一订购、统一保管、统一分配、统一调度和统一控制。这种方式有利于实行专业化分工协作管理，降低流通费用，因为统一的计划、订购和调度有助于仓储设施机器作业现代化，提高设施的利用效率。但是，同时要求有先进完整的物流信息系统、灵敏自如的指挥调度系统、训练有素的专业队伍。电子商务物流通行的第三方物流模式的自制形式就是典型的集权集中管理。我国现有的专业化物流公司可向此模式发展。

（2）集分权相结合的分级分散型管理组织模式，即企业设置物流管理中枢机构，在其指导或指挥下，划分物流类别，按不同的管理层次进行分级管理。这种方式虽然可以调动基层单位和人员的积极性，但是电子商务物流批量小、分散化以及门到门的要求使得其物流成本高，多元化经营及经济效益较差。

（3）分权型的事业部集中管理组织形式。物流机构是电子商务公司的一个事业部，是一个利润中心或成本利润中心，实行的是企业化或准企业化的管理。该模式的另一种方式是供应链的每个链节均构成一个成本利润中心，相互之间实行独立核算、自负盈亏。这种模式非常适于供应链管理，但其横向协调较困难。这种模式是我国电子商务公司的首选模式。

（4）集分权结合的各事业部分散管理组织形式。这种模式不是按供应链划分事业部，而是按物流的性质划分，如设备、机电产品由动力部门管理，建筑材料由基建部门管理等。显然，这种模式是低层次、传统型的。

2. 公司总部物流管理的组织形式

无论是传统物流还是电子商务物流，基层物流组织结构基本相同，正是由于电子商务的大发展，使得物流界和管理界对物流管理重新认识，反映在物流组织机构上就是从基层的个别活动管理上升到总体的物流系统管理，公司总部设立了专门管理物流的职能机构。归纳总结西方公司总部物流管理的组织形式，主要有营业总部物流组织、物流项目组织、物流子公司结构、供运物流组织和产销一体化组织等。

（1）营业总部物流组织。将总部的物流机构重新归并到电子商务专门销售管理部门，把它视为电子商务公司特有的职能部门，与计划、财务、生产部门维持相对独立性，如图12-1所示。

（2）物流项目组织。因电子商务而产生的物流采用第三方物流模式交给物流专业公司去完成，日常业务物流由物流部门完成，公司总部只在必要时组织项目班子解决与物流有关的重大事项，如第三方物流的招投标等，如图12-2所示。

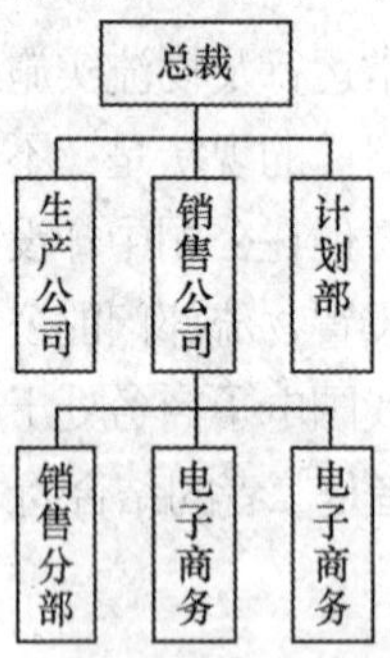

图12-1　营业总部物流组织简图

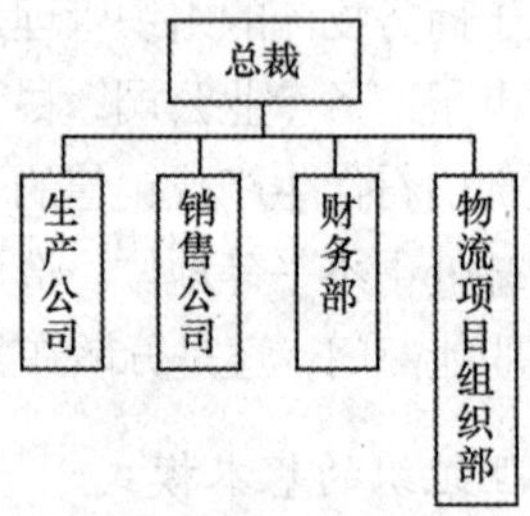

图12-2　物流项目组织简图

（3）物流子公司结构。将物流活动移交给专业物流公司去进行，总公司和物流公司的关系是母子公司，是控股与被控股的关系。这种模式既可获得物流的“第三利润”，又可使公司专心从事电子商务，但需要商务本身有一定规模。

（4）供运物流组织。这种模式是将过去的物资供运部门进行改组，由供运负责电子商务物流的管理。供运物流组织主要适于一些大型多元化公司，其电子商务业务范围仅仅限于与公司生产经营直接相关的物资供应和产品销售，故物流组织也就沿袭原有机构。

（5）产销一体化组织。电子商务物流活动延伸到企业产供销、人财物的各个领域，物流对应的组织就是形成产销一体化组织，它不仅是一个部门，而且是物流部门之间形成的系统。这是电子商务发展到高级形态的适用模式。

物流管理组织没有尽善尽美的模式，不论是从事电子商务的公司、专业的物流公司还是二者的结合，都应根据自身内部的优势、劣势和外部环境的机会、威胁，选择某一模式，并且尽可能地吸取其他模式的优点，随着环境和自身条件的变化适时更新、完善物流管理组织。

12.2.2　电子商务物流业务管理

电子商务物流业务涵盖内容很多，归纳起来，主要包括实体业务管理、网络业务管理以及增值业务管理。这些内容在前面几章已经进行了阐述，在此不再赘述。

12.2.3　电子商务物流质量管理

1. 物流质量管理的含义

（1）物流质量的概念。物流质量的概念既包含物流对象的质量，又包含物流手段、物流方法的质量，还包含工作质量，因而是一种全面的质量观。物流质量具体包含以下内容。

① 商品的质量保证及改善。物流的对象是具有一定质量的实体，即有合乎要求的等级、尺寸、规格、性质和外观。这些质量是在生产过程中形成的，物流过程在于转移和保护这些质量，最后实现对用户的质量保证。因此，对用户的质量保证既依赖于生产，又依赖于流通。

现代物流过程不单是消极地保护和转移物流对象，还可以采用流通加工等手段改善和提高商品的质量，由此，物流过程在一定意义上说也是商品质量的“形成过程”。

② 物流服务质量。物流业有极强的服务性质，可以说，整个物流的质量目标就是其服务质量，整个物流质量目标就是电子商务服务质量。服务质量因不同用户而要求各异，要掌握和了解用户要求：商品狭义质量的保持程度；流通加工对商品质量的提高程度；批量及数量的满足程度；配送额度、间隔期及交货期的保证程度；配送、运输方式的满足程度；成本水平及物流费用的满足程度；相关服务（如信息提供、索赔及纠纷处理）的满足程度。

③ 物流工作质量。工作质量指的是物流各环节、各工种、各岗位的具体工作质量。工作质量和物流服务质量是两个既有关联又不相同的概念，物流服务质量水平取决于各个工作质量的总和。所以，工作质量是物流服务质量的某种保证和基础。重点抓好工作质量，物流服务质量也就有了一定程度的保证。

④ 物流工程质量。物流质量不但取决于工作质量，而且取决于工程质量。在物流过程中，将对产品质量发生影响的各因素（人的因素、体制的因素、设备因素、工艺方法因素、计量与测试因素、环境因素等）统称为“工程”。很明显，提高工程质量是进行物流质量管理的基础工作，能提高工程质量，就能做到“预防为主”的质量管理。

（2）物流质量管理的含义。物流质量管理必须满足两方面的要求，一方面是满足生产者的要求，因为物流的结果，必须保证生产者的产品能保质保量地转移给用户；另一方面是满足用户的要求，即按用户要求将其所需的商品送交给用户。这两方面的要求基本上是一致的，但有时也有矛盾，比如，过分强调满足生产者的要求，使商品以非常高的质量保证程度送交用户，有时会出现用户难以承担的过高的成本。物流质量管理的目的就是在“向用户提供满足要求的质量服务”和“以最经济的手段来提供”两者之间找到一条优化的途径，同时满足这两个要求。为此，必须全面了解生产者、消费者、流通者等各方面所提出的要求，从中分析出真正合理的、各方面都能接受的要求，作为管理的具体目标。从这个意义上来讲，物流质量管理可以定义为：“用经济的办法向用户提供满足其要求的物流质量的手段体系”。

2. 电子商务物流质量管理的特点

电子商务物流质量管理可以归纳为以下3个特点。

（1）管理的对象全面。物流质量管理不仅管理物流对象本身，而且还管理工作质量和工程质量，最终对成本及交货期起到管理作用，具有很强的全面性。

（2）管理的范围广泛。物流质量管理对流通对象的包装、装卸搬运、储存、运输、配送以及流通加工等若干过程进行全过程的质量管理，同时又是对产品在社会再生产全过程中进行全面质量管理的重要一环。在这一全过程中，必须一环不漏地进行全过程管理才能保证最终的物流质量，达到目标质量。

（3）全员参加管理。要保证物流质量，就涉及有关环节的所有部门和所有人员，必须依靠各个环节中各部门和广大职工的共同努力。物流管理的全员性，正是由物流的综合性、物流质量问题的重要性和复杂性决定的，它反映了质量管理的客观要求。

由于物流质量管理存在“三全”的特点，因此，全面质量管理的一些原则和方法（如“PDCA循环”）也同样适用于物流质量管理。但应注意，物流是一个系统，在系统中各个环节之间的联系和配合是非常重要的。物流质量管理必须强调“预防为主”，明确“事前管理”的重要性，即在上一道物流过程就要为下一道物流过程着想，估计下一道物流过程可能出现的问题，预先防止。

3. 评价物流质量的主要指标

衡量物流质量的主要指标是根据物流服务的最终目标确定的，是“目标质量”的具体构成内容。围绕这些指标，在工作环节中，各项工程又可以制定出实现“分目标”的一系列质量指标，这就形成了一个质量指标体系。物流服务目标质量指标包含工作质量指标和工程质量指标。这些指标均包括物流的运输、仓储保管、装卸搬运、包装、协同配送、流通加工以及物流信息等基本过程的工作质量和工程质量指标。具体如下。

（1）物流目标质量指标。主要包括以下几个方面。

① 服务水平指标=满足要求次数/用户要求次数×100%，

或者以缺货率来表示为缺货率=缺货次数/用户要求次数×100%。

② 满足程度指标=满足要求数量/用户要求数量。

③ 交货水平指标=按交货期交货次数/总交货次数。

④ 交货期质量指标=规定交货期-实际交货期，

以实际交货与规定交货期相差日（时）数表示，正号表示提前交货，负号表示延迟交货。

⑤ 商品完好率=交货时完好的商品量/物流商品总量×100%，

或者以缺损率表示为缺损率=缺损商品量/物流商品总量×100%，

或者以货损货差赔偿费率表示为货损货差赔偿费率=货损货差赔偿费总额/同期业务收入总额×100%。

⑥ 物流吨费用=物流费用/物流总量（元/吨）。

（2）仓储质量指标。主要包括以下几个方面。

① 仓库吞吐能力实现率=期内实际吞吐量/仓库设计吞吐量×100%。

② 仓库面积利用率=仓库、货棚、货场占地面积之和/仓库总面积×100%。

③ 仓容利用率=存储商品的实际数量或容积/库存数量或容积×100%。

④ 仓储吨日成本=仓储费用/库存量（元/吨·天）。

⑤ 商品收发正确率=（某批吞吐量-出现差错总量）/同批吞吐量。

⑥ 设备利用率=全部设备实际工作时数/设备总工作能力（时数）。

（3）运输环节质量指标。主要包括以下几个方面：

① 正点运输率=正点运输次数/运输总次数×100%。

② 满载率=车辆实际装载量/车辆装载能力×100%。

③ 运力利用率=实际吨千米数/运力往返运输总能力×100%。

12.2.4　电子商务物流的人力资源管理

1. 人力资源管理的含义与作用

随着科学技术的发展，人类社会已向知识经济时代迈进，电子商务和电子商务物流将是未来知识经济中商贸的主要形式，因此，必须对传统物流管理观念和管理体制进行改革和更新。对人的管理或以人为本的管理将是电子商务物流管理的方向和重点。所谓人力资源管理是指为了实现既定目标，而采用计划、组织、指挥、激励和控制等有效措施，充分开发和利用组织系统中的人力资源，所进行的一些列活动的总称。它是研究组织中人与人的关系调整、人与事的配合，充分开发人力资源，挖掘人的潜力，调动人的积极性，提高工作效率，实现组织目标的理论、方法、工具和技术。

2. 人力资源管理的主要内容

当前人力资源管理的内容主要包括以下几个方面：

（1）人力资源规划；

（2）职务设计与职务分析；

（3）人才测评、招聘与选择员工；

（4）员工培训与开发；

（5）绩效评价；

（6）工资福利和劳资关系。

12.2.5　物流供应链管理

物流供应链管理的具体过程参见第 7 章，此处讲解两个问题：一是供应链管理与传统物流业务管理的差异；二是给出一个具体供应链管理的实例。

1. 物流供应链管理的特性

电子商务物流与传统物流不同之处在于：电子商务物流全面实施了供应链，它是一种崭新的物流联盟合作体制，代表了物流发展的方向，因此，对物流供应链管理的剖析就是对电子商务物流管理的深入。物流供应链管理的构造包括以下几方面。

（1）确定物流供应链战略。即在满足电子商务用户需求的基础上如何构筑供应链以及与何类企业形成合作。其中最关键的是确定谁是“供应链头”及供应链的“游戏规则”。常见的供应链战略模式有：价格破坏型——以追求低价格为主要目标的供应链；竞争共生型——通过各种方式竞争以击败其他对手为目标的供应链；共存型——以追求附加值、差异化的流通体系为目标，实现与其他对手共存的供应链。

（2）绘制“物流供应链管理图”。用流程图的形式表明从最初供应商开始到最终顾客为止的物流过程中的错综复杂的关系。重点分析物流供应链中商品达到的滞留时间；在每一个链节的滞留时间；中心库以及站、库是否过多；物流路线是否可以优化；流通全过程时间是否过长，等等。这些要像生产线的设计一样，以物流保证物流供应的衔接，向物流供应链自动化的方向发展。

（3）制订物流供应链管理实施计划。这一步主要涉及管理范围、合作领域和变革领域等。管理范围就是要明确供应链纵向的参与企业和横向的覆盖领域。合作领域就是实施共同运输、协同配送、信息共享、规模流通加工以及一体化管理等等。

（4）消除物流供应链瓶颈。这方面有两点必须关注：一是物流供应链中成员为供应链利益的贡献；二是合作成员间的风险分担对消除物流供应链瓶颈具有积极意义。

（5）导入物流供应链活动的路径和管理机构。从制度经济学的角度看，经济绩效是在一定的制度框架内产生的。同样，要发挥物流供应链在渠道过程中的优势，实现流通体系的最优化，必须确定物流供应链建设中相应的路径和装置。物流管理机构的设置是要建立自律与灵活性为一体的网络合作性中间组织，因此，供应链中常常有生产商、批发商、零售商、运输机构共同建立的物流管理机构。

2. 供应链管理实例

下述是A公司提供的供应链软件解决方案，简介如下。

（1）即时有效的物流管理（Real-Time Distribution Management）能提供即时准确的物流信息，充分满足物流中心各项作业需求，并能整合相关的硬件设备与软件系统，提供物流管理者制式化的表格，对由进货入库到出库运送的各个作业环节均能做到灵活的控制。此外，本系统也结合了无线电终端存控技术，使得数据传递的准确性大为提高，相对地大幅减少了非必要性的文书作业。于是，收货、入库搬运、补货、订单送货和仓储流程的效率也因此大为提高。另外值得一提的是，电子数据交换、越库作业、周边设施控制（Satellite Facility Control）以及运载管理等，也是本系统中少数的几项特色功能。

（2）人力管理系统（Labor Control）是一个整体的人力管理解决方案，能满足物流中心有关人力作业标准、职工工时核算、出勤报表和即时的人力运用状况等信息查询的需求。此外，它亦是一个充分整合的、即时的人力管理系统，能适时适地地提供物流中心职工内部控制上所需的各项功能。这些功能包括线上作业有关的即时信息、派工状况和人员的生产力等。管理人员能通过这些标准化的作业方式来掌握和控制物流中心内的各个作业流程，从而大幅度地提高生产力。

（3）物流咨询服务（Distribution Services）对客户所提供的服务是持续性的服务，本项服务的内容包括：先进的物流软硬件导入、专案设计、安装设置（Customization）、品保、技术支持、人员培训、系统建立、文件标准化管理以及24小时全天候客户支持服务。A公司的工作小组成员具有高度的技术能力与专业知识以及物流实际作业各方面的管理经验，因此在所有的专案计划中均纳入这些专业小组成员来协助客户做物流工程规划、实务运作与产业顾问服务、物流现场实作准备、人员培训、会计账务及企业文化改变的管理工作。

（4）物流运作决策支持系统（Operational Dieision Support）的设计是针对进一步优化（Fine Tune）当今物流作业的一套决策支持系统。这个系统通过界面联接物流管理系统，成为一个高级管理的控制工具。它能协助管理人员，在复杂的物流作业决策上，迅速而有效地做出正确的决定。本系统的功能还包括：确立物流作业中各项工作能完整且有效地达成、货物短缺的先期警示及物流作业中历史数据的维护，以利于系统维持持久稳定地运作。同时，此系统还以图像形式显示管理者所需的种种信息，提供友好的易于使用的操作界面，以确保使用者达到最高的生产力。

（5）运输规划与安排（Transportation Resource Planning）是一套充分整合型的运输管理系统，在运输作业及管理需求上，它能提供全面性的运输作业信息管理。本项系统整合了其他相关信息系统，能够有效地处理行车班次的预订、运（配）送时程、运（配）送路线、人员薪资、运货账款、相关设备及客户订单等管理事项。同时，此系统亦能提供整体运输作业中全程的控制功能，包括装卸平台和车辆专用场管理以及回程载运管理等。

（6）订货管理（Order Management）是一套完整的账务处理系统，它能处理物流中心每项货品的销售过程，控制每项货品的准确资料，此过程包括：从客户下达订单开始到开立账单，直到资料移转进入仓储管理系统进行选货和运货作业。它的主要功能包括订单输入、订单处理、零售价格制定、发票开具和相关管理报表制作等。A 公司全球性的组织包括亚太、欧洲和北美三大体系，共有物流专业人员 500 余人，年营业额约 9 000 万美元，全球知名的客户超过百名，迄今为止，已累积多达 1 000 余次各个产业物流系统的建设经验。展望 21 世纪物流信息科技的新趋势，本仓储管理系统的物件导向和系统模块化的设计，将是第三方物流中心（Third Party Distribution Center）营运发展与现代仓储即时性管理上不可或缺的仓储信息管理系统。

此外，还有电子商务物流的成本费用管理等。

本章小结

电子商务物流管理是指对电子商务物流活动所进行计划、组织、指挥、协调、控制和决策。其目的是降低物流成本、提高物流效率与服务水平。电子商务物流管理具有综合性、新颖性、智能性等特点；管理的内容主要包括物流战略管理、物流业务管理、物流企业管理、物流经济管理、物流信息管理等；管理的原则主要有系统效益原则、标准化原则、服务原则等；管理的职能主要包括计划职能、组织职能、协调职能、指挥职能、控制职能、激励职能和决策职能等。

电子商务物流管理组织的基本模式主要有：集权型的集中管理组织模式、集分权相结合的分级分散型管理组织模式、分权型的事业部集中管理组织模式和集分权结合的各事业部分散管理组织模式等。

复习与思考题

（1）简述电子商务物流管理的含义、目的与特点。

（2）简述电子商务物流管理的内容与原则。

（3）分析电子商务物流管理组织的基本模式及特点。

（4）物流质量的主要指标有哪些？如何进行评价。

（5）分析 A 公司提供的供应链软件解决方案。

案例分析

根据第 7 章的“案例：批发型、零售型与仓储性配送中心”，并参见图 7-4、图 7-5、图 7-6，分析配送中心的组织结构。

第 13 章

现代物流管理方法

本章概要

本章主要介绍现代物流的一些管理方法，包括准时制、快速反应、物料需求计划、分销需求计划以及物流资源计划等。

13.1 JIT——准时制

13.1.1 JIT 的概念

JIT（Just In Time）是指严格按照客户的订单进行生产，以较高的生产率生产出高质量的产品，同时降低成本，消除浪费为目标的一种管理方法。在物流活动中，JIT 就是将需要的产品，按照客户的需求，在需要的时间内，送至需要的地点，形成上下游的无缝链接。

作为一种准时制（或无库存）技术在供应链中的应用，JIT 始创于 20 世纪的 50 年代，是由日本丰田公司提出的一种高质量、无库存的新型生产体系。它以改进产品质量、降低成本为目标，使其市场竞争力不断增强。随着这一模式的不断完善，许多国家开始运用这一生产的新方式，对传统的生产管理运行制度进行改革，实现企业资源优化配置。

JIT 是一种以市场需求为核心的管理体制，它改变了企业传统的生产观念，形成生产系统中以需求方为主的模式，从而组织采购、运输、流通加工、配送等活动。这种“拉动式”的生产方式，将有效地控制库存量，提高工作效率，实现生产的准时化。

13.1.2 JIT 的基本原理及特点

1. JIT 的基本原理

JIT 是一种现代管理方式，它以市场需求的品种、数量、时间、地点来组织各环节生产，最大限度地满足消费者需求，实现企业利润的最大化。在企业的生产线中，它的后一道工序决定前一道生产程序的内容，是一种拉动式的生产方式。这样，把所需的原材料加工成零件，装配成组件后，随即被装配成制成品，进行销售。整个流通环节快速、高效，同时保证产品的质量。这种做法，改变以往需求方要被动接受货物的方式，企业受益匪浅。其一，根据客户需求进行生产，保证了数量的准确性，消除积压浪费，降低了成本；其二，运用先进的技术，对产品生产各环节进行合理规划，保证按时供应；其三，提高产品的质量，杜绝残次品的供应。

2. JIT 的特点

JIT 的特点主要包括以下几个方面。

第一，JIT 能够降低成本，消除生产经营过程中的浪费。在残酷的市场竞争环境下，企业要通过降低成本来获取更多的利润。JIT 就是通过有效的方式降低存货，以减少资金的占用，从而提高企业的竞争力。

第二，JIT 强调质量取胜。企业要根据顾客需求进行柔性化生产，要缩短生产周期以适应不断变化的顾客需求。JIT 具有小批量的特性，既能保证产品的质量，又能减少不必要的浪费。

第三，JIT 能够适应市场的风云变化，提高生产效率。在生产过程中，大批量的生产往往不能抓住市场需求的变化，影响整个时期的生产效率。而 JIT 充分把握市场变化，在随时出现更新产品的形势下，依然能够根据市场动态随时调整自己的生产经营方向。

第四，JIT 采取“以人为本”的管理思想，并且以销售带动生产，能够减少损失，保证企业的利益。在员工中树立“零存货”的思想，在生产中追求不出残次品，也不过量生产，要求员工具有较高的素质，从而保证生产的正常进行。

13.1.3　实施 JIT 成功的条件

1. 实施 JIT 的基础——一个顺畅的供销体系

以市场需求为核心，通过供应商、企业、销售商进行经济活动的整合，实行供销一体化。从采购方面看，实行 JIT 的企业需要选择一个稳定的供应商，供货方式是经常的和小批量的，这样就要求供应商能够及时地提供适当的物料来源，并且保证物料质量的可靠性。若能与其建立稳定而又良好的合作关系，则企业可给予适当的价格优惠，从而保证物料来源的稳定性。由此，为以后各个方面浪费的减少提供可能性，为成功实行无库存经营方式、提高顾客的满意程度打下坚实的基础。从销售方面看，为了不断满足消费者的需求，提高供应链的效率，销售商要更快地对供应问题做出反应。在供销体系中，始终保持稳定化、标准化、同步化，使整个供应链畅通无阻。最终，形成一个团结合作的整体，充分利用各种资源，以最小的投入获得最大的产出，达到整体优化。

2. 实施 JIT 的支撑点——顾客的需求信息

能够准确、及时地提供顾客所需产品是 JIT 的特点，而这就需要信息传递准确、及时。欲使上下游之间形成无缝链接，真正做到供需双方快速而又充分地进行信息交换，需要企业通过准确的统计预测，把握下游的需求变化，为生产部门提供精确的信息，从而在第一时间组织物料来源进行生产、销售，满足市场需求。尤其，企业可以借助电子商务来完成信息互换，节约流通时间。所以，快速而又准确地把握市场的脉搏是实现 JIT 强而有力的支撑点。

3. 实施 JIT 的有力保证——完善的物流体系

JIT 物流的核心是“适时交货”，企业在掌握物料的基础上，通过专业的物流组织，实现及时供货这一目标。物流组织在保证交货的及时、准确性等方面具有无可比拟的优越性，利用专业的网络、设施等，可以更好地满足企业的要求，并降低供应链的费用支出，真正做到采购、运输、库存、生产、销售以及供应商、用户之间的一体化，为 JIT 的成功运行提供保证。例如：运输配送。它直接影响交货速度，是 JIT 中至关重要的环节。它需要结合用户的需求以及竞争对手所能提供的服务水平，来制定自己的运输计划，以期达到目标市场和顾客的需求。而且，针对 JIT 需要小批量、频繁运送的特点，物流组织要积极寻找集装的机会，将来自多个供应商的小批量货物集中到一起，作为一个单位进行运送，在减少费用的同时保证 JIT 能够及时交货。

4. 加强人力资源的培养和利用

JIT 要求工人和管理人员在努力工作和提高企业经济效益方面付出大量的心血。如果工人不能增加生产过程中的价值，则视为一种浪费，所以 JIT 工人具有柔性，他们需要掌握多种技能，成为多面手，要为产品的质量和产出负责。同时，要求他们具有团队精神，共同合作解决问题。JIT 的环境需要每个人付出责任心，参与并共同做出有利于企业的决策。

13.1.4 JIT 的实施步骤

在全球经济环境下，采用 JIT 系统的企业将利用最先进的计算机技术，合理规划供应、生产和销售过程，以降低成本，改进产品质量，提高市场竞争力。实施 JIT 的步骤如下。

第一，实行全面质量管理。从供应商的选择，到销售阶段，JIT 系统的每一个环节都需要在全面质量管理的条件下，保持协调。在原材料的选购上，重视其质量保证；在生产过程中，要进行质量过程控制，严格按订单生产；销售产品时，保证运送渠道的畅通，真正实现“零库存”；在员工中，要培养其对待工作质量和产品质量的责任感。

第二，改造传统的生产方式。为获得某种经济批量的效益而采用大批量的生产方式，会造成产品积压、库存成本居高不下、服务质量下降等问题，同时使管理的难度加大，费用增加，削弱市场竞争能力。这样，就要求调整管理方式，使制品和产成品的原材料得以节省，生产时间显著缩短以及生产所需空间减少，以降低产品成本，提高生产率。看板，在日语中是卡片的意思。它是一个简单而又有效的辅助 JIT 运作的控制系统，也是一种需求拉动型管理方式，它可以逆生产程序逐级发出指令，形成紧密的生产和销售链，从而减少在制品的库存量。

第三，建立信息共享机制。企业可以公开内部信息，根据长期合作、质量保证等条件，选择原材料供应商、销售商，并实现整个系统优化，提高企业的需求能力，使企业在复杂的市场环境下立于不败之地。基于 JIT 的供应链管理的核心在于创造价值，消除浪费，使供应链上的每一环节得到增值。JIT 在供应链中的运用，以降低物流成本、缩短物流周期为原则，对整个供应链进行控制。同时，供应链各部门可以迅速交换信息，从而以最快的速度抢占市场，满足需求。

第四，企业全员参与管理。为适应不断变化的市场环境，提高产品质量和生产效率，企业需要建立一支训练有素、掌握多方面技能的员工队伍。员工应对本部门原材料、产品质量和设备维修负责，使其融入到企业中来。同时鼓励企业中所有的人员，积极探索和发现生产过程中存在的问题，提出解决方案，营造一种创新的工作氛围，调动工作人员的积极性。这是实行 JIT 必不可少的阶段。

第五，不断改善 JIT 系统。JIT 适时适量的生产系统已在全世界普及，给现代制造工业带来前所未有的生机和活力。随着社会的不断发展，JIT 也需要不断改进和完善，真正实现“彻底杜绝浪费，消除无效劳动，生产向零库存挑战”的目标，把在制品控制在最低限度，减少资金占用。这样，面对市场多元化的格局，JIT 会成为环境适应能力最强的一种生产管理系统，不断地根据市场变化、顾客需求进行生产。

13.1.5 JIT 的发展

JIT 是实现精细生产的一种重要形式，具有远大的发展前景。首先，互联网环境下的企业面临的是变幻莫测的市场需求，为了抓住机遇，响应市场，就要制定总体规划，参与或组建虚拟企业来赢得竞争。企业订货渠道稳定，库存成本低，生产产品复杂，这都为在互联网环境下实施 JIT 建立了坚实的基础。这样，就改变了传统 JIT 缺少宏观规划，在市场中不具竞争力的局面。同时，传统的看板被电子看板所取代，电子看板与互联网相连接，也可快速、准确地传递信息，更好地满足消费者的需求。

其次，创新是一个企业的灵魂。现代企业通过创新不断整合内部管理和机制。尤其是技术、管理等都需要应用现代的方法和手段，提升企业的综合素质，使企业高效、协调地运作。JIT 是现代企业先进生产方式的重要标志，要对适时生产系统进行必要的调整，加强市场调研、产品设计、柔性制造、经营管理的地位，将它们作为独立的环节融入适时生产系统，提高企业的运作效率和管理水平，使企业迈向现代化管理的途径。

最后，在市场经济日趋完善的条件下，JIT 要以快速、应变的方式最大限度地满足消费者的需求，提供"无缺陷"的服务产品。把企业的生产流程和市场的商业流程有机地结合在一起，促进企业内部的生产市场化。同时，要建立一种供应网络，消除不产生价值的步骤，重组产生价值的步骤，提高企业作业的连续性，缩短生产周期，使企业利润最大化。

13.2 QR——快速反应

13.2.1 QR 的概念

快速反应（Quick Response，QR）是指物流企业在面对多品种、小批量的买方市场时，不是储备了制成的成品，而是各种要素，在用户提出要求时，能以最快的速度抽取要素，及时组装，提供用户所需的服务或产品。

QR 是在 20 世纪 70 年代后期从美国纺织服装业发展起来的一种供应链管理方法，是美国零售商、服务制造商及纺织品供应商开发的整体业务概念，以减少原材料到销售点的时间和整个供应链上的库存，最大限度地提高供应链的运作效率为目的。实施 QR 的重点在于能够对消费者的需求做出最快速的反应，它一般包含了待上架商品准备（Floor Ready Merchandise）、自动物料搬运（Automatic Material Handling）等一些具体策略。QR 的实施可以分为 3 个阶段。

第一阶段：对所有的商品单元条码化，即对贸易单元用 UCC/EA-128 条码标识，对商品储运单元用 ITF-14 条码标识，对商品消费单元用 EAN/UPC 条码标识。利用 EDI 传输订购单报文和发票报文。

第二阶段：在第一阶段的基础上增加与内部业务处理有关的策略。如自动补库与商品即时出售等，并采用 EDI 传输更多的报文，如发货通知报文、收货通知报文等。

第三阶段：与贸易伙伴密切合作，采用更高级的 QR 策略，以对客户的需求做出快速反应。从实际应用中来看，企业内部业务的优化相对来说比较容易，但在贸易伙伴间进行合作时，往往会遇到诸多障碍。在这一阶段，每个企业都必须把自己当做是集成供应链系统的一个组成部分，以保证供应链系统的整体效益。例如，Wal-Mart 把零售店商品的进货和库存管理的职能转移给供应方（生产厂家），由生产厂家对 Wal-Mart 的流通库存进行管理和控制，即采用生产厂家管理的库存方式（Vendor-Managed Inventories，VMI），同时还采用了连续补库系统。这样一来，供应方不仅能减少本企业的存货，还能减少 Wal-Mart 的库存，实现了整个供应链的库存最小化。

13.2.2 实施 QR 的意义与作用

QR 作为一种供应链管理方法，将 JIT 原理应用于整个供应链，从原材料供应商一直到最终客户，它的实施对整个供应链条上的企业产生了重大的影响，这种影响具体表现如下。

1. 极大地缩短了企业的补货周期

QR 是零售商与其供应商密切合作的策略，应用这种策略，零售商和供应商[①]通过利用 EDI 来加快信息的流动，并共同重组它们的业务活动，以实现订货前导时间的最小化。在补货中应用 QR 可以将交货前导时间降低 75%（见表 13-1）。

表 13-1 应用 QR 前后补货周期比较 单位：天

应用 QR 策略前	时间	应用 QR 策略后	时间
商品售出		商品售出	
生成、审核并邮寄订单	20	生成订单并通过 EDI 传送	4
输入订单及装运单	15	录入订单，装运带有条码的商品，录入装运	4
由集运人发货	10	直接发货	3
配送中心收货记账，粘贴价签，分类	14	在配送中心收货，并接运输	2
商店收货，补充货架	3	在商店收货，补充货架	2
合计	62	合计	15

2. 接驳式转运，降低库存

配送中心被要求“移动”产品，而不是“储存”产品。这种要求常常由接驳式转运过程来完成，包括卸下进货、按每个商店理货以及将发货重新装上前往指定商店的卡车。除了几个小时或最多一天外，产品几乎不发生仓储作业或储存。

3. 提高了供应链整体的运作效率

在实施 QR 以前，尽管整个供应链系统的各个部分具有较高的运作效率，但整个系统的效率却十分低，其原因主要在于供应链的长度。过长的供应链导致了信息在供应链中流动不畅，建立在不精确需求预测上的生产和分销，因数量过多或过少造成的损失非常大。采用 QR 后，零售商与供应商通过共享 POS 系统信息、联合预测未来需求、发现新产品营销机会等，对消费者的需求做出快速反应。

4. 提高了企业的服务水平与竞争能力

在对 20 世纪 80 年代美国服装供应链的调查中发现，整个供应链系统的总损失每年可达 25 亿美元，其中 2/3 的损失来自于零售或制造商对服装的降价处理以及在零售时的缺货。进一步的调查发现，消费者离开商店而不购买的主要原因是找不到合适尺寸和颜色的商品。在实施 QR

[①]资料来源：Kurt Salmon Associates，Inc. Management Consultants. ECR：Efficient Consumer Response，Enhancing Consumer Value in the Grocery Industry. Washington：The Research Department，Food Marketing Institute，1993.18（转引自张成海. 供应链管理技术与方法. 北京：清华大学出版社，2002.9:125.）

后，采购人员和财务经理就可以省出更多的时间来进行选货、订货和评估新产品。

13.2.3 实施 QR 成功的条件

在作为 QR 发源地的美国，已有许多企业开始实施 QR，并且取得了成功。据 Black Burn（1991）对美国纺织服装业的调查研究，总结出了 QR 成功的 5 项条件。

1. 改变传统的经营方式，革新企业的经营意识与组织结构

（1）企业要打破传统的局限，在于依靠本企业独自的力量来提高经营效率的意识，通过与供应链各方建立合作伙伴关系，利用各方资源来提高经营效率，树立起现代经营意识。

（2）零售商在垂直型 QR 系统中起主导作用，零售店铺是垂直型 QR 系统的起始点。

（3）在垂直型 QR 系统内部，通过 POS 数据等销售信息和成本信息的相互公开和交换，来提高各个企业的经营效率。

（4）明确垂直型 QR 系统内各个企业之间的分工协作范围和形式，消除重复作业，建立有效的分工协作框架。

（5）改变传统的事务作业方式，通过利用信息技术实现事务性作业的无纸化和自动化。

2. 开发和应用现代信息处理技术

信息技术是成功进行 QR 活动的前提条件，这些信息技术包括条形码（Bar Code）、电子订货系统（EOS）、销售时点系统（POS）、电子数据交换（EDI）、电子资金转账（EFT）、买方管理库存（VMI）等。

3. 与供应链各方建立战略伙伴关系

一方面积极寻找和发现战略合作伙伴；另一方面在合作伙伴之间建立分工和协作关系，将合作目标定为削减库存、避免缺货现象发生、降低商品风险、避免大幅度降价现象发生、减少作业人员和简化事务性作业等。

4. 建立信息共享机制

改变传统的对企业商业信息的保密做法，将销售信息、库存信息、生产信息、成本信息等与合作伙伴交流共享，并以此为基础，各方一块发现问题、分析问题并最终解决问题。

5. 供应方必须缩短生产周期，降低商品库存

（1）缩短商品生产周期。

（2）进行多品种、小批量生产和多频次、小数量配送，降低零售商的库存水平，提高顾客服务水平。

（3）对将要发生的实际需求采用 JIT 的组织方式生产，减少供应商自身的库存水平。

13.2.4 实施 QR 的收益

在供应链管理中实施 QR 的投入是巨大的，这些投入包括 EDI 启动软件、现有应用软件的改进、租用增值网、产品查询、开发人员费用、教育培训、EDI 工作协调、通信软件、网络及远程通信费用、CPU 硬件、条形码标签打印的软件与硬件等。然而，巨大的投资带来的是巨大的收益，其收益远远超过了其投入。它可以节约销售费用的 5%，这些节省不仅包括商品价格的

降低，也包括了管理、分销以及库存等费用的大幅度减少。Kurt Salmon 协会的 David Cole 在 1997 年时曾说过："在美国，那些实施第一阶段 QR 的公司每年可以节省 15 亿美元的费用，而那些实施第二阶段 QR 的公司每年可以节省费用 27 亿美元。"他提出，如果企业能够过渡到第三阶段，每年可望节约 60 亿美元的费用。可见，实施 QR 在降低企业成本的同时，带来的是巨大的经济收益，并且极大地增强了企业的竞争能力，使供应链的整体效益得到最大化。据 Blackburn（1991）的研究[①]，QR 的效果如表 13-2 所示。

表 13-2 QR 的效果

对象商品	构成 QR 系统的供应链企业	零售业者的 QR 效果
休闲裤	零售商：Wal-Mart	销售额：增加 31% 商品周转率：提高 30%
	服装生产厂家：Semiloe	
	面料生产厂家：Milliken	
衬衫	零售商：J.C.Penney	销售额：增加 59% 商品周转率：提高 90% 需求预测误差：减少 50%
	服装生产厂家：Oxford	
	面料生产厂家：Burlinton	

Blackburn 的研究结果显示，零售商在应用 QR 后，销售额大幅度增加，商品周转率大幅度提高，需求预测误差大幅度下降。

13.2.5 QR 的新发展

从 20 世纪 70 年代末提出 QR 策略到如今，QR 已有二十几年的发展。虽然应用 QR 的初衷是为了对抗进口商品，但事实上却没有出现这样的结果。随着竞争的全球化与企业经营的全球化，QR 管理方法成了零售商实现竞争优势的工具。在 20 世纪 80 年代末到 90 年代初，由于市场竞争的强大压力，一些先导企业开始对它们的供应链物流和信息进行重组。最初，供应链上的每一个实体（如制造商、零售商或承运商）都单独发挥作用，对供应链的优化聚焦在技术解决方案上，对其贸易伙伴的业务不感兴趣，更谈不上信息共享。随着市场竞争的加剧，业主及经营者都逐渐认识到必须重组他们做生意的方式以及与贸易伙伴的密切合作。

目前在欧美，QR 的发展已跨入第三个阶段，即联合计划、预测与补货（Collaborative Planning，Forecasting and Replenishment，CPFR）阶段。CPFR 是一种建立在贸易伙伴之间密切合作和标准业务流程基础上的经营理念。它应用一系列模型，这些模型具有以下一些特点。

第一，是一个开放但安全的通信系统；第二，适应于各个行业；第三，在整个供应链上是可扩展的；第四，能支持多种需求（如新数据类型、各种数据库系统之间的连接等）。

CPFR 研究的重点是供应商、制造商、批发商、承运商及零售商之间协调一致的伙伴关系，以保证供应链整体计划、目标和策略的先进性。

美国的 Kurt Salmon 协会通过调查、研究和分析认为，通过实施 CPFR 可以达到如下的目标。第一，新产品开发的前导时间可以减少 1/2；第二，可补货产品的缺货将大大减少，甚至消除（通过供应商与零售商的联合从而保证 24 小时供货）；第三，库存周转率可以提高 1～2 倍（通过制

[①]资料来源：Blackburn，J. D.（1991）The Quick Response Movement in the Apparel Industry：A Case Study in Time-Compressing Supply Chains. Tome-Based Competition，Richard D. Irwin252.（转引自宋华，胡左浩. 现代物流与供应链管理. 北京：经济管理出版社，2002.4:82.）

造商减少前导时间、零售商利用顾客需求导向策略）；第四，通过敏捷制造技术，企业的产品中可以有 20%～30%是根据用户的特定需求而制造的。

我国的学者对 CPFR 也进行了研究，提出了基于 CPFR 的供应链管理的运作过程模型。该模型共分 3 个阶段、9 个步骤。第一阶段为计划，包括步骤（1）和（2）；第二个阶段为预测，包括步骤（3）～（8）；第三个阶段为补给，包括步骤（9）。具体步骤如下。

（1）供应链伙伴协议的达成。这种协议包括合作的全面认识、合作目标、机密协议、资源授权、合作伙伴的任务和成绩的检测。

（2）共同业务计划的创建。建立合作伙伴关系战略，定义分类任务、目标和策略，并建立合作项目管理简况，如订单最小批量、交货期、订单间隔等。

（3）创建销售预测。

（4）识别销售预测约束之外的项目，每个项目的例外准则需在步骤（1）中得到认同。

（5）例外情况的解决/合作，将产生的变化提交给销售预测。

（6）创建订单预测，提出分时间段的实际需求数量，并通过产品及接收地点反映库存目标。

（7）识别分布在订单观测约束之外的项目。

（8）例外项目的合作/解决。

（9）将订单预测转换为承诺订单，订单可由制造厂或零售商/分销商依靠能力、系统和资源来完成。

QR 在过去的几十年中取得了巨大的成功。商品的供应商和零售商通过这一方法为它们的客户提供了更好的服务，同时减少了整个供应链上的非增值成本。QR 作为一种供应链管理方法，必将向更高的阶段发展，同时也将为供应链上的企业带来更大的收益。

13.2.6　QR 的应用实例[①]

法国巴黎的托马森电子产品公司，直接向零售商销售产品，通过快速反应系统和卖主存货管理系统来降低存货水平。在零售业，QR 是对销售点的信息及时做出反应和减少库存的时间。以前，商店一般持有 4～6 个星期的库存，如今降至 1～2 个星期。

托马森的卖主库存管理意味着零售商提供销售点信息，但不发出采购订单。作为供应商，托马森利用这些信息预测需求，发出采购订单并提供产品。它利用电子手段，提前将发货信息传递给零售商，使它们能够了解产品到货情况。在选择运输公司的时候，主要依据成本、运输质量、运输时间和电子数据交换的能力。

13.3　MRP——物料需求计划

13.3.1　MRP 的概念

物料需求计划（Material Requirements Planning，MRP）是美国 IBM 公司的约瑟夫·奥列基博士于 20 世纪 70 年代在库存管理的定货点法基础上提出来的，是根据产品结构各层次物品的从属和数量关系，以每个物品为计划对象，以完工日期为时间基准倒排计划，按提前期长短区

①牛鱼龙．世界物流经典案例．深圳：海天出版社，2003.04.

别各个物品下达计划时间的先后顺序，以此来加强物料的计划与控制，最大限度地减少库存，降低劳动力成本，增加按时发货率。

MRP 是一个基于计算机的库存管理系统，它的基本任务包括两个方面：一是从最终产品的生产计划（独立需求）导出相关物料（原材料、零部件等）的需求量和需求时间（相关需求）；二是根据物料的需求时间和生产（订货）周期确定其开始生产（订货）的时间。简单地说，MRP 就是要回答 3 个问题：需要什么？需要多少？什么时候需要？（参见图 13-1）

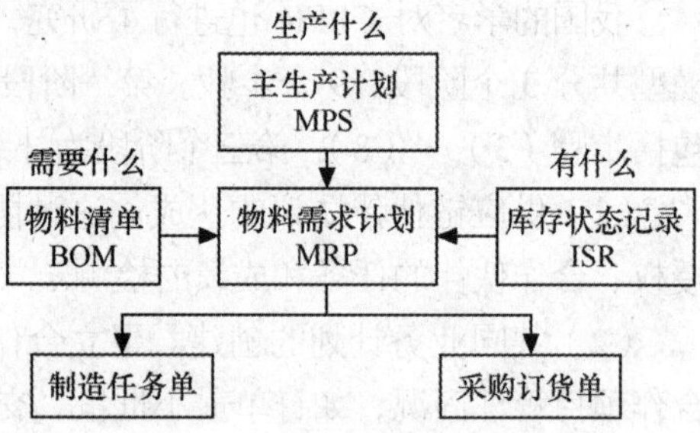

图 13-1　MRP 基本逻辑流程关系

它的基本原理是由企业主生产计划和主产品的层次结构逐层逐个地求出主产品生产所需要的全部原材料和零部件的数量和应到位的时间。其中，零部件如果由本企业内部生产，则需要根据各自的生产时间长短来提前安排投产时间，形成零部件投产计划；如果从企业外部采购，则要确定提前发出订货的时间、采购的数量，形成采购计划，切实按照这些投产计划进行生产和按照采购计划进行采购，就可以实现所有零部件需求计划，从而达到资源合理配置，保证主产品生产的需要。

13.3.2　MRP 的构成

MRP 的基本结构包括 MRP 的输入、MRP 的实行和 MRP 的输出 3 个部分，以便确定所需物料的生产或订货日程和进度，保证按生产进度的要求进行生产，同时维持最低的库存水平。

1．MRP 的输入系统

MRP 的输入系统主要由 3 个部分组成：主生产计划（MPS）、物料清单（BOM）和库存状态记录（ISR）。它要解决需要什么的问题。

（1）主生产计划（Master Production Scheduling，MPS）。主生产计划是指在每个时间段根据各种终端物品（一般是最终产品）的需求数量和需求时间，在平衡企业资源和生产能力的基础上制定出的生产进度表。在 MRP 系统中，MPS 对需求和生产能力平衡起到了主要作用，这是实施 MRP 系统的基础。如果制订的生产计划得不到企业现有的生产能力的支持或者超过了企业的生产能力，则这种生产计划就失去了现实意义。在 MRP 系统中一般通过初步生产能力计划（Rough Cut Capacity Planning，RCP）来检查 MPS 的结果。RCP 对 MPS 的作用体现在两方面：一是在考虑物料清单、制造工序流程、各个工序加工能力以及库存水平的基础上，计算出完成 MPS 所需的生产能力；二是把完成 MPS 所需的生产能力与实际生产能力相比较，找出能力瓶颈，同时提出资源负荷状况报告、长期物料采购计划报告、购买资金计划报告等。如果发现所需生产能力与实际生产能力不相符时，或采用相应措施，或修改调整 MPS，以使之与现有生产能力相适应。

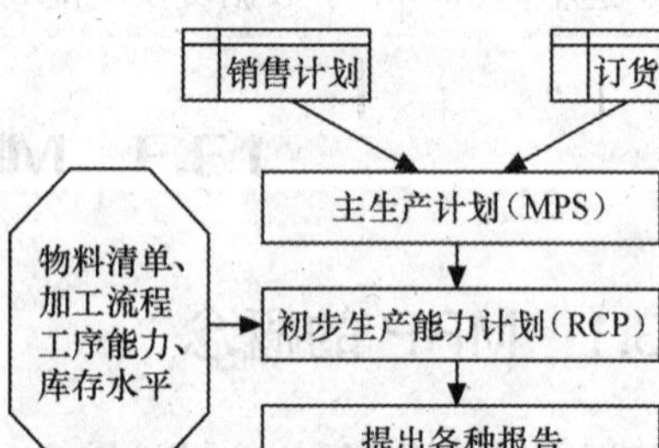

图 13-2　MPS 和 RCP 的关系图

（2）物料清单（Bill of Material，BOM）。物料清单也称产品结构表，表示产品组成结构和组成单位产品的原材料和零部件的数量。MRP 系统将独立需求产品的需求展开为各个层次的从属物料需求，这种展开是根据物料清单表示的原材料和零部件在制造加工过程中的先后次序和数量关系推算出来的，如果物料清单有差错的话，将会引起整个从属需求物料的计算发生错误。因此，要正确计算出物料需求的时间和数量，特别是相关需求物料的数量和时间，要使系统能够知道企业所制造的产品结构和所有要使用到的物料，产品结构应列出构成成品或装配件的所有部件、元件、零件等的组成、装配关系和数量要求。这是保证 MRP 系统发挥作用的前提条件。

（3）库存状态记录（Inventory Status Records，ISR）。库存状态记录是指有关物料库存水平的详细记录。在 MRP 系统中，将产品、零部件、在制品、原材料甚至工装、工具等统称为“物料”。为便于计算机识别，必须对物料进行编码，物料编码是 MRP 系统识别物料的唯一标识。这些记录是动态的，当库存发生变化时（如进货补充增加库存、生产使用减少库存等），需及时更新库存记录。完整、准确、动态的库存信息是保证 MRP 系统发挥作用、最终实现减少库存水平、增加按时发货率的保证。

2. MRP 的实行过程

在第一部分的基础上，MRP 系统通过计算求得每个时间段上各种物料的净需求数量，同时也确定了物料订货的数量、订货时间、订货批量和零部件的加工组装时间等内容。这是解决需要多少和什么时候需要的问题。具体的实行过程包括了以下几个步骤。

（1）计算总需求量。根据 MPS、物料清单、库存水平虽可计算出时间段内所需各种物料的总需求量和需求的日期，但它没有考虑持有库存量与在途订货量等因素。

（2）计算净需求量。净需求量是指从总需求量中减去该物料的可用库存（包括持有库存量和在途库存量）后的差额。净需求量的确定是 MRP 方法的核心。

t 期间的净需求量=t 期间的总需求量−t 期间的有效库存量=t 期间的总需求量−（t 期间的可用库存量−t 期间的安全库存量）

如果在 t 期间内总需求量小于该物料的有效库存量，则净需求量为零。

（3）确定物料订货（加工）批量和指令发出的时间。在确定净需求量之后，根据每种物料的特点来确定具体的采购订货方式。采购订货方式有定量订货方式和定期订货方式，具体采用哪种方式由物料的特点和企业的采购政策来确定。采购订货时，在考虑供应商的情况和交纳周期的基础上确定物料的订货时间，即指令发出时间，同时确定预定交货的时间。

一般指令发出时间（订货时间）=计划需求时间−交纳周期

生产制造时，在考虑工序生产能力和加工周期的基础上确定物料的加工开始时间。

指令发出时间（加工开始时间）=计划完成时间−作业加工时间

（4）制订物料需求计划。在平衡、整合时间段内各个层次所有的物料需求数量、订货（或加工）批量、指令发出时间等的基础上，制订出物料需求计划。同时，通过生产能力需求计划（Capacity Requirement Planning，CRP）对物料需求计划进行调整，它是 RCP 的具体化。

（5）发出指令。依据物料需求发出订货指令或生产指令，进行采购/生产现场控制（Shop Floor Control，SFC）。

3. MRP 的输出

MRP 系统输出的报告分为 3 类：一类是计划报告；一类是绩效报告；一类是异常报告。这三类报告在内容上有所不同。计划报告主要有计划订货日程进度表、进度计划的执行和订货计划的修正调整及优先次序的变更；绩效报告主要有成果检验报告、生产能力需求计划报告；而异常报告主要是指出偏差，如错误、延误、订购过量、废品过多和不存在的部件等。同时，这 3 类报告的服务对象也不同，计划报告主要为采购部门和生产部门的决策提供依据，而绩效报告和异常报告更多的是为高层管理人员提供管理上的参考和借鉴。

13.3.3 MRP 的采购本质

MRP 要能高效运行，就必须有严密的控制，这意味着有关数量、提前期、物料清单、产品规格的采购记录必须完全准确。而且，采购与存储职能也变得更为集中，对有权使用的库存必须进行更严格的控制。

MRP 的按时交付需求要和供应商相互协调，因此，采购方必须清楚地了解自身与相关供应商的生产情况，以保证供给的可得性，降低采购方的安全库存。采用 MRP 的组织，内部联系越密切，则采购反应能力越强，越能积极灵活地提供帮助，使供应链上无法避免的问题发生得越少。MRP 系统为采购方打开了一扇有关生产计划的信息之窗，这样，在与供应商合作时就可以做出更好的判断。由于 MRP 带来了资源松弛量的减少，采购方必须适应更为频繁的催货活动。MRP 的综合性和前瞻性意味着采购部门专门化程度的提高。按时、按质、按量的采购是实施 MRP 的结果导向。

13.3.4 MRP 的发展

MRP 的发展经历了两个阶段，即 MRPⅠ和 MRPⅡ。其中 MRPⅠ又分为时段式 MRP 和闭环式 MRP。由于时段式 MRP 未考虑到生产企业现有的生产能力和采购等有关条件的约束，因此，计算出来的物料需求的日期有可能因设备和工时的不足而没有能力生产，或者因原材料的不足而无法生产，同时也缺乏根据计划实施情况的反馈信息，对计划进行及时变换。在时段式 MRP 的基础上，将生产能力计划、车间作业计划和采购作业计划纳入 MRP，同时在执行计划过程中，加入来自车间、供应商和计划人员的反馈信息，并利用这些信息对计划进行调整，从而围绕物料需求计划，使生产的全过程形成一个统一的系统，这就是闭环式 MRP。闭环式 MRP 是一个生产计划与控制系统。它的能力计划包括了资源需求计划与能力需求计划，在闭环 MRP 系统中，把关键工作中心的负荷平衡称为资源需求计划，或称为粗能力计划，它的计划物件为独立需求件，主要面向的是主生产计划；把全部工作中心的负荷平衡称为能力需求计划，或称为详细能力计划，而它的计划物件为相关需求件，主要面向的是车间。由于 MRP 和 MPS（主生产计划）之间存在内在的联系，因而资源需求计划与能力需求计划之间也是一脉相承的，而后者是在前者的基础上进行计算的。现场作业控制包括了 4 个环节：车间订单下达、作业顺序、投入/产出控制及作业信息反馈，如图 13-3 所示。

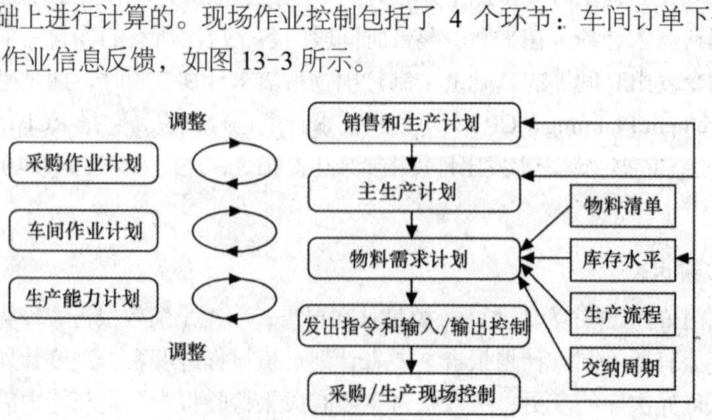

图 13-3 闭环式 MRP 系统构造

尽管闭环式 MRP 使生产活动的各个子系统得到了统一，但仍旧不完善。因为生产管理只是企业管理的一个方面，MRP 涉及的仅仅是物流，而与物流密切相关的还有资金流。因此在 20 世纪 80 年代，人们把生产、财务、销售和工程技术、采购等各个子系统集成一个一体化的系统，并称为制造资源计划（Manufacturing Resource Planning）系统，英文缩写还是 MRP，为了区别物料需求计划（也缩写为 MRP）而记为 MRPⅡ。

MRPⅡ的基本思想是把企业联成一个有机整体，从整体最优的角度出发，通过运用科学方法对企业各种制造资源和产、供、销、财各个环节进行有效的计划、组织和控制，使各个职能得以协调发展，并充分发挥作用。在 MRPⅡ系统中，对资金流的管理主要是事后核算，是对企业已发生的生产经营活动中的资金流的客观反映和监督，现有的 MRPⅡ系统中，资金流的管理并没有实现与物流管理一样的事前计划、事中控制、事后核算的全面控制过程。MRPⅡ系统经过进一步扩充和完善发展成为企业资源计划（Enterprise Resources Planning，ERP）。MRPⅡ的核心是物流，主线是计划，伴随着物流的过程，同时存在着资金流与信息流。ERP 的主线也是计划，但 ERP 已将管理的重心转移到资金流上，在企业整个运营过程中贯穿了财务成本控制的概念。更进一步，以 ERP 和 WMS 的基础，在供应链的水平上开发出了供应链计划（Supply China Planning，SCP）。图 13-4 所示为 MRP 的演化过程。

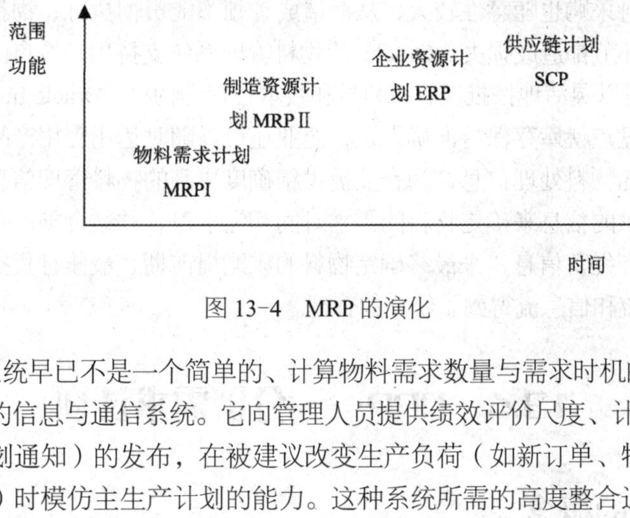

图 13-4　MRP 的演化

现代的 MRP 系统早已不是一个简单的、计算物料需求数量与需求时机的系统了，它是一个包括组织方方面面的信息与通信系统。它向管理人员提供绩效评价尺度、计划订单（采购订单、车间订单、重新计划通知）的发布，在被建议改变生产负荷（如新订单、物料拖延送货、设备故障、工人生病等）时模仿主生产计划的能力。这种系统所需的高度整合迫使组织维持高度准确的信息，废除经验法则，在所有部门内使用同一数据。其结果是降低了库存水平，提高了既定服务水平，高质量信息的存取就绪，以及最重要的、对不可预见的问题做出快速反应的再计划能力。

13.3.5　MRP 的应用实例

MRPⅡ实施前，美的集团一直采用手工制订生产计划的方式，即制订生产科生产计划、车间生产计划和产品销售计划的生产作业三级计划，这些计划对迅速变化的市场已经显然不能胜任，并且易造成产品积压或供不应求。中国广东省美的集团风扇厂年产量将近 1 100 万台。如此大的产量，所需物种多达上万种之多，生产和经营机构也是庞大的。

美的集团的领导清楚地意识到若想保持企业可持续发展的能力，管理思想和手段必须上一个新的台阶，因此决定大规模投资上千万元全面实施 MRPⅡ工程。实践证明，美的集团风扇厂通过 MRPⅡ工程不仅在企业内部实施了一级计划，即以市场为导向，以销售计划为龙头的控制生产计划，以解决传统生产制造系统与分销系统的供求矛盾，确立现代企业管理理念。

MRPⅡ项目在刚开始实施时，遇到的第一个阻力就是人的传统理念和不良习惯。针对这一情况，集团何享健总裁和电扇厂周贯煊总经理为此确立了“以科学为本，以实用为主”的实施策略，将对 MRPⅡ项目的实施贯彻纳入了中高层领导的考核，并表示了“宁可停产，也要把不良习惯扭转过来”的决心。在美的集团领导的充分重视和有力支持下，美的内部迅速打破传统观念，统一思想，对项目的成功实施起到了关键的作用。

与 Oracle 公司合作实施的 MRPⅡ项目从根本上解决了美的集团在这个方面的难题。系统的供应链管理模块拥有多种灵活的计划和执行能力，能对企业的生产进行配套的供求管理，Oracle 系统中的供应链计划（Supply Chan Planning）则利用分销清单和来源准则同步计划整个生产流程，使生产和采购随时响应市场的需求，避免了生产采购的盲目性，解决了新订单不能及时交货、库存产品积压和库存资金占用太多等一系列问题，令企业能对市场迅速反应，从而及时调整产品结构，缩短了生产周期，提高了企业的生产率。Oracle 的销售订单管理功能还能为每个销售渠道建立相应的服务策略，使各销售点能通过查询存货、调拨可能等信息确认订单的可行性，以确保一些复杂订单的可行和正确。

由于美的集团生产所需物料达上万种之多，项目实施之前，物料和账务管理十分烦琐，容易出现错误，原材料采购也随意性较大，从而造成计划不能贯彻执行、物料短缺或不配套，给采购、生产及销售环节都造成损失。Oracle 的物料管理系统支持用户按自己的需要定义仓库结构并进行控制，还可以灵活地按批次、系列号和版本号管理物料，Oracle Inventory 通过 ABC 分析和严格的周期性盘点使库存保持准确无误，企业还可以随时运用应用产品提供的自动数据采集功能来捕获所有的物料处理信息，为企业提供精确度更高的物料管理信息。项目实施后，美的能通过市场所提供的信息来确定物料的需求时间和需求量，并结合国内外市场的物料供应情况和企业自身的生产经营信息，来最终确定物料的采购提前期、最佳订货批量和制品定额，使企业的物流、资金流和信息流得到了统一的管理。

13.4 DRP——分销需求计划

13.4.1 DRP 的概念

分销需求计划（Distribution Requirement Planning，DRP）是库存管理的一种方法，它是 MRP 原理和技术在流通领域中的具体应用。DRP 联系着物料配送系统和制造规划及控制系统，主要解决分销物资的供应计划和调度问题，其基本目标就是要为管理层预测将来的需求提供决策依据，匹配物料的供给和需求，以有效地应用存货满足客户的服务需求，在配置费用最小化的基础上，实现对市场变化的快速调整。图 13-5 所示为 DRP 原理图。

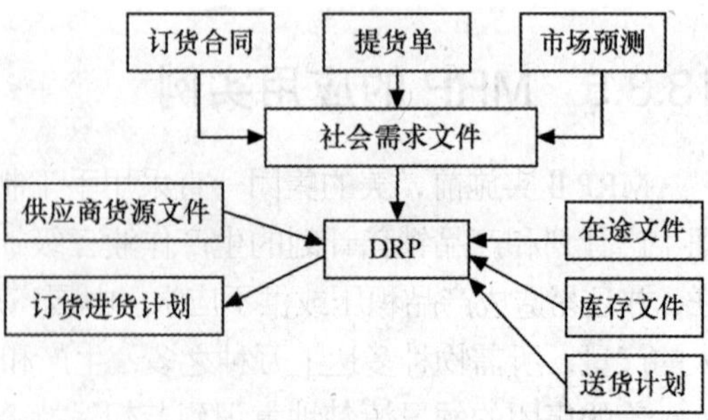

图 13-5　DRP 原理图

DRP 策略实际上是“准时”供应思想的体现，准时物流要求将用户所需的物品准时且保质保量地送到用户手中，要达到这种要求就必须以最大范围的物流系统的实时控制为基础，制定出相应的物流管理计划。DRP 就是这种物流管理计划导向的结果。

由图 13-5 可见，在实施 DRP 时就是要输入 3 个文件：一是社会需求文件，由订货单、订货合同、提货单或市场预测数据整理而成；二是供应商货源文件，提供生产厂及其产品的信息；三是库存文件和在途文件，提供流通企业仓库中各种商品的库存数量和在途数量等信息。

根据输入的这 3 份文件，形成了两个计划文件。

（1）送货计划。按照用户需求的品种、数量、时间和送货提前期以及物流优化原则确定送货时间和送货数量。

（2）订货进货计划。根据用户需求、库存、生产厂货源情况以及物流优化原则确定从生产厂订货进货的时间和数量。

DRP 的产生与发展和 MRP 有着密切的联系。MRP 一出现，敏锐的管理学家就注意到它对流通过程的巨大影响力和深远意义。作为 MRP 原理和技术在流通领域中的具体应用，DRP 和 MRP 一样都是需求管理（Demand Management）的一部分。所不同的是，DRP 是由顾客的需求决定的，企业无法或很少能加以控制；而 MRP 是由生产计划所决定的，而生产计划一般都由企业制定和控制。从库存管理的角度看，DRP 和 MRP 可以看做是库存管理的两个阶段，在制造和装配完成之前的库存管理是由 MRP 进行的，而一旦产成品到了工厂的仓库，就由 DRP 来管理存货了。图 13-6 直观地演示了 DRP 与 MRP 的关系。

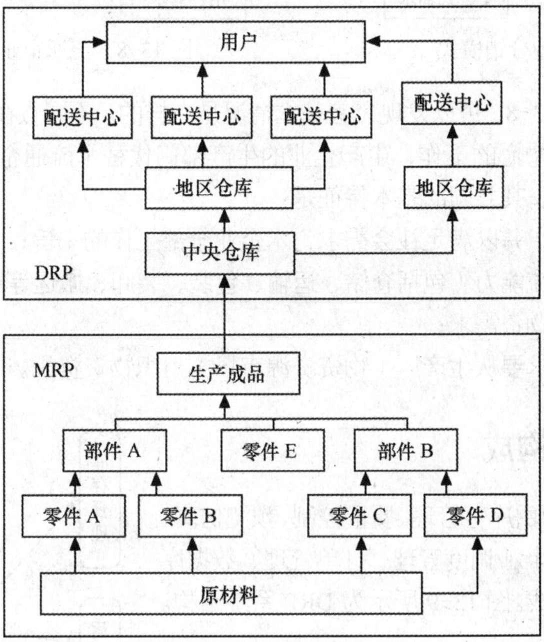

图 13-6　DRP 与 MRP 的关系

13.4.2　DRP 的应用范围

DRP 作为流通领域中的物质资源配送技术，它的应用主要集中在下面两类企业中。

1. 生产企业

中小型生产企业，所生产的产品大多是交由分销商或零售商去销售，没有组建自身的营销网络。而大型生产企业，不仅有自己的营销网络，还有相应的物流设施，自己生产出来的产品或由自己销售，或交由流通企业销售。这样，企业既做生产又做流通，其中的分销业务通常是由企业的流通部门来承担的，它们具体组织储、运、销等活动，而物资资源的供应则由生产部门来提供。生产企业的分销模式如图 13-7 所示。

2. 流通企业

流通是承接生产与销售的环节，大多数流通企业都建有自己的物流配送中心，或是将物流配送外包给第三方物流企业。物资资源的配送都由相应的物流中心来完成。物流中心一般具有强大的储运能力和运输能力，受生产厂的委托存货，或者自己从这些生产厂购进货物存放在自己的仓库里，然后为生产厂销售部门或企业订货用户送货。物流中心可能还有自己的下属物流中心，它们分布在各个地区，也从本中心进货在当地进行配送。自己的总费用最省，自己的资源（车辆、仓库等）利用率最高。流通企业的分销模式如图 13-8 所示。

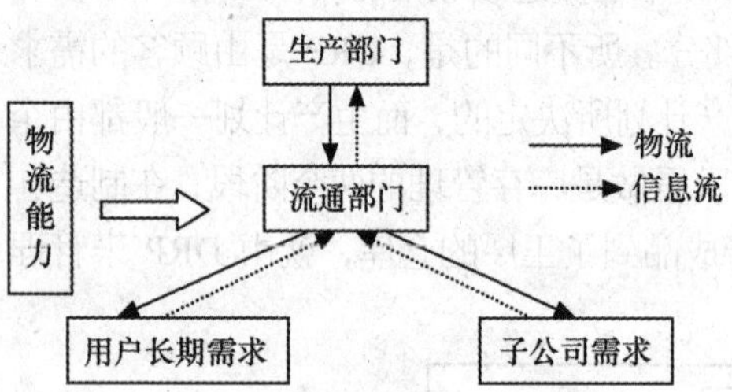

图 13-7 生产企业分销模式

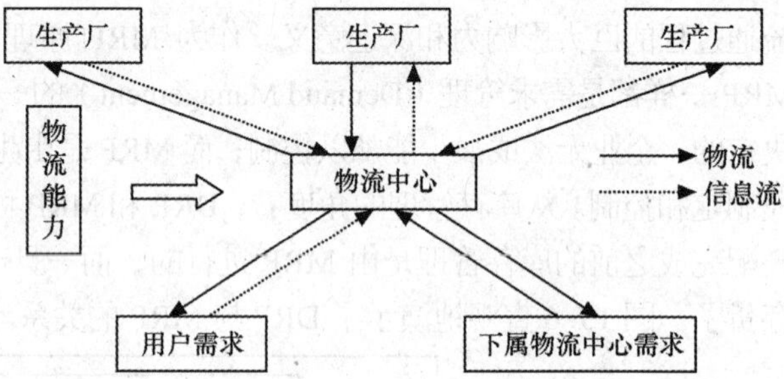

图 13-8 流通企业的分销模式

比较图 13-7 和图 13-8，可以发现二者基本情况是一样的。不同点在于：生产企业的流通部门代替了流通企业物流中心的工作，生产企业的生产部门代替了流通企业的生产厂集合（或者说是生产市场）的位置。其共同的基本特征是：

（1）接受社会需求，并以满足社会需求为本企业全部工作的宗旨；

（2）依靠一定的物流能力（包括仓储、运输、包装、装卸、搬运等能力），以物流活动作为基本手段来满足社会的物资需求；

（3）为满足社会需求要从生产厂（物资资源市场）组织物资资源。

13.4.3 DRP 的构成

一个 DRP 系统主要由库存管理、质量控制、预测仿真、运输管理、采购管理、计划/调度管理、订单管理、数据库接口与数据传输模块组成。图 13-9 所示为 DRP 系统结构。

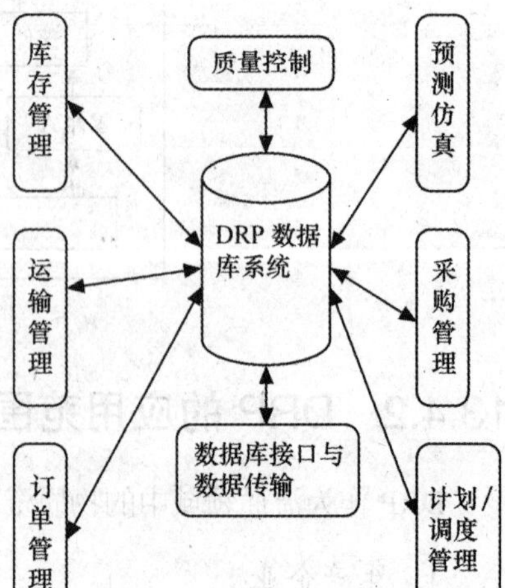

图 13-9 DRP 系统结构

1. 库存管理

库存管理既保证物料供应又保持较低的库存水平，包括交互的库存量查询、货位控制（通过货位自动分配算法实现）、周期盘点、各种类型材料库存（不良品和多余品等）、出入库记录、退货管理。

2. 质量控制

质量控制包括质量标准、质量信息跟踪、不合格品停止发货、质量统计报告及质量记录与分析。

3. 预测仿真

通过对原始数据的回归分析和时间序列分析，对库存、订单、产能进行预测，对库存线路进行交互仿真查询。

4. 运输管理

建立承运商数据库并以此数据库针对不同发货地点的承运商选优；对待发货物自动产生运单和发货通知，分类产生货运费用报告、到货及时率报告；对发出和收到货物跟踪记录、报关记录及分析。

5. 采购管理

建立供应商数据库，根据计划和短缺报告进行订单下达、订单追踪及物料监控。

6. 计划/调度管理

通过实际订单情况和对顾客需求的预测，产生生产计划和资源（人员、设备、物料、场地）年度和月度需求计划，并在此基础上进行每周排产。

7. 订单管理

对各种不同类型顾客的不同类型订单进行记录、追踪、查询和分析，不同类型订单主要为：正常订单、赔货订单。

8. 数据库接口与数据传输

DRP 和财务系统、其他仓库与配送中心进行的数据交换。

13.4.4 DRP 的优缺点

应用 DRP 进行库存管理计划时，存在着以下几个优点。

（1）对存货的有效管理使得存货水平得到了有效的降低，同时降低了仓储费用。

（2）对主生产计划的指导协调了产品的制造和物流环节，降低了产品的成本。

（3）降低了配送过程的运输费用。

（4）提高了预测能力。

（5）改善了服务水平，保证顾客的需求能得到满足。

（6）提高了存货对市场不确定性的反应的机动性。

同时，DRP 的应用也有很多的局限，其中最大的局限就是 DRP 需要对需求有相对准确的预测；其次，DRP 对订货周期的确切性有很大的依赖，而订货周期则受很多不确定因素的影响。

13.4.5 DRP 的发展

DRP 的发展经过了 3 个阶段：第一个阶段是配送需求计划（DRP Ⅰ——Distribution Requirements Planning），第二个阶段是配送资源计划（DRP Ⅱ——Distribution Resources Planning），第三个阶段是配送资源获得能力分析（DRP Ⅲ——Distribution Resources Profitability）。这里只讨论前两个阶段。

DRPⅡ是对DRPⅠ的发展，其基本原理与DRPⅠ一样，所不同的是，DRPⅡ在DRPⅠ的基础上增加了一些新的功能，如能力平衡、运输仓储计划和成本核算等，如图13-10所示。

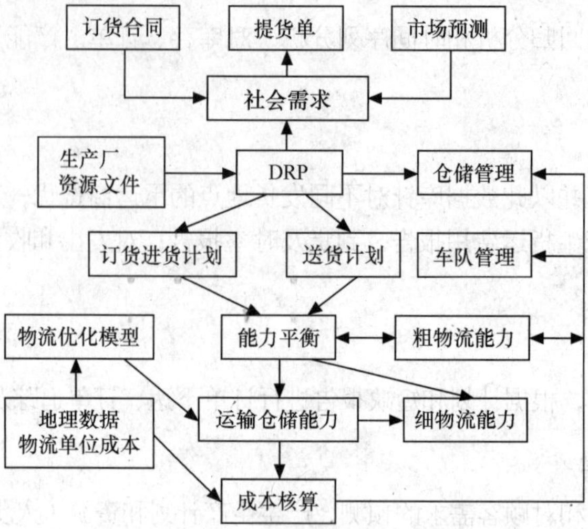

图13-10　DRPⅡ的原理图

1. 能力平衡

该模块是针对基本DRP的送货计划和订货进货计划，根据车队的车辆情况以及仓储管理的仓库情况进行能力平衡，形成物流能力计划。对于DRP计划给定的任务，要落实车辆和仓储面积（以下统称物流能力），如果物流能力不够，要外购或外租。需要注意的是，这里的物流能力计划还只是一个粗能力计划，只是总量上的平衡，最后要实现能力与任务的总量平衡。

2. 运输仓储计划

在能力平衡之后，对给定的任务根据物流优化模型制定统一的运输计划和仓储计划，并根据这个运输仓储计划制订详细物流能力计划。详细物流能力计划要落实具体运输路线所用的运输车辆以及入库的物资具体存放地点等。该模块在DRPⅡ系统中具有非常重要的功能，实际上是实现DRP经济有效配置物资资源的关键，也是DRPⅡ系统中最难实施的模块。它的基本内容，就是要根据任务运输物流优化模型，一般可选择的方案有直达调运模型、中转调运模型、配送模型等。通过这些模型的运算，形成调运方案、配送方案和派车任务单，既实现按时按量完成运输任务，又实现总运输费用最省。

3. 成本核算

根据已经形成的运输计划、仓储计划、计算工作量，并根据单位成本来计算总成本，从而实现成本利润核算。

在DRPⅡ中，物流需求推动着主生产计划，主生产计划又进而推动着物料清单，物料清单控制物料需求计划。本质上，DRPⅠ和DRPⅡ都是从MRPⅠ和MRPⅡ中演化而来的，被应用到公司的物流活动中。

第三阶段的DRP即DRPⅢ的理论还在研究与发展之中，目前在理论上还不成熟，DRPⅢ是DRP未来技术发展的方向。

13.4.6　DRP 的应用实例

日本“西友”公司[①]是一家实行正规连锁的综合性大型零售企业，拥有店铺 206 个、职工 2 万人。为了满足遍及全国的连锁店铺销售的需要，西友公司建立了 8 处 DRP 中心，承担本公司以及邻近地区其他店铺的进货、集配和送货任务，其中最大的是东京府中 DRP 中心，要供应 120 个店铺。

这些 DRP 中心都受公司物流部的直接领导，拥有常温、低温储藏设施及运输工具，为本公司的连锁店无偿服务；为公司外的店铺送货要收取费用。

通过 DRP 中心向各地店铺发送的商品分为两类：一部分是基本商品，包括日常用品，大约占总数的 85%；另一部分是特殊商品，如北海道多雪，需要防寒及雪上活动用品，再如一些带有历史文化传统特征的商品，大约占总数的 15%。

日本国土面积不大，又具有发达的高速公路网，为物流的畅通创造了有利条件。从位于东京的府中 DRP 中心，用大吨位的集装箱卡车和冷藏车向各地的分中心送货，除远离日本本土的冲绳外，其他地区当日都可到达。DRP 各地中心为店铺送货就更加方便及时了。为营业方便起见，运输大都在夜间进行，将商品送到店铺门前。

13.5　LRP——物流资源计划

13.5.1　LRP 的概念

物流资源计划（Logistics Resource Planning，LRP），是运用物流手段进行物资资源优化配置的技术，它是在 MRP 和 DRP 的基础上形成和发展起来的，是 MRP 和 DRP 的集成应用。LRP 对制造资源计划、能力资源计划、分销需求计划进行了功能汇集，其基本目标是通过与物资采购、制造支持以及实体分销有关的作用计划的实施，优化配置物资资源，提高物流效率，以实现企业发展战略的经营计划。

20 世纪 80 年代，MRP 已经发展很成熟，DRP 也有相当的发展和应用。它们在应用中，除了表现出优越性外，也暴露出各自的局限性，主要表现在以下几个方面。

第一，生产系统和流通系统的接口问题。生产系统规划的不确定性，使用 MRP 做得很好的物资需求计划在流通领域中的执行过程大打折扣，影响了 MRP 的效果。DRP 也存在同样的问题。物流中心实施 DRP 可以产生一个精确的分销需求计划，但物资生产厂与物流中心的供应关系常出现随机性，不能完全保证物流中心所需的物资资源，使得向用户的配送受到限制，最终影响了 DRP 的效果。

第二，MRP 和 DRP 的差异性和统一性。DRP 虽然是 MRP 在流通领域中的应用，理论原理上应当一致，但由于各自领域的特点，在层次结构、相关性、处理方法上都有较大的差异性。

20 世纪 80 年代以来，技术集成化倾向越来越强，技术集成程度越高，技术越复杂，给人们带来的效益也越大。在 MRP 和 DRP 应用取得一定效果后，人们就想到如何将它们集成起来应用。同时，由于物流理论的发展和完善，给人们进行物资资源配置提供了更加深入广阔的新思路，在这种背景下，作为 MRP 和 DRP 集成的 LRP 应运而生。

[①] 牛鱼龙. 世界物流经典案例. 深圳：海天出版社，2003.04.

从市场的角度来看，LRP 是为企业生产和流通的高效运行组织资源，包括从社会和企业内部有效地组织资源，改善企业物流，提高企业效率；从社会的角度来看，LRP 是为市场需求进行经济有效的物资资源配置，满足社会的物资需求。总的说来，LRP 就是要打破生产和流通的界限，面向大市场，为企业生产和社会流通提供经济有效的物资资源配置。因此，LRP 的基本思想包括了以下几个基本方面。

第一，站在市场的高度，既为社会市场需求配置物资资源，满足社会的物资需要，又为企业的生产和流通的经济高效运行组织资源。

第二，打破生产和流通的界限，允许企业在整个大市场内为企业、为社会统一进行物资资源配置，以降低配置成本。

第三，灵活运用各种手段，打破地区、部门、所有制界限，利用各种经营组织、经营方式，采用各种物流优化方法，什么方式能实现资源的有效配置、最能提高经济效益，就采取什么方式。

13.5.2 LRP 的逻辑原理

LRP 逻辑原理图如图 13-11 所示。从图中可以看出，LRP 实际上是把 MRP 和 DRP 结合起来应用，在生产厂系统内部实行 MRP，在生产厂外部实行 DRP，而将物流作为二者联系的纽带。它输入社会需求文件、供应商货源文件，形成产品生产计划、生产能力计划、送货计划和订货计划、运输计划、仓储计划、物流能力计划，并进行成本核算，不同的是原 MRP 的主产品需求计划在由 DRP 的订货进货计划部门来替代，并且社会订货是由 DRP 的输入文件——“需求文件”记录的。社会订货则首先由 DRP 从库存中供应，仓库中不够的再向 MRP 订货进货。MRP 根据这个订货进货计划进行 MRP 处理，产生加工任务单交由生产部门加工，外购件又返回 DRP 系统，进入 DRP 处理。DRP 仍然首先从仓库供应，不够的按订货进货计划到市场采购。

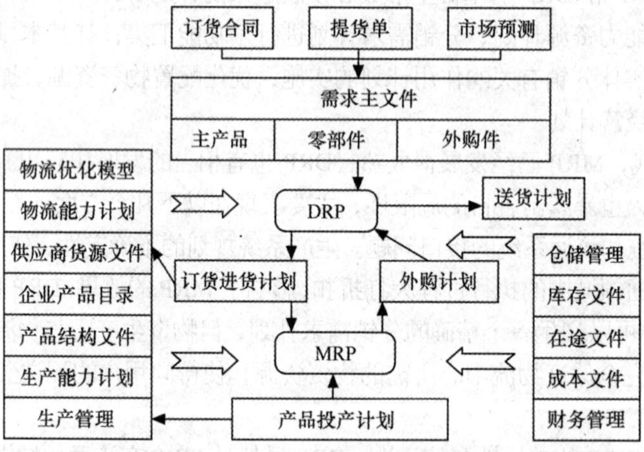

图 13-11 LRP 逻辑原理图

LRP 的实际原型如图 13-12 所示，这基本上是一个企业集团的模式，它包含有多个生产厂和多个流通中心，整个企业处在市场之中，由资源市场取得资源投入企业生产过程，获得生产产品或服务去满足需求市场或流通中心的需要。企业也可以从资源市场获取资源进入流通中心去满足需求市场的需要，LRP 从大市场的角度

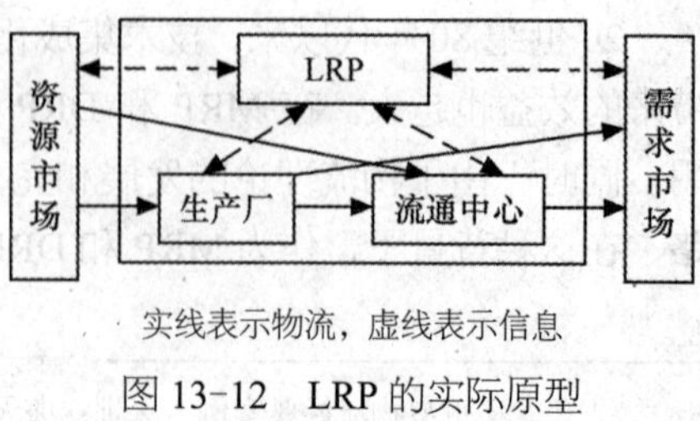

实线表示物流，虚线表示信息

图 13-12 LRP 的实际原型

出发，打破生产和流通的界限，对整个企业的生产和流通进行资源配置，对社会需求进行资源配置。

13.5.3 LRP 的处理步骤

LRP 的具体实施步骤可以分为以下 3 步。

步骤 1：将主需求计划中本企业能够生产的主产品和零部件单独运行 DRP，得出需向企业生产部门的订货进货计划，其中内部主需求计划是主需求文件的一部分，即企业能够生产的一部分。这一部分在 DRP 处理时，总是先由仓库库存中供应，当库存下降到安全库存量时，再向生产部门发出订货。

步骤 2：由生产订货计划运行 MRP，得出产品投产计划及其零部件外购计划。

步骤 3：将主需求文件中的非本企业能生产的部分和由 MRP 得出的外购部分再输入 DRP 运行，得出市场的订货进货计划和送货计划。其中，在途物资分为送货在途到货和进货在途到货（入库）。

LRP 的应用特点就在于它是一种包含企业生产、供应和销售的、完全而又精确的计划，它有产品投产计划、生产过程的物料需求计划、采购供应计划、车辆运输计划、库存计划、用户送货计划、物流能力计划等。可以说涵盖了企业日常业务的各个方面。它们以复杂的关系相互间紧密连接，全盘规划指挥着整个企业的工作有条不紊地进行。LRP 在进行物资的搬运、进货、送货的数量和时间的规划时，还考虑了物流线路、运输方案的优化，使得物资运输不但能及时到位，而且总是费用最低。

LRP 适用于所有需要兼产、供、销于一体的企业，大到企业集团，小到大中型企业和商店。在这样的企业中，它可以代替整个企业的计划部的工作。

本章小结

在物流中，JIT 就是将需要的产品，按照客户的需求在需要的时间内，送至需要的地点。作为一种以市场需求为核心的管理体制，它改变了企业传统的物流观念。JIT 采取“以人为本”的管理思想，以市场需求为核心，强调质量取胜，能够有效地降低物流成本，消除物流过程中的浪费。要有效地实施 JIT，必须具备顺畅的供销与物流体系，充分掌握顾客的需求，树立“以人为本”的思想；同时要改变传统的物流方式，实行全面质量管理，建立信息共享机制并不断优化和改善 JIT 系统。QR 就是要迅速地对客户的需求做出响应，并及时地满足客户的需求。QR 可缩短企业的补货周期，降低库存，提高供应链效率，增强企业的服务水平与竞争能力。要有效地实施 QR，一是要实现商品单元的条码化，二是要重组内部业务流程，三是要与贸易伙伴建立密切的合作关系。Black Burn 认为，成功 QR 包括 5 项条件：第一，改变传统的经营方式，革新企业的经营意识与组织结构；第二，开发和应用现代信息处理技术；第三，与供应链各方建立战略伙伴关系；第四，建立信息共享机制；第五，供应方必须缩短生产周期，降低商品库存。

MRP 是一个基于计算机的库存管理系统，经历了 MRP Ⅰ和 MRP Ⅱ两个发展阶段。它的基本任务包括两个方面：一是从最终产品的生产计划（独立需求）导出相关物料（原材料、零部件等）的需求量和需求时间（相关需求），二是根据物料的需求时间和生产（订货）周期确定其开始生产（订货）的时间。MRP 的基本结构包括 MRP 输入、MRP 实行和 MRP 输出 3 个部分。

MRP输入系统主要由主生产计划（MPS）、物料清单（BOM）和库存状态记录（ISR）构成，主要解决需要什么的问题；MRP实行过程主要解决需要多少和什么时候需要的问题，实行过程具体包括确定需求量、批量与时间、制订物料需求计划和发出指令等；MRP输出系统一般由计划报告、绩效报告、异常报告所组成。

DRP是MRP原理和技术在流通领域中的具体应用。DRP联系着物料配送系统和制造规划及控制系统，主要解决分销物资的供应计划和调度问题，其基本目标就是为管理层预测需求提供决策依据，匹配物料的供给和需求，有效地应用存货满足客户的服务需求，在配置费用最小化的基础上，实现对市场变化的快速调整。DRP输入包括3个文件：一是社会需求文件，二是供应商货源文件，三是库存文件和在途文件。DRP输出包括送货计划和订货进货计划。DRP系统主要由库存管理、质量控制、预测仿真、运输管理、采购管理、计划/调度管理、订单管理、数据库接口与数据传输模块组成。DRP既可用于生产企业的配送活动，也可用于流通企业的配送活动。DRP的发展经历了配送需求计划（DRPⅠ）、配送资源计划（DRPⅡ）和配送资源获得能力分析（DRPⅢ）等阶段。

LRP是运用物流手段进行物资资源优化配置的技术，它是在MRP和DRP的基础上形成和发展起来的，是MRP和DRP的集成应用。LRP对制造资源计划、能力资源计划、分销需求计划进行了功能集成，其基本目标是优化配置物资资源，提高物流效率，以实现企业的发展。

复习与思考题

（1）简述JIT与MRP的差异。

（2）以施乐欧洲公司为例，对JIT进行分析。

（3）什么是QR？实施QR的意义有哪些？

（4）DRP作为MRP在流通领域中的具体应用，试分析DRP与MRP之间的联系与区别。

（5）在一个制造企业或零售企业中，如何将LRP应用到物流活动的全过程中？

案例分析：施乐欧洲公司

施乐欧洲公司（前身为Rank Xerox）是一个成功应用JIT系统的案例。作为施乐公司在美国之外最大的机构，施乐欧洲——施乐公司与英国兰克（Rank）公司的合资企业——生产和修理中等规模的复印机设备并在世界范围内销售。

20世纪80年代，施乐欧洲开始实施JIT计划。作为计划的一部分，公司还安装了自动化物料处理系统和信息处理系统，同时也修正了生产流程。作为JIT计划和其他系统改变的结果，施乐欧洲获得了以下好处。

（1）其供应商从3 000个减少到300个。

（2）入场交货的准时率高达98%，其中有70%是在需要时一小时内送达的。

（3）仓库库存从3个月的供给下降到半个月。

（4）整体物料成本减少了约40%。

（5）由于供应商物料质量提高，多数入厂产品检验站被撤销了。

（6）因缺陷或质量不佳而拒收的水平从17%剧降至0.8%。

（7）由于标准化包装，40 个重新打包的职位被取消。

（8）入厂运输成本减少了 40%。

（9）入厂运送的准时率提高了 28%[①]。

其他成功地引入 JIT 系统的公司还有卡明斯发动机公司、福特汽车公司、通用汽车公司、3M 公司、泰克斯顿（Textron）公司和惠而浦公司。总之，实施 JIT 系统的组织具有下列一个或多个特征。

（1）绩效指标形成。

（2）对具有专门技能的物流人员高度依赖。

（3）在组织架构中对有关战略物流的决策进行授权。

（4）在制定物流战略时，来自不同部门的高层管理人员的广泛参与。

（5）随着公司规模的增大，高级物流经理的控制范围扩大。

（6）改进组织相对于行业内其他公司的绩效。[②]

结合本案例，分析实施 JIT 的效果。

① Lisa H.Harrington. Why Rank Turned to Just-in-Time. Traffic Management 27. no.10（October），1988：82-87.

② RGermain et al. Implications of Just-in-Time for Logistics，1996：30-32.

后　记

本书是由中国信息经济学会电子商务专业委员会、人民邮电出版社共同组织编写的电子商务专业教材之一。参加编写的单位和个人有：西安交通大学的魏修建、南开大学的严建援、西安财经学院的张坤、郑州工学院的王焰、重庆工学院的邱东阳、西安邮电大学的王慧等同志。本书由魏修建任主编，并负责全书的统稿，严建援、张坤任副主编。其中，第1、5、7、8章由魏修建负责编写，第2、4章由严建援负责编写，第3、6、12、13章由张坤负责编写，第9章由魏修建与王焰负责编写，第10章由邱东阳和李华敏负责编写，第11章由王慧负责编写。

在本书修订完成之际，感谢中国信息经济学会电子商务专业委员会及李琪主任，感谢人民邮电出版社，感谢国内外的同行们。

由于电子商务物流在我国发展迅速，其变化也日新月异，加之编者的水平和时间有限，书中难免有不足之处，恳请读者和同仁批评指正。

编　者

2016年10月

参考文献

[1] 王之泰．新编现代物流学．北京：首都经济贸易大学出版社，2012.11.

[2] 李琪．电子商务导论．北京：电子工业出版社，2010.03.

[3] 孙明贵．物流管理学．北京：北京大学出版社，2009.05.

[4] 翁心刚．物流管理基础．北京：中国财富出版社，2009.02.

[5] 魏修建．现代物流与供应链管理．西安：西安交通大学出版社，2014.01.

[6] 刘志学．国际物流与供应链管理．北京：电子工业出版社，2011.07.

[7] 张铎．物流标准化教程．北京：清华大学出版社，2011.03.

[8] 孙有望．现代物流导论．上海：同济大学出版社，2011.05.

[9] 姜大立等．现代物流装备．北京：首都经济贸易大学出版社，2013.03.

[10]〔美〕道格拉斯·兰伯特，詹姆士·斯托克．物流管理．北京：电子工业出版社，2006.02.

[11]〔美〕C·小约翰·兰利等．供应链管理：物流视角．北京：电子工业出版社，2010.01.

[12]〔英〕哈里森，〔荷〕范赫克．物流管理．李严锋，李婷，等译．北京：机械工业出版社，2013.

[13] 陈益梅，关井春．电子商务物流．北京：水利水电出版社，2011.03.

[14] 刘磊等．电子商务物流．北京：电子工业出版社，2011.07.

[15] 吴健．电子商务与现代物流．北京：北京大学出版社，2009.05.

[16] 崔介何．物流学概论（第5版）．北京：北京大学出版社，2015.06.

[17] 魏修建．电子商务物流概论．北京：电子工业出版社，2009.09.

[18]〔美〕唐纳德J·鲍尔索克斯等．供应链物流管理．马士华，黄爽，赵婷婷译．北京：机械工业出版社，2010.01.

[19]〔英〕马丁·克里斯托弗．物流与供应链管理（第4版）．何明珂译．北京：电子工业出版社，2012.05.

[20] 朱美虹．电子商务与现代物流．北京：中国人民大学出版社，2010.01.

[21] 付淑文．电子商务物流应用实务．北京：北京大学出版社，2013.01.

[22] 张余华．现代物流管理．北京：清华大学出版社，2010.12.

[23] 黄中鼎．现代物流管理（第3版）．上海：复旦大学出版社，2014.12.

[24] 杨长春，顾永才．国际物流．北京：首都经济贸易大学出版社，2012.08.

[25]〔美〕戴维，斯图尔特．国际物流——国际贸易中的运作管理．北京：清华大学出版社，2011.04.

[26] 张海燕，吕明哲．国际物流（第3版）．大连：东北财经大学出版社，2014.09.

[27] 张中强．物流系统规划与设计．北京：清华大学出版社，2011.06.

[28]〔美〕福西特，埃尔拉姆，奥格登．供应链管理——从理论到实践．北京：清华大学出版社，2009.02.

[29] 牛鱼龙．亚洲物流经典案例．重庆：重庆大学出版社，2007.04.

[30] 魏修建．电子商务物流管理（第3版）．重庆：重庆大学出版社，2015.01.

[31] 邓明荣．现代物流管理．北京：高等教育出版社，2015.01.

[32] 熊志海．电子认证及其主体的若干法律问题．现代法学，2002（12）.

[33] 武伟，魏晓，魏仕民．基于互不信任企业联盟的统一身份认证模型．计算机工程与设计，2007（10）.

[34] 徐涛，张艳宁．基于内容认证的网格模型半脆弱数字水印算法．吉林大学学报（工学版），2008（3）.

[35] 刘素芹，李柏丹．网格安全认证模型的研究．微计算机信息，2008（1）.

[36] 徐贵宝，曹思嘉．物流公共信息平台建设与运营问题探讨．通信世界，2006（9）.

[37] 全国人民代表大会常务委员会．中华人民共和国电子签名法，2004.08.

[38] 中华人民共和国工业和信息化部．电子认证服务管理办法，2009.02.

[39] 中国仓储协会的有关调查研究报告：http://www.caws.org.cn.

[40] 中国物流与采购联合会，中国物流学会．第四次全国物流园区（基地）调查报告，2015.07.